Russland Im Jahre 1839, Volume 3...

Astolphe Custine (marquis de), August Diezmann

Nabu Public Domain Reprints:

You are holding a reproduction of an original work published before 1923 that is in the public domain in the United States of America, and possibly other countries. You may freely copy and distribute this work as no entity (individual or corporate) has a copyright on the body of the work. This book may contain prior copyright references, and library stamps (as most of these works were scanned from library copies). These have been scanned and retained as part of the historical artifact.

This book may have occasional imperfections such as missing or blurred pages, poor pictures, errant marks, etc. that were either part of the original artifact, or were introduced by the scanning process. We believe this work is culturally important, and despite the imperfections, have elected to bring it back into print as part of our continuing commitment to the preservation of printed works worldwide. We appreciate your understanding of the imperfections in the preservation process, and hope you enjoy this valuable book.

Rußland

im Jahre 1839.

Aus

dem Französischen des Marquis **von Custine**,

von

Dr. A. Diezmann.

Dritter Band.

Zweite Auflage.
(Mit den Zusätzen der zweiten Auflage des Originals.)

Leipzig,
Theodor Thomas.
1844.

Slav 12856

3104
84
49-3
30-3

Siebenundzwanzigster Brief.

Moskau, den 11. Aug. 1839. Abends.

Die Entzündung meines Auges hat sich vermindert und ich bin gestern ausgegangen, um in dem englischen Club zu speisen. Es ist dies eine Art Restaurationssaal, in welchen man nur auf die Verwendung eines Mitgliedes der Gesellschaft zugelassen wird, die aus den angesehensten Personen der Stadt besteht. Diese ziemlich neue Einrichtung ist eine englische Nachahmung und ich werde bei einer andern Gelegenheit davon sprechen.

In dem Zustande, in welchen das moderne Europa durch die Communicationserleichterung gebracht worden ist, weiß man nicht mehr, unter welcher Nation man noch ursprüngliche Sitten und Gewohnheiten finden kann, welche der wahre Ausdruck der Charactere sind. Die in der neuern Zeit bei jedem Volke angenommenen Gebräuche sind das Resultat einer Menge von Entlehnungen, und aus diesem Aneinanderreihen aller Charactere in der Maschine der allgemeinen Civilisation folgt eine Monotonie und Gleichförmigkeit, welche das Vergnügen der Reisenden sehr schmälern; dennoch war die Reiselust niemals allgemeiner. Die meisten Leute reisen freilich mehr aus Langeweile, als aus dem Drange, sich neue Kenntnisse zu sammeln. Zu diesen Reisenden gehöre ich nicht; ich bin neugierig, unermüdlich und erkenne jeden Tag zu meinem Bedauern, daß in der Welt nichts seltener ist als — Verschiedenheit. Die Aehnlichkeiten bringen den Reisenden zur Verzweiflung.

Man reiset, um aus dem Kreise von Verhältnissen herauszukommen, in denen man bis dahin lebte, aber man kommt nicht heraus; die civilisirte Welt hat keine Grenzen; sie erstreckt sich über die ganze Erde. Das Menschengeschlecht verschmelzt sich, die Sprachen verschwinden, die Unterschiede der Nationen gleichen sich aus und die Philosophie macht die Religion zu einem innern Glauben. Wer kann sagen, wo und wann die Umwandlung des Menschengeschlechts enden, wann die neue Gesellschaft sich erheben werde? Man kann darin die Hand der Vorsehung nicht verkennen. Der Fluch von Babel nähert sich seinem Ende und die Nationen werden sich verständigen trotz Allem, was sie getrennt hat.

Ich begann heute meine Wanderung mit einer methodischen, in's Einzelne gehenden Besichtigung des Kreml unter der Leitung des Herrn —, dem ich empfohlen war. Nur der Kreml! Er ist für mich ganz Moskau, ganz Rußland. Der Kreml ist eine Welt. Mein Lohnbedienter hatte mich gleich früh bei dem Aufseher des Schlosses angemeldet und derselbe erwartete mich. Ich glaubte einen gewöhnlichen Mann zu finden, wurde aber von einem gebildeten, sehr artigen Offizier empfangen.

Rußland ist mit Recht stolz auf den Schatz im Kreml; er könnte die Chronik dieses Landes vertreten; er ist eine Geschichte in Edelsteinen wie das Forum romanum eine Geschichte in behauenen Steinen war.

Die goldnen Gefäße, die Rüstungen, die alten Geräthe sind hier nicht blos da, um bewundert zu werden; jeder dieser Gegenstände erinnert an irgend eine glorreiche oder seltsame Thatsache, welche verdient, daß die Erinnerung daran erhalten werde. Ehe ich Ihnen aber die kostbaren

Gegenstände dieses Arsenals beschreibe oder vielmehr flüchtig andeute, welches seines Gleichen, wie ich glaube, in Europa nicht hat, begleiten Sie mich auf dem ganzen Wege, auf welchem man mich in dieses von den Russen verehrte und von den Fremden mit Recht bewunderte Heiligthum führte.

Von der großen Dmytriskoï aus ging ich, wie am vorigen Tage, über mehrere Plätze, in welche bergige aber nach der Schnur gezogene Straßen münden. Als ich vor der Feste angekommen war, schritt ich unter einem Gewölbe hin, zu dessen Bewunderung mein Lohnbedienter mich nöthigte, indem er meinen Wagen anhalten ließ, ohne mich um Erlaubniß zu fragen; so anerkannt ist das Interesse, welches sich an diese Stelle knüpft. Dieses Gewölbe bildet den Untertheil eines Thurmes, der ein seltsames Aussehen hat wie Alles in der Nähe des alten Stadttheiles von Moskau.

Ich habe Constantinopel nicht gesehen, glaube aber, daß nach jener Stadt Moskau einen frappantern Anblick gewährt als alle andern Hauptstädte Europas. Es ist das Byzanz des festen Landes. Die öffentlichen Plätze in der alten Hauptstadt sind Gott sei Dank! nicht so ungeheuer groß wie in Petersburg, wo die St. Peterskirche in Rom sich verlieren würde. Die Gebäude nehmen in Moskau einen geringern Raum ein und machen deshalb mehr Effect. Der Despotismus der geraden Linien und symmetrischen Flächen sah sich durch die Geschichte und die Natur gehindert und Moskau ist vor Allem malerisch. Der Himmel nimmt hier, ohne rein zu sein, eine silberne glänzende Farbe an; ohne Plan und Ordnung sind Proben jeder Bauart da aufgehäuft; kein Gebäude ist vollkommen; jedoch erregt das Ganze Erstaunen, wenn auch nicht Bewunderung. Die Unebenheiten des Bodens vervielfältigen die Ansichten. Die Kirchen mit ihren Kuppeln, deren Zahl verschieden ist und oft die übersteigt, welche den Baumeistern durch die Orthodoxie geboten ist, glänzen und funkeln in die Luft. Eine Menge goldener Pyramiden und minaretähnlicher Thürme ragen in den Himmel und blitzen in den Sonnenstrahlen; ein orientalischer Pavillon, eine indische Kuppel versetzen die Phantasie nach Delhi; ein runder Thurm erinnert an Europa zur Zeit der Kreuzzüge; die Schildwache, welche auf dem Wachthurme steht, stellt den Muezzin dar, welcher die Gläubigen zum Gebete ruft, und um den Gedanken vollends zu verwirren, scheint das Kreuz, das überall glänzt und das Volk auffordert, sich vor den Worte nieder zu werfen, hier aus dem Himmel mitten unter die versammelten Völker Asiens zu fallen, um sie alle auf den Weg des Heils zu leiten. Vor diesem poetischen Bilde rief die Frau von Staël aus: **Moskau ist das nordische Rom!**

Dieser Ausspruch ist nicht richtig, denn es ließe sich in keiner Hinsicht eine Parallele zwischen diesen beiden Städten ziehen. Man denkt an Ninive, an Palmyra, an Babylon, wenn man Moskau betritt, nicht an die Meisterwerke der Kunst in dem heidnischen oder christlichen Europa; auch die Geschichte und Religion dieses Landes lenken den Geist des Reisenden nicht nach Rom. Rom ist Moskau fremder als Pekin; aber die Frau von Staël dachte auch an etwas ganz anderes als an das Betrachten Rußlands, als sie durch dieses Land nach Schweden und England reisete, um den Feind jeder Gedankenfreiheit, Napoleon, mit dem Genie und mit Ideen zu bekämpfen. Sie wird sich mit einigen Worten ihrer Aufgabe als Frau von seltenem Geiste entledigt haben, wann sie in ein neues Land kam. Die berühmten Personen, welche reisen, haben das Unglück, daß sie Worte und Aussprüche hinter sich hören müssen; sprechen sie dieselben nicht selbst aus, so legt man sie ihnen in den Mund.

Ich schenke nur den Schilderungen unbekannter Personen Vertrauen. Entgegnen Sie darauf, daß ich da für meine eigene Sache spreche, so habe ich nichts dagegen; ich benutze den Vortheil, ein unbekannter Mensch zu sein, um die Wahrheit zu suchen und zu entdecken. Habe ich das Glück, nur bei Ihnen und einigen Wenigen, die Ihnen gleichen, Vorurtheile und vorgefaßte Meinungen zu berichtigen, so bin ich vollkommen zufrieden. Sie sehen, daß mein Ehrgeiz bescheiden ist, da ja nichts leichter ist, als die Irrthümer ausgezeichneter Menschen zu berichtigen. Wenn Einige den Despotismus nicht so hassen, wie ich, so werden sie, denke ich, ihn trotz seinem Pomp, seiner Thaten wegen hassen, nachdem sie die wahrhaftige Schilderung gelesen haben, die ich Ihnen vorlege.

Der massive Thurm, an dessen Fuß mein Lohnbedienter mich aussteigen ließ, ist malerisch durch zwei Bogengänge durchbrochen und trennt die eigentlichen Mauern des Kremls von der Fortsetzung derselben, welche Kitaigorod, die Stadt der Kaufleute, einen andern Theil des alten Moskau einfaßt, der durch die Mutter des Czar Johann Wassiliewitsch im Jahre 1534 angelegt wurde. Diese Jahrzahl erscheint uns neu, für Rußland, das jugendlichste Land Europas, ist sie alt.

Das Kitaigorod, ein Anhängsel des Kremls, ist ein ungeheurer Bazar, ein Stadttheil, eine ganze Stadt mit düstern gewölbten Gäßchen, die wie unterirdische Gänge aussehen. Diese Handelscatacomben sind nichts weniger als ein Gottesacker, sondern ein immerwährender Markt. Diese gewölbten Gänge, ein Labyrinth von Galerien, gleichen einigermaßen den Passagen in Paris, ob sie gleich minder elegant und glänzend, dagegen weit dauerhafter sind. Diese Bauart ist durch die Bedürfnisse des Handels unter diesem Clima gerechtfertigt; im Norden helfen die bedeckten Straßen so viel als möglich den Unannehmlichkeiten und der Strenge des Climas ab. Warum also sind sie so selten? Die Käufer und Verkäufer finden da Schutz vor dem Winde, dem Schnee, der Kälte und dem Wasser bei dem Aufthauen. Dagegen sind die leichten offenen Colonnaden, die luftigen Portiken ein lächerlicher Widerspruch; die russischen Baumeister hätten die Maulwürfe und Ameisen, nicht die Griechen und Römer zum Muster nehmen sollen.

Bei jedem Schritte stößt man in Moskau auf irgend eine von dem Volke verehrte Kapelle, die von Jedermann begrüßt wird. Diese Kapellen oder Nischen enthalten gewöhnlich ein Bild der Jungfrau unter Glas mit einer ewig brennenden Lampe. Diese Heiligenschreine werden durch einen alten Soldaten bewacht. In Rußland dienen die Veteranen als Thürsteher der Großen und als Domestiken des lieben Gottes. Man findet stets einige am Eingange der Wohnung reicher Leute, deren Vorzimmer sie bewachen, und in den Kirchen, die sie auskehren. Das Leben eines alten russischen Soldaten, dessen sich weder die Reichen noch die Geistlichen annähmen, würde ein sehr trauriges sein. Das geheime Mitleid ist dieser Regierung unbekannt, die, wenn sie Gutes thut, Paläste für die Kranken oder Kinder baut, und die Façaden dieser milden Stiftungen ziehen Aller Blicke an.

Zwischen den zwei Bogengängen des Thurmes, an dem Pfeiler, der sie trennt, befindet sich die Jungfrau von Wiwielski, ein altes im griechischen Style gemaltes und in Moskau sehr verehrtes Bild.

Ich bemerkte, daß alle Personen, die an dieser Kapelle

vorüber gingen, Große, Bauern, vornehme Damen, Bürger und Soldaten, sich verbeugten und sich bekreuzigten; mehrere begnügten sich mit dieser leichten Huldigung nicht und blieben überdies stehen; gut gekleidete Frauen warfen sich sogar vor der wunderthätigen Jungfrau nieder und berührten mit der Stirn demüthig das Straßenpflaster. Männer, die nicht Bauern waren, knieten nieder und bekreuzigten sich bis zur Ermattung. Diese frommen Handlungen geschehen auf offner Straße mit einer sorglosen Schnelligkeit, welche mehr von Gewohnheit als von Andacht zeigt.

Mein Lohnbedienter war ein Italiener und es kann nichts Komischeres geben, als die Vermengung von verschiedenen Vorurtheilen in dem Kopfe dieses Fremden, der seit vielen Jahren in Moskau lebt. Nach seinen Jugendideen, die er aus Rom mitgebracht hat, möchte er an die Vermittelung der Heiligen und der Jungfrau glauben, und er hält, ohne sich in theologischen Spitzfindigkeiten zu verlieren, die Wunder der Reliquien und Bilder der griechischen Kirche für gut, da er nichts anderes hat. Dieser arme Katholik, der ein inniger Verehrer der Jungfrau von Biwlelski geworden ist, war mir ein Beweis von der Allmacht der Einmüthigkeit im Glauben; diese Einmüthigkeit hat, wäre sie auch scheinbar, eine unwiderstehliche Wirkung. Er wiederholte mir fortwährend mit italienischer Geschwätzigkeit: „Signor, creda a me, questa madonna fa dei miracoli, ma dei miracoli veri, veri verissimi, non è come da noi altri; in questo paese tutti gli miracoli sono veri." (Glauben Sie mir, Herr; diese Madonna thut Wunder, aber wirkliche, vollkommen wirkliche Wunder; es ist nicht wie bei den unsrigen; hier zu Lande sind alle Wunder wahr.)

Dieser Italiener, welcher die naive Lebhaftigkeit und die Gutmüthigkeit der Leute seines Vaterlandes in das Land des

Schweigens und der Vorsicht mitgebracht hatte, ergötzte mich, während er mich zu gleicher Zeit erschreckte. Von welchem politischen Schrecken zeigt dieser Glaube an eine fremde Religion!

Ein Schwätzer ist in Rußland eine äußerst seltene Erscheinung, die der Reisende, welcher sich durch den Tact und die Klugheit der Eingebornen gedrückt fühlt, jeden Augenblick vermißt. Um diesen Mann zum Sprechen zu bringen, was nicht schwer war, wagte ich einige Zweifel an der Aechtheit der Wunderthaten seiner Jungfrau von Wiwielski auszudrücken. Ich hätte die kirchliche Herrschaft des Papstes leugnen können, mein Römer würde kein größeres Aergerniß daran genommen haben.

Als ich diesen armen Katholiken sich beeifern sah, die übernatürliche Macht eines griechischen Gemäldes zu beweisen, dachte ich daran, daß nicht die Theologie die beiden Kirchen trennt. Die Geschichte der christlichen Kirche lehrt uns, daß die Politik der Fürsten die Hartnäckigkeit, die Spitzfindigkeit und die Dialektik der Priester benutzt hat, um die religiösen Streitigkeiten erbitterter zu machen.

Tritt man aus dem gewölbten Gange des Thurmes, so sieht man auf einem Platze von mäßiger Größe eine Bronze-Gruppe in sehr schlechtem sogenannten classischen Styl. Sie stellt unter der Gestalt zweier Römer Minin und Pojarski, die Befreier Rußlands, dar, welche die Polen im Anfange des 17. Jahrhunderts verjagten. Seltsame Helden für den römischen Mantel! Was erblicke ich weiterhin vor mir? — Die wunderbare Kirche Wassilj Blaschennoï, deren Aussehen mir schon von fern aufgefallen war, so daß mir die Erinnerung daran seit meiner Ankunft in Moskau keine Ruhe ließ. Der Styl dieses grotesken Gebäudes sticht zu bizarr von den classischen Statuen der Befreier Moskaus ab. Auf meinen Wanderungen, die ich allein und auf Geradewohl unternommen hatte, war ich bisher durch entlegene Thore in den Kreml gekommen, so daß sich die Kirche mit der Schlangenhaut, ein ächt russisches Gebäude, meinen Nachforschungen immer entzogen hatte. Endlich stand sie vor mir da und ich trat hinein; aber welche Enttäuschung! Man muß sie mit ihrer Menge zwiebelförmiger Kuppeln, die sämmtlich von einander verschieden sind, von weitem sehen. Sie ist klein wie fast jede russische Kirche; die unförmliche Spitze glänzt nur aus der Ferne und interessirt, trotz ihrer unbegreiflichen Buntfarbigkeit, den aufmerksamen Beobachter nicht lange. Zwei ziemlich schöne Rampen führen zu der Esplanade, auf welcher das Gebäude steht, und von dieser Terrasse gelangt man in das Innere, das klein, ärmlich und characterlos ist. Uebrigens hat das Gebäude das Unglück des Mannes herbeigeführt, der es ausführte. Iwan, den man höflicherweise den Schrecklichen nennt, befahl die Aufführung desselben zur Erinnerung an die Einnahme von Kasan im Jahre 1554. Dieser Fürst, den Sie daran erkennen werden, wollte, ohne seinen Character zu verläugnen, den Baumeister auf eine würdige Weise dafür danken, daß er Moskau eine Zierde gegeben, und ließ dem Armen die Augen ausstechen, damit — das Meisterwerk nicht anderswo nachgemacht werde.

Hätte der Unglückliche der Erwartung nicht entsprochen, so wäre er jedenfalls gepfählt worden; er übertraf die Erwartung des Fürsten und verlor nur die Augen, — eine Alternative, welche für die Künstler gewiß sehr ermuthigend ist.

Von der Kirche aus gingen wir unter der heiligen Pforte des Kremls hin und ich nahm nach dem von den Russen vielfältig beobachteten Gebrauche meinen Hut ab, ehe ich unter dieses nicht sehr lange Gewölbe trat. Dieser Gebrauch schreibt sich, wie man sagt, aus der Zeit des letzten Angriffs der Kalmucken her, welche durch eine wunderbare Einschreitung der Schutzheiligen des Reiches an dem Eindringen in die heilige Feste gehindert worden sein sollen. Die Heiligen sind bisweilen nicht aufmerksam, an diesem Tage aber waren sie es, der Kreml wurde gerettet und das dankbare Rußland erhält durch ein jedem Augenblick erneuertes Zeichen der Ehrfurcht die Erinnerung an den göttlichen Schutz, dessen es sich rühmt.

Es liegt in diesen öffentlichen Aeußerungen eines religiösen Gefühls mehr praktische Philosophie, als in dem Unglauben der Völker, welche sich die aufgeklärtesten der Erde nennen, weil diese die Verstandeskräfte gebraucht und gemißbraucht haben, über das Wahre und Einfache blasirt sind, an dem Zwecke des Lebens und an Allem zweifeln und sich dessen rühmen, um die Andern zur Nachahmung aufzufordern, als wenn ihre Verlegenheit bewundernswerth wäre. — Ihr seht, wie beklagenswerth wir sind, ahmt uns also nach. Die sogenannten Freigeister sind todte Geister, welche um sich her die Erstarrung verbreiten, an der sie selber leiden. Diese fruchtbaren Weisen nehmen den Nationen die Triebfedern ihrer Thätigkeit, ohne ersetzen zu können, was sie zerstören; denn die Habsucht des Reichthums und des Vergnügens flößt den Menschen nur eine Aufregung ein, die fieberhaft und flüchtig ist, wie ihr kurzes Leben, dessen wechselnde Erscheinungen auf sie einwirken. Die Materialisten werden auf ihrem unsichern Gange mehr durch die Strömung des Blutes, als durch das Licht des Gedankens geleitet, und immer tritt ihnen der Zweifel in den Weg; denn der Verstand eines redlichen Menschen, und wäre er der erste seines Landes, wäre er Goethe, ist nie höher als bis zum Zweifel gekommen. Der Zweifel aber stimmt das Herz zur Duldung und wendet es vom Opfer ab. In den Künsten, in den Wissenschaften, wie in der Politik ist das Opfer die Grundlage jedes dauernden Werkes, jedes großartigen Strebens. Das will man nicht mehr; man wirft dem Christenthume vor, daß es die Selbstverleugnung predige, aber dadurch tadelt man die Tugend. Die Priester Jesu Christi öffnen der Menge einen Weg, der nur auserwählten Seelen bekannt war. Wer vermag zu sagen, wohin die Völker gebracht werden, die so gefährlichen Lehrern folgen?

Der Eindruck, welchen der Kreml, von außen gesehen, auf mich machte, bleibt sich noch immer gleich; seine seltsamen Gebäude, seine ungeheuren Wälle, die Menge von Spitzbogen, Gewölben, Thürmen und Zinnen, die man bei jedem Schritte bemerkt, welchen man um dieses fabelhafte Gebäude herum thut; die ungeheure Größe aller dieser Dinge, die Massenhaftigkeit, die Risse in den Mauern machten immer von Neuem tiefen Eindruck auf mich. Die ungleichen Außenmauern, welche auf= und niederlaufen, um den Höhen und Thälern zu folgen, die so zahlreichen Stockwerke von Gebäuden in seltsamem Style, die auf einander ruhen, machen eine der originellsten und poetischesten Decorationen in der Welt und ich muß es noch einmal wiederholen, ich vermag Ihnen diese Wunder nicht zu schildern; es gebricht mir an Worten, um die Wirkung zu beschreiben; es sind Dinge, über welche nur die Augen urtheilen können.

Wie aber soll ich Ihnen meine Ueberraschung beschreiben, als ich in das Innere dieser Zauber=Stadt eintrat und mich dem modernen Gebäude näherte, welches man den Schatz nennt und das als kleiner Palast mit spitzen Winkeln, geraden Linien, griechischen Frontons und corinthischen Säulen vor mir stand? Diese kalte kleinliche Nachahmung des

Antiken, auf die ich hätte vorbereitet sein sollen, kam mir so lächerlich vor, daß ich einige Schritte zurückprallte und meinen Begleiter um die Erlaubniß bat, unsern Besuch im Schatze zu verschieben, — weil ich erst noch einige Kirchen bewundern wollte. Ich sollte nun wohl, seit ich in Rußland bin, daran gewöhnt sein, überall das Unpassendste zu finden, was der schlechte Geschmack der kaiserlichen Baumeister erfinden kann, aber diesmal war die Dissonanz zu schreiend.

Wir begannen also unsere Musterung mit einem Besuche in der Kathedrale. Diese Kirche besitzt eines der zahllosen Gemälde der Jungfrau Maria, welche die guten Christen aller Länder dem Apostel Lucas zuschreiben. Das Gebäude erinnert mehr an die sächsischen und normännischen, als an unsere gothischen Kirchen. Sie ist das Werk eines italienischen Baumeisters des 15. Jahrhunderts. Er wurde nach Moskau durch einen der Großfürsten berufen, weil die Russen damals bei dem Bauen die Beihilfe Fremder nicht entbehren konnten. Die Kirche war mehrmals über den unwissenden Arbeitern zusammengestürzt, welche die noch unwissendern Baumeister beschäftigten, und nach zweijährigen nutzlosen Versuchen wendete man sich endlich an die Italiener. Der, welcher nach Moskau berufen wurde, diente nur dazu, den Bau fest zu machen; in Bezug auf den Styl der Verzierungen mußte er sich dem herrschenden Geschmacke unterwerfen. Die Wölbungen sind hoch, die Mauern stark, das Ganze aber ist verworren, weder großartig, noch schön.

Ich kenne die Regel nicht, welche die griechisch-russische Kirche in Bezug auf den Bildercultus vorschreibt; sieht man aber diese Kirche, die ganz mit geschmacklosen Freskogemälden in dem steifen, monotonen Style bedeckt ist, welchen man den modern-griechischen nennt, weil sich die Vorbilder desselben in Byzanz befanden, so fragt man sich, welche Figuren und welche Gegenstände in den russischen Kirchen nicht dargestellt werden dürfen? Offenbar verbannt man aus den Gotteshäusern nur die guten Gemälde.

Als wir an der Jungfrau des heiligen Lucas vorüber gingen, versicherte mich mein italienischer Cicerone, sie sei wirklich ächt; auch setzte er mit dem Glauben eines Muschick hinzu: „Signore, Signore, è il paese dei miracoli" — (es ist das Land der Wunder). — Ich glaube es auch, denn die Furcht ist wirklich die größte Wunderthäterin. Merkwürdig, daß man durch eine vierzehntägige Reise in das Europa vor vierhundert Jahren gelangen kann! Ja, selbst im Mittelalter fühlte bei uns der Mensch seine Würde mehr, als er sie heute in Rußland fühlt. Fürsten, so schlau und falsch wie die russischen Helden des Kreml, würden bei uns nie „groß" genannt worden sein.

Der Ikonostas dieser Kathedrale ist von dem Fußboden der Kirche an bis in die Spitze der Wölbung hinauf reich gemalt und vergoldet. Der Ikonostas ist in den griechischen Kirchen eine Scheidewand, ein hoher Schirm zwischen dem stets durch Thüren verborgenen Allerheiligsten und dem Theile der Kirche, in welchem sich die Gläubigen befinden; hier reicht diese Scheidewand bis an die Decke des Gebäudes hinauf und ist prachtvoll verziert. Die ziemlich viereckige, sehr hohe Kirche ist so klein, daß man in ihr in einem Gefängnisse hin und her zu gehen glaubt.

Diese Kathedrale enthält die Gräber vieler Patriarchen; auch sehr reiche Heiligenschreine und berühmte Reliquien finden sich da, welche aus Asien daher gebracht wurden. Im Detail betrachtet, ist das Gebäude nichts weniger als schön, im Ganzen hat es aber etwas Imposantes. Man fühlt nicht Bewunderung, sondern Traurigkeit, und das ist viel; die Traurigkeit öffnet der Seele die religiösen Gefühle, denn an wen soll man sich wenden, wenn man leidet? In den großen Bauwerken, welche die katholische Kirche aufgeführt hat, findet man freilich mehr als die christliche Traurigkeit, man findet auch den Triumphgesang des siegreichen Glaubens.

Die Sakristei enthält Merkwürdigkeiten, die aufzuzählen für Sie zu langweilig sein würde; erwarten Sie von mir kein Verzeichniß der Reichthümer Moskaus, keinen Katalog seiner Gebäude. Ich erwähne blos, was mir aufgefallen ist; im Uebrigen verweise ich Sie auf Laveau und Schnitzler (— der deutsche Leser ist auf Kohl zu verweisen —) und auf einen Nachfolger, denn gewiß wird Rußland bald von einem Reisenden durchforscht, da es unmöglich noch lange so unbekannt bleiben kann, wie es ist.

Der Thurm Johanns des Großen, Iwan Welikoï, befindet sich auch im Kreml. Er ist das höchste Gebäude der Stadt und seine Kuppel, nach der russischen Sitte, mit Ducatengold vergoldet. Wir gingen vor diesem reichen Thurme von seltsamer Bauart, der ein Gegenstand der Verehrung für die russischen Bauern ist, vorüber. Alles ist heilig in Moskau!

Man zeigte mir im Vorbeigehen die Kirche Spaßnaboru (des Erlösers im Walde), die älteste von Moskau, dann eine Glocke, an welcher ein Stück fehlt, die größte in der Welt, glaube ich; sie liegt am Boden und bildet allein eine Kuppel. Sie wurde, wie man erzählt, nach einem Brande, bei dem sie herabgefallen war, unter der Regierung der Kaiserin Anna umgegossen. Der Herr v. Montferrand, der französische Architect, der die Isaakskirche in St. Petersburg baut, hat die Glocke aus der Erde, in die sie eingesunken war, herausgehoben. Das Gelingen dieser Operation, welche mehrere Versuche erforderte und viel Geld kostete, macht ihm Ehre.

Wir haben ferner zwei Klöster, ebenfalls innerhalb des Kremls, besucht, das der Wunder, welches zwei Kirchen mit heiligen Reliquien besitzt, und das Himmelfahrtskloster, in welchem sich die Gräber mehrerer Czarinnen, unter andern das der Helene, der Mutter Iwans des Schrecklichen, befinden. Sie war seiner würdig. Auch einige Gemahlinnen dieses Fürsten sind da begraben. Die Kirchen des Himmelfahrtsklosters setzen die Fremden durch ihren Reichthum in Erstaunen.

Endlich wagte ich mich an die griechischen Peryftile und die corinthischen Colonnaden des Schatzes und stieg in das glorreiche Arsenal hinauf, wo, wie in einem Curiositätencabinet, die interessantesten historischen Denkmäler Rußlands aufgestellt sind.

Welche Sammlung von Rüstungen, Waffen und Nationalschätzen! Welche Menge von Thronen und Kronen in einem einzigen Raume! Die Art, wie diese Gegenstände geordnet sind, erhöhet noch den Eindruck, den sie hervorbringen. Man muß den Geschmack in der Decoration und mehr noch den politischen Verstand bewundern, welche bei der wohl etwas stolzen Auffstellung so vieler Insignien und Trophäen waltet; aber der patriotische Stolz ist der ehrenwertheste von allen. Man verzeiht der Leidenschaft, welche so viele Pflichten erfüllen hilft. Es liegt da eine tiefe Idee, deren Symbol die Dinge sind.

Die Kronen liegen auf Kissen auf Piedestalen und die Throne stehen an den Wänden hin auf eben so vielen Estraden. Es fehlt bei dieser Heraufbeschwörung der Vergangenheit nur die Anwesenheit der Männer, für die alle diese Dinge gemacht wurden, und ihre Abwesenheit ist so gut als eine Predigt über die Vergänglichkeit alles Irdischen. Der Kreml ohne seine Czare ist eine Bühne ohne Licht und Schauspieler.

Die ehrwürdigste, wenn nicht die imposanteste der Kronen ist die Monomachs, die im Jahre 1116 aus Byzanz nach Kiew gebracht wurde.

Eine andere Krone wird ebenfalls Monomach zugeschrieben, von Mehreren aber für noch älter gehalten. Dann folgen Kronen über Kronen, die aber alle der kaiserlichen Krone untergeordnet sind. Man zählt da die Kronen der Königreiche von Kasan, von Astrachan und Georgien, und der Anblick dieser Satelliten des Königthums, die in ehrerbietiger Ferne von dem Sterne gehalten werden, der sie alle beherrscht, ist merkwürdig imposant. Alles wird in Rußland zum Sinnbilde; es ist ein poetisches Land, — poetisch wie der Schmerz. Was kann es Beredteres geben, als die Thränen, die im Innern fließen und auf das Herz zurückfallen? Auch die Krone von Sibirien befindet sich unter so vielen andern Kronen, sie ist von russischer Arbeit und ein imaginäres Zeichen, das hier niedergelegt wurde, um eine große historische That zu erwähnen, welche durch handeltreibende und kriegerische Abenteurer unter der Regierung Iwans IV. vollbracht wurde, in der Zeit, aus welcher sich nicht die Entdeckung, aber die Eroberung Sibiriens datirt. Alle diese Kronen sind mit den kostbarsten und größten Edelsteinen in der Welt bedeckt. Die Eingeweide jenes trostlosen Landes öffneten sich, um dem Stolze des Despotismus, dessen Asyl er ist, eine Nahrung zu liefern.

Der Thron und die Krone Polens strahlen auch an diesem stolzen kaiserlichen und königlichen Firmamente. So viele Juwelen in einem so kleinen Raume funkelten vor meinen Blicken wie ein Pfauenrad. „Welche blutige Eitelkeit!"

dachte ich bei jedem neuen Wunder, vor dem mich mein
Führer stehen zu bleiben nöthigte.

Die Krone Peters I., Katharina's I. und Elisabeths fielen
mir besonders auf; welches Gold! welche Diamanten! und —
Staub! Die Reichsäpfel, die Throne und Scepter, Alles ist
hier vereint, um von der Größe der Dinge und der Nichtig=
keit des Menschen zu zeugen, und wenn man bedenkt, daß
diese Nichtigkeit sich bis auf die Reiche erstreckt, so weiß
man nicht mehr, an welchem Zweige man sich auf dem
Strome der Zeit anklammern soll.

Warum sich an eine Welt hängen, wo die Form das
Leben ist und keine Form dauert? Wenn Gott kein Para=
dies geschaffen hätte, es würden sich so stark gestählte See=
len gefunden haben, um diese Lücke der Schöpfung auszu=
füllen. — Der platonische Gedanke einer unveränderlichen
und rein geistigen Welt, der ideale Typus aller Welten, ist
mir so viel werth, als die Existenz einer solchen Welt selbst.
Wie könnten wir glauben, daß Gott minder fruchtbar, min=
der reich, minder mächtig, minder gerecht sei als das Hirn
eines Menschen? Unsere Einbildung würde über die Grenzen
des Werkes des Schöpfers, von dem wir den Gedanken ha=
ben, hinausreichen. Ach, das ist unmöglich, — darin liegt
ein Widerspruch. Man hat gesagt, der Mensch habe Gott
nach seinem Bilde erschaffen; ja, wie ein Kind mit bleiernen
Soldaten Krieg führt; aber gnügt dieses Spiel nicht als
Beweis für die Geschichte? Würden ohne Turenne, ohne
Friedrich II. und Napoleon unsere Kinder Schlachten spielen?

Die nach Art Benvenuto Cellini's ciselirten Geschirre, die
mit Edelsteinen besetzten Becher, die Waffen, die Rüstungen,
die kostbaren Stoffe, die seltnen Stickereien, das Glaswerk
aus allen Ländern und Zeiten sind im Ueberfluß in dieser
bewunderungswürdigen Sammlung vorhanden, die ein ächter

Neugieriger in einer Woche nicht mustern würde. Ich sah da außer den Thronen und Thronsesseln aller rufsischen Fürsten aller Jahrhunderte das Geschirr ihrer Pferde, ihre Kleidungsstücke, ihre Geräthe, und diese mehr oder minder reichen, mehr oder minder seltenen Dinge blendeten meine Augen. Sie werden bei meiner Schilderung an „Tausend und eine Nacht" denken; desto besser, ich habe kein anderes Mittel, Ihnen diesen fabelhaften Ort zu beschreiben.

Aber das Interesse der Geschichte erhöhet die Wirkung so vieler Wunder noch mehr. Wie viele merkwürdige Thatsachen sind hier malerisch verzeichnet und durch ehrwürdige Reliquien bestätiget! Von dem Helme des heiligen Alexander Newski bis zu der Trage, auf welcher Karl XII. in Pultawa getragen wurde, bietet jeder Gegenstand eine interessante Erinnerung, eine seltsame Thatsache. Dieser Schatz ist das wahre Album der Riesen des Kreml.

Als ich die Musterung dieser stolzen Ueberreste der Zeit beendigte, erinnerte ich mich plötzlich einer Stelle im Montaigne, die ich hierher setze, um diese Schilderung der Pracht in dem moskowitischen Schatze durch einen merkwürdigen Contrast zu vervollständigen. Sie wissen, daß ich nie ohne Montaigne reise:

„Der Fürst von Moskovien war sonst den Tartarn „diese Ehrfurchtsbezeigung schuldig, wenn sie Gesandte zu „ihm schickten, denen er zu Fuße entgegen ging und den „Becher mit Stutenmilch (ein Lieblingsgetränk für sie) reichte. „Wenn bei dem Trinken ein Tropfen auf das Haar ihrer „Pferde fiel, mußte er ihn mit seiner Zunge auflecken.

„In Rußland wurde das Heer, welches der Kaiser Ba„jazet dahin gesandt hatte, von einem so entsetzlichen Schnee„gestöber überfallen, daß Mehrere, um sich zu bergen und

„sich vor der Kälte zu sichern, ihre Pferde erschlugen und
„ausweideten, um hinein zu kriechen und sich zu erwärmen."

Ich erwähne das Letztere, weil es an die bewunderns=
würdige und schreckliche Beschreibung erinnert, die Segur
in seiner „Geschichte des russischen Feldzuges" von dem
Schlachtfelde an der Moskwa entwirft. Jenen von Montaigne
angeführten Beweis der Unterthänigkeit erwähnt Segur eben=
falls in seiner „Geschichte Rußlands und Peters des Großen."

Der Kaiser aller Reußen, mit allen seinen Thronen und
in allem seinem Stolze, ist doch nur der Nachfolger jener
Großfürsten, die wir im 16. Jahrhundert so gedemüthigt
sehen, ja er ist ihnen nach bestreitbarem Rechte gefolgt, denn,
die Erwählung der Trubetzkoi's zu geschweigen, welche durch
die Intriguen der Familie Romanow und deren Freunde
annullirt wurde, die Kinder Katharina's II. konnten nur
durch die Verbrechen mehrerer Fürstengenerationen auf den
Thron gelangen. Man verheimlicht deshalb den Russen
nicht ohne Grund die Geschichte Rußlands und möchte sie
der ganzen Welt verheimlichen. Die starren politischen Grund=
sätze eines Fürsten, der auf einem Throne mit solchen Grund=
lagen sitzt, gehören demnach gewiß nicht zu den geringsten
Seltsamkeiten der Geschichte unserer Zeit. Zur Zeit, als die
Großfürsten von Moskau kniend das schmachvolle Joch tru=
gen, welches ihnen die Mongolen auferlegt hatten, blühte in
Europa der ritterliche Sinn, namentlich in Spanien, wo
für die Ehre und Freiheit der Christenheit das Blut in
Strömen floß. Ich glaube nicht, daß man, trotz der Roh=
heit des Mittelalters, in dem westlichen Europa einen ein=
zigen König gefunden hätte, der im Stande gewesen wäre,
die Souveränität dadurch zu entehren, daß er nach den
Bedingungen regierte, welche den Großfürsten von Moskovien
im 13., 14. und 15. Jahrhunderte durch die Tartarn, ihre

Herren, auferlegt wurden. Lieber die Krone verlieren, als die königliche Majestät erniedrigen, hätte ein französischer, ein spanischer Fürst oder jeder andre König des alten Europa gesagt. Aber in Rußland ist der Ruhm noch jung wie alles übrige. Die Zeit, welche die Invasion dauerte, spaltet die Geschichte dieses Landes in zwei sehr verschiedene Epochen: die Geschichte der unabhängigen Slawen und die Geschichte der Russen, wie sie durch eine dreihundertjährige Sclaverei für die Tyrannei gebildet wurden. Und diese beiden Völker haben eigentlich mit den alten Stämmen unter den Varägern nichts gemein als den Namen.

Im Erdgeschosse des Schatzpalastes zeigte man mir die Paradewagen der Kaiser und Kaiserinnen von Rußland. Auch die alte Carrosse des letzten Patriarchen befindet sich unter dieser Sammlung. Mehrere Fensterscheiben dieses Wagens sind von Horn. Er ist eine ächte Reliquie und keiner der uninteressantesten Gegenstände des stolzen historischen Garde=Meuble im Kreml.

Man zeigte mir den kleinen Palast, welchen der Kaiser bewohnt, wenn er in den Kreml kommt, und ich fand da nichts, was bemerkenswerth gewesen wäre, außer ein Gemälde der letzten polnischen Königswahl. Dieser unruhige Reichstag, der Poniatowski auf den Thron und Polen unter das Joch brachte, ist durch einen französischen Maler dargestellt, dessen Namen ich nicht erfahren konnte.

An andern Orten erwarteten mich noch andere Merkwürdigkeiten: ich besah den Senat, die kaiserlichen Paläste, den ehemaligen Palast des Patriarchen, welche nichts Interessantes haben als ihre Namen, endlich auch den kleinen eckigen Palast, der sehr niedlich ist und einigermaßen an die Meisterwerke der maurischen Baukunst erinnert. Er zeichnet sich durch seine Zierlichkeit inmitten der plumpen

Masse umher aus und man könnte ihn einen Karfunkel nennen, der in Bausteine gefaßt ist. Dieser Palast enthält mehrere Stockwerke und die untern sind größer als die, welche sie tragen, was die Terrassen vervielfältigt und dem ganzen Gebäude eine pyramidale Form von sehr malerischem Aussehen giebt. Jedes Stockwerk tritt von dem untern zurück und das letzte, die Spitze der Pyramide, ist nur ein kleiner Pavillon. Das Innere ist neu meublirt, gemalt und überhaupt restaurirt worden und zwar nicht ohne Geschick.

Es ist unmöglich, den Contrast zu schildern, welchen so viele verschiedene, auf einem einzigen Punkte, dem Mittelpunkte einer ungeheuren Stadt, zusammengehäufte Gebäude hervorbringen, und den Eindruck zu beschreiben, den in diesem Labyrinthe jener kleine Palast macht, der neuerdings restaurirt worden ist, dessen Verzierungen aber einem alten Style angehören, welcher sich dem gothischen nähert und mit arabischem vermischt ist; hier griechische Tempel, dort gothische Burgen, weiterhin indische Thürme, chinesische Pavillons, Alles bunt in einem Raume zusammengedrängt, den cyclopische Mauern umschließen!

Die Worte malen die Gegenstände nur durch die Erinnerungen, die sie wecken; aber keine Ihrer Erinnerungen kann Ihnen behilflich sein, wenn Sie sich den Kreml vorstellen wollen. Man muß Russe sein, um eine solche Bauart zu begreifen.

Das untere Stockwerk jenes kleinen Meisterwerks wird fast ganz durch ein ungeheures Gewölbe eingenommen, das auf einem einzigen Pfeiler in der Mitte ruht. Dies ist der Thronsaal, in den sich die Kaiser begeben, wenn sie nach ihrer Krönung aus der Kirche kommen. Hier erinnert Alles an die Pracht der alten Czaren und die Phantasie muß sich nothwendig in die Zeit der Regierung der Iwan und Alexis zurückversetzen; es ist völlig russisch. Die ganz neuen Gemälde, welche die Wände dieses Palastes bedecken, scheinen geschmackvoll zu sein. Das Ganze erinnert an die Abbildungen des Porzellanthurmes zu Pekin.

Diese Gebäudegruppe macht den Kreml zu einer der theatralischesten Decorationen der Welt, aber keines der in diesem russischen Forum auf einander gethürmten Gebäude würde eine Prüfung bestehen, eben so wenig als eines von denen, die in der übrigen Stadt zerstreut sind. Bei dem ersten Anblicke macht Moskau den außerordentlichsten Eindruck; für einen Courier, der im Galopp an den Mauern aller ihrer Kirchen, Klöster, Paläste und Castelle hinjagt, die keineswegs in reinem Geschmacke sind, die man aber von weitem für den Aufenthalt übernatürlicher Wesen hält, würde sie die schönste Stadt sein.

Leider baut man jetzt im Kreml einen neuen Palast, um die ehemalige Wohnung des Kaisers bequemer zu machen. Aber hat man sich gefragt, ob diese Verbesserung das in der Welt einzige Ganze der alten Gebäude der heiligen Feste nicht verdirbt? Die jetzige Wohnung des Kaisers ist ärmlich und beschränkt, ich gebe es zu, aber um diesem Uebelstande abzuhelfen, vergreift man sich an den ehrwürdigsten Gebäuden des alten Nationalheiligthums; das ist eine Profanation. Ich hätte an der Stelle des Kaisers meinen neuen Palast lieber in die Luft gehangen, ehe ich einen Stein von den alten Wällen des Kremls verrückte.

Als der Kaiser in Petersburg mit mir über diese Arbeiten sprach, sagte er, sie würden Moskau verschönern; das bezweifele ich, dachte ich; es ist als wollte man die Geschichte ausschmücken. Die Architectur der alten Feste entsprach allerdings den Regeln der Kunst nicht; aber sie war der Ausdruck der Sitten, der Handlungen und Ideen eines

Volkes und einer Zeit, welche die Welt nie wiedersehen wird; das war heilig wie das Unwiderrufliche. Es trug den Stempel einer über dem Menschen stehenden Macht an sich, der Macht der Zeit. Aber in Rußland legt die Gewalt ihre Hand an Alles. Der Kaiser, der in meinen Zügen wahrscheinlich einen Ausdruck des Bedauerns sah, verließ mich mit der Versicherung, sein neuer Palast würde viel größer und den Bedürfnissen seines Hofes entsprechender werden, als der alte. Dieser Grund schlägt hier zu Lande Alles nieder.

In den Raum des neuen Palastes schließt man die kleine Kirche des Erlösers im Walde ein. Dieses ehrwürdige Heiligthum, das älteste im Kreml und in Moskau, glaube ich, wird also unter den schönen glatten weißen Mauern verschwinden, mit denen man es umgiebt, zum großen Bedauern der Freunde der alterthümlichen und malerischen Ansichten.

Diese Profanation geschieht übrigens mit einer spöttischen Ehrfurcht, die sie mir noch verhaßter macht; man rühmt sich nämlich, daß man das alte Gebäude stehen lasse. Es wird nicht abgetragen, aber in einem Palaste lebendig begraben. Dies Mittel wendet man hier an, um den offiziellen Kultus der Vergangenheit mit der neuerdings aus England entlehnten Vorliebe für das Comfort zu vereinigen. Eine solche Art, die nationale Stadt der Russen zu verschönern, ist Peters des Großen vollkommen würdig. War es nicht genug, daß der Gründer der neuen Hauptstadt die alte verließ? Nun zerstören sie seine Nachfolger gar unter dem Vorwande, sie zu verschönern.

Der Kaiser Nicolaus konnte einen persönlichen Ruhm werben; er brauchte nur, statt auf dem von einem Andern vorgezeichneten Wege sich fortzuschleppen, den verbrannten Winterpalast in Petersburg zu verlassen und seine kaiserliche

Residenz wieder und für immer in dem Kreml zu nehmen, wie er ist. Dann hätte er für die Bedürfnisse seines Hauses und für die großen Hoffeste außerhalb des heiligen Raumes alle Paläste bauen können, die er für nöthig gehalten. Durch diese Rückkehr hätte er den Fehler des Czar Peter wieder gut gemacht, der, statt seine Bojaren in den Schauspielsaal zu ziehen, den er für sie an der Ostsee baute, sie zu Hause hätte civilisiren können und sollen, indem er die bewundernswürdigen Elemente benutzte, welche die Natur ihm und ihnen zur Verfügung gestellt hatte; Elemente, die er mit einer Nichtachtung und einer Leichtfertigkeit verkannte, welche eines überlegenen Mannes, der er in gewisser Hinsicht war, nicht würdig sind. Bei jedem Schritte, den der Fremde auf der Straße von Petersburg nach Moskau vorwärts thut, wird Rußland mit seinem grenzenlosen Gebiete, mit seinen unermeßlichen Ackerbauhilfsmitteln, in dem Maße größer, wie Peter der Große kleiner wird. Monomach, im 11. Jahrhundert, war ein ächt russischer Fürst; Peter I. im 18ten ist, wegen seiner falschen Vervollkommnungsmethode, nur ein Nachtreter der Holländer, ein Nachahmer der Civilisation, die er wie ein Wilder ängstlich genau copirt. Rußland wird entweder das nicht erfüllen, was sein Geschick zu sein scheint, oder Moskau wird einst wieder die Hauptstadt des Reiches; Moskau allein besitzt den Keim der Unabhängigkeit und russischen Originalität. Hier liegt die Wurzel des Baumes, hier muß er seine Früchte tragen; der gepfropfte Baum wird nie so kräftig wie der aus Samen hervorgewachsene.

Wenn ich jemals den Thron Rußlands majestätisch wieder auf seiner wahren Basis, in der Mitte des russischen Reiches, in Moskau, aufgestellt sähe; wenn Petersburg seinen Gips und seine Vergoldung wieder in Staub verfallen und in den Sumpf versinken ließe und wieder würde, was es immer hätte sein sollen, ein Kriegshafen von Granit, ein prächtiger Stapelplatz des Handels zwischen Rußland und dem Westen, während auf der andern Seite Kasan und Nischnei den Handel zwischen Rußland und dem Osten vermittelten, dann würde ich ausrufen: die slawische Nation triumphirt durch gerechten Stolz über die Eitelkeit ihrer Führer, lebt endlich ein eigenes Leben und verdient das Ziel ihres Ehrgeizes zu erreichen; Constantinopel erwartet sie; dort werden die Künste und der Reichthum auf natürliche Weise die Anstrengungen eines Volkes belohnen, das berufen ist, um so größer, um so ruhmvoller zu werden, je länger es unbeachtet und ergeben war.

Kann man sich die Majestät einer Hauptstadt inmitten einer Ebene von mehreren tausend Stunden denken; einer Ebene, welche von Persien bis nach Lappland, von Astrachan und dem caspischen Meere bis an den Ural und das weiße Meer mit seinem Hafen Archangel reicht, dann wieder zu den Ländern hinabsteigt, die von Natur bewohnbarer sind, die Ostsee begrenzt, wo Petersburg und Kronstadt liegen, die beiden Arsenäle Moskaus, und sich endlich nach Westen und nach Süden, von der Weichsel bis zum Bosporus erstreckt! Dort werden die Russen erwartet; Constantinopel ist die Communicationspforte zwischen Moskau, der heiligen Stadt der Russen, und der Welt! Gewiß, die Majestät dieser kaiserlichen Stadt mit allen ihren Filialen nach allen vier Himmelsgegenden hin wäre unter allen Mächten der Welt imposant und würde das stolze Sinnbild der Kronen im Kremlschatze rechtfertigen.

Der Kaiser Nicolaus hat, trotz seinem praktischen Verstande und seinem Scharfblicke, das beste Mittel, ein solches Ziel zu erreichen, nicht erkannt; er kommt zwar bisweilen in den Kreml, aber das genügt nicht; er hätte die Nothwendigkeit erkennen sollen, da für immer zu bleiben. Hat er sie erkannt, so besitzt er die Kraft nicht, in ein solches Opfer sich zu fügen, und das ist ein Fehler. Unter Alexander verbrannten die Russen Moskau, um das Reich zu retten; unter Nicolaus verbrannte Gott den Palast in Petersburg, um das Schicksal Rußlands zu fördern, aber Nicolaus antwortete dem Rufe der Vorsehung nicht. Rußland wartet noch! Statt wie eine Zeder in dem alleinigen Boden sich einzuwurzeln, der ihm günstig ist, gräbt er diesen Boden um und baut Ställe und einen Palast darauf. Er will, sagt er, auf seinen Reisen bequemer wohnen, und in diesem kleinlichen Interesse vergißt er, daß jeder Stein der National-Feste für den wahren Russen ein Gegenstand der Verehrung ist oder doch sein sollte. Ihm, dem Herrscher, welchem das Volk abergläubisch gehorcht, kam es nicht zu, die Ehrfurcht der Russen für das einzige wahrhaft nationale Gebäude zu erschüttern, das sie besitzen. Der Kreml ist das Werk des russischen Genius, aber dieses unregelmäßige, pittoreske Wunderwerk, der Stolz so vieler Jahrhunderte, wird endlich das Joch der modernen Kunst auf sich nehmen; es herrscht noch immer der Geschmack Katharina's II. über Rußland.

Diese Frau, die, trotz ihrem umfassenden Geiste, von den Künsten und der Poesie nichts verstand, hat, nicht zufrieden, das Land mit unförmigen Gebäuden bedeckt zu haben, die nach den Meisterwerken des Alterthums copirt waren, einen Plan hinterlassen, wie die Façade des Kreml regelmäßiger zu machen wäre, und ihr Enkel führt diesen monströsen Plan zum Theil aus; ebene weiße Flächen, steife Linien, rechte Winkel ersetzen das Volle und das Leere, worin die Schatten und das Licht spielten; die Terrassen, die Außentreppen, die Rampen, die bewundernswürdigen Vorsprünge und Vertiefungen, welche überraschten und dem Auge gefielen, die bemalten Wände, die mit maurischen Ziegeln belegten Façaden, Alles wird verschwinden. Ob man sie abträgt, begräbt oder abkratzt, das bleibt sich gleich, genug sie werden schönen glatten Mauern, schönen Reihen hübscher viereckiger Fenster und großen Eingangspforten weichen! Nein, Peter der Große ist noch nicht todt; in Regimenter getheilte Tataren setzen unter ihrem Oberhaupte, das herumreiset gleich ihm, dem Czar Peter, der ebenso Europa nachahmt und copirt, während er sich stellt, als verachte er es, das Werk der Barbarei, die man Civilisation nennt, fort, getäuscht durch das Wort eines Gebieters, welcher das Uniforme zur Devise und die Uniform zum Sinnbild gewählt hat.

Es giebt also keine Künstler in Rußland, keine Architecten; Alle, die noch ein Gefühl für das Schöne behielten, sollten sich vor dem Kaiser auf die Kniee werfen und ihn um Gnade für den Kreml bitten. Was der Feind nicht vermochte, vollbringt der Kaiser selbst; er zerstört die heiligen Mauern, von denen die Minen Napoleons kaum eine Ecke abzusprengen vermochten.

Und ich bin in dem Kreml gekommen, um dieses historische Wunderwerk verderben zu sehen; ich wohne dem gottlosen Werke bei, ohne einen einzigen Schmerzenslaut hören zu lassen, ohne im Namen der Geschichte, im Namen der Künste und des Geschmackes die Erhaltung der alten Gebäude zu fordern, die unter den verunglückten Entwürfen der modernen Architectur verschwinden sollen. Ich protestire, aber im Stillen, in Frankreich und klage über dieses Verbrechen an der Majestät der Nationalität, über dieses Verbrechen am guten Geschmack, über diese Nichtachtung der Geschichte, und wenn einige Männer, die geistvoller und gelehrter, als die hiesigen gewöhnlich sind, mich anzuhören wagen, so wagen sie mir zu antworten: der Kaiser verlangt, daß seine neue Residenz bequemer sei als die alte; worüber beschweren Sie sich? (Das Wort „bequem" ist das heilige Wort des russischen Despotismus.) Er hat befohlen, daß sie an der Stelle des Palastes seiner Ahnen erbaut werde, und es wird also nichts verändert.

Das ist der Muth, den die Furcht den ausgezeichnetsten Geistern giebt: der Muth des Absurden! Ich antworte klüglicher Weise nichts darauf, weil ich fremd bin und also weniger dabei betheiligt, als es die Eingebornen sein sollten. Wäre ich ein Russe, ich vertheidigte jeden einzelnen Stein dieser alten Mauern und die zauberischen Thürme der Feste der Iwan, ja ich zöge den Kerker unter der Newa oder die Verbannung der Schmach vor, ein stummer Mitschuldiger dieses kaiserlichen Vandalismus zu sein! Der Märtyrer des guten Geschmacks würde einen ehrenvollen Platz unter den Märtyrern des Glaubens haben; die Künste sind auch eine Religion und in unsern Tagen ist sie nicht die minder mächtige, die minder verehrte.

Die Aussicht, die man von der Terrasse des Kremls herab hat, ist prachtvoll und man muß sie besonders Abends bewundern. Ich bin allein an den Fuß des Thurmes Iwans des Großen, des Thurmes Welikoï zurückgekehrt, der, glaube ich, der höchste im Kreml und in Moskau ist. Von da sah ich die Sonne untergehen und ich werde oft wieder hier erscheinen, denn in Moskau interessirt mich nichts so sehr als der Kreml.

Die neuen Aufpflanzungen, mit denen man seit einigen Jahren den größten Theil der Wälle umgeben hat, sind eine sehr geschmackvolle Zierde. Sie verschönern die Kaufmannsstadt, die ganz moderne Stadt und fassen gleichzeitig den

Kreml der alten Russen ein. Die Bäume erhöhen die pittoreske Wirkung der alten Mauern. Es giebt ungeheure Räume in der Dicke der Mauern dieses fabelhaften Schlosses; man sieht da Treppen, deren Kühnheit und Höhe in Erstaunen setzen; man verfolgt da mit dem Auge eine ganze Welt von Todten, die man im Geiste wieder auferstehen läßt und die auf den Stufen heruntersteigen, sich auf die Lehnen stützen oben auf den alten Thürmen, welche von staunenswerth-kühnen und dauerhaften Gewölben getragen werden; von da aus überschauen sie die Welt mit dem kalten verächtlichen Blicke des Todes. Je mehr ich diese ungleichen Massen von endlos verschiedener Form betrachte, um so mehr bewundere ich die biblische Bauart und die poetischen Bewohner.

Wenn die Sonne hinter den Bäumen des Gartens verschwindet, beleuchten ihre Strahlen die Spitzen der Thürmchen des Palastes und der Kirche noch, die an dem Dunkelblau des Himmels glänzen. Es ist ein zauberhaftes Bild.

In der Mitte der Promenade, die sich außen um die Wälle herumzieht, befindet sich ein Gewölbe, das ich Ihnen bereits beschrieben habe, das mich aber wieder in Erstaunen setzt, als sähe ich es zum ersten Male. Es ist ein riesenhaftes Souterrain. Man verläßt eine Stadt mit unebenem Boden, eine Stadt, die von Thürmen starrt, welche sich bis in die Wolken erheben, und gelangt in einen bedeckten dunkeln Weg hinein. In diesem unterirdischen dunkeln Gewölbe mit langem kaltem Gange steigt man aufwärts; ist man oben angekommen, so befindet man sich wieder unter dem Himmel und überblickt einen andern Theil der Stadt, der bis dahin unbemerkt blieb, mit dem belebten Staube der Promenade sich vermischt und an einem durch die Hitze halb eingetrockneten Flusse, der Moskwa, sich hinzieht. Wenn die letzten

Strahlen der Sonne dem Verlöschen nahe sind, sieht man das noch in dem Flußbette übrig gebliebene Wasser eine Feuerfarbe annehmen. Denken Sie sich nun diesen natürlichen Spiegel eingerahmt von anmuthigen Hügeln, die wie der Rahmen eines Bildes an das Ende der Landschaft verwiesen sind; es ist imposant! Mehrere dieser fernen Gebäude, unter andern das Findelhaus, sind groß wie eine Stadt; es sind mildthätige Anstalten, Schulen, fromme Stiftungen. Denken Sie sich die Moskwa mit ihrer steinernen Brücke, denken Sie sich die alten Klöster mit ihren unzähligen Spitzen, mit ihren kleinen Metallkuppeln, die über der heiligen Stadt ewig betende Priesterriesen vorstellen; denken Sie sich dazu das sanfte Klingen der Glocken, deren Klang in diesem Lande ganz besonders harmonisch ist, ein frommes Gemurmel, das zu der Bewegung einer ruhigen und doch zahlreichen Menge paßt, die fortwährend durch das stille und schnelle Vorüberellen der Pferde und Wagen belebt wird, deren Zahl in Moskau wie in Petersburg groß ist, — und Sie werden eine Vorstellung von dem Untergange der Sonne in dem Staube dieser alten Stadt haben. Alles dies trägt dazu bei, daß Moskau an jedem Sommerabende eine in der Welt einzige Stadt ist. Sie ist weder Europa, noch Asien, sondern Rußland und zwar das Herz Rußlands.

Jenseits der Krümmungen der Moskwa, über den beleuchteten Dächern und dem flimmernden Staube der Stadt erblickt man den Sperlingsberg. Von der Höhe auf dieser Seite erblickten unsere Soldaten Moskau zum ersten Male.

Welche Erinnerung für einen Franzosen! Während ich alle Theile dieser großen Stadt überschaute, suchte ich vergebens einige Spuren von dem großen Brande, der Europa weckte und Napoleon entthronte. Als Eroberer, als Beherrscher hielt er seinen Einzug in Moskau, und als Flüchtling verließ er die heilige Stadt der Russen, von nun an verurtheilt, an dem Glücke zu zweifeln, dessen Unbeständigkeit er überwunden zu haben glaubte.

Der von dem Abbé de Pradt angeführte, aber beglaubigte Ausspruch giebt, wie mir scheint, den Maßstab von der Grausamkeit, die sich in den maßlosen Ehrgeiz eines Soldaten mischen kann. „Von dem Erhabenen zu dem Lächerlichen ist nur ein Schritt!" rief in Warschau der Held ohne Armee aus. In diesem feierlichen Augenblicke dachte er also nur an die Figur, die er in einem Journalartikel spielen würde! Die Leichname so vieler Menschen, die für ihn gefallen, waren gewiß nichts weniger als lächerlich; nur die colossale Eitelkeit des Kaisers Napoleon konnte die lächerliche, bespottbare Seite dieses Unglücks herausfinden, über das die Völker zittern werden bis an das Ende der Jahrhunderte und dessen Andenken allein seit dreißig Jahren den Krieg in Europa unmöglich macht. In einem so feierlichen Augenblicke sich mit sich selbst zu beschäftigen, heißt die Selbstsucht bis zum Verbrechen treiben. Jener von dem Erzbischof von Mecheln angeführte Ausspruch ist der Schrei des Herzens eines Egoisten, der einen Augenblick Herr der Welt war, der aber sich selbst nicht beherrschen konnte. Diesen Zug von Unmenschlichkeit in einem solchen Augenblicke wird die Geschichte berichten, sobald sie Zeit gehabt hat, gerecht zu sein.

Ich hätte zwar die Decoration dieser Scene einer Epopöe, des staunenswerthesten Ereignisses der neueren Zeit, vor mir aufbauen mögen, aber hier bemühen sich Alle, die großen Angelegenheiten zu vergessen; ein sclavisches Volk fürchtet sich vor seinem eigenen Heldenmuthe, und in diesem Volke von Menschen, die von Natur und aus Klugheit bescheiden und vorsichtig sind, zieht sich Jedermann zurück, um so unbedeutend als möglich zu erscheinen. Man strebt nur zu verschwinden, tritt um die Wette in's Dunkel und schreibt die edeln Handlungen, die Heldenthaten seinen Nebenbuhlern, seinen Feinden zu, wie an andern Orten die Ehrgeizigen einander schlechte Handlungen zum Vorwurfe machen. Ich habe hier Niemanden gefunden, der auf meine Fragen über den ruhmreichsten Zug von Patriotismus und Aufopferung in der Geschichte Rußlands hätte antworten wollen.

Ich fühle mich in meinem Nationalstolze nicht beleidigt, wenn ich die Fremden an solche Thatsachen erinnere. Wenn ich bedenke, um welchen Preis dieses Volk seine Unabhängigkeit erkauft hat, so bleibe ich auch auf der Asche unsrer Soldaten stolz; die Vertheidigung giebt einen Maßstab für den Angriff; die Geschichte wird erzählen, daß die eine der andern gleich war, sie wird aber, da sie unbestechlich ist, hinzusetzen, daß die Vertheidigung gerechter war.

Napoleon hat darauf zu antworten; Frankreich lag damals in der Hand eines einzigen Mannes; es handelte, aber dachte nicht mehr; es war berauscht von dem Ruhme, wie die Russen berauscht von dem Gehorsam sind; die, welche für ein ganzes Volk denken, haben für die Ereignisse zu stehen. Hier dienen alle großen Thaten zu weiter nichts, als vergessen zu werden, und wenn man daran gedenkt, geschieht es nicht, um sich zu rühmen, sondern um sich zu entschuldigen.

Rostopschin hatte den Einfall, in sein Vaterland zurückzukehren, nachdem er mit seiner Familie Jahrelang in Paris gelebt. Da er aber den patriotischen Ruf fürchtete, der sich mit Recht oder Unrecht an seinen Namen knüpfte, so schickte er an den Kaiser Alexander eine Broschüre voraus, die nur in der Absicht veröffentlicht wurde, zu beweisen, daß der Brand Moskaus zufällig entstanden, und daß diese Katastrophe keineswegs das Resultat eines voraus berechneten Planes gewesen sei. Rostopschin bot somit seinen ganzen Geist auf, um sich in Rußland wegen der Heldenthat zu rechtfertigen, die ihm das über die Größe derselben erstaunte Europa zuschrieb, das seit dieser Broschüre den Mann beklagte, der geeignet war, einer bessern Regierung zu dienen. Sei dem nun wie ihm wolle, er verbarg und verläugnete seinen Muth und beklagte sich bitter über die Verläumdung einer neuen Art, durch die man aus einem unbekannten Generale den Befreier seines Vaterlandes machen wollte.

Der Kaiser Alexander hat seinerseits fortwährend behauptet, er habe niemals Befehl gegeben, seine Hauptstadt anzuzünden.

Dieser Kampf der Mittelmäßigkeit ist characteristisch, und man kann sich über die Erhabenheit des Drama's nicht genug wundern, wenn man sieht, durch welche Personen es aufgeführt wurde. Haben sich jemals Schauspieler so viel Mühe gegeben, die Zuschauer zu überreden, daß sie von dem, was sie thaten, nichts verstanden?

Sobald ich Rostopschin gelesen hatte, nahm ich ihn beim Wort, denn ich dachte bei mir: ein Mensch, der sich so sehr fürchtet, für groß zu gelten, ist gewiß das, was er scheinen will. In dieser Art muß man den Leuten auf das Wort glauben; die falsche Bescheidenheit ist unwillkürlich aufrichtig; denn die wahrhaft überlegenen Menschen erschreken nichts; sie lassen sich leise selbst Ungerechtigkeit widerfahren, und wenn sie von sich sprechen müssen, thun sie es ohne Stolz, aber auch ohne erheuchelte Demuth. Es ist schon lange her, seit ich jene seltsame Flugschrift gelesen habe, aber sie ist mir nie aus dem Gedächtnisse gekommen, weil sie mir schon damals den Geist der russischen Regierung und des russischen Volkes enthüllte.

Es war fast Nacht, als ich den Kreml verließ; die Farben der Gebäude von Moskau, deren einige groß sind wie Städte, und die der fernen Hügel hatten sich allmälig verdunkelt; Dunkel und Stille senkten sich auf die Stadt herab; die Krümmungen der Moskwa zeigten sich nicht mehr in blitzenden Streifen; die Sonne spiegelte sich nicht mehr in den Pfützen des halb ausgetrockneten Flusses. Diese großartige Landschaft und alle Erinnerungen, welche ihr Anblick in mir weckte, schnürten mir das Herz zusammen; ich glaubte, den Schatten Iwans IV., Iwans des Schrecklichen, auf dem höchsten der Thürme seines Palastes sich erheben, und mit seiner Schwester und Freundin, Elisabeth von England, sich bemühen zu sehen, Napoleon in einem Becher zu ertränken. Die beiden Gestalten schienen sich über den Sturz des Wesen zu freuen, der, nach dem Beschlusse des Schicksals, nach seinem Falle seine beiden Feinde mächtiger sehen sollte, als er sie gefunden hatte.

England und Rußland haben Ursache, Bonaparte Dank zu sagen, und sie verweigern ihm denselben auch nicht. Ein solches Resultat hatte die Regierung Ludwigs XIV. für Frankreich nicht, und der Haß Europas überlebte deshalb auch den großen König um anderthalbhundert Jahre, während der große Feldherr nach seinem Sturze vergöttert wird, und selbst seine Kerkermeister, mit wenigen Ausnahmen, sich nicht scheuen, in die lobpreisenden Chöre einzustimmen, die sich von allen Enden Europas erheben, — eine geschichtliche Merkwürdigkeit, die ich für einzig halte in den Annalen der Welt und die ihre Erklärung nur in dem Oppositionsgeiste findet, der jetzt bei allen civilisirten Nationen vorherrscht. Uebrigens geht die Herrschaft dieses Geistes zu Ende, wir können also hoffen, bald Schriften zu lesen, in denen Bonaparte an sich und ohne böswillige Anspielungen auf die in Frankreich oder sonst wo herrschende Gewalt beurtheilt wird.

Ich sehne mich, den Tag des Gerichts für diesen Mann kommen zu sehen, der eben so merkwürdig ist wegen der Leidenschaften, die er nach seinem Tode aufregte, als durch die Thaten während seines Lebens. Die Wahrheit reicht noch immer nur erst bis an den Piedestal dieser Figur, welche bis jetzt gegen die strenge Gerechtigkeit der Geschichte durch den doppelten Wunderglanz des unerhörtesten Glückes und Unglückes vertheidigt wird.

Unsere Nachkommen müssen aber doch erfahren, daß er mehr einen umstoßenden Geist als einen wunderbaren Character besaß, und daß er größer war durch sein Talent, den Sieg zu benutzen, als durch seine Ausdauer im Kampf gegen die Unfälle. Dann, aber erst dann werden die schrecklichen Folgen seiner politischen Unmoralität und aller Lügen seiner machiavellistischen Regierung schwächer werden.

Nachdem ich von den Terrassen des Kreml herabgestiegen, kehrte ich in meine Wohnung zurück, ermüdet wie Jemand, der einer schrecklichen Tragödie beiwohnte, oder vielmehr wie ein Kranker, der aus einem schweren Traume mit dem Fieber erwacht.

Achtundzwanzigster Brief.

Moskau, den 12. August 1839.

Ehe ich nach Moskau kam, hatte ich, wie ich glaube, die meisten von Reisenden herausgegebenen Beschreibungen Moskaus gelesen und dennoch stellte ich mir das seltsame Ansehen dieser hügeligen Stadt nicht vor, die wie durch Zauberei aus der Erde heraustritt und in den ebenen ungeheuren Räumen mit ihren Hügeln erscheint, die durch die Gebäude noch erhöhet werden, welche sie inmitten einer wellenförmigen Ebene tragen. Es ist eine Theaterdecoration. Moskau ist so ziemlich die einzige Gebirgsgegend, die es im Centrum Rußlands giebt. Stellen Sie sich aber bei diesen Worten nicht etwa die Schweiz oder Italien vor; es ist ein unebener Boden, weiter nichts. Aber der Contrast dieser Unebenheiten mitten in Flächen, in denen das Auge und der Gedanke sich verlieren, wie in den Savannen Amerikas oder wie in den Steppen Asiens, bringt überraschende Effecte hervor. Es ist die Stadt der Panoramen. Mit ihrer herrlichen Lage und ihren seltsamen Gebäuden, welche den phantastischen Bildern Martins als Muster hätten dienen können, erinnert sie an die Vorstellung, die man sich, ohne recht zu wissen warum, von Persepolis, Bagdad, Babylon, Palmyra macht, von den romanhaften Hauptstädten fabelhafter Länder, deren Geschichte ein Gedicht, deren Architectur ein Traum ist; mit einem Worte, in Moskau vergißt man Europa. Das wußte ich in Frankreich nicht.

Die Reisenden haben also ihre Pflicht nicht gethan. Einem besonders kann ich es nicht verzeihen, daß er mich seinen Aufenthalt in Rußland nicht genießen ließ. Keine Beschreibung kommt den Zeichnungen eines zugleich genauen und pittoresken Malers wie Horace Vernet gleich. Welcher Mensch wäre geeigneter gewesen, den Geist, der in den Gegenständen lebt, zu fühlen und ihn Andern fühlbar zu machen? Die Wahrheit der Malerei ist die Physiognomie der Gegenstände; er versteht sie wie ein Dichter und giebt sie wieder wie ein Künstler; ich kann deßhalb auch den Zorn gegen ihn nicht bergen, so oft ich die Unzulänglichkeit meiner Worte anerkenne; seht die Bilder von Horace Vernet an, würde ich sagen, und Ihr werdet Moskau kennen; so würde ich meinen Zweck ohne Mühe erreichen, während ich jetzt mich anstrenge und ihn doch nicht erreiche.

Hier macht Alles Landschaft. Wenn die Kunst wenig für die Stadt gethan hat, so haben die Laune der Arbeiter und die Macht der Umstände Wunder geschaffen. Das außerordentliche Aussehen der Gebäude-Gruppen und die Massenhaftigkeit machen Eindruck auf die Phantasie. Freilich ist es ein untergeordneter Genuß. Moskau ist nicht das Product des Genies, die Kenner würden kein einer aufmerksamen Prüfung würdiges Gebäude finden; es ist auch keine majestätische Einöde, in welcher die Zeit still zerstört, was die Natur geschaffen hat; es ist die verödete Wohnung eines Riesengeschlechts, das zwischen Gott und den Menschen steht, das Werk von Cyclopen. Man kann es mit dem übrigen Europa nicht vergleichen; aber in einer Stadt, in welcher kein großer Künstler den Stempel seines Gedankens zurückgelassen hat, kann man, weiter nichts; das

Staunen aber hört bald auf und die Seele drückt es nicht gern aus.

Selbst aus der Täuschung, die hier auf die erste Ueberraschung folgt, ziehe ich indeß eine Lehre; sie deutet einen innigen Zusammenhang zwischen dem Aussehen der Stadt und dem Character der Menschen an. Die Russen lieben das Glänzende und lassen sich durch den Schein verführen, der auch an ihnen verführt; ihr Glück besteht darin: Neid zu erregen; auf den Preis, um den es geschieht, kommt nichts an. An England zehrt der Stolz, Rußland zerfrißt die Eitelkeit.

Ich fühle das Bedürfniß, Sie hier daran zu erinnern, daß die Allgemeinheiten immer für Ungerechtigkeiten gelten. Die periodische Wiederkehr dieser oratorischen Vorsicht muß Sie aber langweilen, wie sie mir lästig ist; ich möchte also ein für allemal Ausnahmen reserviren und meine Achtung, meine Bewunderung für die Verdienste und Annehmlichkeiten Einzelner aussprechen, auf die sich meine tadelnden Bemerkungen natürlich nicht beziehen. Indessen beruhigt mich auch der Gedanke, daß wir nicht in der Kammer sind, und meine Meinungen nicht mit Amendements und Sous-Amendements discutiren.

Andere Reisende haben vor mir gesagt, daß man einen Russen um so liebenswürdiger finde, je weniger man ihn kenne; man hat ihnen geantwortet, daß sie gegen sich selbst sprächen und daß die Abkühlung, über die sie sich beklagten, ein Beweis von ihren geringen Verdiensten sei. „Wir haben Sie gut aufgenommen," sagen die Russen, „weil wir von Natur gastfrei sind, und wir wurden anders gegen Sie, weil wir Sie anfangs höher schätzten, als Sie es verdienen." Diese Antwort erhielt vor langer Zeit ein französischer Reisender, ein gewandter Schriftsteller, der sich aber in Folge seiner Stellung sehr vorsichtig ausspricht und dessen Namen und Schrift ich nicht nennen will. Die kleine Anzahl von Wahrheiten, die er in seinen vorsichtsvollen Erzählungen durchblicken läßt, hat ihm dennoch viele Unannehmlichkeiten zugezogen. Das lohnte die Mühe; sich den Gebrauch des Geistes zu versagen, den er besaß, um sich Anforderungen zu unterwerfen, denen man nie genügt, man mag ihnen schmeicheln oder sie behandeln, wie sie es verdienen! Es kostet nicht mehr, ihnen sich entgegenzustellen; dies thue ich, wie Sie sehen. Da ich die Ueberzeugung habe, daß ich mißfalle, so soll es wenigstens geschehen, weil ich die ganze Wahrheit gesagt habe.

Moskau ist stolz auf den Fortschritt seiner Fabriken; die russischen Seidenzeuge wetteifern mit denen des Morgen- und Abendlandes. Die Stadt der Kaufleute, Kitaigorod, wie die Straße, welche die Marschallsbrücke heißt, wo sich die elegantesten Läden befinden, gelten für Merkwürdigkeiten dieser Hauptstadt. Ich erwähne sie nicht, weil ich glaube, die Anstrengungen des russischen Volkes, sich von dem Tribute frei zu machen, den es der Industrie der andern zahlt, können wichtige politische Folgen in Europa haben.

Die Freiheit, die in Moskau herrscht, ist nur eine Illusion, doch kann man nicht leugnen, daß es in den Straßen dieser Stadt Menschen giebt, die sich aus eigenem Antriebe zu bewegen scheinen, Menschen, die den Antrieb, zu denken und zu handeln, nur von sich selbst erwarten. Moskau unterscheidet sich darin sehr von Petersburg.

Unter den Ursachen dieser Seltsamkeit stelle ich die große Ausdehnung und die Unebenheiten des Bodens, in welchem Moskau Wurzel gefaßt hat, oben an. Der Raum und die Ungleichheit (ich nehme das Wort hier in allen seinen Bedeutungen) sind Elemente der Freiheit, denn die absolute

Gleichheit ist synonym mit Tyrannei, weil die Minderheit unterjocht wird; die Freiheit und die Gleichheit schließen einander aus, trotz den mehr oder minder falschen, mehr oder minder geschickten Vorbehalten und Combinationen, welche die Sachen entstellen oder neutralisiren, während sie die Namen dafür beibehalten.

Moskau liegt inmitten des Landes, dessen Hauptstadt es ist, gleichsam begraben. Daher der Stempel der Originalität, den seine Gebäude an sich tragen; daher das Aussehen von Freiheit, das seine Bewohner auszeichnet; daher endlich die geringe Liebe der Czaren für diese Residenz mit unabhängiger Physiognomie. Die Czaren, die alten Tyrannen, welche die Mode zähmte und in Kaiser, ja in liebenswürdige Menschen umwandelte, fliehen Moskau. Sie ziehen Petersburg vor, trotz den Unannehmlichkeiten desselben, weil sie das Bedürfniß haben, in fortwährender Verbindung mit dem Westen Europas zu sein. Rußland, so wie es Peter der Große gemacht hat, verläßt sich, um zu leben und sich zu unterrichten, nicht auf sich selbst. In Moskau könnte man nicht in sieben Tagen Nachrichten aus Paris erhalten, nicht mit dem geringsten Geschwätz über die Gesellschaft und die ephemere Literatur Europas au courant bleiben. Diese Details, so armselig sie uns erscheinen, interessiren den Hof und folglich Rußland am meisten.

Wenn der gefrorne und der schmelzende Schnee die Eisenbahnen in diesem Lande nicht sechs bis acht Monate unbrauchbar machten, würden Sie die russische Regierung die andern in der Anlegung dieser Straßen, welche die Erde verkleinern, überholen sehen; denn sie leidet mehr als jede andere von der Unannehmlichkeit der weiten Entfernungen. Wenn man aber auch die Eisenbahnen vervielfältigt und die Schnelligkeit des Fahrens auf denselben steigert, eine weite

Landstrecke ist und bleibt immer das größte Hinderniß für die Circulation des Gedankens, denn der Boden läßt sich nicht nach allen Richtungen hin durchschneiden wie das Meer; das Wasser, das auf den ersten Blick die Bestimmung zu haben scheint, die Bewohner dieser Welt zu trennen, verbindet sie. Wunderbares Räthsel: der Mensch, der Gefangene Gottes, ist doch nichtsdestoweniger der König der Natur.

Wenn Moskau ein Seehafen oder wenigstens der Mittelpunkt eines großen Netzes jener Eisenschienen, der elektrischen Leiter des Menschengedankens, wäre, welche die Bestimmung zu haben scheinen, die Ungeduld unsrer Zeit einigermaßen zu befriedigen, würde man dort gewiß das nicht sehen, was ich gestern im englischen Club sah, wo Soldaten von jedem Alter, elegante Herren, ernste Männer und junge Wildfänge sich bekreuzigen und einige Augenblicke still beten, bevor sie sich zu Tische setzen, nicht im Familienkreise, sondern an der Table d'hôte, unter Männern. Die Personen, welche sich dieser religiösen Pflicht enthalten (es waren deren ziemlich viel), sehen den andern zu, ohne sich zu verwundern. Sie erkennen daraus, daß noch achthundert gute Stunden zwischen Paris und Moskau liegen.

Der Palast, in welchem sich dieser Club befindet, ist groß und schön; die ganze Anstalt ist zweckmäßig eingerichtet und geleitet; man findet so ziemlich, was man in andern Clubs hat. Das hat mich nicht überrascht, aber die Frömmigkeit der Russen bewunderte ich. Ich sagte dies auch der Person, die mich eingeführt hatte.

Wir plauderten nach Tische im Garten des Clubs mit einander. „Sie dürfen uns nicht nach dem Scheine beurtheilen," antwortete mir der Herr, der mich eingeführt hatte und der ein sehr aufgeklärter Russe ist, wie Sie sehen werden. „Gerade dieses Aeußerliche," fuhr ich fort, „flößt mir

Achtung für Ihre Nation ein. Bei uns fürchtet man nur die Heuchelei, und dennoch ist der Cynismus den Gesellschaften am allerverderblichsten." — „Ja, aber er empört die ebeln Herzen weniger." — „Ich glaube das," fuhr ich fort, „aber ist es nicht sonderbar, daß gerade der Unglaube über Entweihung des Heiligen schreit, sobald er in dem Herzen eines Menschen etwas weniger Frömmigkeit findet, als er in seinen Worten oder Handlungen zur Schau trägt? Wenn unsere Philosophen consequent wären, würden sie die Heuchelei als eine Stütze der Staatsmaschine dulden? Der Glaube ist toleranter." — „Ich erwartete keineswegs von Ihnen eine Vertheidigung der Heuchelei zu hören." — „Ich verabscheue sie als das verhaßteste aller Laster, aber ich behaupte, daß die Heuchelei, die dem Menschen nur in seinem Verhältniß zu Gott schadet, für die Gesellschaften und Staaten minder verderblich ist, als der schamlose Unglaube, und bin der Meinung, daß nur die wahrhaft frommen Seelen das Recht haben, über Profanation zu entscheiden. Die irreligiösen Geister, die philosophischen Staatsmänner, sollten sie mit Nachsicht behandeln und könnten sich ihrer selbst als eines gewaltigen politischen Hilfsmittels bedienen; dies ist aber in Frankreich nur selten und in langen Zwischenräumen geschehen, weil die gallische Aufrichtigkeit sich scheut die Lüge zu benutzen, um die Menschen zu beherrschen; aber das berechnende Genie einer rivalisirenden Nation hat sich besser als wir unter das Joch heilsamer Fictionen zu beugen gewußt. Hat nicht die Politik Englands, in welchem der practische Sinn vorzugsweise herrsche, die theologische Inconsequenz und die religiöse Heuchelei freigebig belohnt? Die anglikanische Kirche ist gewiß weit weniger reformirt als die katholische, seit das Concilium von Tridents den rechtmäßigen Forderungen der Fürsten und Völker Genüge leistete; es ist thöricht, die Einheit zu zerstören unter dem Vorwande, es fänden Mißbräuche statt, diese Mißbräuche aber bestehen zu lassen, wegen deren Aufhebung man sich das verderbliche Recht, eine Secte zu bilden, anmaßte, und dennoch unterstützt noch heute diese auf Widersprüche gegründete und durch die Usurpation unterstützte Kirche das Land bei der Eroberung der Welt, und das Land belohnt sie durch einen heuchlerischen Schutz. Das kann empörend erscheinen, ist aber ein Mittel, Kraft zu erlangen. Ich behaupte deßhalb auch, diese in den Augen wahrhaft religiöser Menschen monströsen Inconsequenzen und Heucheleien sollten Philosophen und Staatsmänner nicht verletzen." — „Sie wollen damit doch nicht sagen, daß es bei den Anglikanern keine redlichen Christen gebe?" — „Nein, ich gebe Ausnahmen zu, die man ja überall findet; ich behaupte nur, der großen Anzahl bei diesen Christen fehle es an Logik, woraus aber, ich wiederhole es, noch nicht folgt, daß ich für Frankreich die religiöse Politik Englands beneide, wie ich hier bei jedem Schritte die fromme Unterwürfigkeit des russischen Volkes bewundere. Bei den Franzosen wird jeder in Ansehen stehende Priester ein Unterdrücker in den Augen der Freigeister, welche das Land regieren, indem sie dasselbe desorganisiren, und zwar seit beinahe hundert und dreißig Jahren, bald offen durch ihren Revolutionsfanatismus, bald insgeheim durch ihre philosophische Gleichgültigkeit."

Der wahrhaft aufgeklärte Mann, mit welchem ich sprach, schien ernstlich nachzudenken. Nach einer ziemlich langen Pause fuhr er fort: „Ich bin von Ihrer Ansicht nicht so fern als Sie glauben, denn seit der Erfahrung, die ich auf meinen Reisen erworben habe, schien mir Eins immer einen Widerspruch in sich zu schließen, der Widerwille der Liberalen gegen die katholische Religion. Ich spreche selbst von denen, welche sich Christen nennen. Wie geht es zu, daß diese Leute (manche unter ihnen denken ganz richtig und treiben die Argumente bis zu den äußersten Consequenzen) nicht einsehen, daß sie durch Verleugnung der katholischen Religion sich einer Bürgschaft gegen den Local-Despotismus entschlagen, den jede Rezierung, welche sie auch sein mag, in ihrem Kreise auszuüben sucht?" — „Sie haben vollkommen Recht," entgegnete ich, „aber die Welt geht nun einmal auf dem einmal gebahnten Wege fort und die besten Geister haben Jahrhunderte lang dermaßen gegen die Unduldsamkeit und Habgier Roms geeifert, daß sich bei uns noch Niemand daran gewöhnen konnte, einen andern Gesichtspunkt anzunehmen und den Papst in seiner Eigenschaft als geistiges Oberhaupt der Kirche, als die unverrückbare Stütze der kirchlichen Freiheit in der ganzen Christenheit, und in seiner Eigenschaft als weltlicher Fürst, als eine ehrwürdige Macht anzusehen, die in ihren zwiefachen Pflichten gehemmt wird, — eine Complication, die vielleicht unvermeidlich ist zur Erhaltung der Unabhängigkeit des Stellvertreters Christi, dessen Politik nach Außen durch die Schwäche im Innern schadlos geworden ist. Erkennt man nicht mit einem Blicke, daß eine Nation nur aufrichtig katholisch zu sein braucht, um unvermeidlich die Gegnerin Englands zu werden, dessen politische Macht sich einzig auf die Ketzerei stützt? Wenn Frankreich das Banner der katholischen Kirche aufpflanzt, und mit aller Kraft seiner Ueberzeugung vertheidigt, so beginnt es dadurch allein von einem Ende der Welt bis zum andern einen schrecklichen Krieg gegen England. Dies sind Wahrheiten, die jetzt Jedermann klar vor Augen liegen sollten, und die doch bis jetzt bei uns nur wenigen Betheiligten und deshalb Machtlosen deutlich geworden sind. Eine andere Seltsamkeit unserer Zeit zeigt sich darin, daß man sich in Frankreich einbildet, Je-

mand müsse Unrecht haben, sobald man meint, er habe ein
Interesse dabei, Recht zu haben; der gesunde Menschenverstand würde in größerem Ansehen stehen, wenn es recht klar
bewiesen würde, daß er nichts einbringe. So groß ist die
Ideenverwirrung in Folge funfzigjähriger Revolution und
mehr als hundertjährigem philosophischen und literarischen Cynismus. Habe ich nicht Recht, wenn ich Sie um Ihren
Glauben beneide?"

„Ihre religiöse Politik würde aber die Nation vor den
Füßen ihrer Priester niederwerfen."

„Fromme Uebertreibungen sind in unserm Jahrhunderte
nicht zumeist zu fürchten; wäre aber auch die Frömmigkeit
der Gläubigen wirklich so drohend, wie sie mir es gar nicht
zu sein scheint, so würde ich deshalb doch nicht vor den Folgen meiner Prinzipien zurückweichen. Wer etwas Positives
in dieser Welt erhalten oder thun will, muß sich nothwendig
zu Jemandes Füßen legen, um mich Ihres Ausdrucks zu
bedienen."

„Zugegeben, aber ich will doch noch immer lieber der Regierung der Journalisten, als jener der Pfaffen schmeicheln;
die Gedankenfreiheit hat mehr Vortheile als Nachtheile."

„Wenn Sie gleich mir die Tyrannei des Geistes und die
Folgen der willkürlichen Gewalt der meisten Männer, welche
die periodische Presse in Frankreich leiten, in der Nähe gesehen hätten, würden Sie sich nicht mit dem schönen Worte
„Gedankenfreiheit" begnügen, sondern die Sache selbst verlangen, dann aber auch bald erkennen, daß das Journalistenamt eben so parteiisch und mit weit weniger Moralität verwaltet wird, als das Priesteramt. Lassen Sie einmal die
Politik bei Seite, und fragen Sie die Journale, was sie bestimmt, dem und jenem Ruhm zuzuerkennen; die Moralität
einer Macht hängt von der Schule ab, durch welche diejeni-

gen gehen müssen, welche dieselbe brauchen wollen. Nun werden Sie nicht glauben, daß die Schule des Journalismus geeigneter sei, wahrhaft unabhängige, wahrhaft humane Gesinnungen einzuflößen als die Priesterschule. Darauf kommt Alles an, und das jetzige Frankreich ist berufen, diese Frage, so wie viele andere, durch Transactionen zu lösen, welche dem Zeitgeiste entsprechen, denn welche Meinung auch vorherrschen mag, ich beruhige mich mit dem Gedanken, daß Gott die menschliche Logik niemals streng auf die Regierung dieser Welt anwende, und daß die Menschen mit unbeugsamen Gesinnungen, mit absoluten und exclusiven Ideen, nur eine ganz kurze Zeit die Macht behalten, welche sie bisweilen an sich reißen. — Aber lassen wir diese allgemeinen Betrachtungen bei Seite, geben Sie mir eine Idee von dem Zustande der Religion in Ihrem Vaterlande, und sagen Sie mir, wie es mit der Bildung der Männer steht, welche in Rußland das Evangelium lehren und erklären."

In Petersburg würde diese Frage, ob sie gleich an einen sehr gebildeten Mann gerichtet wurde, indiscret gewesen sein; in Moskau, das fühlte ich, konnte man sie wagen, weil hier jene geheimnißvolle Freiheit herrscht, die man genießt, ohne sich von ihr Rechenschaft zu geben, die man weder motiviren noch definiren kann, die aber doch besteht, obgleich das trügerische Vertrauen, das sie einflößt, bisweilen sehr theuer bezahlt werden muß.*) Ich gebe nun kurz, was mir mein russischer Philosoph antwortete. Ich nehme das Wort in seiner günstigsten Bedeutung. Sie kennen seine Meinungen bereits; nach jahrelangem Aufenthalte in den verschiedenen Ländern Europas ist er sehr liberal, aber sehr consequent nach Rußland zurückgekommen. Er antwortete mir:

---

*) Siehe den Anhang dieses Bandes.

„In den schismatischen Kirchen hat man immer sehr wenig gepredigt, und bei uns widersetzte sich die politische und kirchliche Autorität den theologischen Discussionen mehr noch als anderswo; sobald man die zwischen Rom und Byzanz verhandelten Fragen zu erklären anfing, wurde beiden Parteien Schweigen geboten. Die Streitpunkte sind so unwichtig, daß der Streit selbst nur bei Unwissenheit fortdauern kann. In mehreren Instituten für Knaben und Mädchen hat man nach Art der Jesuiten einigen Religionsunterricht geben lassen; aber dies ist nur geduldet, und wird von Zeit zu Zeit abgeschafft. Eine Thatsache, die Ihnen unbegreiflich vorkommen wird, ob sie gleich positiv ist, ist der Umstand, daß die Religion in Rußland nicht öffentlich gelehrt wird. Die Folge davon sind eine Menge Secten, deren Existenz aber die Regierung nicht muthmaßen läßt.

„Eine davon duldet die Polygamie; eine andre geht noch weiter und lehrt nicht blos, sondern übt die Gemeinschaft der Weiber für die Männer, und der Männer für die Weiber.

„Unsere Geistlichen dürfen nicht schreiben, nicht einmal Chroniken; jeden Augenblick erklärt ein Bauer eine Bibelstelle, die, aus dem Zusammenhange herausgerissen und falsch angewendet, sogleich Veranlassung zu einer neuen, meist calvinistischen Ketzerei giebt. Bemerkt dies der Pope des Dorfes, so hat die Ketzerei bereits einen Theil der Gemeinde ergriffen und, in Folge der Hartnäckigkeit der Unwissenheit, selbst bei den Nachbarn Wurzel geschlagen; eifert sich der Pope dagegen, so werden die angesteckten Bauern sofort nach Sibirien geschickt, was den Grundherrn ruinirt, der, wenn er klug ist, den Popen durch mehr als ein Mittel zum Schweigen zu bringen weiß. Gelangt endlich, trotz aller Vorsicht, die Ketzerei zur Kenntniß der obern Behörde, so ist die Zahl der Dissidenten so bedeutend, daß sich nichts mehr dagegen thun läßt; Gewalt würde das Uebel bekannt machen, ohne es zu ersticken, und dieser Versuch, die Leute zu überzeugen, müßte eine Erörterung herbeiführen, das schlimmste Uebel in den Augen der absoluten Regierung. Man schweigt also, das Uebel wird verdeckt aber nicht geheilt, im Gegentheil, auf diese Weise begünstigt.

„Das russische Reich wird durch die religiösen Spaltungen untergehen. Wenn Sie, wie Sie eben thaten, uns um die Stärke des Glaubens beneideten, so beurtheilten Sie uns, ohne uns zu kennen."

Das ist die Meinung der aufgeklärtesten und redlichsten Männer, die ich in Rußland getroffen habe. —

Ein glaubwürdiger Ausländer, der lange in Moskau lebt, hat mir auch erzählt, daß er in Petersburg bei einem Kaufmanne mit dessen drei Frauen, nicht Concubinen, sondern rechtmäßigen Frauen, zu Tische gewesen sei. Dieser Kaufmann war ein geheimer Anhänger einer neuen Secte. Ich glaube, der Staat hat die Kinder, welche ihm seine drei Frauen geboren haben, nicht als eheliche anerkannt, aber sein Christengewissen war vollkommen ruhig.

Wenn mir dies ein Russe berichtet hätte, würde ich es nicht erzählt haben, denn Sie wissen, manche Russen lügen gern, um die zu neugierigen und zu leichtgläubigen Reisenden irre zu führen, was das überall schwere, aber nirgends als in Rußland schwerere Amt eines Beobachters ungemein hemmt.

Die Gilde der Handelsleute ist in Moskau sehr mächtig, sehr alt und sehr angesehen; das Leben dieser reichen Handelsleute erinnert an die Lage der Kaufleute in Asien, — eine neue Aehnlichkeit zwischen den russischen Sitten und den Gebräuchen des Orientes, die in den arabischen Mährchen so gut geschildert sind. Es giebt so viele Vergleichspunkte zwischen Moskau und Bagdad, daß man bei einer Reise in Rußland die Neugierde, Persien zu sehen, verliert, denn man lernt auch dieses kennen.

Ich wohnte einem Volksfeste um das Kloster Dewitscheispol bei. Die dabei thätig Auftretenden sind Soldaten und Muschiks, und die Zuschauer Vornehme, die sich in großer Anzahl da einfinden. Die Zelte und Buden, in denen man trinkt, sind neben dem Gottesacker aufgeschlagen, und der Cultus der Todten dient dem Vergnügen des Volks zum Vorwande. Das Fest wird zum Andenken an, ich weiß nicht welchen, Heiligen gefeiert, dessen Reliquien und Bilder man bei Kwaß-Trinken besucht. Es wird an diesem Abende eine fabelhafte Menge von diesem Nationalgetränke verbraucht.

Die wunderthätige Jungfrau von Smolensk, oder wie Andere sagen, eine Copie derselben, wird in diesem Kloster aufbewahrt, das acht Kirchen einschließt.

Gegen Abend trat ich in die Hauptkirche hinein; sie kam mir ziemlich imposant vor; das Dunkel erhöhete den Eindruck. Die Nonnen haben die Altäre ihrer Kapellen zu schmücken, und sie erfüllen diese Pflicht, ohne Zweifel ihre leichteste, gewissenhaft. Die schwierigern Pflichten werden, wie man mir sagt, nicht so treu beobachtet, denn wenn man gut unterrichteten Personen glaubt, ist der Lebenswandel der Nonnen in Moskau nichts weniger als erbaulich.

Diese Kirche enthält die Gräber mehrerer Czarinnen und Prinzessinnen, namentlich das der ehrgeizigen Sophie, der Schwester Peters des Großen, und das der Czarin Eudoxia, der ersten Gemahlin dieses Fürsten. Die unglückliche, im Jahre 1696 glaube ich, verstoßene Frau mußte in Susdal den Schleier nehmen.

Die katholische Kirche hat so viel Ehrfurcht vor dem unlöslichen Bande der Ehe, daß sie einer verheiratheten Frau nur dann erlaubt, Nonne zu werden, wenn auch ihr Mann gleichzeitig in den Orden tritt, oder wie sie das Klostergelübde ablegt. Das ist die Regel, aber bei uns wie an andern Orten werden die Gesetze oft unter die Interessen gebogen; indessen bezeugt es die Geschichte, daß die katholische Geistlichkeit noch diejenige ist, welche am besten in der ganzen Welt die heiligen Rechte der religiösen Unabhängigkeit gegen die Anmaßungen der menschlichen Politik zu vertheidigen weiß. Die kaiserliche Nonne starb in Moskau 1731 im Kloster Dewitscheipol.

Der Kirchhof dient zugleich als Gottesacker, der wirklich schön ist. Im Allgemeinen sehen die russischen Klöster mehr wie ein Haufen kleiner Häuser, wie ein ummauerter Stadttheil, als wie ein religiöser Zufluchtsort aus. Da sie oft zerstört und wieder aufgebaut wurden, haben sie ein modernes Aussehen unter diesem Clima, in welchem nichts dauert; kein Gebäude kann hier dem Kriege der Elemente widerstehen. Alles nützt sich in wenigen Jahren ab, und wird neu wieder hergestellt; deshalb sieht denn auch das Land wie eine vor wenig Tagen angelegte Colonie aus. Nur der Kreml scheint dem Clima zu trotzen, und so lange zu leben, wie das Reich, dessen Sinnbild und Bollwerk er ist.

Wenn aber die russischen Klöster durch den Styl ihrer Architectur nicht imponiren, so ist doch die Idee des Unwiderruflichen immer feierlich. Ich war, als ich aus diesem Raume heraustrat, nicht in der Stimmung, mich unter die Menge zu mischen, deren Getöse mich belästigte. Die Nacht stieg bis zu den Spitzen der Kirchen empor, und ich begann eine der schönsten Ansichten von Moskau und der Umgegend zu beobachten; es giebt in dieser Stadt sehr viele Aussichtspunkte. Von der Straße aus sieht man nur die Häuser derselben; geht man aber über einen großen Platz, steigt man einige Stufen hinauf, öffnet man ein Fenster, tritt man auf einen Balcon, auf eine Terrasse, so erblickt man alsbald eine neue ungeheure Stadt auf Hügeln, die durch Getreidefelder, Teiche, und selbst Waldungen, tief von einander geschieden sind; der Umfang dieser Stadt ist ein Land, und dieses Land dehnt sich bis zu den unebenen Umgebungen aus, die ihrer Form nach den Wellen des Meeres gleichen. Das Meer sieht, von weitem betrachtet, immer wie eine Ebene aus, wie bewegt auch seine Wogen sein mögen.

Moskau ist die Stadt der Genremaler, aber die Architekten, die Bildhauer und Historienmaler haben da nichts zu sehen, nichts zu thun. Massen von Gebäuden, die in Einöden vertheilt sind, bilden eine Menge hübscher Bilder, und bezeichnen den Vordergrund großer Landschaften, welche diese alte Hauptstadt zu einem in der Welt einzigen Orte machen, weil sie die einzige große Stadt ist, die auch bei der Zunahme ihrer Bevölkerung malerisch geblieben ist, wie das offene Land. Man zählt in ihr eben so viele Wege als Straßen, eben so viele Felder als bebaute Hügel, eben so viele öde Thäler, als öffentliche Plätze. Sobald man sich von dem Mittelpunkte entfernt, befindet man sich vielmehr in einem Haufen von Dörfern, Teichen und Wäldern, als in einer Stadt; hier sieht man in gewissen Entfernungen imposante Klöster, die sich mit ihrer Menge von Kirchen und Thürmen erheben; dort erblickt man mit Häusern bebaute, dort besäete Hügel, dort einen im Sommer fast ausgetrockneten Fluß; etwas weiter hin liegen wiederum Inseln von eben so außerordentlichen als mannigfaltigen Gebäuden; um Theater mit antiken Peristylen her stehen hölzerne Paläste, die einzigen Wohnungen von nationalem Baue, und alle diese

Massen von verschiedenen Bauten sind halb im Grünen versteckt; endlich wird dieser poetische Schmuck überall von dem alten Kreml mit seinen zackigen Mauern, mit seinen ungewöhnlichen Thürmen überragt. Dieses Parthenon der Slawen beherrscht und beschützt Moskau; man könnte es einen Dogen von Venedig nennen, der inmitten seines Senates sitzt.

Abends wurden die Zelte, in denen sich die Leute in Dewitscheipol zusammendrängten, durch verschiedene Gerüche verpestet, deren Verbindung eine stinkende Luft hervorbrachte; es war Juchtengeruch, Geruch von geistigen Getränken, von sauerm Bier, von Kohl, von dem Fette auf den Stiefeln der Kosaken, von Moschus und Ambra an der Person einiger vornehmen Herren, die sich ebenfalls da eingefunden hatten und entschlossen zu sein schienen, sich aus aristocratischem Stolze zu langweilen. Ich hätte diese mephitische Luft nicht lange athmen können.

Das höchste Vergnügen dieses Volkes ist der Rausch, oder, mit andern Worten, das Vergessen. Arme Leute! Sie müssen träumen, um glücklich zu sein; aber die Gutmüthigkeit der Russen zeigt sich auch hier, denn wenn die Muschiks betrunken sind, werden diese verthierten Menschen weich und zärtlich, statt sich unter einander zu prügeln und zu ermorden, wie es unter unsern Betrunkenen geschieht; sie weinen und umarmen einander. Interessantes merkwürdiges Volk! Es müßte so süß sein, es glücklich zu machen! Aber die Aufgabe ist schwer, wenn nicht unmöglich, zu lösen. Wo wäre das Mittel, die unklaren Wünsche eines jungen, faulen, unwissenden, ehrgeizigen Wesens zu befriedigen, der so geknebelt ist, daß er weder Hand noch Fuß regen kann? Ich wurde nie über das Schicksal dieses Volkes gerührt, ohne zugleich den allmächtigen Mann zu beklagen, der es regiert.

Ich entfernte mich von den Wirthshäusern, und wanderte auf dem Platze umher; Schaaren von Umherwandelnden regten Wolken von Staub auf. Der Sommer in Athen ist lang, aber die Tage sind kurz, und wegen des Seewindes ist dort die Luft nicht wärmer als in Moskau in dem flüchtigen nordischen Sommer. Diese Jahreszeit ist in Rußland unerträglich heiß; jetzt geht sie zu Ende, die Nacht kehrt wieder und der Winter rückt mit großen Schritten heran; er wird mich nöthigen, meinen Aufenthalt abzukürzen, wie gern ich auch diese Reise verlängern möchte.

Man leidet in Moskau von der Kälte nicht, — sagen alle Vertheidiger des russischen Climas; vielleicht sagen sie die Wahrheit, aber eine achtmonatliche Einsperrung, Pelze, Doppelfenster und Vorsichtsmaßregeln, um sich vor einer Kälte von 15 bis 30 Graden zu schützen? Kann man sich da noch bedenken?

Das Kloster Dewitscheipol liegt an der Moskwa, über die es hinwegragt; der Markt= oder vielmehr Festplatz ist ein bald sanft, bald steil nach dem Flusse abschüssiger Raum. Der Fluß selbst gleicht dieses Jahr einer ungleich breiten, sandigen Straße, über die ein Bächelchen fließt. Auf der einen Seite nach dem freien Felde zu erheben sich die Thürme des Klosters, welche den Raum begrenzen, und auf der entgegengesetzten erscheinen die Gebäude des alten Moskau, das man in der Ferne liegen sieht; die Einblicke auf die Ebene und die Häusermassen, die durch Baumgruppen getrennt werden, die grauen Breter der Hütten neben dem Kalk und Gips der glänzenden Paläste, die fernen Fichtenwälder, welche die Stadt gleich einem Trauergürtel umgeben, die allmälig verschwimmenden Tinten einer langen Dämmerung, Alles trägt dazu bei, die Wirkung der monotonen nordischen Landschaften zu erhöhen. Es ist dies traurig, aber imposant.

Es liegt darin eine Poesie in geheimnißvoller Sprache, die wir nicht kennen; betrete ich diese unterdrückte Erde, so höre ich, ohne sie zu verstehen, die Klagelieder eines unbekannten Jeremias; der Despotismus muß eigene Propheten erzeugen; die Zukunft ist ja das Paradies der Sclaven und die Hölle der Tyrannen. Einige Töne eines wehmüthigen Gesanges, verstohlene, schlaue Blicke von der einen Seite erklären mir den Gedanken, der in dem Herzen dieses Volkes keimt; aber nur die Zeit und die Jugend, welche, wenn man sie auch verleumdet, für das Studium günstiger ist, als das reifere Alter, könnten mir eine genaue und bestimmte Kenntniß von allen Geheimnissen dieser Poesie des Schmerzes geben.

Da mir positive Documente abgehen, so unterhalte ich mich, statt mich zu belehren; die Physiognomie des Volkes, seine halb orientalische, halb finnische Tracht beschäftigen den Reisenden fortwährend; und ich wünsche mir Glück, zu diesem Feste gekommen zu sein, das so wenig lustig und so ganz verschieden ist von Allem, was ich anderswo gesehen habe.

Die Kosaken befanden sich in großer Anzahl unter den Spaziergängern und Trinkenden, welche den Platz anfüllten. Sie bildeten schweigende Gruppen um einige Sänger her, deren gellende Stimmen melancholische Worte nach einer sehr sanften, obgleich scharf markirten Melodie sangen. Das ist der Nationalgesang der donischen Kosaken, und er hat einige Aehnlichkeit mit einer alten spanischen Melodie, nur daß sie trauriger, sanft und durchdringend ist, wie der langgehaltene Ton der Nachtigall, wenn man ihn in der Nacht, im Walde, in der Ferne hört. Einige Umstehende wiederholten die letzten Worte der Strophe im Chor.

Ich theile hier eine prosaische Uebersetzung Vers für Vers mit:

Der junge Kosak.

Sie erheben den Lärmruf,
Ich höre mein Pferd scharren;
Ich höre es wiehern,
Halt' mich nicht auf.

Das Mädchen.

Laß die andern zum Tode eilen,
Du bist zu jung, zu sanft,
Du bleibst diesmal noch bei uns
Und gehst nicht über den Don.

Der junge Kosak.

Der Feind! Der Feind! Zu den Waffen!
Ich werde mich schlagen für Euch.
Ich bin sanft gegen Dich, stolz gegen den Feind;
Ich bin jung, aber ich habe Muth;
Der alte Kosak würde erröthen vor Scham und Zorn,
Wenn er ohne mich fortzöge.

Das Mädchen.

Sieh deine Mutter weinen,
Sieh ihre Knie zittern;
Sie und mich wird deine Lanze treffen,
Ehe sie den Feind erreicht.

Der junge Kosak.

Wenn man von dem Feldzuge erzählt,
Würde man mich den Feigen nennen;
Wenn ich sterbe, wird mein Name von den Brüdern gefeiert,
Und Dich über meinen Tod trösten.

Das Mädchen.

Nein, ein Grab wird uns vereinen;
Wenn Du stirbst, folge ich Dir nach;
Du gehst allein, aber wir sterben beide.
Leb' wohl; ich habe keine Thränen mehr.

Der Sinn dieser Worte kommt mir modern vor, aber die Melodie giebt ihnen einen so großen Reiz der Alterthümlichkeit und Einfachheit, daß ich sie stundenlang singen hören könnte, ohne Langeweile zu empfinden.

Bei jedem Refrain steigert sich der Effect. Sonst tanzte man in Paris ein russisches Pas, an das mich diese Musik erinnert. Aber an Ort und Stelle bringen die Nationalmelodien einen ganz andern Eindruck hervor; nach einigen Strophen fühlt man sich unbeschreiblich bewegt und ergriffen.

Es liegt in dem Gesange der nordischen Völker mehr Melancholie als Leidenschaft; aber der Eindruck, den er bewirkt, ist unvergeßlich, während eine lebhaftere Anregung bald schwindet; die Melancholie dauert länger als die Leidenschaft. Ich fand das Lied, nachdem ich es mehrmals gehört hatte, minder monoton und ausdrucksvoller, und diese Wirkung bringt die einfache Musik immer hervor; die Wiederholung giebt ihr neue Kraft. Auch die Kosaken vom Ural haben eigenthümliche Gesänge und ich bedaure, daß ich sie nicht hören konnte.

Dieser Menschenschlag verdiente ein eigenes Studium; aber diese Arbeit ist nicht leicht für einen flüchtig Reisenden gleich mir; die Kosaken, die meist verheirathet sind, bilden eine Militairfamilie, mehr eine gebändigte Horde als ein der Regimentsdisciplin unterworfenes Truppencorps. Sie hängen an ihrem Führer, wie Hunde an ihrem Herrn, und gehorchen dem Befehle mit mehr Liebe und mit weniger Sclavensinn als die andern russischen Soldaten. In einem Lande, wo nichts klar und bestimmt ist, halten sie sich für die Bundesgenossen, nicht für die Sclaven der kaiserlichen Regierung. Ihre Gewandtheit, ihre nomadische Lebensweise, die Schnellfüßigkeit und Ausdauer ihrer Pferde, die Geduld und Geschicklichkeit des Mannes und Thieres, die gleichsam zu einem Wesen weihen und mit einander Strapazen und Entbehrungen ertragen lernten, sind eine Macht. Man muß bewundern, wie ein gewisser geographischer Instinct diese wilden Tirailleurs der Armee auf den Straßen in den Ländern leitet, in welche sie einfallen, in den ödesten und unfruchtbarsten, wie in den civilisirtesten und bevölkertsten. Verbreitet nicht im Kriege schon der bloße Name Kosak Schrecken unter den Feinden? Generale, die eine solche leichte Reiterei gut zu verwenden wissen, haben ein gewaltiges Werkzeug, das den Feldherren der civilisirten Armeen abgeht.

Die Kosaken sind, wie man sagt, sanft von Character, und besitzen mehr Gefühl, als man von einem so rohen Volke erwarten sollte; aber wegen ihrer außerordentlichen Unwissenheit bedaure ich sie und ihre Gebieter. Wenn ich daran denke, wie die Officiere hier die Leichtgläubigkeit des Soldaten benutzen, empört sich mein Gefühl gegen eine Regierung, die zu solchen Mitteln greift oder die, ihre Diener nicht bestraft, welche sie in Anwendung zu bringen wagen.

Ich weiß es aus guter Quelle, daß mehrere Kosaken-führer, als sie ihre Leute in dem Kriege von 1814 und 1815 aus dem Lande führten, zu ihnen sagten: „Tödtet viel Feinde und erschlagt Euer Gegner ohne Scheu. Wenn Ihr in dem Kampfe bleibt, werdet Ihr noch vor drei Tagen wieder bei Euern Weibern und Kindern sein; Ihr steht mit Fleisch und Bein, mit Körper und Seele wieder auf; was habt Ihr also zu fürchten?"

Menschen, welche die Stimme Gottes des Vaters in der ihrer Officiere zu erkennen gewohnt waren, nahmen die Versicherungen, die man ihnen machte, buchstäblich und schlugen sich mit dem bekannten Muth, d. h. sie ziehen plündernd umher, so lange sie der Gefahr entgehen können; ist aber der Tod unvermeidlich, so gehen sie ihm wie Soldaten entgegen.

Ich würde nicht acht Tage ihr Offizier bleiben, wenn ich zu solchen oder ähnlichen Mitteln greifen müßte, um diese braven Menschen zu führen. Menschen zu hintergehen, und wenn die Lüge Helden schaffen sollte, würde ich immer für eine ihrer und meiner unwürdige Aufgabe halten; ich möchte wohl den Muth derer benutzen, die ich befehle, will ihn aber auch bewundern können, wenn ich Vortheil davon ziehe; durch rechtmäßige Mittel anzuregen, der Gefahr zu trotzen, ist die Pflicht ihres Führers; bestimmt man aber Menschen zu sterben, indem man ihnen den Tod verbirgt, so nimmt man ihrem Muthe das Verdienst, ihrer Aufopferung die moralische Würde; man handelt wie ein Seelenescamoteur. Wer sollte den Krieg entschuldigen, wenn der Krieg Alles entschuldigt, wie manche Leute behaupten?

Aber kann man sich ohne Entsetzen und ohne Widerwillen den moralischen Zustand einer Nation vorstellen, deren Heere noch vor fünfundzwanzig Jahren auf diese Weise geleitet wurden? Was heute geschieht, weiß ich nicht und ich mag es auch nicht wissen.

Dieser Zug ist zu meiner Kenntniß gekommen, Sie können sich aber denken, wie viele andre vielleicht noch schlimmere oder ähnliche Täuschungen mir unbekannt geblieben sind. Wo hört man auf, wenn man einmal zu kindischen Mitteln gegriffen hat, um Menschen zu regieren? Die Täuschung hat freilich nur eine beschränkte Wirkung, aber eine Lüge für einen Feldzug und die Staatsmaschine setzt sich in Bewegung. Jeder Krieg findet eine Lüge.

Ich schließe mit einer Fabel, die geradezu gedichtet zu sein scheint, um meinen Zorn zu rechtfertigen. Die Idee ist von einem Polen, dem Bischof von Ermeland, der sich unter Friedrich II. durch seinen Geist auszeichnete. Ich theile sie in prosaischer Uebersetzung mit.

Das Gespann.
(Eine Fabel.)

Ein geschickter Kutscher fuhr mit vier Pferden,
Die paarweise an den Wagen gespannt waren;
Nachdem er sie angeschirrt,
Hielt er folgende Anrede an sie:
Laßt Euch nicht ausstechen,
Sagte er zu dem hintern Paar;
Laßt Euch nicht überholen,
Nicht einmal erreichen im Laufe,
Sprach er zu dem vordern Paare.
Ein Vorübergehender, der dies gehört,
Sagte zu dem Kutscher:
Du hintergehst die armen Pferde.
Es ist wahr, antwortete er, aber der Wagen kommt doch von der Stelle.

Neunundzwanzigster Brief.

Moskau, den .. August 1839.

Seit zwei Tagen habe ich viel gesehen, zuerst die tatarische Moschee. Der Cultus der Besiegten wird jetzt in einem Winkel der Hauptstadt der Sieger geduldet, und zwar auch nur unter der Bedingung, daß die Christen freien Eintritt in das mahomedanische Heiligthum haben.

Diese Moschee ist ein kleines Gebäude von ärmlichem Aussehen und die Menschen, denen man erlaubt, in demselben Gott und den Propheten anzubeten, sehen schmutzig, arm und furchtsam aus. Sie werfen sich in diesem Tempel jeden Freitag auf einem schlechten Stücke wöllenen Zeuges nieder, das jeder für sich mitbringt. Ihre schönen asiatischen Gewänder sind Lumpen geworden, ihre Anmaßlichkeit ist zu nutzloser List, ihre Allmacht zur Unterwürfigkeit herabgesunken. Sie leben so abgesondert als möglich von den Leuten, die sie umringen und erdrücken. Wenn man diese Bettlergestalten in dem jetzigen Rußland herumkriechen sieht, kann man kaum an die Tyrannei glauben, die ihre Vorfahren gegen die Moskowiter übten.

Diese unglücklichen Kinder des Eroberer, die sich so viel als möglich in ihre religiösen Gebräuche zurückziehen, handeln in Moskau mit asiatischen Eß- und andern Waaren und um so mahomedanisch als möglich zu sein, enthalten sie sich des Weines und der starken Getränke, schließen ihre Frauen ein oder verhüllen sie wenigstens mit dem Schleier, um sie den Blicken der andern Männer zu entziehen, die aber nicht an sie denken, denn das mongolische Volk besitzt wenig Reize. Ich habe bei den Männern dieses ausgearteten Geschlechts, so wie bei den wenigen Frauen, deren Züge ich sehen konnte, vorstehende Backenknochen, eingedrückte Nasen, kleine, schwarze, tiefliegende Augen, krauses Haar, eine bräunliche ölige Haut, einen Wuchs unter Mittelgröße, Armuth und Schmutz gefunden.

Könnte man nicht sagen, die göttliche Gerechtigkeit, die so unbegreiflich ist, wenn man das Schicksal der einzelnen Menschen betrachtet, zeige sich klar und offenbar, wenn man das Schicksal der Völker überdenkt? Das Leben eines jeden Menschen ist ein Drama, das auf einer Bühne geschürzt, auf einer andern gelöset wird; so ist es aber nicht mit dem Leben der Nationen. Diese belehrende Tragödie beginnt und endigt auf der Erde; deshalb ist die Geschichte ein heiliges Buch, denn sie enthält die Rechtfertigung der Vorsehung.

Der heilige Paulus hat gesagt: "Ehret die Obrigkeit, denn sie ist von Gott gesetzt." Die Kirche hat mit ihm vor bald zweitausend Jahren den Menschen aus seiner Abgeschiedenheit herausgezogen, indem sie ihn zum Bürger eines ewigen Staates machte, von dem alle andern nur unvollkommene Nachbildungen waren. Diese Wahrheiten werden durch die Erfahrung nicht Lügen gestraft, sondern bestätigt. Je mehr man den Character der verschiedenen Nationen studirt, welche sich in die Herrschaft der Erde theilen, um so mehr erkennt man, daß ihr Geschick die Folge ihrer Religion ist; das religiöse Element ist nothwendig für die Dauer der Staaten, weil die Menschen einen übernatürlichen Glauben haben müssen, um sich aus dem sogenannten Naturzustande, aus dem Zustande der Gewalt und Ungerechtigkeit, herauszubringen. Die Unglücksfälle der unterdrückten Stämme sind nur die Strafe für ihre Untreue oder für ihre freiwilligen Irrthümer in Glaubenssachen. Diesen Glauben habe ich mir auf meinen zahlreichen Wanderungen erworben. Jeder Reisende muß Philosoph und mehr als Philosoph werden, denn er muß Christ sein, um ohne Schwindel den Zustand der verschiedenen über die Erde verstreuten Völker beobachten und ohne Verzweiflung über die Gerichte Gottes, die geheime Ursache alles Wechsels im Menschenleben, nachdenken zu können.

Ich theile Ihnen die Gedanken mit, die mich während des Gebetes der Kinder Batus beschäftigten, welche Parias bei ihren Sclaven geworden sind. —

Der Zustand eines Tataren in Rußland kommt jetzt der Lage eines russischen Leibeigenen nicht gleich. Die Russen sind stolz auf die Duldung, welche sie dem Cultus ihrer ehemaligen Tyrannen gewähren; ich finde dieselbe aber mehr prahlend als philosophisch und sie ist für das Volk, dem sie bewilligt wird, eine Demüthigung mehr. Ich würde an der Stelle dieser unversöhnlichen Mongolen, welche so lange die Herren Rußlands und der Schrecken der Welt waren, Gott lieber in der Stille meines Herzens anbeten als in dem Schatten der Moschee, für die meinen ehemaligen Zinspflichtigen Dank gebührt.

Der Zufall begünstigt mich immer, wenn ich zwecklos und ohne Führer Moskau durchwandere. Man kann schon unmöglich Langeweile bei einem Gange in einer Stadt fühlen, wo jede Straße, jedes Haus seine Aussicht auf eine andre Stadt hat, die durch Geister gebaut zu sein scheint, auf eine Stadt, die von zackigen durchbrochenen Mauern starrt, welche eine Menge Warten, Thürme und Spitzen tragen, mit einem Worte auf den Kreml, die ihrem Aussehen nach poetische, ihrem Namen nach historische Feste. Ich kehre immer wieder dahin zurück wegen des Reizes, den man für Alles fühlt, was die Phantasie lebhaft anspricht; aber man darf den unzusammenhängenden Haufen von Gebäuden, mit denen dieser bemauerte Berg bedeckt ist, nicht im Einzelnen mustern. Den Russen fehlt der Kunstsinn, d. h. das Talent, den einzigen vollkommen richtigen Ausdruck für einen originellen Gedanken zu finden; wenn aber die Riesen copiren, besitzen ihre Nachkommen immer eine gewisse Schönheit. Die Schöpfungen des Genies sind großartig, die der materiellen Kraft sind groß, und das ist doch immer etwas.

Der Kreml ist für mich ganz Moskau. Ich habe Unrecht, aber mein Verstand macht vergebens Einwendungen, ich interessire mich hier nur für diese ehrwürdige Citadelle, die Wurzel eines Reiches, das Herz einer Stadt.

Der Verfasser des besten Führers in Moskau, den man hat, Lecointe Laveau, beschreibt die alte Hauptstadt Rußlands also: „Moskau verdankt seine originelle Schönheit den Mauern „des Kitaigorod und des Kreml*), der seltsamen Bauart seiner „Kirchen, seinen vergoldeten Kuppeln und zahlreichen Gärten. „Man verschwende Millionen, um den Palast Bascheanof „im Kreml zu erbauen, man nehme ihm seine Mauern**), „man baue regelmäßig schöne Kirchen an der Stelle der „fünf Kuppeln, die sich überall erheben; die Bauwuth mag

―――――

*) Kitaigorod ist die Stadt der Handelsleute, eine Art Bazar mit bedeckten Straßen, und mit dem Kreml durch eine Mauer gleich der verbunden, welche die Feste selbst umgiebt.

**) Dieser Plan wurde unter Katharina II. entworfen und er wird jetzt zum Theil ausgeführt.

„die Gärten in Häuser verwandeln, nun wird dann für
„Moskau eine der größten europäischen Städte erhalten, die
„aber die Neugierde der Reisenden nicht mehr reizt."

Diese Zeilen sprechen Ansichten aus, welche mit den meinigen vollkommen übereinstimmen und die ich folglich für vollkommen richtig erkläre.

Um einen Augenblick den schrecklichen Kreml zu vergessen, besichtigte ich den Thurm Sukaref, der auf einer Anhöhe an einem der Eingänge der Stadt liegt. Das erste Stockwerk ist ein ungeheurer Bau, in dem man ein sehr großes Reservoir angebracht hat; man könnte in einem kleinen Boote auf diesem Bassin herumfahren; welches fast das sämmtliche Wasser, das Moskau trinkt, an die verschiedenen Stadttheile vertheilt. Der Anblick dieses ummauerten Teiches in einer bedeutenden Höhe bringt einen ganz eigenthümlichen Eindruck hervor. Die Bauart des übrigens ziemlich modernen Gebäudes ist plump und traurig; das Ganze wird aber durch byzantinische Arcaden, durch dauerhafte Treppenrampen und durch Verzierungen im Style des oströmischen Reiches imposant gemacht. Dieser Styl erhält sich in Rußland und er würde, mit Verstand angewendet, die einzige bei den Russen mögliche Nationalarchitektur haben geben können. Er ist in einem gemäßigten Clima erfunden und paßt für die Bedürfnisse der Bewohner des Nordens, wie für die Lebensweise der Südländer. Das Innere der byzantinischen Gebäude gleicht so ziemlich verzierten Höhlen und man findet darin wegen der Dauerhaftigkeit der massiven Mauern und des Dunkels der Wölbungen eben so wohl Schutz vor der Kälte als vor der Hitze.

Man zeigte mir die Universität, die Cadettenschule, das St. Catharinen-, das St. Alexander- und das alexandrinische Institut, das Findelhaus u. s. w. Alles dies ist groß und prächtig. Die Russen sind stolz darauf, den Fremden eine so große Anzahl schöner öffentlicher Anstalten zeigen zu können; ich für meinen Theil würde mich aber mit geringerer Pracht in dieser Art begnügen, denn nichts ist langweiliger, als diese weißen, prächtig einförmigen Paläste zu durchwandern, in denen Alles militairisch zugeht und das menschliche Leben der Wirkung eines Uhrrades unterworfen zu sein scheint. Fragen Sie Andre nach dem, was ich in diesen nützlichen und prächtigen Schulen gesehen habe, aus denen Officiere, Familienmütter und Lehrerinnen hervorgehen; ich kann es Ihnen nicht sagen; nur soviel will ich bemerken, daß diese halb politischen, halb milden Anstalten Muster an guter Ordnung, sorgfältiger Unterhaltung und Reinlichkeit zu sein scheinen, was den Vorstehern dieser verschiedenen Schulen, so wie dem Staatsoberhaupte zur Ehre gereicht.

Man kann diesen einzigen Mann, durch den Rußland denkt, urtheilt und lebt, keinen Augenblick vergessen, jenen Mann, das Wissen und Bewußtsein seines Volkes, der Alles versteht, abmißt, anordnet und vertheilt, was den andern Menschen nothwendig und erlaubt ist, deren Verstand, Willen, Phantasie und Leidenschaft er vertritt, denn unter seiner drückenden Regierung darf kein Geschöpf athmen, leben und lieben außerhalb der im Voraus durch die höchste Weisheit angeordneten Grenzen, die für alle Bedürfnisse der Individuen und des Staates sorgt oder die doch dafür gilt, daß sie sorge.

Bei uns wird man durch die Freiheit und Mannichfaltigkeit ermüdet, hier durch die Einförmigkeit entmuthigt und durch die Pedanterie erkaltet, die man von der Idee der Ordnung nicht mehr trennen kann, weshalb man das haßt, was man lieben sollte. Rußland, diese Nation in der Kindheit, ist eine große Schule und Alles geht darin zu

5*

wie in der Kriegsschule, nur mit der Ausnahme, daß die Schüler sie erst verlassen, wenn sie sterben.

Das Deutsche, was in dem Geiste der russischen Regierung liegt, widerstrebt dem slawischen Character; dieses orientalische, nachlässige, launenhafte, poetische Volk würde, wenn es sagte, was es denkt, sich bitter über die deutsche Disciplin beklagen, die ihm seit Alexis, Peter dem Großen und Katharina II. durch eine Familie fremder Souveraine aufgenöthigt wird. Was auch die kaiserliche Familie thun mag, sie wird immer zu deutsch sein, um die Russen ruhig lenken zu können und sich fest und sicher bei denselben zu fühlen*); sie unterjocht die Nation, regiert sie aber nicht. Nur die Bauern erkennen das nicht.

Ich habe die Gewissenhaftigkeit des Reisenden so weit getrieben, daß ich mich sogar in die Reitschule führen ließ, welche vielleicht die größte in der Welt ist; die Decke wird durch leichte und kühne eiserne Bogen getragen; es ist ein in seiner Art staunenswerthes Gebäude.

Der Adelsclub ist in der jetzigen Jahreszeit geschlossen, ich begab mich aber auch dahin, um mich mit meinem Gewissen abzufinden. In dem Hauptsaale sieht man eine Statue Katharinas II. Dieser Saal ist mit Säulen verziert und endiget sich an der einen Seite in einer Halbrotunde. Er kann ungefähr 3000 Personen fassen und man giebt da, wie man mir sagt, im Winter sehr glänzende Feste. Ich glaube gern an die Pracht der Bälle in Moskau, denn die russischen Großen verstehen die Kunst vortrefflich, die

---

*) Die Romanows waren ursprünglich Preußen und sie haben sich, seit sie durch Wahl auf den Thron berufen wurden, meist mit deutschen Fürstinnen vermählt — gegen die Gewohnheit der sonstigen moskowitischen Fürsten.

einmal nothwendigen einförmigen Vergnügungen mannich=
faltig zu machen; sie versparen ihren Luxus auf die Parade=
Vergnügungen; ihre Phantasie findet Gefallen daran; sie
sehen den Glanz für Civilisation, den Flimmer für Eleganz
an und das beweis't mir, daß sie noch ungebildeter sind,
als wir gewöhnlich glauben. Vor etwas mehr als hundert
Jahren dictirte ihnen Peter der Große Höflichkeitsgesetze für
jede Classe der Gesellschaft und er befahl Zusammenkünfte
gleich den Bällen und Assembleen in dem alten Europa.
Er nöthigte die Russen, einander zu diesen Gesellschaften
einzuladen, dann zwang er sie, ihre Frauen in dieselben
mitzubringen und ermahnte sie, die Hüte bei dem Eintritte
in das Zimmer abzunehmen. Während aber dieser große
Lehrer seines Volkes die Bojaren und Handelsleute von
Moskau in der kindischen Höflichkeit unterrichtete, erniedrigte
er sich selbst zu der Ausübung der gemeinsten Gewerbe und
zwar vor allen Dingen zu dem des Henkers. Man hat
gesehen, daß er an einem Abende zwanzig Köpfe eigenhändig
abschlug, und rühmte sich seiner Geschicklichkeit in diesem
Handwerke, das er mit seltener Rohheit ausübte, als er
über die schuldigen, aber noch unglücklicheren Strelitzen trium=
phirt hatte. Eine solche Erziehung, solche Beispiele gab
man den Russen vor etwa anderthalbhundert Jahren, wäh=
rend man in Paris den „Menschenfeind" aufführte. Und den
Mann, von welchem sie solche Lehren empfingen, diesen wür=
digen Erben der Iwan, haben sie zu ihrem Gott, zu dem
Musterbilde des russischen Fürsten für ewige Zeiten gemacht!

Auch heute noch haben diese neu für die Civilisation
Bekehrten ihre Emporkömmlingsvorliebe für Alles, was
glänzt und die Augen anzieht, nicht verloren.

Die Kinder und die Wilden lieben das Glänzende; die
Russen sind Kinder, welche an das Unglück gewöhnt, aber

durch dasselbe noch nicht klug geworden sind. Das ist, im Vorbeigehen sei es gesagt, die Ursache der Mischung von Leichtfertigkeit und Bissigkeit, welche sie characterisirt. Die Annehmlichkeit eines gleichförmigen, ruhigen Lebens, das nur darauf berechnet ist, die Bedürfnisse des Herzens zu befriedigen und das Vergnügen der Conversation und geistige Genüsse zu gewähren, würde ihnen nicht lange genügen.

Die Großen sind indeß für diese höhern, verfeinerten Vergnügen nicht ganz unempfänglich, aber es müssen lebendigere Interessen in das Spiel kommen, wenn man die arrogante Frivolität dieser verkleideten Satrapen fesseln und ihre umherschweifende Phantasie festhalten will. Die Spielsucht, die Unmäßigkeit, die Ausschweifung und die Freuden der Eitelkeit können die Leere dieser blasirten Herzen kaum ausfüllen. Die Schöpfung Gottes reicht nicht hin, die Sorglosigkeit dieser durch Unfruchtbarkeit ermüdeten, durch Trägheit abgestumpften Geister zu beschäftigen und den Tag dieser unglücklichen Reichen auszufüllen; sie rufen in ihrem stolzen Elende den Geist der Zerstörung zu Hilfe.

Das ganze moderne Europa langweilt sich; man sieht es an der Art, wie die jetzige Jugend lebt; Rußland aber leidet an diesem Uebel mehr als irgend ein anderer Staat, denn hier ist Alles übertrieben. Es dürfte eine schwere Aufgabe sein, Ihnen die Nachtheile der Uebersättigung in einer Bevölkerung, wie die von Moskau ist, zu schildern. Nirgends sind mir die Krankheiten der Seele, welche durch die Langeweile, diese Leidenschaft der Menschen ohne Leidenschaft, so häufig, so ernst erschienen, wie in Rußland unter den Großen; es scheint, als hätte die Gesellschaft hier mit den Mißbräuchen angefangen. Wenn das Laster nicht mehr genügt, von dem Herzen des Menschen die Langeweile fern zu halten, die an ihm nagt, so wendet sich dieses Herz zum Verbrechen. Ich werde Ihnen dies später beweisen.

Das Innere eines russischen Kaffeehauses sieht seltsam genug aus. Denken Sie sich einen großen, niedrigen und schlecht beleuchteten Saal, der sich gewöhnlich im ersten Stock eines Hauses befindet. Man wird da von Männern in einem weißen Hemd bedient, das über den Hüften zusammengebunden ist und tunicaartig, oder, um einen minder edeln Ausdruck zu brauchen, blousenartig auf weite weiße Beinkleider fällt. Diese Kaffeehauskellner haben lange schlichte Haare, wie alle Männer aus dem Volke in Rußland, und sie gleichen ihrer Tracht nach den Theophilanthropen der französischen Republik oder Opernpriestern aus der Zeit, als das Heidenthum auf der Bühne Mode war. Sie bringen schweigend vortrefflichen Thee, wie man ihn in keinem andern Lande findet, Kaffee und Liqueure; aber diese Bedienung geschieht mit einer Feierlichkeit und Stille, die von der lärmenden Lustigkeit in den Pariser Kaffeehäusern gewaltig absticht. In Rußland ist jedes Volksvergnügen melancholisch; die Freude wird hier ein Privilegium und ich habe sie deshalb auch immer outrirt, affectirt, verzerrt und schlimmer als die Traurigkeit gefunden.

In Rußland ist der, welcher lacht, ein Schauspieler, ein Schmeichler, oder ein Betrunkener.

Das erinnert mich an die Zeit, in welcher die russischen Leibeigenen in ihrem naiven Knechtssinne glaubten, der Himmel sei nur für ihre Herrn geschaffen. Schreckliche Demuth des Unglücks! Sie erkennen daraus, wie die griechische Kirche das Volk das Christenthum lehrt.

Fortgesetzt in Moskau, den 15. Aug. 1839. Abends.

Die Gesellschaft in Moskau ist angenehm; die Verschmelzung der patriarchalischen Traditionen der alten Welt und der leichten Manieren des modernen Europa bringt etwas Originelles hervor; die Gastfreundschaft des alten Asien und die zierliche Sprache des civilisirten Europa haben sich hier ein Stelldichein gegeben, um das Leben leicht und angenehm zu machen. Moskau, an der Grenze der beiden Festländer erbaut, bezeichnet, mitten im Lande, einen Ruhepunkt zwischen London und Pekin. Der Nachahmungsgeist hat hier den Nationalcharacter noch nicht ganz verwischt; wenn das Musterbild fehlt, wird die Copie fast ein Original.

In Moskau genügt eine geringe Anzahl von Empfehlungsbriefen, um einen Fremden in Verbindung mit vielen durch Vermögen, oder durch Rang, oder durch Geist ausgezeichneten Personen zu bringen. Das Debut eines Reisenden ist also an diesem Orte sehr leicht.

Vor wenigen Tagen erhielt ich eine Einladung zum Diner in ein Landhaus. Es ist dies ein Pavillon im Umkreise von Moskau; um aber dahin zu gelangen, fährt man eine Stunde lang an einsamen Teichen und über Felder hin, die Steppen gleichen; nähert man sich der Wohnung, so erblickt man über dem Garten hinaus einen dunkeln Tannenwald, der nicht zu dem Park, nicht einmal mehr zu der Stadt gehört, dessen äußere Grenze er nur berührt. Wer würde sich nicht gleich mir über diese dunkeln Tiefen, über diese majestätische Landschaft, über diese wahre Einsamkeit in einer Stadt gefreut haben? Wer würde da nicht an ein Lager, an eine herumziehende Horde, kurz an etwas ganz Andres als an eine Hauptstadt gedacht haben, in welcher sich der ganze Luxus, die ganze moderne Civilisation befinden? Solche Contraste sind characteristisch; man kann nirgends etwas Aehnliches finden.

Man empfing mich in einem hölzernen Hause... Eine andere Seltsamkeit! In Moskau gewähren Bretter dem Reichen wie dem Muschik ein Obdach; beide schlafen unter grobbehauenen, aufeinander gelegten Balken. Das Innere dieser großen Hütten dagegen erinnert an den Luxus der schönsten Paläste Europas. Ich möchte ein hölzernes Haus haben, wenn ich in Moskau lebte! Es ist dies die einzige Wohnung in einem Nationalstyle und, was in meinen Augen noch mehr Werth hat, die einzige in diesem Clima zweckmäßige. Das hölzerne Haus gilt unter den ächten Moskowitern für gesunder und wärmer als das steinerne. Dasjenige, in welchem man mich empfing, sah bequem und elegant aus; doch wird es von dem Eigenthümer, der die Wintermonate in einem andern Theile der Stadt, mehr in der Mitte verbringt, nur im Sommer bewohnt.

Wir speiseten mitten im Garten und damit der Originalität nichts abgehe, war die Tafel unter einem Zelte gedeckt. Das Gespräch war sehr anständig, obgleich unter Männern, sehr lebhaft und sehr frei, was eine Seltenheit bei den Völkern ist, die sich für Meister in der Civilisation halten. Es waren Personen anwesend, die viel gesehen und viel gelesen haben und deren Urtheile ich richtig und fein fand. Die Russen sind Affen in den Gewohnheiten des eleganten Lebens; die aber, welche denken (die sich freilich zählen lassen), werden in vertraulichen Gesprächen sie selbst, d. h. Griechen mit erblicher Feinheit und erblichem Scharfsinne.

Das Diner kam mir sehr kurz vor, obgleich es sehr lange dauerte. Ich muß dabei bemerken, daß ich die Gäste, als wir an der Tafel Platz nahmen, zum ersten und den Herrn vom Hause zum zweiten Male sah.

Es ist dies keine gleichgültige Bemerkung, denn ein Fremder kann sich nur bei großer und ächter Artigkeit so schnell wohl fühlen. Unter allen Erinnerungen von meiner Reise wird mir die an diesen Tag eine der angenehmsten bleiben.

In dem Augenblicke, als ich Moskau verlassen will, um auf dem Rückwege nur hindurch zu reisen, halte ich es für nicht unpassend, Ihnen den Character der Russen so zu schildern, wie ich ihn nach meinem, freilich kurzen Aufenthalte in ihrem Vaterlande gefunden habe. Ich habe indeß diesen meinen Aufenthalt unter ihnen fortwährend benutzt, aufmerksam eine Menge Personen und Sachen zu beobachten und viele verschiedene Facta mit gewissenhafter Sorgfalt zu vergleichen. Die Mannichfaltigkeit der Gegenstände, die in den Gesichtskreis eines Reisenden kommen, der durch die Umstände so begünstigt wird, wie ich es war, und der so thätig ist, wie ich es bin, wenn meine Neugierde angeregt ist, ersetzt bis zu einem gewissen Punkte die Muße und die Zeit, die mir fehlten. Sie wissen es, und ich habe es Ihnen oft gesagt, daß ich gern bewundre und dies muß meinen Urtheilen, wenn ich nicht bewundre, eine gewisse Bedeutung geben.

Die Leute in diesem Lande scheinen mir im Allgemeinen keine Neigung zum Edelmuthe zu haben; sie glauben nicht an denselben, sie würden ihn selbst läugnen, wenn sie es wagten, und wenn sie ihn nicht läugnen, so verachten sie ihn, weil sie in sich selbst keinen Maßstab dafür haben. Sie besitzen mehr Feinheit als Zartheit, mehr Weichheit als Empfänglichkeit, mehr Gewandtheit als Sichgehenlassen, mehr Grazie als Innigkeit, mehr Scharfsinn als Erfindungsgabe, mehr Geist als Phantasie, mehr Beobachtungsgabe als Geist, mehr Berechnung als Alles. Sie arbeiten nicht, um zu einem für Andere nützlichen Resultate zu gelangen, sondern um einen Lohn zu erhalten; das schöpferische Feuer ist ihnen versagt; es fehlt ihnen die Begeisterung, welche das Erhabene erzeugt; die Quelle der Gefühle, die nur sich selbst als Richter und Vergelter wollen und bedürfen, ist ihnen unbekannt. Nimmt man ihnen die Triebfeder des Interesses, der Furcht und der Eitelkeit, so nimmt man ihnen die Wirkungskraft; betreten sie das Gebiet der Künste, so sind sie wie Sclaven, die in einem Palaste dienen; das stille Allerheiligste des Genies bleibt ihnen unzugänglich; die keusche Liebe zum Schönen genügt ihnen nicht.

Mit ihren Handlungen in dem practischen Leben ist es wie mit ihren Schöpfungen in der Welt des Gedankens; wo die List triumphirt, gilt die Großmuth für Dummheit.

Die Großherzigkeit sucht ihren Lohn in sich selbst, ich weiß es; wenn sie aber auch nichts verlangt, so gebietet sie viel, denn sie will die Menschen besser machen; hier würde sie die Menschen schlechter machen, weil man sie nur für eine Maske halten würde. Die Milde heißt bei einem durch die Herrschaft des Schreckens verhärteten Volke Schwachheit; nichts entwaffnet dasselbe als die Furcht; unter rücksichtsloser Strenge beugt es die Knie, bei der Verzeihung würde es den Kopf emporrichten; man kann es nicht überzeugen, nur unterjochen; des Stolzes ist es nicht fähig, aber es kann kühn sein; es empört sich gegen die Sanftmuth und gehorcht der Rohheit, die es für Kraft hält.

Dies erklärt mir das von dem Kaiser angenommene Regierungssystem, wenn ich es auch nicht billigen kann. Dieser Fürst weiß und thut, was nöthig ist, um sich Gehorsam zu verschaffen: aber in der Politik bewundre ich das Nothwendige nicht. Hier ist die Disciplin der Zweck, an andern Orten das Mittel; sie ist die Schule der Nationen, die ich von den Regierungen verlange. Kann man es einem Fürsten verzeihen, daß er den guten Regungen seines Herzens nicht folgt, weil er es für gefährlich hält, Ansichten und Gefühle zu zeigen, die zu hoch über denen seines Volkes stehen? In meinen Augen ist die schlimmste Schwäche die, welche unbarmherzig und hart macht. Wer sich der Großmuth schämt, gesteht, daß er der höchsten Macht nicht würdig ist.

Man muß die Völker unaufhörlich an das erinnern, was mehr Werth hat als die Welt; wie sollen sie zu dem Glauben an Gott gebracht werden, wenn nicht durch die Vergebung? Die Klugheit wird nur dann erst eine Tugend, wenn sie eine höhere nicht ausschließt. Wenn der Kaiser nicht mehr Milde in seinem Herzen hat, als er in seiner Politik zeigt, dann beklage ich Rußland; sind seine Gesinnungen und Gefühle besser als seine Handlungen, dann beklage ich den Kaiser.

Die Russen haben, wenn sie liebenswürdig sind, in ihrem ganzen Wesen etwas Anziehendes, Verführerisches, das sich auch bei dem größten Vorurtheile fühlbar macht, anfangs unbemerklich, später so, daß man sich ihm nicht entziehen mag und nicht entziehen kann. Einen solchen Einfluß definiren, hieße die Phantasie erklären, den Zauber in Regeln bringen; er ist ein unwiderstehlicher, obgleich unbemerklicher Reiz, eine souveraine Macht, die Folge der den Slawen angeborenen Grazie, jener Gabe, die in der Gesellschaft viele andere ersetzt, aber durch nichts ersetzt werden kann, denn man kann die Grazie wohl gerade das nennen, was Alles das entbehrlich macht, was man nicht besitzt.

Denken Sie sich die selig verstorbene französische Artigkeit wieder erstanden und wirklich das geworden, was sie zu sein schien; denken Sie sich die vollkommenste nicht studirte Freundlichkeit, das unwillkürliche nicht erlernte Selbstvergessen, die Natürlichkeit in dem guten Geschmacke, die elegante Aristocratie ohne mürrisches Wesen, die Ungezwungenheit, die Indern nicht lästig wird, den Instinct der Ueberlegenheit gemäßigt durch das Gefühl der Sicherheit, das die Größe immer begleitet; — doch ich bemühe mich vergebens, flüchtige Nüanten fest zu halten; es sind dies Feinheiten, die man fühlt; man muß sie errathen, und sich hüten ihre flüchtige Erscheinung durch das Wort zu fixiren; man findet sie alle und noch andere in dem Benehmen und der Conversation der wahrhaft eleganten Russen und zwar häufiger vollständiger bei denen, welche keine Reisen machten, aber in Rußland mit einigen ausgezeichneten Reisenden in Berührung kamen. Diese Annehmlichkeit, dieser Zauber giebt ihnen eine unwiderstehliche Gewalt über die Herzen; so lange man neben diesen bevorzugten Wesen bleibt, trägt man das Joch und der Zauber ist ein doppelter, denn man glaubt, für sie dasselbe zu sein, was sie für uns sind; das ist ihr Triumph. Die Zeit und die Welt existiren nicht mehr; Verabredungen, Geschäfte, Langeweile und Vergnügungen werden vergessen und die gesellschaftlichen Pflichten sind abgeschafft; es bleibt nur ein einziges Interesse, das des Augenblickes, eine einzige Person, die anwesende, welche immer die geliebte Person ist. Das bis zu diesem Uebermaße getriebene Interesse zu gefallen gelingt unfehlbar; es ist das Erhabene des guten Geschmacks; die raffinirteste Eleganz, und Alles dies natürlich wie der Instinct. Diese höchste Liebenswürdigkeit ist keineswegs Falschheit, sondern ein Talent, das nur geübt sein will; um die Illusion zu verlängern, brauchte man sich nur nicht zu entfernen; aber man entfernt sich und Alles ist verschwunden bis auf die Erinnerung, welche man mit sich nimmt. Man entferne sich aber, es ist dies immer das Sicherste.

Die Russen sind die ersten Schauspieler in der Welt und brauchen, um Effect zu machen, nicht einmal die Illusion der Bühne.

Alle Reisende haben ihnen ihre Flüchtigkeit und Unbeständigkeit vorgeworfen und dieser Vorwurf ist nur zu sehr begründet. Sobald man Abschied von ihnen nimmt, ist man vergessen. Ich schreibe dies der Leichtfertigkeit ihres Characters, der Unbeständigkeit ihres Herzens, aber auch dem Mangel an solider Bildung zu. Sie sehen es gern, daß man sie verläßt, weil sie fürchten durchschaut zu werden, wenn sie sich eine Zeitlang ununterbrochen beobachten lassen müssen; deßhalb folgen liebevolle Anhänglichkeit und Gleichgültigkeit bei ihnen rasch aufeinander. Diese scheinbare Unbeständigkeit ist nicht als eine wohlverstandene Vorsicht der Eitelkeit, die man bei den Personen der großen Welt in allen Ländern ziemlich häufig findet. Man verbirgt so sorgfältig nicht das Böse, sondern die Leere; man schämt sich nicht, schlecht zu sein, sondern fürchtet, nichtig zu erscheinen. Nach diesem Prinzip zeigen die Russen der großen Welt gern Geist und Character, was im Anfange recht wohl gefällt und auf einige Stunden die Conversation belebt; versucht man aber, hinter die Decoration zu blicken, die anfangs blendete, so wird man zurückgehalten wie ein Neugieriger, der den Schirm in ihrem Schlafzimmer bei Seite rücken wollte, dessen Eleganz auch eine blos äußerliche ist. Sie nehmen den Fremden aus Neugierde auf und weisen ihn dann aus Klugheit zurück.

Dies gilt von der Freundschaft wie von der Liebe, von der Gesellschaft der Herren, wie von der der Frauen. Wenn man das Portrait eines Russen entwirft, malt man die Nation, wie ein Soldat unter den Waffen ein Bild von seinem ganzen Regimente giebt. Nirgends tritt der Einfluß der Einheit in der Regierung und in der Erziehung deutlicher hervor als hier. Alle Geister tragen in Rußland Uniform. Ist man jung und leicht beweglich, so muß man viel leiden, wenn man die Einfachheit der andern Völker zu diesem Volke mit dem kalten Herzen und dem durch die Natur und die sociale Erziehung geschärften Geiste bringt! Ich denke mir die deutsche Gemüthlichkeit, die vertrauensvolle Natürlichkeit der Franzosen, die Beständigkeit der Spanier, die Leidenschaft der Engländer, die Hingebung, die Gutmüthigkeit der ächten und alten Italiener im Kampfe mit der angebornen Koketterie der Russen und beklage die armen Fremden, die einen Augenblick glauben, in dem Schauspiele, das sie hier erwartet, mitwirkend auftreten zu können. In Herzensangelegenheiten sind die Russen die sanftesten wilden Thiere von der Welt und ihre eingezogenen Klauen benehmen leider ihren Annehmlichkeiten nichts.

Ich habe mich nie unter einem solchen Zauber befunden, als etwa in der polnischen Gesellschaft, — eine neue Aehnlichkeit, die zwischen den beiden Familien besteht! Wenn auch der bürgerliche Haß diese Völker trennt, die Natur vereinigt sie ihnen zum Trotz. Wenn die Politik das eine nicht nöthigte, das andre zu unterdrücken, würden sie einander näher kennen lernen und lieben.

Die Polen sind ritterliche und katholische Russen mit dem Unterschiede, daß in Polen die Frauen leben oder, richtiger ausgedrückt, herrschen, in Rußland dagegen die Männer.

Aber dieselben Menschen, die so natürlich liebenswürdig, so begabt sind, diese so reizenden Personen verfallen bisweilen in Seltsamkeiten, die von Leuten von dem gemeinsten Character vermieden worden sein würden.

Sie können sich keine Vorstellung von dem Leben mehrerer der ausgezeichnetsten jungen Männer in Moskau machen. Diese jungen Herren, welche Namen führen und Familien angehören, die in ganz Europa bekannt sind, überlassen sich Ausschweifungen, die gar nicht genauer zu bezeichnen sind; man sieht sie bis zum Tode zwischen dem Serall zu Constantinopel und der Halle zu Paris hin= und herschwanken.

Man begreift nicht, wie sie sechs Monate lang die Lebensweise aushalten können, die sie bis an ihr Ende fortsetzen und mit einer Ausdauer, die des Himmels würdig sein würde, wenn sie der Tugend gälte. Es sind Temperamente, welche für die anticipirte Hölle ausdrücklich geschaffen worden zu sein schienen; und anticipirte Hölle nenne ich das Leben eines Wüstlings von Profession in Moskau.

Alles Schwache wird hier dem Körperlichen nach durch das Clima, dem Geistigen nach durch die Regierung im Keime erstickt; was nicht kräftig und dumm ist, unterliegt gleich bei der Geburt; nur das Vieh und die im Guten wie im Schlechten starken Naturen erhalten sich. Rußland ist das Vaterland der zügellosen Leidenschaften oder der schwachen Charactere, der Empörer oder der Automaten, der Verschwörer oder der Maschinen; ein Mittelwesen zwischen dem Tyrannen und dem Sclaven, zwischen dem Wahnsinnigen und dem Vieh giebt es hier nicht; die rechte Mitte ist hier zu Lande unbekannt, die Natur will sie nicht; die übermäßige Kälte und Hitze treiben den Menschen zu den Extremen. Ich will damit nicht sagen, daß starke Seelen in Rußland minder selten wären als sonst wo, im Gegentheil; sie sind seltener wegen der Apathie der großen Mehrzahl; die Uebertreibung ist ein Symptom der Schwäche. Die Russen besitzen nicht alle Fähigkeiten, die ihrem Ehrgeize entsprechen.

Trotz den Contrasten, die ich angedeutet habe, sind in einer Hinsicht Alle einander gleich; Alle sind leichtsinnig. Diese Menschen des Augenblicks vergessen jeden Morgen einen Plan vom vorigen Abende. Das Herz scheint bei ihnen die Herrschaft des Zufalls zu sein; sie greifen leicht Alles auf, lassen es aber auch eben so leicht wieder fahren. Sie sind kein ursprüngliches, sondern ein reflectirtes Licht; sie träumen und erregen Träume; sie werden nicht geboren, sondern erscheinen; sie leben und sterben, ohne die ernste Seite des Lebens erkannt und gekannt zu haben. Nichts ist bei ihnen Wirklichkeit, weder das Gute, noch das Böse; sie können weinen, aber nicht unglücklich sein. Paläste, Berge, Riesen, Sylphen, Leidenschaften, Einsamkeit, glänzende Menge, höchstes Glück, unbegrenzter Schmerz, eine ganze Welt führt eine viertelstündige Unterredung mit ihnen vor dem geistigen Auge vorüber. Ihr schneller wegwerfender Blick streift, ohne etwas zu bewundern, über die Erzeugnisse des menschlichen Verstandes, welche in Jahrhunderten hervorgebracht worden sind; sie glauben sich über Alles zu stellen, wenn sie Alles verachten; ihre Lobeserhebungen sind Beleidigungen; sie loben wie Neidische, und werfen sich, aber stets ungern, vor dem nieder, was sie für den Götzen der Mode halten. Bei dem ersten Windstoße aber folgt die Wolke dem Bilde, und die Wolke verschwindet ihrerseits. Aus diesen unbeständigen Köpfen kann nichts hervorgehen als Staub und Rauch, Chaos und Nichts.

In einem so sehr beweglichen Boden kann Nichts Wurzel fassen. Alles verwischt sich, Alles wird gleich gemacht, und die Nebelwelt, in der sie leben und uns leben lassen, erscheint und verschwindet, wie es ihre Gebrechlichkeit wünscht. Dagegen endiget auch Nichts in diesem flüssigen Elemente; die Freundschaft, die Liebe, die man für verloren hielt, werden durch einen Blick, durch ein Wort wieder in's Leben gerufen, wenn man es gar nicht erwartet; freilich schwinden sie auch so schnell wieder, als sie von Neuem erschienen. Unter dem fortwährend bewegten Zauberstabe dieser Zauberer ist das Leben eine ununterbrochene Phantasmagorie, ein ermüdendes Spiel allerdings, bei dem aber nur die Ungeschickten unterliegen, denn wo Jedermann betrügt, wird Niemand hintergangen. Sie sind, mit einem Worte, falsch wie das Wasser, nach dem poetischen Ausdrucke Shakespeares, dessen breite kräftige Pinselstriche Offenbarungen der Natur sind.

Dies erklärt mir, warum sie bis jetzt durch die Vorsehung dazu bestimmt worden zu sein scheinen, despotisch regiert zu werden; man tyrannisirt sie eben so wohl aus Mitleiden als aus Gewohnheit.

Wenn ich nur an einen Philosophen, wie Sie einer sind, schriebe, so wäre hier der Ort, Einzelnheiten über die Sitten mitzutheilen, welche keine Aehnlichkeit mit etwas haben, was Sie jemals gelesen haben, selbst in Frankreich, wo man so viel schreibt und beschreibt; aber ich sehe hinter Ihnen das Publikum, und dies hält mich ab; Sie werden sich das denken, was ich Ihnen nicht sage, oder vielmehr, Sie werden es sich niemals vorstellen können. Da die Uebergriffe des Despotismus, die allein eine solche moralische Anarchie veranlassen können, wie ich sie hier herrschen sehe, nur vom Hörensagen bekannt sind, so werden Ihnen die Folgen unglaublich erscheinen.

Wo die gesetzliche Freiheit fehlt, fehlt nie die ungesetzliche; wo der Gebrauch untersagt ist, stellt sich der Mißbrauch ein; wo man das Recht läugnet, ruft man den Betrug hervor; wo man Gerechtigkeit versagt, öffnet man dem Verbrechen Thor und Thüre. Es ist mit gewissen politischen Constitutionen und gewissen socialen strengen Bestimmungen wie mit der Censur, die von den Zollwächtern ausgeübt wird, welche auch nur die verderblichen Bücher passiren lassen, weil man sich nicht die Mühe giebt, sie wegen unschuldiger Bücher zu hintergehen.

Es folgt daraus, daß Moskau diejenige Stadt in Europa ist, wo sich der vornehme Liederliche am freiesten bewegen kann. Die Regierung des Landes ist zu aufgeklärt, als daß sie nicht wissen sollte, daß unter der absoluten Gewalt die Empörung irgendwo ausbrechen muß, und sie sieht dieselbe lieber in den Sitten als in der Politik. Das erklärt die Freiheit der Einen und die Duldung der Andern. Die Sittenverderbniß hat indeß hier noch mehrere andere Ursachen, doch fehlt es mir an Zeit und Mitteln, dieselben genau zu ermitteln.

Auf eine nur will und muß ich Sie aufmerksam machen, auf die große Zahl der übelberüchtigten Personen von gutem Herkommen, welche in Ungnade gefallen sind, und in Moskau sich niederlassen.

Nach den Orgien, welche unsere moderne Literatur uns so wohlgefällig geschildert hat, wissen Sie, mit welchen Details, aber aus moralischen Zwecken, wenn man unsern Schriftstellern glauben darf, wir in Hinsicht auf ein liederliches Leben vertraut sein sollten. Ich verdamme den sogenannten nützlichen Zweck nicht, dulde ihre Predigten, lege ihnen aber sehr wenig Werth bei, denn in der Literatur giebt es noch etwas Schlimmeres als das Unmoralische, — das Unedle, das Gemeine nämlich; wenn man unter dem Vorwande, heilsame Reformen unter den untersten Classen der Gesellschaft hervorzurufen, den Geschmack der höhern Classen verdirbt, so thut man auch Böses. Wenn man die Frauen die Sprache der gemeinen Schenken reden oder nur hören läßt, wenn man bei den Männern aus den höhern Ständen die Vorliebe für die Rohheit weckt, so fügt man den Sitten einer Nation einen Schaden zu, den keine gesetzliche Reform

6*

ausgleichen kann. Die Literatur ist bei uns verloren, weil unsere geistreichsten Schriftsteller alles poetische Gefühl, jede Achtung für das Schöne bei Seite setzen, für die Leute schreiben, die in dem Omnibus fahren und vor den Barrieren sich herum treiben, und statt diese neuen Richter zu den Ansichten zartfühlender und edeler Geister zu erheben, sich zu dem herablassen, was den Neigungen der ungebildetsten Geister entspricht, die auf diese Weise im Voraus für alle höhern Genüsse abgestumpft werden. Man liefert Scheidewasserliteratur, weil man mit dem feineren Gefühle auch die Fähigkeit verloren hat, sich für einfache Dinge zu interessiren. Dies ist ein weit ernsteres Uebel, als alle die Inconsequenzen in den Gesetzen und den Sitten der alten Gesellschaften, die man nachweiset, und auch eine Folge des modernen Materialismus, der Alles auf den Nutzen reducirt, und den Nutzen nur in den unmittelbarsten positivsten Resultaten des Wortes sieht. Wehe dem Lande, in welchem die Meister in der Kunst zu Dienern der Polizei sich herabwürdigen! Wenn ein Schriftsteller sich genöthigt sieht, das Laster zu schildern, so muß er doppelt Rücksicht auf den guten Geschmack nehmen, und die ideale Wahrheit zum Typus selbst der gemeinsten Gestalten machen. Leider erkennt man aber in den Betheuerungen unserer Moral=Romandichter, oder vielmehr moralisirenden Romandichter nur zu oft weniger die Liebe zur Tugend, als Gleichgültigkeit gegen den guten Geschmack. Es fehlt ihren Werken die Poesie, weil es ihrem Herzen an Glauben fehlt. Das Laster zu veredeln, wie es Richardson im „Lovelace" gethan hat, heißt keineswegs die Seelen verderben, sondern von der Phantasie den Schmutz fernhalten, und die Gemüther vor Entwürdigung bewahren. Darin liegt, von künstlerischer Seite betrachtet, eine moralische Absicht, und diese Achtung vor dem Zartgefühle des Lesers scheint mir für die civilisirte Gesellschaft weit wesentlicher zu sein, als die genaue Kenntniß der Schlechtigkeiten ihrer Banditen, und der Tugenden und Naivetät ihrer Freudenmädchen. Man verzeihe mir diese Abschweifung auf das Gebiet der Kritik unserer Tage; ich kehre sogleich wieder zu den begrenzten und beschwerlichen Pflichten eines wahrheitsliebenden Reisenden zurück, die leider nur zu oft mit den Gesetzen der literarischen Werke, an die ich Sie aus Achtung vor meiner Muttersprache und meinem Vaterlande erinnert habe, in Widerspruch gerathen.

Die Schriften unserer kühnsten Sittenmaler sind nur schwache Copien der Originale, welche ich täglich vor Augen sehe, seit ich in Rußland bin.

Unredlichkeit ist überall nachtheilig, besonders in Handelsangelegenheiten; hier erstreckt sie sich noch weiter; sie hemmt sogar die Wüstlinge in der Ausführung ihrer geheimsten Contracte.

Die fortwährenden Münzänderungen begünstigen in Moskau alle Ausflüchte; in dem Munde eines Russen ist nichts bestimmt; er giebt kein Versprechen unumwunden und verbürgt, und bei dieser Unbestimmtheit der Rede gewinnt sein Beutel stets etwas. Diese allgemeine Verwirrung ist sogar ein Hinderniß bei den Liebesverhältnissen, weil jede der beiden Parteien die Doppelzüngigkeit der andern kennt, und voraus bezahlt sein will; die Folge dieses gegenseitigen Mißtrauens ist die Unmöglichkeit, trotz dem guten Willen der Contrahirenden, zu einem bestimmten Uebereinkommen zu gelangen.

Die Mädchen vom Lande sind schlauer als die Städterinnen; diese doppelt verdorbenen jungen Wilden verstoßen bisweilen sogar gegen die ersten Regeln der Prostitution, und entfliehen mit ihrem Lohn, ehe sie die entehrende Schuld abgetragen haben.

In andern Ländern halten die Banditen ihre Schwüre, und sind Räuber von Treu und Glauben; die russischen Courtisanen dagegen, und die Frauen, welche mit diesen Geschöpfen wetteifern, kennen nichts Heiliges, nicht einmal die Ehrlichkeit der Ausschweifung, die nothwendige Garantie bei der Ausübung ihres Gewerbes. Selbst das schmachvollste Gewerbe kann die Ehrlichkeit nicht entbehren.

Ein Officier, ein Mann mit berühmtem Namen und von vielem Geist, erzählte mir diesen Morgen, daß ihn seit den Lehren, die er erhalten und die er theuer habe bezahlen müssen, keine Schöne vom Lande, wie unwissend und einfältig sie ihm auch scheinen möge, bewegen könne, mehr als ein Versprechen zu geben; „wenn Du mir nicht traust, traue ich Dir nicht," — diese Worte setze er unerschütterlich allen Anforderungen entgegen.

Die Civilisation, die anderwärts die Herzen erhebt, zieht sie hier tiefer herunter. Die Russen würden besser sein, wenn sie roher blieben; wenn man die Sclaven gebildet macht, versündigt man sich an der Gesellschaft. Der Mensch muß eine gewisse Tugend besitzen, um die Bildung ertragen zu können.

Das russische Volk ist durch seine Regierung schweigsam und hinterlistig geworden, während es sonst sanft, heiter, gehorsam, friedlich und schön war. Das sind gewiß große Gaben, aber wo die Redlichkeit fehlt, fehlt Alles. Die mongolische Habgier dieses Volkes, und das nicht zu beseitigende Mißtrauen äußern sich in den geringsten Lebensumständen, wie bei den wichtigsten Angelegenheiten. In den lateinischen Ländern wird das Versprechen für etwas Heiliges gehalten, und das Wort ist ein Pfand zwischen dem, der es giebt, und jenem, der es empfängt. Bei den Griechen dagegen und deren Schülern, den Russen, ist das Wort eines Mannes nur der Nachschlüssel eines Diebes; es dient dazu, bei andern Eingang zu finden.

Man lehrt von der griechischen Religion weiter nichts, als bei jeder Gelegenheit auf der Straße vor einem Bilde sich zu bekreuzigen, und dasselbe zu thun, wenn man Platz bei Tische nimmt, und wenn man vom Tische aufsteht (selbst bei den vornehmen Leuten); das Uebrige mag man errathen.

Die Unmäßigkeit (ich spreche nicht blos von der Trunksucht der gemeinen Leute) wird hier so weit getrieben, daß einer der beliebtesten Männer in Moskau, einer der Tonangeber der Gesellschaft, jedes Jahr regelmäßig sechs Wochen lang verschwindet. Fragt man, was aus ihm geworden, so erhält man die Antwort: „er betrinkt sich." Diese Antwort stellt Jedermann zufrieden.

Die Russen sind zu leichtsinnig, als daß sie rachsüchtig sein könnten; sie sind elegante Verschwender. Ich wiederhole es gern, sie sind im höchsten Grade liebenswürdig, aber ihre Artigkeit artet bisweilen, so einschmeichelnd sie auch ist, in eine lästige Uebertreibung aus. Da sehne ich mich nach ihrer Grobheit, die doch wenigstens das Verdienst hätte, natürlich zu sein. Das erste Gesetz bei der Artigkeit besteht darin, sich nur solche Lobeserhebungen zu gestatten, die angenommen werden können, die andern sind Beleidigungen. Die ächte Artigkeit ist nichts als eine Reihe gut verhüllter Schmeicheleien; es giebt aber nichts, was eben so schmeichelhaft wäre, als die Herzlichkeit, denn diese muß man fühlen, wenn man sie äußern will.

Wenn es sehr artige Russen giebt, so giebt es aber auch sehr unartige; diese sind empörend neugierig; sie fragen wie

Wilde nach den wichtigsten Dingen wie nach den uninteressantesten Kleinigkeiten; sie stellen dem Fremden Kinder- und Spionenfragen zu gleicher Zeit, denn sie wollen Alles wissen. Die Slawen, die von Natur neugierig sind, unterdrücken diese Neugierde nur durch die gute Erziehung und durch ihren Umgang mit der vornehmen Welt; Diejenigen aber, welche diese Vorzüge nicht besitzen, werden mit Ausfragen nicht fertig; sie wollen den Zweck und das Resultat der Reise wissen; sie fragen keck und bis zum Ueberdrusse, ob man Rußland den andern Ländern vorziehe, ob man Moskau schöner finde als Paris, den Winterpalast in Petersburg prächtiger als die Tuilerien, und Czarskoje Selo größer als Versailles, und mit jeder neuen Person, der man vorgestellt wird, muß man diese Katechismuskapitel von Neuem aufsagen, in denen die Nationaleitelkeit sich heuchlerisch an die Höflichkeit des Fremden wendet. Diese schlecht verhüllte Eitelkeit bringt mich um so mehr auf, als sie immer in einer Maske von Bescheidenheit erscheint, die verleiten soll.

Man hat mich mit einem Manne bekannt gemacht, den man mir als ein beachtenswerthes Musterbild geschildert hatte; es ist ein junger Mann mit berühmtem Namen, der Fürst***, der einzige Sohn eines sehr reichen Mannes, aber dieser Sohn braucht noch einmal so viel, als er hat, und behandelt seinen Geist und seine Gesundheit wie sein Vermögen. Das Wirthshausleben nimmt ihn täglich achtzehn Stunden in Anspruch, und das Wirthshaus ist sein Königreich; hier herrscht er; auf dieser unedeln Bühne entfaltet er ganz natürlich und ohne es zu wollen, große und edle Eigenschaften; er besitzt ein geistreiches und schönes Gesicht, was überall ein Vortheil ist, selbst in diesen Kreisen, wo das Schönheitsgefühl nicht vorherrscht; er ist gut und schalkhaft;

man erzählt von ihm mehrere Züge seltener Dienstbereitwilligkeit, selbst eines rührenden Mitgefühls.

Da sein Lehrer ein sehr ausgezeichneter Mann, ein alter ausgewanderter französischer Abbé war; so ist er sehr gebildet; sein lebhafter Geist besitzt großen Scharfsinn; er scherzt auf eine nur ihm eigene Weise, aber seine Sprache und seine Handlungen sind so roh, daß sie eben nur in Moskau geduldet werden können; sein angenehmes aber unruhiges Gesicht verräth den Zwiespalt zwischen seiner Natur und seiner Lebensweise; er ist durch Ausschweifung geschwächt, ehe er gelebt hat, und muthig in einem unwürdigen Leben, das doch den Muth beeinträchtigt.

Seine ausschweifende Lebensweise hat seinem Gesichte Spuren eines frühzeitigen Alters aufgedrückt, gleichwohl haben diese Zerstörungen der Thorheit, nicht der Zeit, den fast kindlichen Ausdruck seiner edeln und regelmäßigen Züge nicht zu ändern vermocht. Die angeborne Grazie schwindet erst mit dem Leben, und wie der Mensch, der sie besitzt, sich auch bemühen möge, sie zu verlieren, sie bleibt ihm unwillkürlich treu. Man wird in keinem andern Lande einen Mann finden, welcher dem jungen Fürsten *** gleicht; hier giebt es mehr als einen dergleichen.

Er ist von einer Menge junger Leute, seiner Schüler und Nacheiferer, umringt, die ihm an Geist und Gemüth nicht gleich kommen, aber alle eine gewisse Familienähnlichkeit unter einander haben; es sind — Russen und man erkennt es auf den ersten Blick, daß es eben nur Russen seyn können. Deshalb möchte ich Ihnen gern einige Details über das Leben geben, das sie führen..., aber leider entfällt schon hier die Feder meiner Hand, da ich Ihnen die Verbindungen dieser Wüstlinge, nicht mit Freudenmädchen, sondern mit jungen Nonnen entdecken muß, welche nicht streng beobachtet sind, wie Sie sogleich sehen werden; es widerstrebt mir, Ihnen diese Dinge zu erzählen, welche etwas zu stark an unsre Revolutionsliteratur von 1793 erinnern. Warum, werden Sie fragen, den Schleier lüften, da man im Gegentheile solche Ausschweifungen sorgfältig verhüllen sollte? Vielleicht verblendet mich meine Vorliebe für die Wahrheit, aber ich glaube, das Schlechte triumphirt, wenn es verborgen bleibt, während es halb überwunden ist, sobald es an das Licht der Oeffentlichkeit gezogen wird; und habe ich mir nicht vorgenommen, das Land zu schildern wie ich es sehe? Ich gebe keine Compilation, sondern eine wahrhafte und möglichst vollständige Schilderung. Ich reise, um die Gesellschaften zu schildern wie sie sind, nicht um sie darzustellen, wie sie sein sollten. Aus Zartgefühl lege ich mir nur das eine Gesetz auf, die Personen nicht zu bezeichnen, die unbekannt zu bleiben wünschen. Der Mann, den ich als Musterbild der schamlosesten liederlichen Personen in Moskau herausgreife, treibt die Mißachtung des Tadels so weit, daß er, wie er mir gesagt hat, selbst wünscht, von mir so dargestellt zu werden wie ich ihn sehe. Ich erwähne mehrere Dinge, die er mir erzählt hat, aber nur weil sie mir durch Andere bestätigt wurden. Sie sollen nicht an die patriotischen Lügen der guten Russen glauben, denn Sie würden ihnen sonst zugestehen, daß die Disciplin der griechischen Kirche strenger und wirksamer sei, als es sonst in Frankreich und an andern Orten die der katholischen Kirche gewesen.

Wenn ich zufällig eine schändliche Handlung erfahre wie die, welche Sie nachstehend lesen werden, so halte ich mich nicht für verbunden, Ihnen das ungeheure Verbrechen zu verschweigen. Erfahren Sie also, daß es sich um nichts weniger als um den Tod eines jungen Mannes handelt, der in dem Kloster **. durch die Nonnen selbst umgebracht wurde. Der Vorfall wurde mir gestern frei an der Table d'hôte vor mehreren bejahrten ernsten Personen, vor Beamten und Angestellten erzählt, welche mit außerordentlicher Geduld diese Geschichte und mehrere andere derselben Art anhörten, die alle sehr gegen die guten Sitten sind; sie würden sicherlich auch nicht den leisesten für ihre Würde beleidigenden Scherz geduldet haben. Ich halte deshalb die Sache für wahr, zumal sie auch durch mehrere Personen von dem Gefolge des Fürsten ** bestätigt wurde.

Ich habe diesen merkwürdigen jungen Mann den Don Juan des alten Testaments genannt, so sehr scheint mir seine Tollheit und Keckheit die gewöhnlichen Grenzen der Schamlosigkeit bei den neuern Nationen zu überschreiten.. Ich kann es Ihnen nicht oft genug wiederholen, in Rußland ist nichts klein oder gemäßigt; wenn das Land auch nicht das Land der Wunder ist, wie mein italienischer Cicerone sich ausdrückt, so ist es doch ein Land von Riesen.

Die Sache wurde mir auf folgende Weise erzählt. Ein junger Mann, der einen ganzen Monat in dem Nonnenkloster *** versteckt zugebracht hatte, wurde endlich seines übergroßen Glückes dermaßen überdrüßig, daß er auch die heiligen Jungfrauen langweilte, denen er seine Freude und Genüsse so wie die darauf folgende Uebersättigung verdankte. Er war ganz matt geworden und die Nonnen, die ihn bei Seite schaffen wollten, aber doch das Aergerniß scheuten, wenn sie ihn aus dem Kloster entließen und er draußen stürbe, kamen zu der Ansicht, daß es besser sei, er beschließe sein Leben bei ihnen, weil er doch einmal sterben müsse. Gedacht, gethan; nach einigen Tagen fand man den Leichnam des Unglücklichen in Stücke zerschnitten in einer Grube. Die Sache wurde nicht untersucht.

Wenn man sich auf dieselben Gewährsmänner berufen darf, so wird in mehrern Klöstern in Moskau die Regel nicht geachtet, daß die Nonnen ihr Kloster nicht verlassen dürfen; ein Freund des jungen Fürsten zeigte gestern in meiner Gegenwart der ganzen Gesellschaft von Wüstlingen den Rosenkranz einer Novize, die ihn, wie er versicherte, diesen Morgen in seinem Zimmer vergessen hatte; ein andrer zeigte als Trophäe ein Gebetbuch vor und behauptete, dasselbe habe einer Nonne in dem Kloster ** gehört, welche für außerordentlich fromm gelte, und alle Anwesenden klatschen Beifall.

Ich würde nicht zu Ende kommen, wenn ich Ihnen alle derartige Erzählungen mittheilen wollte, die ich an der Table d'hôte mit anhörte; jeder hatte eine Anekdote aus dieser chronique scandaleuse hinzuzufügen und alle erregten lautes Lachen; die Lustigkeit, welche durch den Champagner immer höher getrieben wurde, der in Strömen floß und aus Gläsern getrunken wurde, welche die russische Unmäßigkeit eher befriedigten als unsere Spitzgläser, ging endlich in Trunkenheit über. Nur der junge Fürst *** und ich blieben bei der allgemeinen Confusion bei Verstande, er, weil er mehr trinken konnte als Alle; ich, weil ich gar nicht trinken kann und folglich auch hier nicht getrunken hatte.

Mit einem Male erhob sich der Lovelace des Kremls mit feierlicher Miene, gebot mit dem Einflusse, den ihm sein Vermögen, sein großer Name, sein hübsches Gesicht, vor Allem aber seine geistige und Characterüberlegenheit gaben, der Gesellschaft Schweigen und erlangte auch wirklich zu meiner großen Verwunderung Ruhe. Ich glaubte die poetische Schilderung eines Sturmes zu lesen, der durch die Stimme irgend eines heidnischen Gottes besänftigt wird. Der junge Gott machte seinen plötzlich ruhig gewordenen

Freunden den Vorschlag, ein Gesuch an die competenten Behörden im Namen aller Freudenmädchen Moskaus zu entwerfen und darin ehrerbietigst vorzustellen, wie die alten Nonnenklöster auf die tadelnswürdigste Weise mit den profanen Genossenschaften rivalisirten und diese in ihrem Gewerbe beeinträchtigten, und wie die ehrerbietigst unterzeichneten Freudenmädchen von der Gerechtigkeitsliebe der Herren So und So hofften, daß sie von den Einkünften der genannten Klöster eine für sie, die Bittstellerinnen, nothwendig gewordene Beisteuer erheben möchten, wenn sie nicht wollten, daß die öffentlichen Freudenmädchen durch die Nonnen in den Klöstern gänz verdrängt würden. Der Vorschlag wurde mit Acclamation angenommen; man verlangte Papier, Feder und Tinte und der junge Wüstling entwarf sofort mit richterlichem gravitätischen Ernst in sehr gutem Französisch eine Bittschrift, die zu scandalös burlesk war, als daß ich sie hier mittheilen könnte. Ich besitze eine Abschrift davon, aber für Sie und für mich genügt der eben im Allgemeinen mitgetheilte Inhalt.

Der Verfasser dieser Bittschrift las sie zu dreien Malen mit lauter und vernehmlicher Stimme vor der ganzen Gesellschaft vor und gewann damit den schmeichelhaftesten Beifall.

Das geschah, das sah und hörte ich gestern in dem Gasthause ..., einem der besuchtesten in Moskau. Es war den Tag nach dem angenehmen Diner in dem hübschen Landhause des Herrn .. Sie sehen daraus, daß wenn auch die Gleichförmigkeit ein Staatsgesetz ist, die Natur doch Mannichfaltigkeit verlangt und ihre Rechte vertheidigt.

Sie können wohl glauben, daß ich Ihnen viele Details erspare und daß ich die, welche ich Ihnen mittheile, sehr mildere. Wäre ich wahrer, so würde man mich nicht lesen; Montaigne, Rabelais, Shakespeare und so viele andere große

Maler würden anders schreiben, wenn sie für unsere Zeit schrieben; um wie vielmehr müssen diejenigen, welche nicht dieselben Rechte auf Unabhängigkeit haben, auf ihre Ausdrücke achten!

Bei der Erzählung schlechter Dinge findet die Unwissenheit gewisse Worte unschuldig, die Leuten, wie wir sind, entschlüpfen, und die Pruderie der jetzigen Zeit ist wenigstens zu fürchten, wenn nicht zu achten. Die Tugend erröthet, die Heuchelei dagegen erhebt ein lautes Wehgeschrei.

Der Vorsteher der Gesellschaft von Wüstlingen, welche ihr Lager in dem Gasthause ... aufgeschlagen haben, denn man kann nicht sagen, daß sie da wohnen, besitzt eine so vollkommene Eleganz, ein so ausgezeichnetes Aeußere, so viel guten Geschmack selbst in seinen Tollheiten, so viel Edelmuth in seinen Zügen, so viel Adel in seiner ganzen Haltung und selbst in seinen frechsten Reden, kurz er ist so ganz ein mauvais sujet aus vornehmer Familie, daß man ihn mehr beklagt als tadelt. Er beherrscht seine wüsten Genossen vollkommen, er scheint durchaus nicht für die schlechte Gesellschaft geschaffen zu sein und man interessirt sich unwillkürlich für ihn, ob er gleich zum größten Theil für die Ausschweifungen seiner Nachahmer verantwortlich ist; die Ueberlegenheit, selbst im Schlechten, übt stets eine Art Zauber aus. Welche Talente, welche Gaben sind hier verloren! dachte ich, als ich ihn hörte.

Er hatte mich für heute zu einer Landpartie eingeladen, welche zwei Tage dauern sollte, aber ich begab mich in sein Bivouac, um mein gegebenes Versprechen zurückzunehmen.

Ich schützte die Nothwendigkeit vor, meine Reise nach Nischnei zu beschleunigen und er entließ mich meines Versprechens.

Ehe ich ihn aber der Tollheit überlasse, die ihn fortreißt,

will ich ihn schildern, wie er mir erschien. Ich mußte ihn in den Hof des Wirthshauses begleiten, um dem Aufbruche der Wüstlingsschaar beizuwohnen. Dieser Aufbruch war ein wahres Bacchantenfest.

Denken Sie sich ein Dutzend schon überhalb betrunkner junger Männer, die sich lärmend um die Plätze in drei Kaleschen streiten, von denen jede mit vier Pferden bespannt ist. Eine Anzahl Neugieriger, der Wirth an der Spitze mit allen Kellnern und Stalldienern, bewunderten, beneideten, schmäheten den Anführer dieser Schaar, aber den Spott äußerten sie nur leise. Er stand in seinem offenen Wagen und spielte seine Rolle mit einem Ernst, der gar nicht erheuchelt aussah; er ragte mit einer Kopflänge über alle Gruppen hinweg und hatte zwischen seinen Füßen einen Eimer mit Champagnerflaschen in Eis. Dieser Flaschenkeller war für den Verbrauch unterwegs bestimmt; er wollte, sagte er, sich die Gurgel auffrischen, die der Staub ihm ausdörren würde. Ehe es fort ging, hatte einer seiner Adjutanten, den er den Stöpselgeneral nannte, bereits zwei oder drei Stöpsel knallen lassen und der junge Fürst reichte den Anwesenden den Abschiedswein, den besten Champagner, der in Moskau aufzutreiben war, in Strömen. Zwei immer leere Becher in seinen Händen wurden unaufhörlich von dem Stöpselgeneral, dem eifrigsten Satelliten, gefüllt. Den einen trank er selbst aus, den andern reichte er dem ersten besten. Seine Leute waren in Festlivrée, ausgenommen sein Kutscher, ein junger Leibeigener, den er erst kürzlich von seinen Besitzungen zu sich genommen hatte. Dieser Kutscher war mit ungewöhnlicher Sorgfalt gekleidet und zeichnete sich durch die scheinbare Einfachheit seines Anzuges mehr aus als die andern Diener durch ihren Tressenreichthum. Er trug ein Hemd von ungefärbter Seide, einem kostbaren Stoffe, der aus Persien kommt, und darüber glänzte ein Kaftan vom feinsten Casimir, der mit dem schönsten ächten Sammet besetzt war. Der Kaftan stand auf der Brust offen und ließ das seidene Hemd sehen, das in fast unbemerklich kleine Falten gelegt war. So putzen die Dandies in Petersburg die Jüngsten und Schönsten ihrer Leute an Festtagen heraus. Der übrige Theil des Anzuges entsprach diesem Luxus; Stiefeln aus Leder von Torschok, auf der Fußbiege mit silbernen und goldenen Fäden gestickt, blitzten an den Füßen des Leibeigenen, den sein eigener Schmuck blendete und der so parfümirt war, daß ich den Duft, welcher von seinem Haar, seinem Barte und seinen Kleidern ausströmte, im Freien und in der Entfernung von mehrern Schritten kaum ertragen konnte. Der eleganteste Mann trägt bei uns in einem Salon nicht so schöne Stoffe als dieser Musterkutscher trug.

Nachdem der junge Fürst allen Leuten im Wirthshause Wein gereicht hatte, bog er sich zu dem so geputzten Kutscher und hielt ihm einen zum Ueberfließen vollen schäumenden Becher hin. „Trink!" sagte er zu ihm .. Der arme geputzte Muschik wußte in seiner Unerfahrenheit nicht, was er thun sollte. „Trink!" wiederholte sein Herr (man übersetzte mir seine Worte), „trink, Spitzbube; ich gebe Dir den Champagner nicht Deinstwegen, sondern wegen der Pferde, welche nicht den ganzen Weg im Galopp laufen können, wenn der Kutscher nicht betrunken ist." Und die ganze Gesellschaft lachte, klatschte Beifall und schrie Hurrah! Der Kutscher ließ sich nicht lange zureden; er hatte den dritten Becher geleert, als sein Herr, der Anführer der tollen Schaar, das Zeichen zum Aufbruche gab, während er mit der größten Artigkeit wiederholt sein Bedauern gegen mich aussprach, daß er mich nicht habe vermögen können, diese

Luftpartie mit zu machen. Ich vergaß, während er sprach, den Schauplatz und glaubte nach Versailles zur Zeit Ludwigs XIV. versetzt zu sein.

Endlich ging es fort nach dem Schlosse, wo er drei Tage bleiben wollte. Die Herren nennen dies eine Sommer-Jagd.

Sie errathen, wie sie sich auf dem Lande zerstreuen und die Langeweile der Stadt zu vergessen suchen; es bleibt immer dasselbe, sie setzen — wenigstens — ihr Moskauer Leben fort; es sind dieselben Auftritte, nur mit andern Figurantinnen. Sie nahmen auf diese Reise Kupferstiche nach den berühmtesten französischen und italienischen Gemälden mit, die sie, mit einigen Costüm-Aenderungen, von lebenden Personen darstellen lassen wollten.

Die Dörfer und Alles, was dazu gehört, sind ihr Eigenthum, und Sie wissen, wie weit das Recht des Herrn in Rußland geht.

Das Wirthshaus..., das Jedermann besuchen kann liegt an einem Marktplatze der Stadt, nur ein Paar Schritt von einer Hauptwache von Kosaken, deren steife Haltung, trauriges und finsteres Aussehen den Fremden eine Vorstellung von dem Lande giebt, wo Niemand zu lachen wagt, auch nicht auf die unschuldigste Weise von der Welt.

Da ich mir die Pflicht auferlegt habe, Ihnen das Land so zu schildern, wie es sich mir dargestellt hat, so muß ich zu dem Bilde, das ich Ihnen eben entworfen habe, noch einige Proben von der Unterhaltung der Männer hinzufügen, die ich einen Augenblick vor Ihren Augen erscheinen ließ.

Der eine rühmt sich, gleich seinen Brüdern der Sohn der Heiducken und Kutscher ihres Vaters zu sein, trinkt selbst, und fordert die Gesellschaft auf, auf die Gesundheit aller ihrer — unbekannten — Väter zu trinken. Der andere macht auf die Ehre Anspruch, der Bruder (von väterlicher Seite) aller Dienstmädchen seiner Mutter zu sein.

Diese Abscheulichkeiten sind nicht alle wahr, es laufen ohne Zweifel viele Aufschneidereien mit unter, aber solche Schändlichkeiten zu erfinden, um sich derselben zu rühmen, zeigt von einer schrecklichen Verdorbenheit, von einem Uebel, das, wie mir scheint, noch schlimmer ist, als selbst die Handlungen dieser Wüstlinge, so unsinnig sie auch sein mögen.

Wenn man diesen Herren glaubt, führen die bürgerlichen Frauen in Moskau keinen bessern Lebenswandel als die vornehmen Damen.

In den Monaten, in welchen die Männer die Messe in Nischnei besuchen, hüten sich die Officiere der Garnison wohl, die Stadt zu verlassen. Es ist dies die Zeit der leichten Rendezvous, zu denen sich diese Frauen meist in Begleitung von achtbaren Verwandten, alten Frauen, einfinden, deren Aufsicht und Obhut sie von den Männern übergeben wurden. Es geht soweit, daß man die Gefälligkeiten und das Schweigen dieser Keuschheitswächterinnen mit Geld erkauft. Diese Art Galanterie kann man unmöglich Liebe nennen; es giebt keine Liebe ohne Züchtigkeit, das ist der Ausspruch seit aller Ewigkeit gegen die Frauen, die sich durch Zärtlichkeit erniedrigen und entwürdigen, statt sich durch dieselbe zu reinigen. Die Vertheidiger der Russen behaupten, die Frauen in Moskau hätten keine Liebhaber; ich sage das auch; man müßte sich eines andern Ausdrucks bedienen, um die Freunde zu bezeichnen, die sie sich so in Abwesenheit ihrer Männer suchen.

Ich bin, ich wiederhole es, sehr geneigt, an Allem zu zweifeln, was man mir in dieser Art erzählt; gewiß ist es aber, daß man es mit Vergnügen und bereitwillig dem ersten Besten erzählt und das triumphirende Aussehen des

Erzählers spricht: ed anch' io son pittore, — auch wir sind civilisirt.

Je mehr ich die Lebensweise dieser vornehmen Wüstlinge überdenke, um so weniger erkläre ich mir die sociale Stellung, um mich der Sprache des Tages zu bedienen, die sie hier trotz den Ausschweifungen behalten, die ihnen in andern Ländern alle Thüren verschließen würden. Ich weiß nicht, wie man diese Wüstlinge in ihren Familien behandelt, öffentlich aber werden sie allgemein gefeiert, wie ich selbst bezeugen kann; ihr Erscheinen ist das Signal zur allgemeinen Freude, ihre Anwesenheit macht selbst bejahrtern Männern Vergnügen, die sie ohne Zweifel nicht nachahmen, die sie aber durch ihre Duldung ermuthigen. Man eilt ihnen entgegen, Jedermann beeifert sich, ihnen die Hand zu reichen, über ihre Abenteuer mit ihnen zu scherzen, kurz ihnen seine Bewunderung, wenn auch nicht Achtung, zu zeigen.

Ich fragte mich, als ich die Aufnahme sah, die sie finden, was man wohl thun müsse, um hier die Achtung zu verlieren.

Im Gegensatz zu den freien Völkern, deren Sitten in dem Maße puritanischer, um nicht zu sagen reiner werden, wie die Democratie in den Constitutionen Boden gewinnt, vermengt man hier die Sittenlosigkeit mit den liberalen Institutionen und die vornehmen Wüstlinge werden hier bewundert, wie bei uns die Männer der Minorität, wenn sie Verdienste haben.

Der junge Fürst ** hat seine Wüstlingslaufbahn erst in Folge einer dreijährigen Verbannung an den Caucasus begonnen, wo das Clima seine Gesundheit untergrub. Diese Strafe traf ihn, als er die Schule verließ, weil er in einigen Läden in Petersburg die Glasscheiben eingeworfen hatte; die Regierung, die in diesem unschuldigen Streiche eine po=

litische Absicht sehen wollte, machte durch ihre übergroße Strenge aus einem noch ganz jungen Springinsfeld einen sittenlosen Menschen, der für sein Vaterland, für seine Familie und für sich selbst verloren ist*).

Zu diesen Verirrungen kann der Despotismus, die unmoralischste aller Regierungen, die Menschen verleiten. Hier erscheint jede Auflehnung gerechtfertigt, selbst die gegen die Vernunft, gegen Gott! Nichts, was zur Bedrückung dient, scheint achtungswürdig, nicht einmal das, was auf der ganze Erde heilig heißt. Wo die Ordnung drückend ist, hat jede Unordnung ihre Märtyrer, gilt Alles, was Auflehnung heißt, für Aufopferung. Ein Lovelace, ein Don Juan und noch Schlimmere würden für Befreier gelten, blos weil sie gesetzliche Strafen erlitten; das Vergehen wird geachtet, wenn die Gerechtigkeit in Mißbräuche verfällt. Der Tadel trifft dann nur den Richter. Die Uebergriffe des Befehlens sind so ungeheuer groß, daß jede Art Gehorsam verabscheut wird und daß man die guten Sitten hassen lernt, wie man an andern Orten sagen würde: „ich verabscheue die willkürliche Regierung."

Ich hatte nach Rußland ein Vorurtheil mitgenommen, das ich nicht mehr habe; ich glaubte nämlich mit vielen andern, die Autocratie erhalte ihre Hauptstärke aus der Gleichheit, die sie unter sich herstellt; aber diese Gleichheit ist eine Illusion; ich dachte bei mir und man sagte mir: wenn ein einziger Mensch Alles kann, so sind alle andern Menschen gleich, d. h. gleich Nullen; es ist das freilich kein Glück, aber doch ein Trost. Dieses Argument war zu logisch,

---

*) Man sagt mir, daß er sich seit meiner Rückkehr nach Frankreich verheirathet habe und ganz ordentlich lebe.

als daß es durch die Wirklichkeit nicht hätte widerlegt werden müssen. Es giebt keine absolute Gewalt in dieser Welt, wohl aber giebt es willkürliche und launenhafte Gewalten, und wie mißbräuchlich dieselben auch werden können, sie drücken nie so sehr, um vollkommene Gleichheit unter ihren Unterthanen herzustellen.

Der Kaiser von Rußland kann Alles; wenn aber auch diese Macht des Souverains dazu beiträgt, einige große Herren geduldiger zu machen, deren Neid sie zum Schweigen bringt, so glauben Sie doch nicht, daß sie auf den Geist der Masse irgend einen Einfluß habe. Der Kaiser thut nicht Alles, was er kann, denn wenn er es nicht thäte, würde er es nicht lange thun können; so lange er es nun nicht thut, bleibt die Stellung des Adeligen, den er schalten und walten läßt, von jener des Muschiks oder des kleinen Kaufmanns schrecklich verschieden, die von dem Großen niedergedrückt werden. Ich behaupte, daß es heute noch in Rußland auffälligere wirkliche Ungleichheit in den Ständen giebt, als in irgend einem andern Lande Europas. Die Gleichheit unter dem Joche ist hier die Regel, die Ungleichheit die Ausnahme, aber unter der willkürlichen Regierung herrschen die Ausnahmen vor.

Die menschlichen Angelegenheiten sind zu complicirt, als daß sie einer strengen mathematischen Berechnung unterworfen werden könnten; ich sehe deshalb auch unter dem Kaiser zwischen den Casten, welche das Reich bilden, einen Haß bestehen, der seine Quelle nur in dem Mißbrauche untergeordneter Gewalten hat, und ich suche vergebens die fabelhafte Gleichheit, von der ich so viel gehört habe.

Im Allgemeinen führen die Leute hier eine süßlich freundliche Rede und sie sagen mit honigsüßer Miene, die russischen Leibeigenen wären die glücklichsten Bauern auf der Welt.

Hören Sie nicht darauf, man täuscht Sie; viele Leibeigene-Familien in den entlegenern Bezirken müssen sogar Hunger leiden; mehrere sterben in Folge von Armuth und Mißhandlung; in Rußland leidet der Mensch überall, und die Menschen, welche man mit dem Grund und Boden verkauft, leiden mehr als die übrigen. Sie haben aber doch Anspruch auf die Gegenstände der ersten Nothdurft, sagt man, ja, aber dieser Anspruch ist rein illusorisch für den, welcher ihn nicht geltend machen kann.

Es liegt, sagt man weiter, im Interesse der Herren, die Bedürfnisse ihrer Bauern zu befriedigen. Versteht aber Jedermann sein Interesse? Bei uns verliert der, welcher verschwenderisch lebt, nur sein Vermögen; hier ist das Vermögen eines Menschen das Leben einer Menge andrer Menschen und wer hier mit seinem Vermögen schlecht umgeht, erregt in ganzen Dörfern Hungersnoth. Die Regierung setzt, wenn sie gar zu arge Verschwendung bemerkt, und Gott weiß, wie lange es dauert, bis sie so etwas bemerkt, den schlechten Herrn unter Vormundschaft; aber diese stets zu spät eintretende Maßregel kann die Verhungerten nicht vom Tode erwecken. Können Sie sich die zahllosen unbekannten Leiden und Ungerechtigkeiten vorstellen, welche durch solche Sitten, unter einer solchen Constitution und unter einem solchen Clima veranlaßt werden müssen? Man kann in Rußland kaum frei athmen, wenn man an so viele Leiden denkt.

Die Russen sind gleich, nicht vor den Gesetzen, welche nichts gelten, sondern vor der Laune und Willkür des Souverains, der nicht Alles kann, was man auch sagen möge, d. h. es wird unter sechszig Millionen Menschen in zehn Jahren einmal Einer herausgegriffen, um an ihm zu beweisen, daß diese Gleichheit bestehe. Da aber der Souverain nicht oft wagt, sich einer Marotte als Scepter zu bedienen, so unterliegt er selbst unter dem Drucke der absoluten Gewalt; er läßt sich durch die weiten Entfernungen, durch die Unkenntniß der Vorfälle, durch die Gewohnheit, durch Subalterne beherrschen.

Jeder Große hat in seinem engen Kreise dieselben Schwierigkeiten zu überwinden nebst Versuchungen, denen er nicht so leicht widersteht, weil er weniger als der Kaiser beobachtet, durch Europa und das eigene Vaterland controlirt wird; so ergeben sich aus dieser Ordnung oder, um richtiger zu sprechen, aus dieser Unordnung der socialen Verhältnisse, die festbegründet ist, Ungleichheiten und Ungerechtigkeiten, die man in den Staaten nicht kennt, wo nur das Gesetz die Verhältnisse und Beziehungen der Menschen zu einander ändern kann.

Es ist also nicht wahr, daß die Stärke des Despotismus in der Gleichheit seiner Opfer liege; sie liegt nur in der Unkenntniß der Freiheit und in der Furcht vor der Tyrannei. Die Macht eines unbeschränkten Gebieters ist ein Ungethüm, das stets ein noch schlimmeres gebären kann, die Tyrannei des Volkes.

Die democratische Anarchie kann indeß nicht von Dauer sein, während die Regelmäßigkeit, welche aus den Mißbräuchen der Autocratie hervorgeht, unter dem Scheine des Wohlwollens von Generation zu Generation die moralische Anarchie, das schlimmste der Uebel, und den materiellen Gehorsam, das gefährlichste der Güter, fortpflanzt; die bürgerliche Ordnung, die eine solche moralische Unordnung verhüllt, ist eine trügerische Ordnung.

Auch die Anwendung der Militairdisciplin auf die Regierung eines Staates ist ein gewaltiges Mittel der Unterdrückung und sie bildet in Rußland mehr als die Fiction der Gleichheit die mißbräuchliche Stärke des Souverains. Wendet sich aber diese furchtbare Kraft nicht oft gegen den, welcher sie gebraucht? Rußland wird fortwährend von folgenden Uebeln bedroht: von der Volksanarchie in der äußersten Ausdehnung, wenn die Nation sich empört, und, wenn sie sich nicht empört, von der Fortdauer der Tyrannei, die je nach der Zeit und den Oertlichkeiten mehr oder minder hart drückt.

Um die Schwierigkeiten der politschen Lage dieses Landes recht zu würdigen, darf man nicht vergessen, daß das Volk in seiner Rache um so schrecklicher sein wird, je unwissender es ist und je länger seine Geduld gedauert hat. Eine Regierung, die über nichts erröthet, weil sie sich bestrebt, Alles geheim zu halten und sich die Macht dazu anmaßt, ist mehr schrecklich als dauerhaft; in der Nation Unbehagen; in dem Heere Verdumpfung; in der herrschenden Gewalt Angst selbst bei denen, die sich am gefürchtetsten machen; in der Kirche knechtischer Sinn, bei den Großen Heuchelei, bei dem Volke Unwissenheit und Armuth, für Alle aber Sibirien, so ist das Land, wie es durch die Nothwendigkeit, die Geschichte, die Natur, die Vorsehung geworden, die uns immer unerforschlich bleibt. Mit einem so geschwächten Körper bestrebt sich jetzt dieser Riese, der kaum das alte Asien verlassen hat, in der Wagschale der europäischen Politik mit seiner ganzen Last zu wiegen.

In welcher Verblendung wagt man, mit Sitten, die vielleicht zum Civilisiren der Bukharen und Kirgisen taugen, die Aufgabe sich zu stellen, die Welt zu regieren? Bald wird man nicht blos in gleicher Höhe mit den andern Völkern, sondern über denselben stehen wollen. Man möchte, ja man will in dem Rathe des Westen herrschen und rechnet die Fortschritte für nichts, welche die Diplomatie seit dreißig Jahren in Europa gemacht hat. Sie ist ehrlich und aufrichtig geworden; hier achtet man die Ehrlichkeit nur bei Andern und als etwas recht Nützliches für den, welcher keinen Gebrauch davon macht.

In Petersburg heißt lügen wie ein guter Bürger handeln; die Wahrheit zu sagen, selbst von den scheinbar gleichgültigsten Dingen, gilt dagegen für Verschwörung. Man verliert die Gunst des Kaisers, wenn man gesteht, daß er den Schnupfen hat, und die Freunde beklagen den nicht, der dies zu sagen wagte und Strafe dafür leidet, sondern sie sagen: er war freilich sehr unvorsichtig. Die Lüge ist die Ruhe, die gute Ordnung, die Freundin, des Bestehenden die ächte Bürgertugend. Rußland ist ein Kranker, den man mit Gift behandelt*).

) Dieses Schicksal hat in diesem Augenblicke der Fürst Dolgorucki, der Verf. der harmlosen Broschüre: Notice sur les principales familles de la Russie. In diesem Schriftchen hat der Verf., zu dessen Gunsten das Journal des Débats protestirt, drukken zu lassen gewagt, was Jedermann weiß, daß nämlich die Romanows, von geringerem Adel als er, im Anfange des 17. Jahrhunderts in Folge einer bestrittenen Wahl statt der zuerst gewählten Trubetzkoi und gegen die Ansprüche mehrerer andern großen Familien auf den Thron gelangten. Diese Thronbesteigung wurde, sagt er, gegen das Zugeständniß einiger liberalen Formen in der Landesverfassung genehmigt. Die Welt hat gesehen, wohin diese Garantien, die durch Peter I. bald abgeschafft wurden, Rußland gebracht haben. Das ist das Verbrechen, um dessetwillen noch heut zu Tage ein großer Herr nach Sibirien verbannt werden kann. Er ist freilich nicht dahin verbannt worden, der Kaiser hat ihm nur den Aufenthalt daselbst gerathen), — eine patriarchalische Verbannung, die nur unter der in Rußland bestehenden väterlichen Autocratie vorkommen kann.

*) Man sehe das Journal de Francfort und die Allg. Zeitung.

Sie erkennen mit einem Blicke, welchen Widerstand Europa, das durch funfzigjährige Revolutionen verjüngt und durch dreihundertjährige mehr oder minder freie Erörterungen gereift ist, dieser maskirten Invasion entgegenstellen sollte. Wie es diese Pflicht erfüllt, wissen Sie!

Aber noch einmal, was konnte diesen so schlecht bewaffneten Riesen nöthigen, so ohne Harnisch zu kämpfen und für Ideen, die ihn nicht interessiren, für Interessen, die für ihn nicht bestehen, zu streiten? Die Industrie selbst entsteht in Rußland ja erst.

Er wird nur durch die Laune seiner Gebieter und durch die Ruhmsucht einiger Großen genöthigt, welche Reisen machten. So stürzen sich dieses junge Volk und diese alte Regierung blindlings mit einander Verlegenheiten entgegen, vor denen die modernen Staaten zurückweichen und welche die Sehnsucht nach der Zeit der politischen Kriege erregen, der einzigen, die man in den alten Staaten kannte. Unselige Eitelkeit von Emporkömmlingen! Ihr waret vor Streichen sicher und setzt Euch denselben aus, ohne einen Auftrag dazu zu haben.

Schreckliche Folgen der politischen Eitelkeit einiger Menschen! Dieses Land, das durch einen Ehrgeiz leidet, den es kaum versteht, das innerlich kocht, blutet und weint, will ruhig erscheinen, um stark zu werden; und so schwer es auch verwundet ist, verhüllt es doch seine Wunden! — und welche Wunden! — einen um sich fressenden Krebs! Diese Regierung mit einem Volke, das unter dem Joche zusammensinkt oder jeden Zügel zerreißt, geht mit heiterer Stirn Feinden entgegen, die sie aufsucht, setzt ihnen eine ruhige Miene, eine stolze Haltung, eine feste oder drohende oder doch wenigstens eine solche Sprache entgegen, aus der man einen drohenden Gedanken muthmaßen kann, — und wäh=

und sie diese politische Comödie spielt, frißt der Wurm an
ihrem Herzen.

Ach, ich beklage den Kopf, von dem die Bewegungen
eines so ungesunden Körpers ausgehen oder auf den sie zu=
rück wirken! Welche Rolle hat er durchzuführen! Durch
fortwährende Täuschungen einen Ruhm zu vertheidigen, der
auf Fictionen oder wenigstens auf Hoffnungen ruht! Wenn
man bedenkt, daß man mit geringern Anstrengungen ein
wahrhaft großes Volk, wahrhaft große Männer, einen
wahren Heros schaffen könnte, findet man nicht mehr Mit=
leiden genug für den unglücklichen Gegenstand der Befürch=
tungen und des Neides der Welt, für den Kaiser von Ruß=
land, er mag Paul, Peter, Alexander oder Nicolaus heißen.

Mein Mitleiden geht noch weiter, es erstreckt sich auf
die ganze Nation; man muß fürchten, daß dieses durch den
verblendeten Stolz der Herrscher irregeleitete Volk sich an
dem Schauspiele der Civilisation berauscht, ehe es civilisirt
ist; es geht mit einem Volke wie mit einem Menschen;
wenn er Geist ernten soll, muß er arbeiten, muß er durch
tiefe und einsame Studien sich vorbereiten, den Ruhm zu
ertragen.

Die wahre Macht, die wohlthätige Macht bedarf der
Schlauheit nicht. Woher also die, welche aufgeboten wird?
— von dem Gifte, das in Euch liegt und das Ihr uns
nur mit Mühe verbergt. Welche List, welche Lügen, welche,
immer zu durchsichtigen, Schleier müssen aufgewendet wer=
den, um einen Theil Eures Zweckes zu verhüllen und um
in der angemaßten Rolle zu bleiben! Ihr die Ordner und
Lenker der Geschicke Europas! Ihr wollt die Sache der
Civilisation bei übercivilisirten Nationen führen, während
Ihr selbst noch vor gar nicht langer Zeit eine durch die

Furcht disciplinirte, durch — etwas mit Moschus parfümirte Wilde befehligte Horde waret? Ihr habt Euch in eine Aufgabe gemischt, welche die menschlichen Kräfte übersteigt. Geht man zu der Quelle des Uebels zurück, so findet man, daß alle diese Fehler die nothwendige Folge des Systems der falschen Civilisation sind, das vor hundertundfunfzig Jahren durch Peter I. angenommen wurde. Rußland wird die Folgen des Stolzes dieses Mannes länger fühlen, als den Ruhm desselben bewundern; ich für meinen Theil halte ihn mehr für außerordentlich als heroisch, und dies erkennen bereits Viele an, wenn sie es auch nicht laut zu gestehen wagen.

Wenn der Czar Peter, statt Bären wie Affen zu kleiden, wenn Katharina II., statt Philosophie zu treiben, kurz wenn alle Souveraine Rußlands ihre Nation durch dieselbe selbst hätten civilisiren wollen, indem sie langsam die bewundernswürdigen Keime entwickelten, welche Gott in diese Völker gelegt hat, die zuletzt aus Asien herüberkamen, so würden sie Europa weniger geblendet, aber einen dauernderen und allgemeinern Ruhm erworben haben; die Nation würde heute noch die ihr von der Vorsehung übertragene Aufgabe, die alten Regierungen Asiens zu bekämpfen, zu lösen suchen. Selbst die europäische Türkei würde diese Einwirkung empfinden, ohne daß die andern Staaten Europas sich über die Vergrößerung einer wirklich wohlthätigen Macht beklagen könnten. Statt dieser unwiderstehlichen Gewalt besitzt Rußland jetzt bei uns nur die Macht, die wir ihm zugestehen, d. h. die eines Emporkömmlings, der es mehr oder minder gut versteht, seine Abstammung vergessen und seinen scheinbaren Credit geltend zu machen. Die Herrschaft über Völker, die ungebildeter und sclavischer sind als das russische, gebührt ihm, liegt in seinem Geschicke, steht, gestatten Sie mir diesen Ausdruck, in den Annalen seiner Zukunft geschrieben. Der Einfluß auf weiter vorgeschrittene Völker dagegen ist precär.

Da nun aber diese Nation einmal auf der großen Straße der Civilisation aus dem Geleise gekommen ist, so vermag sie kein Mensch in dasselbe zurückzubringen. Gott allein weiß, wo er sie erwartet. Das ahnte ich in Petersburg und sehe es deutlich in Moskau.

Ich muß es wiederholen, Peter der Große oder vielmehr der Ungeduldige war die erste Ursache dieser Verirrung, und die blinde Bewunderung, deren Gegenstand er noch heute ist, rechtfertigt die Nacheiferung seiner Nachfolger, die ihm zu gleichen glauben, weil sie die falsche Politik dieses Halbgenies, dieses Mannes fortsetzen, der mehr ein ruheloser Nebenbuhler der Schweden, als der Regenerator der Russen war. Er stellte Rußland die Aufgabe, ewig die andern Nationen zu copiren, um civilisirt zu scheinen, ehe es civilisirt worden.

Das unmittelbare Resultat seiner Pläne grenzt, das muß man gestehen, an das Wunderbare. Als Schauspieldirector kommt Niemand dem Czar Peter gleich; aber die positive Wirkung dieses genialen Menschen, der so roh, so herzlos, wenn auch unterrichteter wie die Sclaven war, welche er disciplinirte, ist eine langsame und verderbliche; jetzt erst zeigt sie sich, und man kann sie definitiv beurtheilen. Die Welt wird nie vergessen, daß die einzigen Einrichtungen, aus denen die russische Freiheit hervorgehen konnte, die beiden Kammern, durch jenen Fürsten aufgehoben worden sind.

In allen Arten, in den Künsten, in den Wissenschaften, in der Politik sind Menschen groß nur in Vergleich mit andern. Aus diesem Grunde war es in manchen Zeiten und Ländern leicht, ein großer Mann zu sein. Der Czar Peter erschien in einer solchen Zeit und in einem solchen Lande, aber er besaß weder einen hohen Character noch eine ungewöhnliche Kraft, sein Kleinmüthigkeitsgeist beschränkte vielmehr seinen Willen. Der Schaden, den er angerichtet hat, besteht noch, denn er hat seine Erben genöthigt, fortwährend Comödie zu spielen, wie er selbst. Wenn keine Humanität in den Gesetzen liegt oder, was noch schlimmer ist, wenn die Anwendung der Gesetze nicht unbeugsam und unabänderlich ist, so unterliegt der Souverain seiner eigenen Gerechtigkeit; trotzdem wiederholen uns die Russen fortwährend mit Emphase und bei jeder Gelegenheit, die Todesstrafe sei bei ihnen abgeschafft. Sie wollen uns zwingen, daraus zu schließen, Rußland sei von allen Nationen Europas die civilisirteste, — juridisch nämlich.

Diese Menschen des Scheines rechnen die Knute ad libitum und ihre hundert Hiebe für nichts, — mit Recht, Europa sieht sie nicht geben. So ist in diesem Lande der Façaden, der unbekannten Armuth, des Schreis ohne Echo, der Reclamationen ohne Erfolg selbst die Jurisprudenz eine Täuschung der Eitelkeit geworden und trägt ihren Theil zu der glücklichen optischen Wirkung der großen Coulissenmaschine bei, die man den Fremden als das russische Reich zeigt. So tief können die Politik, die Religion, die Gerechtigkeit, die Menschlichkeit, die heilige Wahrheit bei einem Volke sinken, das sich so sehr beeifert, die alte Bühne der Welt zu besteigen, daß es lieber nichts sein will, um nur sofort aufzutreten und zu spielen, als sich langsam in fruchtbringender Einsamkeit vorzubereiten, etwas zu werden, um später handelnd aufzutreten. Die Strahlen der Sonne reifen die Frucht, aber sie verbrennen den Kern.

Morgen reise ich nach Nischnei ab. Wenn ich meinen Aufenthalt in Moskau verlängerte, würde ich jene Messe nicht mehr sehen können, deren Ende nahet. Meinen Brief werde ich erst heute Abend nach der Zurückkunft von Petrowski schließen, wo ich die russischen Zigeuner hören will.

Ich habe in dem Wirthshause ein Zimmer gemiethet, das ich auch während meiner Abwesenheit behalte, weil ich mir hier ein Versteck geschaffen habe, in das ich alle meine Papiere lege, denn ich würde mich nicht auf den Weg nach Kasan mit Allem dem wagen, was ich seit meiner Abreise von Petersburg geschrieben habe, und ich kenne Niemanden hier, dem ich diese gefährlichen Briefe anvertrauen möchte... Die Genauigkeit in der Erzählung des Geschehenen, die Unabhängigkeit in meinen Urtheilen, kurz die Wahrheit ist in Rußland das Verdächtigste; Sibirien wurde dadurch bevölkert — und durch Diebstahl und Mord; eine Verbindung, welche das Schicksal der politischen Verurtheilten auf so schändliche Weise verschlimmert und das Urtheil der Völker irre leitet.

Fortgesetzt an demselben Tage um Mitternacht.

Ich komme von Petrowski zurück, wo ich den schönen Tanzsaal gesehen habe; er heißt, glaube ich, Vauxhall. Vor der Eröffnung eines Balles, der mir sehr trübselig vorkam, ließ man mich russische Zigeuner hören. Dieser wilde leidenschaftliche Gesang hat eine entfernte Aehnlichkeit mit dem der spanischen Gitanos. Die nordischen Melodien sind weniger üppig, weniger lebhaft als die andalusischen, bringen aber einen tiefern melancholischen Eindruck hervor. Einige wollten auch heiter sein, sie kamen mir aber trauriger vor als die andern. Die Zigeuner von Moskau singen ohne Instrumentalbegleitung Chöre, die etwas Originelles haben; wenn man aber den Sinn der Worte dieser ausdrucksvollen nationalen Musik nicht versteht, verliert man viel.

Duprez hat mir den Gesang verleidet, welcher die Idee nur durch Töne wiedergiebt; seine Art, die Musik zu sprechen und das Wort zu accentuiren, steigert den Ausdruck so hoch als möglich; die Stärke der Gefühle wird durch diesen leidenschaftlichen Gesang verhundertfacht und der auf den Fittigen der Melodie getragene Gedanke erreicht die äußersten Grenzen des menschlichen Gefühls, dessen Quellen an der Grenze zwischen Seele und Leib liegen; was nur zur Seele spricht, geht nicht weit genug. Das hat Duprez aus der gesungenen Poesie gemacht; er verwirklichte die lyrische Tragödie, die so lange und so vergebens in Frankreich durch unvollständige Talente gesucht wurde; aber um einen Umschwung in der Kunst hervorzubringen, mußte er erst das Handwerk besser verstehen als irgend Jemand. Wenn man dieses Wunder anstaunen konnte, wird man für das Uebrige schwierig und oft ungerecht. Bei einer Menge Stimmen sehne ich mich nach Instrumenten. Wer die Worte als Mittel des musikalischen Ausdrucks vernachlässigt, verläugnet, verkennt die wahre Poesie der Vokalmusik und beschränkt ihre Macht, die dem französischen Publikum vollständig und systematisch erst durch Duprez in „Wilhelm Tell" enthüllt worden ist. Deshalb gebührt denn auch diesem großen Künstler eine ausgezeichnete Stelle in der Geschichte der Kunst.

Die neue Gesangsschule in Italien, an deren Spitze jetzt Ronconi steht, kehrt ebenfalls zu den großen Wirkungen der alten Musik durch den Ausdruck des Wortes zurück, und auch diese Rückkehr hat Duprez bei seinen glänzenden Gastspielen auf dem Theater zu Neapel bewirkt, denn er setzt sein Wirken in allen Sprachen fort, sucht bei allen Völkern Eroberungen.

Die Frauen, welche die Sopranpartieen in den Zigeunerchören sagen, haben ottentalische Gesichtsbildungen und ihre

Augen besitzen einen außerordentlichen Glanz, eine außerordentliche Lebendigkeit. Die jüngsten fand ich auch recht hübsch; die andern mit ihren schon tiefen, wenn auch vorzeitigen Runzeln, ihrem braunen Teint, ihrem schwarzen Haar könnten den Malern als Modelle dienen. Sie drücken in ihren verschiedenen Melodien mehrere Empfindungen aus und schildern besonders den Zorn gut. Die Zigeuner-Sänger-Gesellschaft, die ich in Nischnei finden werde, soll die ausgezeichnetste in Rußland sein. Bis ich diesen herumziehenden Virtuosen Gerechtigkeit widerfahren lassen kann, muß ich gestehen, daß mir die in Moskau großes Vergnügen gemacht haben, besonders als sie im Chor Stücke sangen, deren Harmonie mir gelehrt und complicirt vorkam.

Die Nationaloper war ein abscheuliches Schauspiel in einen schönem Hause, — „der Gott und die Bajadere" in russischer Uebersetzung!

Auch französisches Theater ist in Moskau und Herr Hervet, dessen Mutter in Paris bekannt war, spielt dort die Rollen Bouffés sehr natürlich. Ich sah „Michel-Perrin" von ihm vortrefflich darstellen. Ist ein Stück wirklich geistreich, so läßt es sich auf verschiedene Art spielen; die Werke, welche im Auslande Alles verlieren, sind die, welche allen Geist in dem Darsteller suchen.

Ich weiß nicht, bis zu welchem Grade die Russen unser Theater verstehen; ich traue dem Vergnügen nicht recht, das ihnen die Aufführung französischer Lustspiele zu machen scheint; sie haben einen so feinen Tact, daß sie die Mode machen, ehe sie noch proclamirt ist, was ihnen das demüthigende Geständniß erspart, daß sie ihr folgen. Ihr feines Ohr und die verschiedenen Klänge der Vokale, die Menge der Consonanten und die mannichfachen Arten des Pfeifens, an die man sich gewöhnen muß, um ihre Sprache sprechen zu

III. 8

kegen, gewöhnen sie von Kindheit an, alle Schwierigkeiten der Aussprache zu überwinden. Selbst diejenigen, welche nur wenige französische Worte sprechen können, sprechen dieselben wie ächte Franzosen aus. Dadurch verleiten sie uns zu einer Täuschung; wir glauben, sie verstehen unsere Sprache so gut, als sie dieselbe sprechen, aber da irren wir. Nur die kleine Zahl von denen, welche Reisen machten oder in einem Stande geboren wurden, wo die Erziehung nothwendig sehr sorgfältig ist, verstehen die Feinheit des Pariser Esprit; der Menge entgehen unsere Scherze und Feinheiten. Wir trauen den andern Fremden nicht, weil ihr Accent uns unangenehm ist oder uns lächerlich erscheint, und doch verstehen diese trotz der Mühe, die es ihnen macht, unsere Sprache zu sprechen, uns im Grunde besser als die Russen, deren unbemerkliches und liebliches singendes Sprechen uns gleich anfangs auffällt, während sie meist nur den Schein von den Gedanken und Gefühlen haben, die wir ihnen zuschreiben. Sobald sie eine Geschichte erzählen, einen persönlichen Eindruck schildern sollen, schwindet die Täuschung und der Betrug kommt zu Tage. Aber sie verstehen es besser als irgend Jemand, ihre Beschränktheit zu verbergen. Im vertraulichen Umgange wird dieses diplomatische Talent freilich lästig.

Ein Russe zeigte mir gestern in seinem Cabinet eine kleine tragbare Bibliothek, die ein Muster von gutem Geschmacke zu sein schien. Ich trat näher an diese Sammlung, um einen Band aufzuschlagen; es war ein arabisches Manuscript in altem Pergamentband. „Sie sind sehr glücklich," sagte ich zu dem Besitzer; „Sie verstehen arabisch?" — „Nein," antwortete er mir, „aber ich habe gern alle Arten von Büchern um mich; das putzt ein Zimmer."

Kaum war ihm diese naive Antwort entschlüpft, so merkte er an dem unwillkürlichen Ausdrucke meines Gesiches, daß er sich vergessen hatte. Da er meiner Unkenntniß sicher war, übersetzte er mir — aus dem Stegreife — sofort einige Stellen aus dem Manuscripte und zwar mit außerordentlicher Geläufigkeit und Zungenfertigkeit; seine Gewandtheit würde mich getäuscht haben, wenn ich nicht auf meiner Hut gewesen wäre; da ihn aber seine Verlegenheit, die er im Anfange nicht hatte bergen können, verrathen hatte, so sah ich deutlich, daß er seine Offenheit wieder gut machen und mich zu der Meinung bringen wollte, das Geständniß, das er mir vorher gemacht, sei nur ein Scherz gewesen. Seine Mühe war aber vergeblich. Zu solchen kindischen Spielen kommen die Völker, wenn ihre Eitelkeit sie veranlaßt, in Civilisation mit ältern Nationen zu wetteifern.

Ihre Eitelkeit ist jeder List und Lüge fähig, sobald sie hoffen können, daß wir nach unserer Rückkehr in die Heimath sagen werden: „Man thut doch sehr Unrecht daran, solche Leute die nordischen Barbaren zu nennen." Diese Benennung können sie nie vergessen; sie erinnern die Fremden bei jeder Gelegenheit mit ironischer Demuth daran und bemerken nicht, daß sie gerade durch diese Empfindlichkeit ihren Verkleinerern und Verläumdern Waffen in die Hände geben.

In der kleinen Scene, die Sie eben gelesen haben, staunte ich vorzugsweise über die unverwüstliche Kaltblütigkeit des Mannes, der sie spielte. Auf dem Gesichte eines Russen, der auf sich achtet, verräth sich nichts, und jeder Russe achtet fast immer auf sich. Sein Gesicht wurde frühzeitig für das ganze Leben in der Furcht und im Eigennutz geformt; durch seinen fast immer bleifarbigen oder selbst kupferfarbigen Teint — ich spreche von vornehmen Russen — dringt keine Seelenregung; auf der Stirn, die unveränderlich ist, als wäre sie von Erz, liefet man nie, was in dem Herzen

8*

vorgeht. So weiß man nie, ob man von dem Manne, mit dem man spricht, geliebt oder gehaßt wird, ob er mit Vergnügen zuhört oder über das spottet, was man ihm sagt. Ich fordere den erfahrensten Beobachter heraus, auf solchen Zügen, die den unwillkürlichen Bewegungen völlig unzugänglich, bald starr und stumm wie der Tod, bald lügnerisch sind wie ein Bild, mehr zu erkennen, als der Besitzer eben erkennen lassen will. Er läßt aber nie so viel erkennen, daß man etwas von dem, was er verbergen will, ahnen kann, ja daß man ahnen kann, er verberge überhaupt etwas. Er verheimlicht das Gute und verheimlicht das Schlechte und nichts kommt seiner Verstellungskunst gleich als die Kunst, durch die er zu verbergen weiß, daß er sich verstellt. Diese ganze Arbeit vollbringt er übrigens mit einer reizenden Anmuth; die Sanftmuth und Liebenswürdigkeit geht bei ihm bis zu überflüssigen Vorsichtsmaßregeln, als wenn eine Katze sich in Acht nehmen wollte, die Mäuse, die sie verzehrt, zu kratzen.

Sie werden sich nun nicht mehr wundern, daß dieses Volk mit solchen angebornen Talenten fortwährend geschickte Diplomaten zweiten Ranges liefert.

Ich habe einen inländischen Wagen zur Reise nach Nischnei gemiethet, um den meinigen zu schonen; aber er ist nicht dauerhafter als der meinige, wie eben ein Einheimischer bemerkte, der bei den Vorbereitungen zu meiner Abreise zugegen war. „Sie beunruhigen mich," antwortete ich, „denn ich bin es müde, auf jeder Station etwas zu zerbrechen."

„Für eine lange Reise würde ich Ihnen allerdings rathen, einen andern zu nehmen, vorausgesetzt, daß Sie zu dieser Zeit in Moskau einen fänden; aber die Reise ist so kurz, daß dieser aushalten wird."

Diese kurze Reise hin und zurück beträgt mit dem Umwege über Troizkoi und Yaroslaw, den ich zu machen gedenke, 400 Stunden; unter diesen 400 Wegstunden giebt es, wie man mir gesagt hat, 150 Stunden abscheuliche Wege: Knüppel, Baumstämme, die man in den Koth gesenkt hat, tiefen Sand ꝛc. ꝛc. Man merkt es an der Art, wie die Russen über Entfernungen denken, daß sie ein Land bewohnen, das so groß ist wie Europa, Sibirien ungerechnet.

Einer der bestechendsten Züge in ihrem Character ist meiner Meinung nach ihr Widerwille gegen Einwürfe; sie kennen weder Schwierigkeiten noch Hindernisse. Sie verstehen zu wollen; darin theilt der Mann aus dem Volke den einigermaßen gascognischen Sinn der Großen; mit seinem Beile, das er nie ablegt, beseitigt der russische Bauer eine Menge Hemmnisse, welche die Landleute bei uns aufhalten würden, und er sagt zu Allem, was man von ihm verlangt, ja.

Dreißigster Brief.

Im Kloster Troitzkoi, 20 St. von Moskau,
den 17. August 1839.

Glaubt man den Russen, so sind bei ihnen im Sommer alle Wege gut, selbst die, welche nicht für eigentliche Straßen gelten; ich finde aber alle schlecht. Ein ungleicher Pfad, der bisweilen breit ist wie ein Feld, dann wieder sehr schmal, zieht sich im Sande hin, in welchem die Pferde bis über die Kniee einsinken, den Athem verlieren, die Stränge zerreißen, und alle zwanzig Schritte ausruhen wollen. Kommt man aus dem Sande heraus, so geräth man in Koth, in dem große Steine und ungeheure Baumstämme liegen, die unter den Rädern schaukeln und die Reisenden besprützen. So sind die Wege hier zu Lande in allen Jahreszeiten, die Winter ausgenommen, in denen sie wegen der übergroßen Kälte, deren Strenge das Reisen gefährlich macht, oder wegen des Aufthauens und der Ueberschwemmungen ganz unfahrbar werden, welche die Niederungen zwei bis drei Monate des Jahres, sechs Wochen nach dem Winter, und eben so viele nach dem Sommer, in Seen verwandeln; das übrige Jahr sind sie Moräste. Diese einander völlig ähnlichen Straßen ziehen sich durch völlig gleiche Gegenden. Zwei Reihen kleiner hölzerner Häuser, die mehr oder minder mit bemalten Schnitzereien verziert sind, und ihren Giebel stets der Straße zukehren, wie ein Soldat, der das Gewehr präsentirt, neben jedem Hause ein anderes Gebäude, eine Art bedeckten Hofes oder großen an drei Seiten geschlossenen Schuppens, — das ist ein russisches Dorf, und dies sieht man immer und überall. Die Gemeinden liegen mehr oder minder nahe an einander, je nachdem die Provinz mehr oder weniger bevölkert ist; aber sie mögen selten oder zahlreich sein, ähnlich sind sie einander stets. Eben so ist es mit der Gegend; eine wellenförmige, bald sumpfige, bald sandige Ebene; einige Felder, einige Weideplätze, die von bald entfernten, bald nahen Fichtenwäldern begrenzt werden, — das ist die Natur in diesem weitgestreckten Lande. Nur hier und da erblickt man einige Landhäuser, einige ziemlich gut aussehende Meiereien, und zu diesen Wohnungen, diesen Herrenhäusern, welche der Reisende als Oasen begrüßt, führen zwei große Birkenreihen.

In einigen Provinzen sind die Bauerhäuser von Lehm gebaut, aber sie haben doch auch die Gestalt der hölzernen, nur daß sie noch ärmlicher aussehen; die größte Anzahl auf dem Lande von einem Ende des Reiches bis zum andern ist von langen dicken Balken aufgeführt, die schlecht behauen, aber sorgfältig mit Moos und Pech verstopft sind. Die Krimm, ein ganz südliches Land, macht davon eine Ausnahme; sie ist aber, mit der Ausdehnung des Landes verglichen, nur ein Pünktchen in dem unermeßlichen Raume. Die Einförmigkeit ist die Gottheit Rußlands; nichtsdestoweniger hat auch diese Einförmigkeit für die Gemüther, welche Genuß in der Einsamkeit finden, einen gewissen Reiz; es herrscht in diesen unveränderlichen Gegenden eine tiefe Stille, die in der öden Ebene, welche sich unabsehbar ausdehnt, bisweilen selbst erhaben wird.

Der ferne Wald ändert sich nicht, und er ist nicht schön,

aber wer kann ihn ergründen? Wenn man bedenkt, daß er an der chinesischen Mauer endigt, wird man von einer gewissen Ehrfurcht ergriffen; die Natur weiß, wie die Musik, einen Theil ihrer Gewalt aus Wiederholungen zu schöpfen. Seltsames Geheimniß! Sie macht die Eindrücke durch die Einförmigkeit vielfältig. Durch zu häufiges Wiederholen der Effecte verfällt man in das Fade und Schwerfällige, und dies geschieht den modernen Musikern, wenn es ihnen an Geist gebricht; wenn dagegen der Künstler der Gefahr der Einfachheit trotzt, wird die Kunst erhaben wie die Natur. Der classische Styl, — ich brauche diesen Ausdruck hier in seiner alten Bedeutung, ist nicht mannichfaltig.

Das Landleben hat immer einen gewissen Reiz; die ruhigen und regelmäßigen Beschäftigungen passen für den unverdorbenen Naturmenschen, und bewahren die Jugend der Völker lange. Die Hirten, die sich nie von ihrem Geburtsorte entfernen, sind ohne Zweifel in Rußland am wenigsten zu beklagen. Ihre Schönheit, die auffallender wird, wenn man sich dem Gouvernement Yaroslaw nähert, ist ein günstiges Zeugniß für ihre Lebensweise.

Ich traf, was mir in Rußland etwas Neues war, einige sehr hübsche Bauermädchen mit goldblondem Haar, weißem Teint, zarter kaum gefärbter Haut und blaßblauen Augen, die aber durch ihren asiatischen Schnitt und ihre schmachtenden Blicke ausdrucksvoll waren. Wenn diese Jungfrauen, mit ihren Zügen gleich jenen der griechischen Madonnen, die Haltung und die lebhafte Bewegung der Spanierinnen hätten, würden sie die reizendsten Geschöpfe auf der Erde sein. Viele Frauen dieses Gouvernements waren auch gut gekleidet. Sie tragen über ihrem Tuchrocke einen kleinen Oberrock, der mit Pelz besetzt ist. Dieses kurze Wamms, das über dem

Knie endigt, faßt die Taille gut zusammen und giebt der ganzen Person etwas Graziöses.

In keinem Lande habe ich so viele schöne kahle Stirnen oder schönes weißes Haar gesehen, als in diesem Theile Rußlands. Die Jehovaköpfe, jene Meisterwerke des ersten Schülers Leonardo's da Vinci sind nicht so ideal als ich glaubte, als ich die Fresken Luinis in Lainate, Lugano und Mailand bewunderte. Hier findet man diese Köpfe lebend; auf der Schwelle jeder Hütte erscheinen schöne Greise mit frischer Gesichtsfarbe, vollen Wangen, blauen glänzenden Augen, ruhigem Ausdrucke und silbernem Barte, der in der Sonne um einen Mund her glänzt, dessen wohlwollendes und ruhiges Lächeln er erhöht, und sie gleichen Schutzgöttern der Dörfer. Der Reisende wird von diesen edeln Gestalten begrüßt, die majestätisch auf dem Boden sitzen, auf welchem sie geboren wurden; sie sind wahre antike Statuen, Sinnbilder der Gastfreundschaft, und ein Heide würde sie anbeten; die Christen bewundern sie mit unwillkürlicher Ehrfurcht, denn in dem Alter ist die Schönheit nicht mehr körperlich, sondern der Triumphgesang der Seele nach dem errungenen Siege.

Zu den russischen Bauern muß man kommen, um das reine Bild der patriarchalischen Gesellschaft zu finden, und Gott für das glückliche Leben zu danken, das er, trotz den Fehlern der Regierungen, jenen schuldlosen Geschöpfen zuertheilt hat, deren Geburt und Tod nur durch eine lange Reihe von Jahren ohne Schuld geschieden sind.

Ach — möge der Engel oder Teufel der Industrie und Aufklärung mir verzeihen! — ich finde unwillkürlich großen Reiz in der Unwissenheit, wenn ich die Frucht derselben in dem himmlischen Gesichte der alten russischen Bauern sehe.

Diese modernen Patriarchen ruhen am Ende ihres Lebens aus; sie sind am Ziele ihrer Tage frei von der Frohnarbeit, legen ihre Last ab, und setzen sich würdevoll auf der Schwelle der Hütte nieder, die sie vielleicht mehrmals aufgebaut haben, denn das Haus des Menschen dauert in diesem strengen Clima nicht so lange als sein Leben. Wenn ich auch von meiner russischen Reise nichts zurückbrächte, als die Erinnerung an diese Greise ohne Gewissenspein, die an ihren schlösserlosen Thüren lehnen, so würde ich die Mühe nicht beklagen, die ich mir gab, Geschöpfe zu sehen, welche von allen andern Bauern in der Welt so ganz verschieden sind. Der Adel der Hütte flößt mir stets hohe Achtung ein.

Jede feste Regierung, wie schlecht sie übrigens auch sein mag, hat ihre gute Folge, und jedes gebildete Volk besitzt etwas, das es für die Opfer tröstet, die es dem socialen Leben bringt.

Aber — bei dieser Ruhe, die ich theile und bewundere, welche Unordnung! welche Gewaltthätigkeit! welche trügerische Sicherheit! —*)

---

*) Seit die erste Auflage dieses Buches erschienen, ist mir folgende Thatsache bekannt geworden. Sie ist wohl geeignet, die Bewunderung zu mäßigen, welche mir die patriarchalischen Tugenden der russischen Bauern einflößten. In der Zeitung von Petersburg vom 4/15 März 1837 lieset man:

„Der Beamte, welcher die Functionen eines Civilgouverneurs von Riazan bekleidet, hat an den Herrn Minister des Innern berichtet, daß Marie Nikiforof, eine Bäuerin aus dem Dorfe Onsholof im Bezirk Iasa, der Behörde, einen Brief von ihrem Sohne Johann Nikiforof, Soldat in dem Bataillon Tambof, übergeben habe, in welchem er ihr melde, er gedenke zu desertiren, weil er die Strenge des Militairlebens nicht länger ertragen könne. Da er auch sein Vorhaben ausführte, so meldete Marie Nikiforof der Behörde des Dorfes die Ankunft ihres Sohnes. Der Minister des Innern hat dies dem Kriegsminister mitgetheilt, welcher über diese Handlung der Bauerfrau Nikiforof an Se. Kais. Maj. Be=

So weit war ich mit meinem Briefe, als ein Mann, den ich kannte, dessen Aussprüchen man Glauben schenken kann, der einige Stunden nach mir aus Moskau abgereis't war, in Troizkoi ankam. Da er wußte, daß ich die Nacht hier zubringen wollte, so ließ er sich während des Umspannens zu mir führen. Er bestätigte das, was ich schon wußte, daß nämlich a c h t z i g Dörfer in dem Gouvernement Simbirsk in Folge des Bauernaufstandes eingeäschert worden sind. Die Russen schreiben diese Unruhen den Intriguen der Polen zu. „Welches Interesse haben aber die Polen dabei, Rußland zu verbrennen?" fragte ich die Person, die mir dies erzählte. — „Keines," antwortete der Herr, „außer etwa die Hoffnung, den Zorn der russischen Regierung auf sich zu ziehen, denn sie fürchten nichts mehr, als daß man sie in Ruhe lasse." — „Sie erinnern mich," entgegnete ich, „an die Mordbrennerbanden, welche im Anfange unserer ersten Revolution die Aristocraten beschuldigten, dieselben zündeten ihre eigenen Schlösser an." — „Sie glauben nicht, was ich Ihnen sage," fuhr der Russe fort, „ich beobachte aber Alles in der Nähe, und weiß aus Erfahrung, daß die Polen neue Complotte schmieden, sobald sie sehen, daß der Kaiser sich zur Milde neigt; sie schicken dann verkleidete Emissäre zu uns, und schützen Verschwörungen vor, wenn es an wirklichen Verbrechen fehlt, Alles blos, um den Haß der Russen anzuschüren, und neue Verurtheilungen gegen ihre Mitbürger hervorzurufen. Sie fürchten, mit einem Worte, nichts mehr

---

richt erstattete, worauf Se. Maj. der Kaiser zu befehlen geruhte, die Rikiforof solle für d i e s e s o l o b e n s w e r t h e H a n d l u n g durch eine silberne Medaille mit der Inschrift belohnt werden: „für ihren Eifer". Diese Medaille befindet sich an dem St. Annen-Bande, um auf der Brust getragen zu werden."

Man sieht hieraus, wozu die Orden in Rußland dienen müssen.

als die Verzeihung und Begnadigung, weil die Milde der russischen Regierung die Stimmung ihrer Bauern ändern würde, die gewiß den Feind liebten, wenn sie Wohlthaten von ihm empfingen." — "Das erscheint mir als heroischer Macchiavellianismus," erwiederte ich, "aber ich glaube nicht daran. Und übrigens, warum verzeihen Sie ihnen nicht, um sie zu strafen? Sie würden dann zugleich schlauer und größer sein als sie. Aber Sie hassen sie, und ich glaube weit eher, daß die Russen, um ihren Groll zu rechtfertigen, die Opfer anklagen, und in allem Unglück, daß sie betrifft, irgend einen Vorwand suchen, ihr Joch drückender auf den Gegnern lasten zu lassen, deren ehemaliger Ruhm ein unverzeihliches Verbrechen ist; bescheiden war der polnische Ruhm nicht, so viel muß man gestehen." — "Eben so wenig als der französische," entgegnete mein Freund boshaft (ich kannte ihn von Paris her); "aber Sie beurtheilen unsere Politik falsch, weil Sie weder die Russen noch die Polen kennen." — "Das ist die gewöhnliche Antwort Ihrer Landsleute, wenn man ihnen unangenehme Wahrheiten zu sagen wagt; die Polen sind leicht kennen zu lernen; sie sprechen immer, und ich vertraue weit leichter Schwätzern als Leuten, die nur das sagen, was man nicht wissen mag." — "Zu mir müssen Sie aber doch Vertrauen haben." — "Zu Ihnen persönlich ja; wenn ich aber daran denke, daß Sie Russe sind, so mache ich mir, ob ich Sie gleich seit zehn Jahren kenne, doch wegen meiner Unvorsichtigkeit, d. h. wegen meiner Freimüthigkeit, Vorwürfe." — "Ich sehe im Voraus, daß Sie uns nach Ihrer Rückkehr übel mitspielen werden." — "Vielleicht, wenn ich schriebe, aber ich kenne die Russen nicht, wie Sie eben sagten, und werde mich wohl hüten, auf Geradewohl über dieses unerforschliche Volk zu sprechen." — "Das ist auch das Beste, was Sie thun können." — "Sehr wohl, aber vergessen Sie nicht, daß die Zurückhaltendsten, sobald man die Verstellung erkannt hat, so beurtheilt werden, als hätten sie die Maske abgelegt." — "Sie sind für Barbaren, wie wir es sind, zu satyrisch und scharfsinnig." Nach diesen Worten stieg mein Freund wieder in den Wagen, und fuhr im Galopp davon, während ich in mein Zimmer zurückkehrte, um unser Gespräch aufzuschreiben. Ich verstecke meine neuen Briefe unter Emballage=Papieren, denn ich fürchte noch immer eine geheime oder selbst eine gewaltsame Durchsuchung, um meine eigentlichen Gedanken zu erfahren; aber ich denke, man würde sich wohl beruhigen, wenn man in meinem Portefeuille nichts fände. Auch habe ich Ihnen schon gesagt, wie sorgfältig ich den Feldjäger fern halte, wenn ich schreibe; er darf in mein Zimmer nicht eintreten, ohne durch Antonio um die Erlaubniß gebeten zu haben. Ein Italiener kann es an Schlauheit wohl mit einem Russen aufnehmen. Dieser ist seit funfzehn Jahren als Bedienter bei mir, und er besitzt den politischen Kopf der modernen Römer, wie das edle Herz der Alten. Mit einem gewöhnlichen Diener würde ich mich nicht in dieses Land gewagt, wenigstens mich nicht unterfangen haben, da zu schreiben; Antonio sichert mir einige Freiheit, indem er das Spioniren des Feldjägers contreminirt.

Fortgesetzt in Troïzkoï den 18. August 1839.

Wenn ich mich wegen der Wiederholungen und der Einförmigkeit entschuldigen sollte, müßte ich überhaupt wegen der Reise in Rußland um Verzeihung bitten. Die häufige Wiederkehr derselben Eindrücke ist bei allen gewissenhaften Reisen unvermeidlich, bei dieser mehr noch als bei jeder andern. Um Ihnen eine möglichst genaue Vorstellung von dem Lande zu geben, das ich bereise, muß ich Stunde für Stunde sa=

gen, was ich empfinde; es ist dies das einzige Mittel, das zu rechtfertigen, was ich später denken werde. Uebrigens beweiset mir jeder neue Gegenstand, der in mir dieselben Gedanken erregt, daß diese Gedanken richtig sind; das Unzusammenhängende der Wahrheit ist bei Reiseberichten etwas Wesentliches. Wollte ich methodischer verfahren, so würde ich mir wohl Tadel ersparen, aber auch die Leser vertreiben.

Troizkoi ist nach Kiew der berühmteste und besuchteste Wallfahrtsort Rußlands, und dieses zwanzig Stunden von Moskau liegende historische Kloster schien die Mühe zu lohnen, einen Tag da zu bleiben und die Nacht da zuzubringen, um die verehrten Heiligthümer der russischen Christen genau zu sehen.

Ich mußte aber diesen Morgen meinen ganzen Verstand aufbieten, um mich zur Ausdauer in meiner Aufgabe zu bereden; nach einer Nacht gleich der, welche ich verbracht, ist man durchaus nicht mehr neugierig; der körperliche Widerwille und Ueberdruß beseitigt Alles.

Personen, die in Moskau für unparteiisch gelten, hatten mir die Versicherung gegeben, daß ich in Troizkoi ein sehr erträgliches Nachtquartier finden würde. Das Gebäude, in welchem man die Fremden aufnimmt, eine Art Gasthaus, welches dem Kloster gehört, aber außerhalb der heiligen Mauern liegt, ist allerdings auch sehr geräumig und enthält scheinbar vollkommen bewohnbare Gemächer; kaum aber hatte ich mich niedergelegt, als ich bemerkte, daß meine gewöhnlichen Vorsichtsmaßregeln hier nicht ausreichten. Ich hatte wie gewöhnlich das Licht brennen lassen und verbrachte die Nacht im Kampfe mit Insectenschaaren; es gab schwarze und braune, von allen Gestalten, und ich glaube, von allen Arten. Sie brachten mir Fieber und Krieg; der Tod eines dieser Geschöpfe schien mir die Rache des ganzen Volkes zu-

zuziehen, das sich an der Stelle auf mich stürzte, wo das Blut geflossen war; ich wehrte mich wie ein Verzweifelter und rief in meiner Wuth aus: „es fehlten ihnen nur Flügel, um den Aufenthalt hier zur Hölle zu machen." Diese Insecten, welche von den Pilgern da gelassen werden, die aus allen Theilen des Reiches nach Troitzkoi strömen, gedeihen in üppigster Fruchtbarkeit unter dem Schirme des heiligen Gründers dieses berühmten Klosters. Der Segen des Himmels breitet sich über ihre Nachkommen aus, welche an diesem heiligen Orte besser gedeihen, als an irgend einer Stelle der Welt. Da ich die Legionen, welche ich zu bekämpfen hatte, sich fortwährend erneuern sah, so verlor ich endlich den Muth, und die Furcht wurde zuletzt schlimmer als das wirkliche Uebel, denn ich war überzeugt, daß noch unsichtbare Geschwader im Hinterhalte lagen, die erst bei Tageslicht zum Vorscheine kommen würden. Der Gedanke, daß diese durch ihre Farbe vor meinen Nachstellungen geschützt würden, machte mich fast wahnsinnig; meine Haut brannte, mein Blut kochte, es war mir, als würde ich von unbemerklichen Feinden gefoltert; wenn man mir in diesem Augenblicke die Wahl gelassen hätte, statt mit diesen Insectenschaaren mich mit Tigern zu schlagen, ich würde mich nicht lange besonnen und die Tiger jenen Milizen der Bettler vorgezogen haben, denn man wirft dem Armen Geld zu, aus Furcht vor Geschenken in natura, welche der Arme, würde er abgewiesen, dem ihn geringschätzenden Reichen machen könnte. Diese Miliztruppen sind auch oft der Reichthum der Heiligen, denn die äußerste Sittenstrenge geht nicht selten Hand in Hand mit Unreinlichkeit; eine Verbindung, gegen welche die wahren Verehrer Gottes nicht laut genug donnern können. Was sollte nun gar aus mir Sünder werden, der ich durch das Ungeziefer der Buße ohne Gewinn für den

Himmel gepeinigt wurde? dachte ich bei mir mit einer Verzweiflung, die mir an einem Andern gewiß komisch vorgekommen wäre; ich stand auf, ging in der Mitte des Zimmers hin und her und öffnete die Fenster; das half einen Augenblick, aber die Feinde verfolgten mich überall hin. Die Stühle, die Tische, die Decke, der Fußboden, die Wände waren lebendig geworden; ich wagte mich an kein Geräthe, um nicht Alles, was mir angehörte, anzustecken. Mein Bedienter kam vor der verabredeten Stunde zu mir, denn er hatte dieselbe und noch größere Noth gelitten, weil der Unglückliche unser Gepäck nicht hatte vergrößern können und mögen und deßhalb kein Bett besaß; er legt seinen Strohsack auf die Dielen, um dem Canapee und den andern Geräthen mit den gewöhnlichen Bewohnern derselben zu entgehen. Ich erwähne diese lästigen Unannehmlichkeiten, weil sie uns einen Maßstab für die Ruhmredigkeiten der Russen und für den Grad der materiellen Civilisation geben, zu welcher die Bewohner des schönsten Theiles dieses Reiches gelangt sind. Als ich den armen Antonio mit kleinen Augen und aufgeschwollenem Gesichte eintreten sah, brauchte ich ihn nicht erst zu fragen; er sagte auch nichts, sondern zeigte schweigend auf seinen blauen Mantel, der völlig braun geworden war. Dieser Mantel schien, als er über einen Stuhl gebreitet wurde, zu leben; er sah wie gestickt aus. Wir erschraken beide darüber und griffen zur Luft, zum Wasser, zum Feuer, kurz zu allen Elementen, die wir zur Rettung anwenden konnten, aber bei einem solchen Kampfe ist selbst der Sieg noch ein Schmerz. Nachdem ich mich endlich so gut als möglich gereinigt und angekleidet hatte, that ich, als frühstücke ich und begab mich in das Kloster, wo mich ein andres Heer von Feinden erwartete. Die leichte Cavallerie, welche in den Falten der Kutten der griechischen Mönche einquartiert war, versetzte mich aber durchaus nicht mehr in Schrecken, ich hatte ja den Angriff ganz anderer Soldaten ausgehalten; nach den Riesenkämpfen in der Nacht kamen mir der Krieg am hellen Tage und die Scharmützel mit den Tirailleurs als Spiel vor; mit andern Worten: der Biß der Wanzen und die Furcht vor den Läusen hatte mich so gleichgültig gegen die Flöhe gemacht, daß ich auf die Wolken dieser Geschöpfe, die unsere Tritte in den Kirchen und um die Klosterschätze her hervorriefen, nicht mehr achtete, als auf den Staub auf der Straße. Meine Gleichgültigkeit war so groß, daß ich mich ihrer selbst schämte; es giebt Uebel, in die man sich erröthend fügt, denn man gesteht dadurch fast, daß man sie verdiene. Dieser Morgen und diese Nacht weckten mein höchstes Mitleiden mit den armen Franzosen, die als Gefangene in Rußland nach dem Brande Moskaus und dem Rückzuge der Armee zurückbleiben mußten. Das Ungeziefer, das unvermeidliche Erzeugniß der Armuth, ist von allen körperlichen Uebeln dasjenige, welches in mir das höchste Mitleiden erregt. Wenn ich von Jemandem sagen höre: er ist so unglücklich, daß er schmutzig davon geworden, so zerreißt es mein Herz. Die Unreinlichkeit ist mehr als sie zu sein scheint; sie enthüllt den Augen des aufmerksamen Beobachters eine moralische Erniedrigung, die schlimmer ist als die körperlichen Leiden; dieser Aussatz, der gewissermaßen doch willkürlich ist, wird eben dadurch um so ekelhafter; er ist eine Erscheinung, die aus unsern beiden Naturen hervorgeht; es liegt in ihm etwas Geistiges und etwas Körperliches; er ist das Resultat eines gleichzeitigen Gebrechens der Seele und des Leibes, er ist ein Laster und eine Krankheit.

Ich habe bei meinen Reisen häufig Gelegenheit gehabt, mich an die scharfsinnigen Bemerkungen Pestalozzi's, des großen practischen Philosophen, des Lehrers der Armen lange vor Fourier und den Saint=Simonisten, zu erinnern; es geht aus seinen Beobachtungen über die Lebensweise der Leute aus dem Volke hervor, daß von zwei Menschen, welche dieselbe Lebensweise haben, der eine schmutzig, der andere reinlich sein kann. Die Reinlichkeit des Körpers aber hängt von der Gesundheit und dem Temperamente des Menschen eben so sehr ab, als von der Pflege, die er seiner Person widmet. Sieht man nicht auch in höhern Kreisen Personen, die sehr modisch gekleidet und noch sehr unreinlich sind? Sei dem nun wie ihm wolle, unter den Russen herrscht eine schmutzige Nachlässigkeit; ein gebildetes Volk sollte sich nicht so tief sinken lassen; ich glaube, die Russen behalten Ungeziefer trotz den Bädern, die sie brauchen.

Trotz meiner übeln Laune ließ ich mir das Innere des patriotischen Klosters der Dreieinigkeit ganz im Detail zeigen. Sein Aeußeres hat nicht das imposante Aussehen unserer alten gothischen Klöster. Wenn man auch sagt, man dürfe an einem heiligen Orte nicht nach der Architectur sehen, diese berühmten Heiligthümer würden, wenn sie der Mühe werth wären, genau betrachtet zu werden, weder an ihrer Heiligkeit, noch die Pilger, die sie besuchen, an ihrer verdienstlichen Handlung etwas verlieren.

Auf einer Anhöhe erhebt sich eine von starken Mauern umgebene Stadt; das ist das Kloster. Es hat, wie die Klöster in Moskau, vergoldete Spitzen und Kuppeln, die in der Sonne glänzen, besonders gegen Abend, und die den Pilgern schon von weitem das Ziel ihrer frommen Wanderschaft anzeigen.

In der schönen Jahreszeit sind die Wege in der Umgegend mit Reisenden bedeckt, welche in Prozession daherziehen, und in den Dörfern essen oder schlafen Gruppen von Gläu bigen unter Birken; bei jedem Schritte trifft man auf einen Bauer, der Sandalen von Lindenbast an den Füßen trägt und oft neben einer Frau geht, die ihre Schuhe in der Hand hält, während sie sich durch einen Sonnenschirm vor den Strahlen der Sonne schützt, welche die Russen im Sommer mehr fürchten, als die Bewohner der südlichen Länder. Eine Kibitka mit einem Pferde folgt im Schritte dem Paare, das auf dem Wagen das hat, was es zum Schlafen und zur Bereitung des Thees braucht. Die Kibitka muß dem Fuhrwerke der alten Sarmaten gleichen, denn dieser Wagen ist patriarchalisch einfach; die Hälfte einer in der Mitte durchgeschnittenen Tonne liegt auf zwei Stangen mit Achsen, die einer Kanonenlafette gleichen; das ist der Rumpf des Wagens, der bisweilen auch noch eine Decke oder vielmehr einen Deckel hat. Diese Decke von plumpem Aussehen liegt der Länge an der Seite auf den Stangen und schließt die eine Seite des Wagens.

Die Männer und Frauen vom Lande, die überall schlafen können, nur nicht im Bett, liegen der Länge lang ausgestreckt in diesem leichten und malerischen Wagen; bisweilen setzt sich Einer, während die Andern schlafen, mit herabhängenden Beinen auf den Rand der Kibitka und wiegt seine schlafenden Gefährten mit patriotischen Gesängen. Er singt klägliche melancholische Lieder, in denen die Sehnsucht lauter spricht als die Hoffnung, die traurige, nie leidenschaftliche Sehnsucht. Alles ist gedrückt und vorsichtig bei diesem von Natur leichtblütigen und heitern Volke, das durch seine Erziehung still und schweigsam geworden ist. Wenn das Geschick der Völker nicht im Himmel geschrieben wäre, so würde ich sagen, die Slawen wären bestimmt, ein besseres Land zu bevölkern als das, was sie bewohnen, seit sie Asien, die große Wiege der Nationen, verlassen haben.

9 *

Der erste Bedrücker der Russen ist das Clima; Montesquieu möge mir es nicht übel nehmen, aber die übergroße Kälte scheint mir dem Despotismus noch günstiger zu sein als die Hitze; sind nicht die Araber die freiesten Menschen auf der Erde? Die rauhe Natur macht auch den Menschen rauh und grausam. Aber warum eine Regel aufstellen, da fast alle Thatsachen in der Ausnahme liegen?

Wenn man das Gasthaus des Klosters verläßt, geht man über einen Platz und gelangt in den heiligen Raum. Hier findet man zuerst eine Baumallee, dann einige kleine Kirchen, die man Kathedralen nennt, hohe Thürme, die von den Kirchen getrennt sind, zu denen sie gehören, und mehrere Kapellen, ungerechnet die zahlreichen Gebäude, die ohne Ordnung und Plan umher gebaut sind; in diesen Gebäuden ohne Styl und Character wohnen die Mönche, die Schüler des heiligen Sergiew.

Dieser berühmte Einsiedler gründete 1338 das Kloster Troizkoi, dessen Geschichte oftmals mit der des ganzen Rußlands zusammenfällt. In dem Kriege gegen den Khan Mamaï unterstützte der heilige Mann mit seinem Rathe Dimitry Iwanowitsch und der Sieg des dankbaren Fürsten bereicherte die politischen Mönche. Später wurde ihr Kloster durch neue Tartarenhorden zerstört, aber der Leichnam des Heiligen, der wunderbarer Weise unter den Trümmern wiedergefunden wurde, gab diesem Asyl des Gebetes einen neuen Ruf. Es wurde von Nicon mit Beihilfe frommer Gaben der Czaren wieder aufgebaut. Noch später, 1609, belagerten die Polen dieses Kloster, das damals der Zufluchtsort der Vertheidiger des Vaterlandes geworden war, sechszehn Monate lang, sie konnten aber die heilige Feste nicht mit Sturm nehmen, sondern mußten die Belagerung aufheben zum Ruhme des Heiligen und zur Freude seiner Nachfolger.

welche die Wirksamkeit ihrer Gebete recht wohl zu benutzen wußten. Ueber den Mauern hin zieht sich eine bedeckte Galerie; ich ging rund herum; der Umfang beträgt fast eine halbe Stunde und hier und da stehen Thürmchen. Die interessanteste aller patriotischen Erinnerungen aber ist meiner Meinung nach die an die Flucht Peters des Großen, der durch seine Mutter vor dem Zorne der Strelitzen gerettet wurde, welche ihn von Moskau bis in die Kathedrale der Dreieinigkeit bis an den Altar verfolgten, wo die Haltung des jungen Helden von zehn Jahren die empörten Krieger vermochte, die Waffen zu strecken.

Alle griechischen Kirchen sind einander gleich; die Malereien, die sie enthalten, sind immer byzantinisch, d. h. unnatürlich, ohne Leben und deßhalb ohne Wahrheit; die Bildhauerei fehlt überall und wird durch Vergoldungen und Eiselirungen ohne Styl ersetzt; das ist nun zwar reich, aber nicht schön; kurz ich sehe nichts als Rahmen, in denen die Gemälde verschwinden; das ist eben so geschmacklos als prächtig.

Alle in der Geschichte Rußlands ausgezeichneten Personen haben ein Vergnügen daran gefunden, dieses Kloster zu bereichern, dessen Schatz von Gold, Diamanten und Perlen strotzt; die ganze Welt ist in Contribution gesetzt worden, um diesen Haufen von Schätzen zu vergrößern, die für ein Wunder gelten, die ich aber mehr mit Staunen und Verwunderung als mit Bewunderung betrachte. Die Czaren, die Kaiserinnen, die frommen Großen, die Wüstlinge, selbst die ächten Heiligen haben an Freigebigkeit gewetteifert, um, jeder nach seiner Art, den Schatz von Troizkoi zu bereichern. In dieser historischen Sammlung zeichnen sich die einfachen Gewänder und die Holzbecher des heiligen Sergiew durch ihre Plumpheit unter den prachtvollsten Geschenken aus und stechen würdevoll von dem pomphaften Kirchenschmucke ab, der durch den Fürsten Potemkin geschenkt wurde, welcher Troizkoi auch nicht verachtete.

Das Grab des Heiligen in der Dreieinigkeits-Kathedrale ist blendend kostbar. Dieses Kloster würde den Franzosen eine reiche Beute geboten haben, aber es ist seit dem 14. Jahrhundert nicht erobert worden.

Es enthält neun Kirchen, die mit ihren Thürmen und Kuppeln hell glänzen, aber sie sind klein und verlieren sich in dem weiten Raume, in dem sie verstreut sind.

Der Schrein des Heiligen ist von vergoldetem Silber; silberne Säulen und ein Baldachin von demselben Metalle, ein Geschenk der Kaiserin Anna, schirmen ihn. Das Bild des Heiligen gilt für wunderthätig; Peter der Große hatte es auf seinem Feldzuge gegen Karl XII. bei sich.

Nicht weit von diesem Heiligenschrein, unter dem Schirme der Tugenden des Einsiedlers, ruht der Leichnam des ermordeten Usurpators, Boris Gudunoff, umgeben von den Ueberresten mehrerer Personen seiner Familie. Auch viele andere berühmte Gräber enthält dieses Kloster, aber sie sind unförmig; die Kunst zeigt sich hier zugleich in der Kindheit und im Verfalle.

Ich sah das Haus des Archimandriten und den Palast der Czaren. Beide Gebäude haben nichts Merkwürdiges. Die Zahl der Mönche beträgt gegenwärtig, wie man mir sagte, nur hundert; sonst belief sie sich über dreihundert.

Trotz meinen langen und dringenden Bitten mochte man mir die Bibliothek nicht zeigen; der Dollmetscher gab mir immer zur Antwort: „es ist verboten."

Diese Schäm der Mönche, welche die Schätze der Wissenschaft verbergen, während sie die der Eitelkeit zeigen, kam mir seltsam vor und ich schloß daraus, daß auf ihren Juwelen weniger Staub liege als auf ihren Büchern.

Fortgesetzt denselben Tag, Abends, in Dernicki, einem Dorfe zwischen Pereslawl, einer kleinen Stadt, und Yaroslaw, der Hauptstadt des gleichnamigen Gouvernements.

Man muß gestehen, daß es höchst seltsam ist, blos zum Vergnügen in einem Lande zu reisen, das keine Straßen*), keine Gasthäuser, keine Betten, nicht einmal Stroh hat, auf dem man schlafen könnte (denn ich muß meine Matratze, so wie die meines Bedienten, mit Heu stopfen lassen), kein weißes Brod, keinen Wein, kein Trinkwasser, keine der Betrachtung werthe Landschaft, in den Städten kein Kunstwerk; in einem Lande, wo man im Winter, wenn man nicht aufmerksam ist, die Backen, die Nase, die Ohren, die Füße erfriert, wo man im hohen Sommer den Tag über bratet und die Nacht hindurch vor Frost zittert; das sind die Annehmlichkeiten, die ich im Innern Rußlands finde.

Müßte ich meine Klagen rechtfertigen, so wäre dies sehr bald geschehen. Wir wollen diesmal den schlechten Geschmack, der in den Künsten herrscht, bei Seite lassen. Ich habe von dem byzantinischen Style und dem Joche gesprochen, das derselbe der Phantasie der Maler auferlegt, die er zu Handwerkern macht; jetzt will ich mich blos mit dem Materiellen des Lebens beschäftigen. Eine Straße kann man doch unmöglich ein geackertes Feld, einen holzigen Rasen, einen Pfad im Sande, einen Abgrund von Koth nennen, neben dem sich magere, ärmliche Wälder hinziehen, und wo hier und da in den sogenannten Wegen eine Reihe von Knütteln liegt, auf denen man die Wagen und seine Glieder bricht und auf denen man in die Höhe geschnellt

---

*) Was man in dem übrigen Europa so nennt, besteht in Rußland nur zwischen Petersburg und Moskau und zum Theil zwischen Petersburg und Riga.

und in die Tiefe getaucht wird, wie auf einer Schaukel, so elastisch sind sie. Das sind die Wege. Kommen wir nun zu den Wirthshäusern. Kann man ein Insectennest, einen Schmutzhaufen ein Wirthshaus nennen? Die Häuser, welche man an dieser Straße findet, sind nichts Anderes; aus den Wänden schwitzt gleichsam Ungeziefer aus; am Tage wird man von Fliegen fast aufgezehrt, da Jalousien und Läden ein südlicher Luxus sind, den man in einem Lande kaum kennt, wo man nur das nachahmt, was glänzt; in der Nacht, — nun Sie wissen, welche Feinde da den Reisenden erwarten, der nicht im Wagen schlafen will. — Das Stroh ist eine Seltenheit unter einem Clima, wo die Getreidefelder Wunder sind und wo aus demselben Grunde das weiße Brod in den Dörfern noch unbekannt ist. Der Wein in den Wirthshäusern, der meist weiß ist und Sauterne genannt wird, ist selten, schlecht und theuer, und das Wasser ist fast in allen Theilen Rußlands ungesund; man kommt um seine Gesundheit, wenn man den Betheuerungen der Bewohner glaubt, die einen auffordern, ihr Wasser ohne Brausepulver zu trinken. Man findet deßhalb auch in allen großen Städten Selzerwasser, ein ausländisches Luxus-Getränk, welches das bestätigt, was ich von dem inländischen Wasser gesagt habe. Die Nothwendigkeit, sich für eine lange Reise mit Selzerwasser zu versehen, ist freilich ein sehr lästiger Uebelstand. „Warum halten Sie an?" sagen die Russen; „machen Sie es wie wir und reisen Sie ohne Aufenthalt!" Ein angenehmes Vergnügen, hundertundfünfzig, zweihundert, dreihundert Stunden auf Wegen zu machen, wie ich sie beschrieben habe, ohne aus dem Wagen zu steigen!

Die Landschaften sind wenig verschieden und die Häuser so einförmig, daß es in ganz Rußland nur ein Dorf, nur ein Bauerhaus zu geben scheint. Die Entfernungen sind unmeßbar, aber die Russen verringern sie durch die Art, wie sie reisen; da sie aus ihrem Wagen erst an dem Ort ihrer Bestimmung steigen, so bilden sie sich ein, sie hätten zu Hause die ganze Dauer der Reise über geschlafen und wundern sich, wenn Andre ihre Art, im Schlafe zu reisen, die sie ihren Ahnen, den Scythen, entlehnt haben, nicht theilen wollen. Man darf nicht glauben, daß die Pferde immer außerordentlich schnell laufen; die Gascogner des Nordens sagen bei der Ankunft nicht Alles, was sie unterwegs aufgehalten hat. Die Postillone fahren schnell, wenn sie es können, aber sie werden häufig durch unübersteigliche Hindernisse aufgehalten oder doch wenigstens gehemmt, was aber die Russen nicht hindert, uns die Annehmlichkeiten einer Reise in ihrem Vaterlande zu rühmen. Das ist eine National=Verschwörung; sie wetteifern in lügnerischen Lobeserhebungen, um die Reisenden zu blenden und ihr Vaterland in der Meinung der entfernten Nationen höher zu stellen.

Ich habe mich selbst auf der Chaussee von Peterburg nach Moskau überzeugt, daß man ungleich gefahren wird, so daß man nach Beendigung einer Reise doch nicht mehr Zeit erspart hat, als in einem andern Lande. Auf Wegen, die nicht Chaussee sind, verhundertfachen sich die Unannehmlichkeiten; die Pferde werden selten und die Wege so schlecht, daß man Alles darauf zerbrechen kann; Abends bittet man um Gnade, und wenn man keinen andern Zweck hat, als das Land zu sehen, hält man sich für einen Thoren, weil man sich nutzlos so viele Unannehmlichkeiten aufbürdet; man fragt sich mit einer Art Scham, was man eigentlich in einem wilden Lande suche, dem doch die poetische Großartigkeit der Einöde abgeht. Diese Frage habe ich mir auch diesen Abend vorgelegt. Die Nacht überfiel mich auf einem doppelt unbequemen Wege, weil er zur Hälfte wegen einer noch unvollendeten Chaussee verlassen war, die alle funfzig Schritte einmal darüber hingeht; jeden Augenblick verläßt man diese erst skizzirte Straße und kehrt im nächsten wieder darauf zurück und zwar auf provisorischen Knüppelbrücken, welche wanken wie das Clavier eines alten Pianos und eben so holperig als gefährlich sind, denn es fehlen oft die wesentlichsten Holzstücke. Eine innere Stimme gab mir auf meine Frage folgende Antwort: wer, wie Du es gethan hast, ohne bestimmten Zweck und ohne Noth hierher kommt, muß einen eisernen Körper und eine höllische Phantasie haben.

Diese Antwort bewog mich anzuhalten und zum großen Aergerniß meines Postillons und Feldjägers wählte ich mein Nachtlager in einem Häuschen, in welchem ich jetzt an Sie schreibe. Ja, dieses Asyl ist minder ekelhaft als ein wirkliches Wirthshaus; kein Reisender kehrt in einem solchen Dorfe ein und das Holz der Hütten ist deshalb der Zufluchtsort nur der Insecten, die aus dem Walde mitgebracht werden; mein Gemach, das eine Bodenkammer ist, zu welcher man auf einem Dutzend hölzerner Stufen hinaufsteigt, gleicht einem Kasten und hat 9 bis 10 Fuß im Quadrat, so wie 6 bis 7 in der Höhe. Es hat eine auffallende Aehnlichkeit mit dem Zwischendeck eines kleinen Schiffes und erinnert an die Hütte des Geisteskranken in der Geschichte Theleneß. Das ganze Gebäude besteht aus Fichtenstämmen, deren Zwischenräume wie eine Schaluppe mit in Pech getauchtem Werg ausgestopft sind; der Geruch, der daraus entsteht, in Verbindung mit dem Gestank von Sauerkraut und dem Juchtengeruch belästigt mich allerdings, aber ich will immer noch lieber Kopfweh als Ekel ertragen und ziehe dieses Kämmerchen der großen Halle weit vor, in welcher ich in dem Gasthause zu Troizkoi wohnte.

Betten giebt es in diesem Häuschen eben so wenig als anderswo; die Bauern schlafen, in ihre Schlafpelze gehüllt, auf Bänken, die in der Stube unten sich an den Wänden hinziehen. Ich habe in meinem Kästchen mein eisernes Bett aufschlagen lassen, das man mit frischem Heu gestopft hat, dessen Geruch meinen Kopfschmerz noch mehr steigert.

Antonio schläft in meinem Wagen, der durch ihn und den Feldjäger bewacht wird, welcher seinen Sitz nicht verlassen hat. Die Menschen sind auf den Straßen in Rußland ziemlich sicher, die Wagen aber und was dazu gehört, werden von den slawischen Bauern für gute Prise gehalten, und ohne die größte Vorsicht könnte ich am nächsten Morgen meinen Wagen rein ausgeräumt, von allem Lederwerke befreit, als wahre Telega wiederfinden, ohne daß irgend eine Seele in dem Dorfe wissen würde, wohin das Leder gekommen sein möchte; fände man es vielleicht nach langem Suchen in irgend einem Schuppen, so würde der Spitzbube sagen, er habe es gefunden und nur deshalb daher getragen. Das ist die allgemein gebräuchliche Entschuldigung in Rußland; der Diebstahl ist da in die Sitten übergegangen und die Diebe behalten deshalb auch vollkommene Gewissensruhe und einen Gesichtsausdruck, der bis an das Ende ihres Lebens eine Seelenheiterkeit verräth, an welcher die Engel irre werden könnten. „Unser Herr Jesus würde auch stehlen," sagen sie, „wenn ihm die Hände nicht zerstochen wären!" Dieses naive und characteristische Sprichwort führen sie stets im Munde.

Glauben Sie nicht, daß der Diebstahl blos von Bauern betrieben werde; es giebt eben so viele Arten von Diebstahl als Stufen in der gesellschaftlichen Rangordnung. Ein Provinzialgouverneur weiß, daß er wie die meisten seiner Collegen von der Gefahr bedroht ist, sein Leben in Sibirien zu be=

schließen; besitzt er aber in der Zeit, die man ihn im Amte läßt, die Klugheit und das Geschick, genug zu stehlen, um sich in dem Prozesse vertheidigen zu können, den man ihm macht, ehe man ihn verbannt, so wird er sich aus der Verlegenheit ziehen; ist er dagegen unmöglicher Weise ein ehrlicher und armer Mann geblieben, so ist er verloren. Diese Bemerkung rührt nicht von mir her, ich habe sie aus dem Munde mehrerer Russen, die ich für glaubwürdig halte, die ich Ihnen aber nicht nennen will. Sie mögen beurtheilen, welches Vertrauen diese Erzählungen verdienen.

Die Kriegscommissarien betrügen die Soldaten und bereichern sich, indem sie dieselben hungern lassen; mit einem Worte, man sagt, Ehrlichkeit in der Verwaltung wäre hier gefährlich als eine Satire und lächerlich als eine Dummheit.

Morgen hoffe ich in Yaroslaw anzukommen. Es ist dies eine Centralstadt und ich werde einen oder ein paar Tage da bleiben, um endlich im Innern des Landes Russen, ächte Russen zu finden; ich habe mir deshalb auch in Moskau mehrere Empfehlungsschreiben für diese Hauptstadt eines der durch seine Lage, wie durch die Industrie der Bewohner interessantesten Gouvernements geben lassen.

Einunddreißigster Brief.

Yaroslaw, den 18. August 1839.

Die Prophezeihung, die man mir in Moskau machte, geht bereits in Erfüllung; ich habe kaum ein Viertel meiner Reise zurückgelegt und kam in Yaroslaw in einem Wagen an, an dem kein Stück mehr ganz war; man wird ihn ausbessern, aber ich zweifele, daß er mich an das Ziel bringt.

Es ist Herbstwetter und man behauptet hier, es sei ganz der Jahreszeit angemessen; ein kalter Regen hat uns die Hundstagshitze in einem Tage genommen. Der Sommer wird sich, heißt es weiter, erst im nächsten Jahre wieder einstellen; ich bin aber so sehr an die Unannehmlichkeiten der Wärme gewöhnt, an den Staub, die Fliegen, die Mücken, daß ich nicht glauben kann, durch ein Gewitter von allen diesen Plagen befreit worden zu sein; es wäre Zauberei. Das jetzige Jahr zeichnet sich durch Dürre aus und ich rede mir ein, daß wir noch glühend und erstickend heiße Tage haben werden; die nordische Hitze ist mehr drückend als stark.

Yaroslow ist ein wichtiger Stapelplatz für den Binnen=handel Rußlands. Durch diese Stadt steht auch Petersburg mit Persien, dem caspischen Meere und ganz Asien in Ver=bindung. Die Wolga, diese große natürliche und lebendige Straße, geht durch Yaroslaw, den Hauptort der National=

schifffahrt, die klug geleitet wird, ein Gegenstand des Stolzes für die Russen und eine der Hauptquellen ihres Wohlstandes ist. Auf die Wolga bezieht sich das ungeheure Canalsystem, welches den Reichthum Rußlands ausmacht.

Die Stadt Yaroslaw, Hauptort eines der interessantesten Gouvernements des Reiches, kündigt sich von weitem als eine Vorstadt Moskaus an. Sie ist, wie alle Provinzialstädte in Rußland, groß und sieht leer aus. Sie ist groß weniger durch die Zahl ihrer Bewohner und Häuser als wegen der ungeheuren Weite der Straßen, der Ausdehnung der Plätze und der Verstreuung der Gebäude, die meist durch große Räume von einander getrennt sind, auf denen sich die Bevölkerung verliert. Ein und derselbe Baustyl herrscht von einem Ende des Reiches bis zum andern. Das nachstehende Gespräch wird Ihnen zeigen, welchen Werth die Russen auf ihre sogenannten classischen Häuser legen.

Ein geistreicher Mann sagte in Moskau zu mir, er habe in Italien nichts gesehen, was ihm neu erschienen sei.

„Ist das Ihr Ernst?" fragte ich.

„Vollkommen," antwortete er.

„Ich bin doch der Meinung," entgegnete ich, „daß Niemand das erste Mal am südlichen Abhange der Alpen hinabsteigen kann, ohne daß das Aussehen des Landes eine völlige Umwandlung in ihm hervorbringe."

„Warum das?" sagte der Russe mit dem Tone und der Miene des Spottes, die man hier nur zu oft für einen Beweis von Civilisation hält.

„Was!" rief ich aus, „die Neuheit der Landschaften, welche der Architectur ihren Hauptreiz verdanken; die Hügel, deren regelmäßige Hänge, auf denen Weinstöcke, Maulbeer- und Olivenbäume wachsen, auf Klöster, Paläste und Dörfer folgen; die langen Rampen weißer Säulen, welche die Lauben

tragen, die man pergole nennt, und die Wunder der Bauart
bis in die rauhesten Gebirge bringen; dieses ganze herrliche
Aussehen, das mehr einen von Lenôtre gezeichneten Garten,
die Promenade von Fürsten, als ein Land verräth, das
Bauern Brod geben soll; alle diese Schöpfungen des mensch=
lichen Gedanken, der den Gedanken Gottes zu verschönern
suchte, sind Ihnen nicht neu vorgekommen? Die Kirchen
mit ihrer zierlichen Form, mit ihren Thürmen, an denen
man den durch feudale Lebensweise umgränderten classischen
Geschmack erkennt, so viele seltsame und großartige Gebäude,
die in dem herrlichen natürlichen Garten wie absichtlich zur
Hebung der Schönheiten verstreut sind, haben Sie nicht
überrascht? — An diesen Bildern allein könnte man die Ge=
schichte errathen; überall verrathen ungeheure Straßenbauten,
die auf eben so festen als leicht aussehenden Arcaden ruhen*);
überall verrathen Berge, die als Basis von Klöstern, Dörfern
und Palästen dienen, ein Land, wo die Kunst die Natur
völlig beherrscht. Wehe dem, welcher Italien betreten kann,
ohne an der Majestät der Landschaften wie jener der Ge=
bäude zu erkennen, daß dies Land die Wiege der Civilisa=
tion ist."

„Ich wünsche mir Glück," fuhr mein Gegner ironisch
fort, „von Allem dem nichts gesehen zu haben, weil meine
Blindheit die Veranlassung zu Ihrer Beredtsamkeit ist."

„Es würde mir ziemlich gleichgültig sein," sagte ich
kälter, „ob meine Begeisterung Ihnen lächerlich vorkommt,
wenn ich nur das Schönheitsgefühl in Ihnen weckte. Schon
die Wahl der Gegenden, in welchen die Dörfer, die Klöster
und die meisten Städte Italiens glänzen, enthüllt mir den

---

*) Zum Beispiel die Stadt Bergamo, der Lago Maggiore, der
Comer-See c., und alle südlichen Alpenthäler.

Geist eines für die Künste gebornen Volkes; welchen Gebrauch haben in den Ländern, wo der Handel Reichthümer aufhäufte, wie in Genua, in Venedig und am Fuße aller großen Uebergänge über die Alpen, die Leute von ihren Schätzen gemacht? Sie bauten an den Seen, den Flüssen, dem Meere, den Abgründen zauberhafte Paläste, eine Art phantastischer Kaien, gleichsam von Feen gebaute Marmorwälle: Und nicht blos an dem Ufer der Brenta staunt man diese Wunder an, man findet auf allen Stufen der Berge neue Wunderwerke. So viele über einander aufgethürmte Kirchen ziehen die Neugierigen durch ihre Zierlichkeit und den großartigen Styl ihrer Malereien an; so viele Brücken setzen durch ihre Kühnheit und ihre Festigkeit in Erstaunen; der Luxus der Architectur, der in allen Klöstern, in allen Städten, in allen Schlössern, Dörfern, Villen, in allen Einsiedeleien, in den Zufluchtsorten der Buße wie in den Wohnungen des Vergnügens, des Luxus und der Ueppigkeit glänzt, macht einen solchen Eindruck auf die Phantasie, daß der Gedanke des Reisenden in diesem unter allen Ländern der Welt berühmten Lande eben so entzückt wird wie seine Augen. Das Großartige der Massen, die Harmonie der Linien, Alles ist für einen Nordländer neu und wenn die Kenntniß der Geschichte das Vergnügen der Fremden in Italien erhöht, so erregt doch schon der bloße Anblick der Orte das Interesse. Selbst Griechenland setzt trotz seiner erhabenen aber seltenen Ueberreste die große Zahl der Pilger nicht so in Erstaunen, weil Griechenland so, wie es durch die Jahrhunderte der Barbarei geworden ist, leer erscheint und weil es studirt werden muß, um recht gewürdigt zu werden; Italien dagegen braucht man nur anzusehen."

„Wie können wir Bewohner von Petersburg und Moskau," fiel der Russe ungeduldig ein, „gleich Andern über der italienische Bauart erstaunen? Sehen Sie nicht die Musterbilder bei jedem Schritte, den Sie in den kleinsten unserer Städte thun?"

Nach diesem Ausspruche der Nationaleitelkeit schwieg ich; ich war in Moskau, die Lachlust beschlich mich und es wäre gefährlich gewesen, mich ihr zu überlassen; es wurde mir schwer, klug zu sein, — ebenfalls eine Einwirkung dieser Regierung, selbst auf den Fremden, der auf Unabhängigkeit Anspruch macht.

Es ist gerade, dachte ich, ohne es auszusprechen, als wenn man den Apoll von Belvedere in Rom nicht ansehen wollte, weil man an andern Orten Gipsfiguren gesehen, oder die Loggien Rafaels nicht, weil man den Vatican irgend wo als ein Theaterdecoration benutzt hat. Ach, der Einfluß der Mongolen dauert bei Euch länger als ihre Herrschaft! Habt Ihr sie nur vertrieben, um sie nachzuahmen? Durch Verläumdung und Herabsetzung kommt man in den Künsten, wie allgemein in der Civilisation nicht weiter. So lange Ihr Eure Musterbilder beneidet, werdet Ihr ihnen nicht gleich kommen. Euer Reich ist unermeßlich groß; aber was enthält es, das meine Bewunderung zu erregen verdiente? Das Riesenbild eines Affen bewundere ich nicht. Es ist Schade für Eure Künstler, daß der liebe Gott etwas Anderes als Gehorsam und Herrschaft zur Grundlage der Staaten gemacht hat, welche die Bestimmung haben, das menschliche Geschlecht aufzuklären.

Diesen Zorn unterdrückte ich, aber was man lebhaft denkt, giebt sich unwillkürlich in dem Gesichte kund; mein spöttischer Reisender errieth ihn, glaube ich, denn er sprach weiter nicht mit mir, außer um mir so hingeworfen zu sagen, er habe Olivenbäume in der Krimm und Maulbeerbäume bei Kiew gesehen.

Ich meines Theils wünsche mir Glück, nur für kurze Zeit nach Rußland gekommen zu sein; ein langer Aufenthalt in diesem Lande würde mir nicht nur den Muth, sondern auch die Lust benehmen, über das, was ich sehe und höre, die Wahrheit zu sagen. Der Despotismus flößt Gleichgültigkeit und Entmuthigung selbst denen ein, welche fest entschlossen waren, die schreienden Mißbräuche zu bekämpfen.

Die Verachtung dessen, was sie nicht kennen, scheint ein vorherrschender Zug in dem Character der Russen zu sein. Statt sich Mühe zu geben, etwas zu verstehen und zu begreifen, bemühen sie sich, darüber zu spotten. Gelingt es ihnen jemals, ihren wahren Geist und Sinn zu Tage zu bringen, so wird die Welt nicht ohne Verwunderung sehen, daß es ein Caricaturgeist ist. Seit ich den Geist der Russen studire, und Rußland durchwandere, diesen Staat, der zuletzt in das große Buch der europäischen Geschichte eingetragen worden ist, sehe ich, daß die Lächerlichkeiten eines Emporkömmlings in Masse existiren und eine ganze Nation charakterisiren können.

Die bemalten und vergoldeten Thürme, die in Yaroslaw fast so zahlreich sind als die Häuser, glänzen von weitem wie die von Moskau; aber die Stadt ist minder malerisch, als die alte Hauptstadt des Reiches. Die Wolga begrenzt sie, und an der Seite dieses Flusses endigt sie in einer hohen mit Bäumen bepflanzten Terrasse; unter diesem breiten Walle führt ein Weg hin, von der Stadt zu dem Flusse herab, dessen Leinpfad er im rechten Winkel durchschneidet. Diese nothwendige Communication unterbricht die Terrasse nicht, welche durch eine schöne Brücke fortgesetzt wird über dem für die Bedürfnisse des Handels eröffneten Wege. Die unter der Promenade verhüllte Brücke sieht man nur von unten, und das Ganze macht einen guten Eindruck; es fehlt der Scenerie, um imposant zu erscheinen, nur Bewegung und Licht, aber die Stadt sieht trotz ihrer Wichtigkeit für den Handel todt aus, ist traurig, öde und still, nur etwas weniger traurig, öde und still als die Gegend, die man von ihrer Terrasse überblickt. Ich habe mir die Verpflichtung aufgelegt, Ihnen zu beschreiben, was ich sehe, ich mußte Ihnen also auch dieses Bild schildern, obgleich Sie Langeweile dabei fühlen werden gleich mir.

Die Wolga ist ein sehr großer grauer Fluß mit steilen aber sandigen und nicht sehr hohen Ufern, die in ungeheure graue Ebenen übergehen, in welchen sich hier und da Wälder von Fichten und Birken bemerklich machen, die einzige Vegetation in diesem kalten Boden; darüber spannt sich ein metallischer grauer Himmel, an welchem einige Silberflächen die Eintönigkeit der bleiernen Wolken unterbrechen, die sich in einem eisengrauen Wasser spiegeln. Das sind die kalten harten Landschaften, welche mich in der Umgegend von Yaroslaw erwarteten. Uebrigens ist das Land hier so gut als möglich bebaut und die Russen rühmen es als das reichste und lachendste ihres Reiches, die Krimm ausgenommen, die aber nach der Versicherung glaubwürdiger Reisenden den Küsten Genuas und Calabriens nicht gleichkommt. Und in welchem Verhältnisse steht die Größe und Bedeutung der Krimm im Vergleich mit den Ebenen dieses großen Welttheiles? Die Steppen bei Kiew haben einen schönen Character, wie man sagt, aber man wird dieser Schönheit bald müde.

Die innere Einrichtung der russischen Wohnungen ist verständig, ihr äußeres Aussehen aber und der allgemeine Plan der Städte ist es nicht. Hat nicht Yaroslaw seine Säule wie Petersburg und gegenüber einige Gebäude, die einen Triumphbogen in der Gestalt eines großen Thores bilden, zur Nachahmung des Generalstabes in der Hauptstadt?

10*

Alles dies ist sehr geschmacklos und sticht seltsam von der Bauart der Kirchen und Thürme ab. Diese Gebäude scheinen zu ganz andern Städten als denen zu gehören, für welche sie errichtet wurden.

Je näher man Yaroslaw kommt, um so mehr fällt die Schönheit der Menschen auf; die Dörfer sind wohlhabend und gut gebaut, ich habe selbst einige steinerne Häuser gesehen, aber diese sind zu wenig zahlreich, als daß sie das Aussehen des Landes ändern könnten, dessen Einförmigkeit durch nichts unterbrochen wird.

Die Wolga ist die Loire Rußlands, nur daß man statt unserer lachenden Hügel der Touraine, die stolz die schönsten Schlösser des Mittelalters und der Renaissance tragen, hier nichts als flache Ufer findet, die natürliche Kais bilden, Flächen mit grauen Häusern, welche wie Zelte aufgestellt sind und ihres ärmlichen, einförmigen Aussehens und ihrer Kleinheit wegen die Landschaft mehr verkümmern als beleben. Und diese Gegend empfehlen die Russen unserer Bewunderung.

Ich hatte, wenn ich an der Wolga hin ging, bald mit dem Nordwinde zu kämpfen, der allmächtig in diesem Lande ist, wo er durch die Zerstörung herrscht und drei Monate lang den Staub, das übrige Jahr hindurch den Schnee vor sich hertreibt. Abends, in den Pausen des Sturmes, in welchem der Feind Athem zu schöpfen schien, drangen die Lieder der Schiffer auf dem Flusse aus der Ferne zu meinem Ohre. In dieser Ferne verloren sich die näselnden Töne, welche den Volksgesang der Russen verunzieren, in dem Raume und ich vernahm nur einen unbestimmten Klagelaut, deren Sinn mein Herz errieth. Auf einem langen Holzfloß, der geschickt geleitet wird, fuhren einige Menschen auf der Wolga, ihrem Heimathsflusse, hinab; vor Yaroslaw wollten sie aussteigen und ich blieb stehen, als ich diese Eingebornen ihr Floß anhalten sah; sie gingen vor dem Fremden vorüber, ohne ihn anzusehen, selbst ohne unter einander zu sprechen. Die Russen sind schweigsam und nicht neugierig; ich kann mir es denken, das, was sie wissen, verleidet ihnen das, was ihnen unbekannt ist.

Ich bewundere ihre feine Gesichtsbildung und ihre edeln Züge. Die Russen sind, ich wiederhole es oft, vollkommen schön, mit Ausnahme der Menschen von kalmuckischer Abstammung mit eingedrückter Nase und vorspringenden Backenknochen.

Ein andrer Reiz, der ihnen angeboren, ist die Weichheit ihrer Stimme. Sie wissen eine Sprache wohllautend zu machen, die, von Andern gesprochen, hart und pfeifend sein würde. Die russische Sprache ist die einzige unter den Sprachen Europas, welche in dem Munde gebildeter Personen etwas zu verlieren scheint. Mein Ohr zieht das Russische der Straßen dem Russischen in den Salons vor; in den Straßen ist das Russische die natürliche Sprache, in den Salons aber und an dem Hofe eine erst kürzlich eingeführte, welche die Politik des Gebieters den Höflingen aufnöthigt.

Die Melancholie, welche sich unter der Ironie versteckt, ist hier zu Lande die gewöhnlichste Gemüthsstimmung, namentlich in den Salons, denn hier muß man mehr als anderswo die Traurigkeit verheimlichen. Die Folge davon ist ein sarkastischer, persiflirender Ton und ein gezwungenes Wesen, das für Alle peinlich ist. Die Leute aus dem Volke ersticken ihre Traurigkeit in stillem Rausche, die Großen in lärmender Trunkenheit. So nimmt ein und dasselbe Laster verschiedene Gestalten bei dem Leibeigenen und dem Herrn an. Der Letztere hat überdies noch ein andres Mittel gegen die Langeweile, den Ehrgeiz, die Trunkenheit des Geistes. Trotzdem ist nicht zu verkennen, daß bei diesem Volke, in allen Classen, eine angeborne Eleganz, ein natürliches Zartgefühl herrscht und daß ihm dieser ursprüngliche Vorzug weder durch die Barbarei, noch durch die Civilisation, nicht einmal die affectirte, genommen werden kann.

Eine wesentlichere Eigenschaft geht ihm freilich ab: die Fähigkeit zu lieben. Diese ist in dem Herzen der Russen nichts weniger als vorherrschend, und sie besitzen deshalb in gewöhnlichen Umständen, in Kleinigkeiten, durchaus keine Gutmüthigkeit, in großen und wichtigen weder Treue noch Glauben; man findet in ihnen, wenn man sie in der Nähe betrachtet, einen graziösen Egoismus, eine höfliche Gleichgültigkeit, weiter Nichts. Diese Herzlosigkeit erstreckt sich auf alle Classen und zeigt sich unter verschiedenen Formen je nach dem Range der Personen, die man beobachtet; die Grundlage ist bei Allen dieselbe. Die Fähigkeit, gerührt zu werden und sich innig anzuschließen, die unter den Russen so selten ist, herrscht dagegen unter den Deutschen vor und wird von diesen Gemüth nannt. Die feine und naive französische Scherzhaftigkeit wird durch ein feindseliges Aufderhutsein, durch eine beobachtende Böswilligkeit, durch eine neidische Bitterkeit, durch eine satyrische Traurigkeit ersetzt, die weit mehr zu fürchten zu sein scheint als unsere lachende Frivolität. Die Strenge des Climas, die den Menschen zu einem fortwährenden Kampfe nöthigt, die Härte der Regierung und die gewöhnliche Spioniverei machen hier die Charactere melancholisch und die Eitelkeit mißtrauisch. Man fürchtet immer Jemanden und Etwas und das Schlimmste dabei ist, daß diese Furcht begründet ist. Man gesteht sie nicht ein, aber sie wird auch nicht verheimlicht, namentlich nicht vor den Blicken eines etwas aufmerksamen und geübten Beobachters, der, gleich mir, verschiedene Nationen unter einander zu vergleichen gewöhnt ist.

Die den Fremden im Allgemeinen nicht günstige Gemüthsstimmung der Russen scheint sich bis zu einem gewissen Punkte entschuldigen zu lassen. Ehe sie uns kennen, kommen sie uns mit scheinbarer Beeiferung entgegen, weil sie gastlich sind wie die Orientalen und sich langweilen wie die Europäer; aber während sie uns mit einer Zuvorkommenheit aufnehmen, in welcher mehr Schein als Herzlichkeit liegt, achten sie auf unsere unbedeutendsten Worte, unterwerfen sie unsere geringfügigsten Handlungen einer kritischen Prüfung, und da sie dabei natürlich viel zu tadeln finden, so triumphiren sie innerlich und denken: „das also sind die Leute, welche uns in Allem überlegen zu sein glauben!"

Dieses Prüfen und Studiren gefällt ihnen, denn da sie von Natur mehr schlau als weich sind, so wird es ihnen nicht schwer, Fremden gegenüber auf der Defensive zu verharren. Diese Stimmung schließt weder eine gewisse Höflichkeit, noch eine Art Anmuth aus, aber sie widerspricht der eigentlichen Liebenswürdigkeit. Vielleicht gelänge es mit der Zeit und durch viele Mühe, ihnen einiges Vertrauen einzuflößen, aber ich zweifle doch, ob ich durch alle meine Bemühungen diesen Zweck erreichen könnte, denn die russische Nation ist eine der leichtsinnigsten und dabei verschlossensten in der Welt. Was hat sie für den Fortschritt des menschlichen Geistes gethan? Noch hat sie keine Philosophen, keine Moralisten, keine Gesetzgeber, keine Gelehrten gehabt, deren Namen gleich Marksteinen in der Geschichte stehen; dagegen hat es ihr nie an guten Diplomaten und schlauen politischen Köpfen gefehlt und es wird ihr nie daran fehlen; wenn die untern Classen keine erfinderischen Arbeiter liefern, so besitzen sie doch vortreffliche Nachahmer; giebt es auch keine Diener, die ihren Stand durch erhabene Gesinnungen zu veredeln wissen, so findet man wenigstens vortreffliche Spione.

Ich führe Sie in das Labyrinth der Widersprüche ein, das heißt ich zeige Ihnen die Dinge dieser Welt, wie sie mir bei dem ersten und zweiten Anblicke erschienen; Sie mögen meine Bemerkungen ordnen und zusammenfassen, um aus meinen persönlichen Meinungen zu einer allgemeinen Ansicht zu gelangen. Mein Ehrgeiz ist erfüllt, wenn Sie sich durch Vergleichen und Ausscheiden einer Menge gewagter und übereilter Aussprüche eine feste, unparteiische und reife Meinung bilden können. Ich selbst habe es nicht gethan, weil ich lieber reise als arbeite; ein Schriftsteller ist nicht frei, wohl aber ist es ein Reisender; ich erzähle die Reise und überlasse es Ihnen, das Buch zu vervollständigen.

Die neuen Reflexionen über den russischen Character, die Sie eben gelesen haben, wurden durch mehrere Besuche veranlaßt, die ich nach meiner Ankunft in Jaroslaw machte. Ich hielt diesen Centralpunkt für einen der interessantesten meiner Reise und deshalb hatte ich mich vor meiner Abreise aus Moskau mit mehreren Empfehlungsschreiben für diese Stadt versehen.

Morgen sollen Sie das Resultat meines Besuchs bei der Hauptperson der Gegend erfahren, denn ich habe eben meinen Brief an den Gouverneur gesandt. In den verschiedenen Häusern, die ich diesen Vormittag besuchte, erzählte man mir viel Schlechtes von ihm, oder, um mich richtiger auszudrücken, man ließ mich viel Schlechtes von ihm errathen. Der Haß, den er einflößt, erregt in mir ein wohlwollende Neugierde. Die vorurtheilsfreien Fremden müssen die Individuen gerechter beurtheilen als die Einheimischen. Morgen werde ich eine Meinung über die erste Person im Gouvernement von Yaroslaw haben und Ihnen dieselbe frei und unverholen mittheilen. Bis dahin wollen wir uns mit den Leuten aus dem Volke beschäftigen.

Die russischen Bäuerinnen gehen meist barfuß; die Männer tragen öfters eine Art Schuhe von grob geflochtenen Binsen und diese Fußbekleidung gleicht von weitem den antiken Sandalen. Das Bein ist von weiten Beinkleidern verhüllt, die am Knöchel zusammengebunden werden, so daß sich die Falten in den Schuh verlieren. Diese Tracht erinnert ganz und gar an die Statuen der Scythen, welche römische Bildhauer lieferten. Daß diese Künstler Barbaren=Frauen in deren Tracht dargestellt haben, glaube ich nicht.

Ich schreibe an Sie in einem schlechten Wirthshause; es giebt in ganz Rußland nur zwei gute Gasthäuser und diese werden von Fremden gehalten, das englische Haus in Petersburg und das der Madame Howard in Moskau.

Selbst in vielen Privathäusern setze ich mich nur mit Zittern auf einen Divan nieder.

Ich habe in Petersburg und Moskau viele öffentliche Bäder gesehen; man badet da auf verschiedene Art. Einige gehen in Gemächer hinein, die zu einem mir unerträglichen Grade geheizt sind; ein durchdringender Dampf benimmt Einem da den Athem; an andern Orten werden nackte Menschen auf glühenden Brettern von andern Nackten geseift und gewaschen; die Vornehmen haben Badewannen wie überall; aber es strömen so viele Personen in diese Anstalten, die warme Feuchtigkeit, die stets da herrscht, nährt so viele Insekten, die Kleider, welche man da niederlegt, dienen so vielem Ungeziefer als Zufluchtsstätten, daß man diese Bäder selten verläßt, ohne lebendige Beweise von der schmutzigen Nachlässigkeit der gemeinen Russen mit hinweg zu nehmen. Schon diese einzige Erinnerung und die fortwährende Angst, in der ich deshalb schwebe, würde mir das Land verhaßt machen.

Die Leute, welche die öffentlichen Bäder gebrauchen, sollten, bevor sie sich selbst reinigen, die Bäder, die Badediener, die Breter, die Wäsche, kurz Alles reinigen lassen, was man berührt, sieht und athmet in diesen Höhlen, in denen die ächten Moskowiter ihre sogenannte Reinlichkeit pflegen und durch den Mißbrauch des Dampfes und des Schweißes, den derselbe veranlaßt, das Altern beschleunigen.

Es ist zehn Uhr Abends; der Gouverneur ließ mir sagen, sein Sohn und sein Wagen würden mich abholen; ich antwortete durch Entschuldigungen und Danksagungen; ich schriebe im Bett und könne diesen Abend von der Güte des Gouverneurs keinen Gebrauch machen, würde dagegen den nächsten ganzen Tag in Yaroslaw bleiben und ihm da für seine Güte danken. Es ist mir nicht unangenehm, eine Gelegenheit zu erhalten, die russische Gastlichkeit in der Provinz genau kennen zu lernen.

Morgen also.

Fortgesetzt in Yaroslaw, den 18. Aug. 1839 nach Mitternacht.

Diesen Vormittag um elf Uhr erschien der Sohn des Gouverneurs, der noch ein Knabe ist, in großer Uniform, um mich in einem vierspännigen Wagen mit Kutscher und Vorreiter abzuholen. Diese elegante Erscheinung vor der Thür meines Gasthauses brachte mich in Verlegenheit; ich fühlte sogleich, daß ich es nicht mit alten Russen zu thun haben würde und daß ich mich in meiner Erwartung getäuscht hätte, da ich nicht zu reinen Moskowitern, zu ächten Bojaren käme. Ich fürchtete, noch einmal zu reisenden

Europäern, zu Höflingen des Kaisers Alexander, unter cos=
mopolitische große Herren zu gelangen.

„Mein Vater kennt Paris," sagte der junge Herr, „und
er wird sich sehr freuen, einen Franzosen bei sich zu sehen."

„Zu welcher Zeit hat er Frankreich gesehen?"

Der junge Russe schwieg und schien durch meine Frage,
die ich doch für sehr einfach hielt, in Verlegenheit gebracht
worden zu sein; Anfangs konnte ich mir diese Verlegenheit
nicht erklären, später aber wurde sie mir deutlich, und ich
wußte ihm für seinen Beweis von großem Zartgefühle, das
man in jedem Lande und jedem Alter so selten findet, wahr=
haft Dank.

Herr **, Gouverneur von Yaroslaw, hatte im Gefolge
des Kaisers Alexander die Feldzüge von 1813 und 1814 in
Frankreich mitgemacht und daran wollte mich der Sohn
nicht erinnern. Dieser Beweis von Tact erinnert mich an
einen ganz verschiedenen Zug; eines Tages speisete ich in
einer kleinen Stadt Deutschlands bei dem Gesandten eines
andern kleinen deutschen Landes; der Herr vom Hause stellte
mich seiner Frau vor und sagte ihr, daß ich eine Franzose sei.

„Also ein Feind," unterbrach in sein Sohn, der drei=
zehn bis vierzehn Jahre alt zu sein schien.

Das Kind war nicht in Rußland in die Schule ge=
gangen.

Als ich in das große, glänzende Zimmer trat, in wel=
chem mich der Gouverneur, dessen Gemahlin und zahlreiche
Familie erwarteten, glaubte ich nach London oder vielmehr
nach Petersburg versetzt zu sein, denn die Frau vom Hause
befand sich nach russischer Sitte in dem kleinen Cabinet mit
vergoldetem Gitter, welches eine Ecke des Zimmers einnimmt
und Altan genannt wird. Es erhebt um sich einige Stu=
fen und dient den russischen Wohnungen zur Zierde; man

könnte es ein durch Gitterwerk abgesondertes Liebhabertheater nennen. Ich habe Ihnen diese Cabinets, die eben so elegant als originell aussehen, schon früher beschrieben. Der Gouverneur empfing mich sehr artig, dann ging er durch das Zimmer vor mehreren Frauen und Herren, seinen Verwandten, vorbei, die sich versammelt hatten, und führte mich in das grüne Cabinet, wo ich endlich seine Frau erblickte.

Kaum hatte ich auf ihre Aufforderung neben ihr in diesem Heiligthume Platz genommen, als sie lächelnd zu mir sagte: „macht Eleazar noch immer Fabeln, Herr von Custine?"

Der Graf Eleazar von Sabran, mein Oheim, hatte sich von Jugend auf in der Gesellschaft zu Versailles durch sein poetisches Talent ausgezeichnet und er würde auch in dem Publikum Ansehen erworben haben, wenn ihn seine Freunde und Verwandten hätten vermögen können, seine Fabeln herauszugeben, welche durch leichte, elegante Versification, so wie durch geistreiche und pikante Gedanken sich über das Gewöhnliche erhoben. Ich dachte, als ich bei dem Gouverneur von Yaroslaw erschien, an nichts weniger als an diesen poetischen Oheim, da mich die nur zu selten befriedigte Hoffnung beschäftigte, endlich wahre Russen in Rußland zu finden.

Ich antwortete der Gemahlin des Gouverneurs durch ein verwundertes Lächeln, das etwa sagen wollte: „das gleicht ja einem Mährchen; erklären Sie mir dies Räthsel."

Die Erklärung ließ nicht lange auf sich warten.

„Ich wurde," fuhr die Dame fort, „durch eine Freundin der Frau von Sabran, Ihrer Großmutter, erzogen, und diese Freundin sprach oftmals von der natürlichen Anmuth und dem Geiste der Frau von Sabran, so wie von dem Talent Ihres Oheims und Ihrer Mutter; sie sprach sogar nicht selten von Ihnen, ob sie gleich Frankreich vor Ihrer Geburt verlassen hatte. Sie folgte der Familie Polignac bei der Auswanderung derselben nach Rußland, und hat mich seit dem Tode der Herzogin von Polignac nicht verlassen."

Nach diesen Worten stellte sie mich ihrer Gouvernante, einer bejahrten Frau, vor, die besser französisch sprach als ich, und deren Gesichtsbildung Sanftmuth und Geist verrieth.

Ich fühlte, daß ich diesmal meinem Traume von Bojaren entsagen mußte, was mir doch einigermaßen leid that; aber ich fand dafür reichliche Entschädigung. Madame**, die Gemahlin des Gouverneurs, stammt aus einer vornehmen Familie Litthauens und ist eine geborne Fürstin von**. Außer der Artigkeit, die fast allen Personen dieses Ranges in allen Ländern eigen ist, hat sie den Ton und Geschmack der französischen Gesellschaft der besten Zeit angenommen, und sie erinnert mich, trotz ihrer Jugend, durch die edle Einfachheit ihrer Haltung an das Benehmen der bejahrten Personen, die ich in meiner Jugend gekannt habe, — an die Traditionen von dem alten Hofe, die Rücksicht auf Schicklichkeit und den guten Geschmack in seiner Vollkommenheit, da er sich bis zur Natürlichkeit erhebt, mit einem Worte an die große Welt von Paris und das Reizendste, was sie zu der Zeit besaß, als unsere Ueberlegenheit von Niemandem bestritten wurde, zu jener Zeit, als die Frau von Marsan sich auf einen bescheidenen Jahrgehalt beschränkte, sich in eine kleine Wohnung zurückzog, und ihre ungeheuren Einkünfte auf zehn Jahre verpfändete, damit ihr Bruder, der Fürst von Guémenée, seine Schulden bezahlen, und, so viel es von ihr abhinge, durch dieses edle Opfer das Aergerniß eines Bankerottes eines großen Herrn abwenden könnte.

Alles dies, dachte ich, wird mich freilich nichts Neues von dem Lande kennen lehren, das ich bereise; aber ich finde doch darin ein Vergnügen, das ich mir nicht gern versage, da es vielleicht seltener geworden ist, als die Befriedigung der bloßen Neugierde, die mich hierher führte.

Ich glaube in das Zimmer meiner Großmutter*) versetzt zu sein, freilich nicht in der Zeit, wo der Chevalier von Boufflers, die Frau von Coaslin und die Frau vom Hause zugegen waren, denn diese glänzenden Musterbilder jener Art Esprit, der sich sonst in der Conversation kund gab, sind unwiederbringlich verschwunden, selbst in Rußland, — aber doch in einem gewählten Kreise ihrer Freunde und Schüler, die sich bei ihnen versammelten, um sie an den Tagen zu erwarten, an denen sie hatten ausgehen müssen. Es ist mir, als müßten sie jeden Augenblick erscheinen.

Ich war für diese Art Gefühle durchaus nicht vorbereitet, und von allen Ueberraschungen der Reise kam mir diese am unerwartetsten.

Die Frau vom Hause, welche meine Ueberraschung theilte, erzählte mir, wie sie sich verwundert, als sie am Abend vorher meinen Namen unter dem Briefchen gesehen, mit welchem ich die Empfehlungsschreiben aus Moskau an den Gouverneur übersandt hätte. Dieses seltsame Zusammentreffen in einem Lande, wo ich so unbekannt zu sein glaubte wie ein Chinese, machte die Unterhaltung, die allgemein wurde, ohne daß sie aufhörte angenehm zu sein, sogleich vertraulich, fast freundschaftlich. Alles das kam mir höchst originell vor; es schien durchaus nichts Gemachtes, nichts Affectirtes in dem Vergnügen zu liegen, mit dem man mich aufnahm. Die Ueberraschung war gegenseitig gewesen, ein wahrer Theatercoup. Niemand erwartete mich in Jaroslaw;

---

*) Die Gräfin von Sabran, später Marquise von Boufflers, starb in Paris 1827 in ihrem 78. Jahre.

ich entschloß mich zu dieser Straße erst am Tage vor meiner Abreise aus Moskau, und trotz der kleinlichen russischen Eitelkeit war ich doch keineswegs eine so wichtige Person, daß der Mann, den ich im letzten Augenblicke um einige Empfehlungsbriefe gebeten hatte, einen Courrier hätte vor mir her schicken können.

Der Bruder der Gemahlin des Gouverneurs ist ein Fürst . . ., der unsere Sprache vollkommen schreibt. Er hat Schriften in französischen Versen herausgegeben, und schenkte mir eine seiner Gedichtsammlungen. Als ich das Buch aufschlug, fand ich folgenden gefühlvollen Vers in einem Gedichte: Trost an eine Mutter.

Les pleurs sont la fontaine où notre âme s'épure.

Es ist gewiß ein Glück, wenn man seine Gedanken in einer fremden Sprache so gut auszudrücken vermag.

Die vornehmen Russen, namentlich die in dem Alter des Fürsten . . . sprechen allerdings zwei Sprachen; freilich halte ich diesen Luxus keineswegs für Reichthum.

Alle Personen der Familie *** beeiferten sich, mir den Aufenthalt in dem Hause und der Stadt angenehm zu machen.

Man überhäufte mich mit geistreichen Lobsprüchen über meine Bücher, aus denen man eine Menge Einzelnheiten anführte, die ich selbst vergessen hatte. Die Art, wie diese Stellen angeführt wurden, würde mir noch mehr gefallen haben, wenn sie mir weniger geschmeichelt hätte. Die wenigen Bücher, welche die Censur so weit bringen läßt, leben hier lange, wenn sie einmal daher gelangt sind. Ich muß hier erwähnen, nicht zu meinem persönlichen Ruhme, sondern zum Lobe der Zeit, in welcher wir leben, daß ich bei meinen Reisen in Europa immer da am besten aufgenommen

wurde, wo man meine Schriften kannte; sie haben mir
unter den Fremden eine kleine Anzahl unbekannter Freunde
erworben, deren immer neues Wohlwollen nicht wenig zur
Erhaltung meiner angebornen Vorliebe für das Reisen und
die Poesie beigetragen hat. Wenn mir die so unbedeutende
Stelle wie die, welche ich in unserer Literatur einnehme,
solche Vortheile erwarb, so kann man sich leicht den Einfluß
vorstellen, welchen Talente gleich denen, die bei uns die den=
kende Gesellschaft beherrschen, in der Ferne ausüben müssen.
Dieses Apostolat unserer Schriftsteller ist die wahre Macht
Frankreichs; aber welche Verantwortlichkeit schließt auch ein
solcher Beruf in sich! Es ist mit diesem Amte wie mit
allen andern; über der Hoffnung, dasselbe zu erhalten, ver=
gißt man die Gefahr der Ausübung. Wenn ich in meinem
Leben einen Ehrgeiz gefühlt habe, so war es der, nach
meinen Kräften an dieser Regierung des Geistes Theil zu
nehmen, welche der politischen Macht so sehr überlegen ist,
wie die Electricität dem Schießpulver.

Man hat viel mit mir über J. Sbogar gesprochen, und
als man hörte, daß ich das Glück hätte, den Verfasser per=
sönlich zu kennen, legte man mir tausenderlei Fragen über
ihn vor; ach, daß ich nicht das Erzählungstalent habe, das
er in so hohem Maße besitzt, ich würde die Fragen noch
ganz anders beantwortet haben!

Ein Schwager des Gouverneurs zeigte mir das Himmel=
fahrtskloster, in welchem der Erzbischof von Yaroslaw residirt.
Dieses Kloster ist, wie alle griechischen, eine niedrige Citadelle,
die mehrere Kirchen und kleine Gebäude umschließt, welche
zahlreich und in allen Arten, nur nicht in der guten, gebaut
sind. Diese Gebäudehaufen machen einen kleinlichen Ein=
druck; sie sind weiß und auf einem großen grünen Platze
verstreut. Ich fand alle russischen Klöster so.

Das Neue und Auffallende, das ich bei diesem Besuche im Kloster bemerkte, war die Frömmigkeit meines Führers, des Fürsten **. Er hielt mit überraschender Andacht die Stirn und den Mund an alle Gegenstände, welche man der Verehrung der Gläubigen hier darbietet, und das that er an zwanzig Stellen, da dieses Kloster verschiedene Heiligthümer enthält. Seine Gespräche im Hause verriethen nichts weniger als klösterliche Frömmigkeit. Zuletzt forderte er auch mich auf, die Reliquien eines Heiligen zu küssen, dessen Grab uns ein Mönch öffnete; ich sah ihn, nicht einmal, sondern funfzigmal, das Zeichen des Kreuzes machen; er küßte zwanzig Bilder und Reliquien, kurz keine Nonne macht bei uns im Vorbeigehen vor dem Hauptaltare ihrer Kirche so viele Verbeugungen und Kniebeugungen, als dieser russische Fürst, ein ehemaliger Soldat und Adjutant des Kaisers Alexander, in Gegenwart eines Fremden in dem Himmelfahrtskloster machte.

Die Griechen bedecken die Wände ihrer Kirchen mit Frescomalereien in byzantinischem Style. Ein Fremder ehrt anfangs diese Bilder, weil er sie für alt hält, wenn er aber bemerkt, daß die russischen Maler auch heute noch ebenso malen, so wandelt sich seine Verehrung in Langeweile um. Die Kirchen, welche wir für die ältesten halten, sind erst kürzlich neu gebaut und bemalt; ihre Madonnen, selbst die jüngstgemalten, gleichen denen, welche zu Ende des Mittelalters nach Italien gebracht wurden, um da die Liebe für die Malerei wieder zu wecken. Die Italiener sind seitdem weiter gegangen; ihr durch den Eroberungsgeist der römischen Kirche electrisirtes Genie hat das Große und Schöne begriffen, und in allen Arten das Erhabenste in der Kunst hervorgebracht. Während dieser Zeit ahmten die Griechen des oströmischen Reiches und nach ihnen die Russen fort-

III. 11

während sclavischeren die heiligen Jungfrauen aus dem 8. Jahrhundert nach.

Die oströmische Kirche ist den Künsten nie günstig gewesen. Seit das Schisma ausgebrochen, hat sie wie vorher die Geister in den theologischen Spitzfindigkeiten betäubt und erstarrt. Noch jetzt streiten die wahren Gläubigen in Rußland sehr ernsthaft unter einander, ob es erlaubt sei, dem Kopfe der Jungfrau die natürliche Fleischfarbe zu geben, oder ob sie gemalt werden müsse, wie die sogenannten Madonnen des heiligen Lucas, in einer dunkeln Farbe, die nichts Natürliches hat; auch über die Darstellung des übrigen Theiles des Körpers ist man uneinig; es ist nicht gewiß, ob der Körper gemalt werden darf, oder ob er vielmehr in Metall nachgeahmt und in einen ciselirten Cuiraß eingeschlossen werden muß, der nur das Gesicht sehen läßt, bisweilen nur die Augen, und der an den Handgelenken aufhört, damit die Hände frei bleiben. Erklären Sie sich, so gut Sie können, warum ein Körper von Metall in den Augen der griechischen Priester anständiger erscheint, als ein mit den Farben eines Frauenkleides bemaltes Leinwandstück.

Sie sind noch nicht am Ende; manche Doctoren, deren Zahl so groß ist, daß sie eine Secte bilden, trennen sich von der Mutterkirche, weil sie jetzt gottlose Neuerer enthält, die den Popen erlauben, den priesterlichen Segen mit drei Fingern der Hand zu geben, während die eigentliche Tradition verlangt, daß nur der Zeige- und Mittelfinger den Auftrag haben, die Gnade des Himmels über die Gläubigen zu verbreiten, weil diese Finger bei der Ordination geweiht wurden.

Das sind die Fragen, welche heut zu Tage in der griechisch-russischen Kirche verhandelt werden; glauben Sie nicht, daß man sie für kindisch halte; sie entflammen die Leidenschaften, rufen die Ketzerei hervor und entscheiden über das Schicksal vieler Menschen in dieser und jener Welt. Kennte ich das Land besser, so würde ich noch andre Documente für Sie sammeln... Ich kehre zu meinen freundlichen Wirthen zurück.

Die vornehmen Russen erscheinen mir in der Provinz liebenswürdiger, als am Hofe.

Die Gemahlin des Gouverneurs von Yaroslaw hatte in diesem Augenblicke ihre ganze Familie bei sich; mehrere ihrer Schwestern mit deren Männern und Kindern wohnen in ihrem Hause; sie ladet die ersten Beamten ihres Mannes, welche sich in der Stadt befinden, an ihre Tafel; ihr Sohn (der mich im Wagen abholte) befindet sich noch in dem Alter, in welchem er einen Erzieher braucht, und Sie werden sich demnach nicht wundern, daß wir zwanzig Personen bei Tische waren.

Es ist im Norden gebräuchlich, vor der Hauptmahlzeit eine kleine vorhergehen zu lassen, welche eine Viertelstunde vorher, ehe man zur Tafel geht, in dem Salon aufgetragen wird; diese vorläufige Mahlzeit, eine Art Frühstück, welches mit dem Diner zusammenschmilzt, soll den Appetit reizen und heißt im Russischen, wenn mich mein Gehör nicht getäuscht hat: zacusca. Domestiken bringen auf Präsentirtellern kleine Teller mit frischem Caviar, wie man ihn nur hier zu Lande ißt, mit geräuchertem Fisch, Käse, Salzfleisch, Schiffszwieback und anderm Gebäck mit und ohne Zucker; auch bittere Liqueure, französischer Branntwein, Londoner Porter, Ungar-Wein und Danziger Goldwasser wird herumgereicht und man ißt und trinkt im Stehen und Herumgehen. Ein Fremder, welcher die Landesgewohnheiten nicht kennt und dessen Hunger bald zu stillen ist, könnte sich leicht hierbei sättigen und bei dem eigentlichen Diner unthätiger Zuschauer bleiben müssen. Man ißt in Rußland viel und in guten Häusern auch gut; aber man liebt die Hachés, die Farce, die Fleisch= und Fischklößchen in den deutschen und italienischen Pasteten zu sehr.

In der Wolga wird einer der wohlschmeckendsten Fische in der Welt (der Sterlet) gefangen; er hat etwas von dem See= und etwas von dem Süßwasserfisch, ohne indeß einem von denen zu gleichen, die ich anderswo gegessen habe; er ist groß, sein Fleisch aber fein und leicht, seine Haut von vortrefflichem Geschmacke und sein spitzer ganz aus Knorpel bestehender Kopf gilt für eine Delicatesse. Man richtet dieses Ungethüm sehr gut zu und ohne zu viel Gewürz; die Sauce, in welcher er gegeben wird, schmeckt nach Wein, Fleischbrühe und Citronensaft. Ich ziehe dieses Nationalgericht allen andern Ragouts des Landes, besonders der kalten scharfen Suppe, einer Art Fischbouillon mit Eis, weit vor. Auch Suppen mit versüßtem Essig hat man hier, die ich einmal gekostet habe, um sie nie wieder anzurühren.

Das Diner des Gouverneurs war gut, ohne Ueberfluß und ohne nutzlose Pracht. Die Menge und Vortrefflichkei, der Wassermelonen setzte mich in Erstaunen; sie kommen wie man sagt, aus der Gegend von Moskau, während ich glaubte, man hole sie viel weiter her, vielleicht aus der Krimm. Es ist hier gebräuchlich, das Dessert gleich bei Beginn des Diners auf der Tafel aufzustellen und dasselbe einzeln zu präsentiren. Diese Methode hat Vorzüge und Unannehmlichkeiten, scheint mir aber nur für große Diners zu passen.

Die russischen Diners haben eine verständige Dauer und die Gäste entfernen sich fast alle, nachdem man von der Tafel aufgestanden ist. Einige Personen pflegen nach orientalischer Art Siesta zu halten, andere begeben sich auf die Promenade oder gehen an ihre Geschäfte, nachdem sie den

Kaffee getrunken haben. Das Diner ist hier nicht die Mahlzeit, welche die Tagesarbeit beschließt, und als ich von der Frau vom Hause Abschied nahm, hatte sie die Güte mich zu ersuchen, wiederzukommen und den Abend bei ihr zu verbringen. Ich nahm die Einladung an, da ich sie nicht abweisen konnte, ohne unartig zu erscheinen. Alles wird mir hier mit so viel Geschmack geboten, daß weder die Ermüdung noch die Lust, an Sie zu schreiben, mir meine Freiheit verschaffen kann. Eine solche Gastfreundschaft ist eine süße Tyrannei und ich fühle, daß es undelicat sein würde, sie nicht anzunehmen; man stellt einen vierspännigen Wagen, ein Haus zu meiner Verfügung, eine ganze Familie beeifert sich mich zu zerstreuen und mir die Gegend zu zeigen, und alles dies geschieht ohne affectirte Complimente, ohne überflüssige Betheuerungen, ohne lästige Zudringlichkeit, mit der höchsten Einfachheit und Natürlichkeit; so vieler Anmuth vermag ich nicht zu widerstehen, so viele Eleganz vermag ich nicht zu verschmähen; ich würde nachgeben, wäre es auch nur aus patriotischem Instinct; denn in diesem so angenehmen Benehmen liegt eine Erinnerung an das ehemalige Frankreich, die mich ergreift und verführt; es ist mir, als sei ich an die Grenze der civilisirten Welt gekommen, um da einen Theil des Erbes des französischen Geistes im 18. Jahrhundert zu erheben, der bei uns selbst längst verloren gegangen ist. Dieser unbeschreibliche Reiz der guten Manieren und der einfachen Sprache erinnert mich an den paradoxen Ausspruch eines der geistreichsten Menschen, die ich gekannt habe: „jede schlechte Handlung," sagte er, „jedes schlechte Gefühl entsteht aus einem Mangel an Lebensart; deshalb ist die wahre Artigkeit die Tugend, eine Vereinigung von allen Tugenden." Er ging sogar noch weiter und sagte, es gebe kein andres Laster, als die Grobheit.

Diesen Abend um neun Uhr kehrte ich in das Haus des Gouverneurs zurück. Anfangs wurde Musik gemacht, dann eine Lotterie gezogen.

Ein Bruder der Frau vom Hause spielt vortrefflich auf dem Violoncell, seine Frau begleitete ihn auf dem Piano. Durch dieses Duett und Nationallieder, die geschmackvoll gesungen wurden, verging der Abend sehr schnell.

Auch die Unterhaltung mit der Frau von .., der ehemaligen Freundin meiner Großmutter und der Frau von Polignac, trug nicht wenig dazu bei, mir die Zeit zu verkürzen. Diese Dame lebt seit 47 Jahren in Rußland, hat das Land mit Scharfsinn betrachtet und beurtheilt und erzählt die Wahrheit ohne Feindseligkeit, aber auch ohne rednerische Vorsicht; das war mir neu; ihre Offenheit contrastirt mit der allgemeinen Heuchelei und Verstellung der Russen. Eine geistreiche Französin, die ihr Leben unter den Russen verbrachte, muß sie, glaube ich, besser kennen, als sie sich selbst kennen; denn sie verbinden sich selbst die Augen, um besser zu lügen. Frau von ... sagte mir wiederholt, das Gefühl der Ehre sei hier zu Lande nur bei den Frauen stark; sie halten treu ihr Wort, verabscheuen die Lüge, sind zartfühlend in Geldangelegenheiten und unabhängig in der Politik, kurz die meisten besitzen, nach der Frau von ..., gerade das, was den meisten Männer fehlt: die Rechtschaffenheit im Leben, selbst bei den geringfügigsten Angelegenheiten. Im Allgemeinen denken die Frauen in Rußland mehr als die Männer, weil sie nicht handeln. Die Muße, dieser von der Lebensweise der Frauen unzertrennliche Vorzug, kommt ihrem Character eben so zu Gute als ihrem Geiste; sie sind gebildeter, minder knechtisch und energischer in ihren Ansichten als die Männer. Oft erscheint ihnen selbst der Heroismus natürlich und wird ihnen leicht. Die Fürstin Trubetzkoi ist nicht die einzige Frau, welche ihrem Manne nach Sibiren folgte; viele verbannte Männer haben von ihren Frauen diesen hochherzigen Beweis von Hingebung empfangen, der nichts von seinem Werthe verliert, wenn er auch seltener ist als ich glaube; leider kenne ich ihre Namen nicht. Wo werden sie einen Geschichtschreiber und Dichter finden? Die unbekannt bleibenden Tugenden nöthigen vorzugsweise, an das jüngste Gericht zu glauben. Man kann sich wohl die Vergebung des Allmächtigen, nicht aber seine Gleichgültigkeit denken. Die Tugend ist nur Tugend, weil sie durch die Menschen nicht belohnt werden kann. Sie würde von ihrer Vollkommenheit verlieren und eine servile Berechnung werden, wenn sie die Gewißheit hätte, auf der Erde stets gewürdigt und belohnt zu werden; die Tugend, welche nicht bis zum Uebernatürlichen, zum Erhabenen ginge, würde unvollständig sein. Würde es Heilige geben, wenn das Böse nicht wäre? Der Kampf gehört nothwendig zum Siege und der Sieg nöthigt selbst Gott, den Sieger zu krönen. Dieses schöne Schauspiel rechtfertigt die Vorsehung, welche, um dasselbe dem aufmerkenden Himmel zu verschaffen, die Verirrungen der Welt duldet.

Gegen das Ende des Abends, ehe man mir erlaubte, mich zu verabschieden, nahm man, mir zu Ehren, eine Feierlichkeit vor, die erst in einigen Tagen stattfinden sollte und die in der Familie seit einem halben Jahre erwartet wurde, nämlich die Ziehung einer Lotterie zum Besten der Armen; alle Gewinne, die in Arbeiten der Frau vom Hause, ihrer Verwandten und Freunde bestanden, waren geschmackvoll auf Tischen aufgestellt; derjenige, welcher mir zufiel, ich wage nicht zu sagen durch Zufall, denn man hatte meine Billets sorgfältig gewählt, ist ein hübsches kleines Notizbuch mit einem Einband in Lack. Ich schrieb sogleich das Datum und das Jahr hinein und fügte einige Worte zur Erinnerung hinzu. Zur Zeit unserer Väter würde man in einem solchen Falle Verse improvisirt haben; heut zu Tag aber ist die Mode der Impromptus in Gesellschaften vergangen, weil die öffentliche Improvisation so sehr um sich gegriffen hat. Man sucht jetzt in der Gesellschaft nur geistige Ruhe und sie findet sich auch da. Die Reden, die ephemere Literatur und die Politik haben das Lied und das Sonnett entthront. Ich kann keine einzige Strophe schreiben, bin mir aber die Gerechtigkeit schuldig, hinzuzufügen, daß ich es nicht bedauere.

Nachdem ich von meinen liebenswürdigen Wirthen, die ich auf der Messe zu Nischnei wiederfinden soll, Abschied genommen hatte, kehrte ich in mein Wirthshaus zurück, sehr zufrieden mit dem Tage, den ich Ihnen beschrieben habe. Das Bauerhaus von vorgestern, in welchem ich blieb, Sie wissen wie, und der Salon heute, Kamtschatka und Versailles drei Stunden auseinander, das ist Rußland. Ich opfere Ihnen meine Nächte, um Ihnen das Land zu schildern, wie ich es sehe. Mein Brief ist noch nicht beendigt und schon erscheint die Morgendämmerung.

Die Contraste wechseln schnell in diesem Lande, so daß der Bauer und der Herr nicht demselben Boden anzugehören scheinen. Es giebt ein Vaterland für den Leibeigenen und ein Vaterland für den Herrn. Erinnern Sie sich, daß die russischen Bauern lange glaubten, der Himmel sei nur für ihre Herren bestimmt. Der Staat ist hier in sich selbst getheilt und die Einheit nur scheinbar; die Großen besitzen einen gebildeten Geist, als wenn sie in einem andern Lande leben sollten und der Bauer ist roh und unwissend, als wenn er unter Herren stände, die ihm glichen.

Ich mache der russischen Regierung weniger den Miß=
brauch der Aristocratie zum Vorwurfe, als den Mangel einer
autorisirten aristocratischen Macht, deren Befugnisse scharf
und constitutionell bestimmt und begrenzt sind. Die politisch
anerkannten Aristocratien sind mir immer wohlthätig erschie=
nen, während die Aristocratie, die keinen andern Grund hat
als die Chimären und Ungerechtigkeiten der Bevorzugten,
verderblich ist, weil ihre Befugnisse unbestimmt und unge=
ordnet sind. Die russischen Großen sind Herren und nur
zu unbeschränkte Herren auf ihren Besitzungen, und daraus
folgen die Ueberschreitungen, welche die Furcht und die
Heuchelei unter süßlich gesprochenen Humanitätsphrasen ver=
hüllen, die den Reisenden und oft selbst die Häupter der
Regierung täuschen; eigentlich sind aber doch diese Leute,
obschon unbeschränkt auf ihren von dem polischen Mittel=
punkte entfernten Besitzungen, in dem Staate gar nichts;
zu Hause mißbrauchen sie Alles und spotten des Kaisers,
weil sie die untergeordneten Diener der rechtmäßigen Ge=
walt bestechen oder einschüchtern; sie sind allmächtig in dem
Bösen, das im Kleinen und ohne Vorwissen der obern Be=
hörde geübt wird, haben aber bei der allgemeinen Leitung
des Landes weder Macht noch Ansehen. Ein Mann mit
dem größten Namen repräsentirt in Rußland eigentlich nur
sich selbst und hat kein Ansehen ohne sein individuelles Ver=
dienst, dessen einziger Richter der Kaiser ist, und so großer
Herr er auch ist, er hat keine Macht außer der, welche er
sich zu Hause anmaßt. Ansehen erlangt er und dies kann
unermeßlich werden, wenn er es geltend zu machen und am
Hofe und in dem Tschinn vorwärts zu kommen weiß. Die
Schmeichelei ist eine Industrie wie eine andere, sie giebt aber
wie eine andere und mehr als eine andere, nur eine precäre
Existenz. Dieses Höflingsleben schließt die Erhabenheit der

Gefühle, die Unabhängigkeit des Geistes, die wahrhaft humanen und patriotischen Ansichten und die großen politischen Pläne aus, welche recht eigentlich den aristocratischen Corporationen zugehören, die gesetzlich constituirt sind. Auf der andern Seite schließt es den gerechten Stolz des Mannes aus, welcher sein Glück durch seine Arbeit macht; es vereinigt also die Nachtheile der Democratie und des Despotismus, während es das Gute ausschließt, was diese beiden Regierungsformen haben.

Es giebt hier eine Classe von Menschen, welche unserm Bürgerstande entspricht mit Ausnahme der Characterfestigkeit, welche durch eine unabhängige Stellung möglich wird, und der Erfahrung, welche eine Folge der Gedankenfreiheit und der Geistesbildung ist, — die Classe der Subalternbeamten oder des zweiten Adels nämlich. Die Ideen dieser Leute sind meist den Neuerungen zugewendet, während ihre Handlungen die despotischsten unter dem Despotismus sind. Sie gingen aus den öffentlichen Schulen hervor, um in den Staatsdienst zu treten, und diese Classe regiert das Land dem Kaiser zum Trotze. Ein jeder dieser Leute, meist Sohn eines aus dem Auslande gekommenen Vaters, ist von Adel, sobald er ein Kreuz im Knopfloche trägt. Man vergesse dabei nicht, daß nicht der Kaiser allein diese Orden giebt. Mit diesem magischen Zeichen werden sie Grundbesitzer und als solche besitzen sie Land und — Menschen. Diese neuen Herren, die zur Gewalt gelangt sind, ohne die Hochherzigkeit einer Familie geerbt zu haben, die lange schon an das Herrschen und Befehlen gewöhnt war, benutzen ihre Gewalt wie Emporkömmlinge. Sie wollen das Volk aufklären und dienen vor der Hand den Großen und Geringen zur Unterhaltung; ihre Lächerlichkeiten sind sprichwörtlich geworden; Jedermann, der diese erst kürzlich durch ihre Aemter oder ihren

Rang in dem Tschinn zu der Ehre des Grundbesitzes erhobenen halben Herren braucht, entschädigt sich für ihr gespreiztes gravitätisches Wesen durch bittern Spott. Sie üben ihr Gutsherrenrecht mit einer Strenge aus, die sie für ihr unglücklichen Bauern zu einem Gegenstande der Verwünschung macht. Seltsame sociale Erscheinung! Das liberale oder bewegliche Element in dem Systeme der despotischen Regierung macht hier diese Regierung unerträglich! „Wenn es nur alte Herren gäbe," sagen die Bauern, „würden wir uns nicht beklagen." Diese von der geringen Anzahl ihrer Leibeigenen so sehr gehaßten neuen Menschen sind auch die Herren des höchsten Herrn, denn sie führen bei sehr vielen Gelegenheiten dem Kaiser die Hand mit Gewalt oder sie bereiten Rußland eine Revolution auf zwei Wegen vor, auf dem directen durch ihre Ideen oder auf dem indirecten durch den Haß und die Verachtung, die sie in dem Volke gegen die Aristocratie, zu deren Höhe solche Menschen emporgelangen können, und gegen Leibeigenschaft erregen, welche in Rußland definitiv zu der Zeit eingeführt wurde, als das alte Europa bei sich das Feudalgebäude einzureißen begann. Eine Subalternenherrschaft, eine republikanische Tyrannei unter der autocratischen Tyrannei, welche Verbindung von Uebeln!

Das sind die Feinde, welche sich die Kaiser von Rußland durch ihr Mißtrauen gegen ihren alten Adel geschaffen haben; wäre eine eingestandene, seit lange in dem Lande eingewurzelte, aber durch die Fortschritte der Sitten und die Milderung der Gewohnheiten gemäßigte Aristocratie ein Civilisationsmittel gewesen, das den Vorzug verdiente vor dem heuchlerischen Gehorsame und dem auflösenden Einflusse einer Schaar von Schreibern, die meist aus dem Auslande stammen, die alle mehr oder weniger im Herzen von revolutionären Ideen angesteckt und alle im Gedanken eben so insolent, als in ihren Werken und Gewohnheiten hingebend und fügsam sind? Diese unsichtbaren Despoten, diese Zwerg=Tyrannen unterdrücken von ihren Kanzleien aus das Land ungestraft und hemmen selbst den Kaiser, der wohl bemerkt, daß er nicht so mächtig ist, als man ihm sagt, der aber in seiner Verwunderung, die er sich selbst verheimlichen möchte, nicht immer weiß, wo die Grenze seiner Gewalt ist. Er fühlt sie und leidet darunter, ohne daß er wagt, sich darüber zu beklagen; diese Schranke ist die Bureaucratie, eine Macht, die überall schrecklich ist, weil der Mißbrauch, den man mit ihr treibt, Ordnungsliebe heißt, die in Rußland aber am allerschrecklichsten ist. Sieht man die Administrativ=Tyrannei an der Stelle des kaiserlichen Despotismus, so zittert man für ein Land, wo sich dieses Regierungssystem, das unter dem französischen Kaiserreiche in Europa verbreitet wurde, ohne Gegengewicht festgesetzt hat.

Rußland hatte weder die democratischen Sitten, die Frucht der Revolutionen, welche Frankreich erfahren, noch die Presse, die Frucht und den Keim der politischen Freiheit, die sie fortpflanzt, nachdem sie durch dieselbe erzeugt ist. Die Kaiser von Rußland, die in ihrem Mißtrauen wie in ihrem Vertrauen gleich übel berathen waren, sahen in den Adeligen nur Nebenbuhler und wollten in den Männern, die sie zu Ministern wählten, nur Sclaven finden; so haben sie, doppelt verblendet, den Leitern der Verwaltung und deren Beamten, gegen die sie kein Mißtrauen hatten, die Freiheit gelassen, ihre Netze über das schutzlose Land auszuwerfen. So ist eine Schaar untergeordneter Agenten entstanden, welche das Land nach Ideen regieren, die nicht aus ihm selbst hervorgegangen sind und die also seine wirklichen Bedürfnisse nicht befriedigen können. Diese Classe von Beamten, die im Grunde des Herzens der Ordnung der Dinge, die sie handhaben, feindselig gesinnt sind, recrutirt sich zum größten Theile unter den Söhnen der Geistlichen, gemeinen Ehrgeizigen, Emporkömmlingen ohne Talent, weil sie kein Verdienst zu besitzen brauchen, um doch den Staat zu nöthigen, sich ihrer anzunehmen, unter Leuten, die jedem Range nahe stehen und doch keinen Rang haben, Menschen, die alle Vorurtheile des gemeinen Volks und zugleich die der Aristocraten theilen; aber nicht die Energie der einen und die Weisheit der andern, kurz, um es mit wenigen Worten zu sagen, aus den Söhnen der Geistlichen, Revolutionären, denen man aufträgt, die bestehende Ordnung zu erhalten.

Sie sehen ein, daß solche Beamte die Geißel Rußlands sein müssen.

Diese Menschen, die halb aufgeklärt sind, liberal wie Ehrgeizige, despotisch wie Sclaven, von schlecht verdauten philosophischen Ideen durchdrungen, die in dem Lande, das sie ihr Vaterland nennen, keine Anwendung finden können, die alle ihre Ansichten und ihre halbe Aufklärung aus dem Auslande entnommen haben, treiben die Nation nach einem Ziele hin, das sie vielleicht selbst nicht kennen, das dem Kaiser unbekannt und das jedenfalls dasjenige nicht ist, nach welchem die wahren Russen, die wahren Freunde der Menschheit, streben müssen.

Diese permanente Verschwörung geht, wie man sagt, bis zur Zeit Napoleons zurück. Der italienische Staatsmann hatte die Gefahr der russischen Macht geahnt und um den Feind des revolutionären Europas zu schwächen, nahm er seine Zuflucht zuerst zu der Macht der Ideen. Er benutzte sein freundschaftliches Verhältniß mit dem Kaiser Alexander und die angeborne Vorliebe dieses Fürsten für liberale Institutionen, um, unter dem Vorwande, bei der

Ausführung der Pläne des Kaisers behülflich zu seyn, eine große Anzahl Staatsarbeiter nach Petersburg zu senden, ein maskirtes Heer, welches unsern Soldaten im Stillen den Weg bereiten sollte. Diese geschickten Intriganten hatten den Auftrag, sich in die Regierung einzuschleichen, sich besonders der öffentlichen Erziehung zu bemächtigen und dem Geiste der Jugend Lehren einzuflößen, die dem politischen Glaubensbekenntnisse des Landes entgegenständen. So streute der große Krieger, der Erbe der französischen Revolution, der Feind der Freiheit in der Welt, in der Ferne den Samen der Unruhen aus, weil er in der despotischen Einheit eine gefährliche Triebfeder erkannte, die von der Militairregierung des Landes benutzt werden konnte. Aus jener Zeit schreibt sich die Bildung der geheimen Gesellschaften her, die sich über Rußland seit den französischen Feldzügen und seit dem häufigen Verkehre der Russen mit Europa dermaßen ausgebreitet haben, daß viele Leute diese geheime Macht für eine unvermeidliche Ursache zur Revolution halten.

Dieses Reich erntet nun die Frucht der langsamen und tiefsinnigen Politik des Gegners, den es besiegt zu haben glaubte, dessen Machiavellismus aber selbst die in der Geschichte menschlicher Kriege unerhörten Unfälle überlebt.

Ich schreibe zum großen Theile dem geheimen Einflusse jener Tirailleurs unserer Armee und dem ihrer Kinder und Schüler die revolutionären Ideen zu, welche in vielen Familien und selbst in den russischen Regimentern keimen und deren Ausbruch die Verschwörungen veranlaßt hat, die wir bis jetzt an der Stärke der bestehenden Regierung scheitern sahen.

Ich irre mich vielleicht, aber ich rede mir ein, daß der jetzige Kaiser diese Ideen besiegen wird, indem er alle Personen, die sie vertheidigten, bis auf den letzten Mann zermalmt oder entfernt.

Ich war weit entfernt, in Rußland diese Spuren unserer Politik zu finden und aus dem Munde von Russen ähnliche Vorwürfe zu hören, wie sie uns die Spanier seit fünf und dreißig Jahren machen. Wenn die böswilligen Absichten, welche die Russen Napoleon zuschreiben, wirklich begründet waren, so kann sie kein Interesse, kein Patriotismus rechtfertigen. Man rettet nicht einen Theil der Welt, indem man einen andern betrügt. So erhaben unsere religiöse Propaganda ist, weil die Regierung der katholischen Kirche zu jeder Regierungsform und zu jedem Civilisationsgrade paßt, den sie mit der ganzen Ueberlegenheit der Seele über den Körper übertragt, so verhaßt ist mir die politische Proselytenmacherei, d. h. der beschränkte Eroberungs- oder, um es vielleicht noch besser auszudrücken, Raubgeist, der durch einen zu geschickten Sophisten, den Ruhm, gerechtfertigt wird. Dieser engherzige Ehrgeiz theilt das Menschengeschlecht, statt es zu vereinigen; die Einheit kann nur aus der Großartigkeit und Umfänglichkeit der Ideen hervorgehen, und die Politik des Auslandes ist stets kleinlich, seine Liberalität heuchlerisch oder tyrannisch; seine Wohlthaten sind stets trügerisch. Jede Nation muß aus sich selbst die Mittel der Vervollkommnung schöpfen, deren sie bedarf. Die Kenntniß der Geschichte der andern Völker ist als Wissenschaft nützlich, wird aber verderblich, wenn sie die Annahme eines politischen Glaubenssymbols hervorruft; das heißt an die Stelle eines wahren Cultus einen abergläubischen stellen.

Jedem russischen Kaiser ist, nicht durch die Menschen, sondern durch die Ereignisse, durch die Verkettung der Umstände die Aufgabe gestellt, unter der Nation die Fortschritte der Wissenschaft zu begünstigen, um die Befreiung der Leibeigenen zu beschleunigen, durch Milderung der Sitten, durch Liebe zur Humanität und gesetzlichen Freiheit nach jenem

Zwecke zu streben, mit einem Worte die Herzen zu bessern, um die Zustände zu mildern. Das ist die Bedingung, ohne welche jetzt kein Mensch mehr regieren kann, nicht einmal in Moskau. In der Aufgabe der russischen Kaiser liegt aber überdies noch das Eigenthümliche, daß sie auf dem Wege nach jenem Ziele auf der einen Seite der stummen und wohlorganisirten Tyrannei einer revolutionairen Verwaltung, auf der andern der Arroganz und den Verschwörungen einer Aristocratie auszuweichen haben, die um so mißtrauischer und furchtbarer ist, als ihre Macht unbestimmt ist.

Man muß gestehen, noch hat kein Souverain diese schwere Aufgabe mit so viel Festigkeit, Talent und Glück gelös't, als der Kaiser Nicolaus.

Er ist der erste unter den Fürsten des modernen Rußlands, der endlich eingesehen hat, daß man Russe sein muß, um den Russen Gutes thun zu können. Ohne Zweifel wird die Geschichte sagen: er war ein großer Fürst.

Es ist nicht mehr Zeit zu schlafen, die Pferde sind bereits angespannt; ich fahre nach Nischnei weiter.

Zweiunddreißigster Brief.

Jurewetsch=Powolskoi, eine kleine Stadt zwischen Jaroslaw
und Nischnei=Nowgorod, den 21. August 1839.

Unser Weg zieht sich an der Wolga hin. Ich bin gestern zu Jaroslaw über diesen Fluß gekommen und heute wieder zu Kunitscha. An vielen Stellen sind die beiden Ufer desselben von einander verschieden; auf der einen Seite breitet sich eine unermeßliche Ebene aus, die am Wasserspiegel endigt, während sich auf der andern eine steile Uferwand erhebt. Dieser natürliche Damm ist bisweilen hundert bis hundertundfunfzig Fuß hoch, bildet nach dem Flusse zu eine Mauer und ist nach dem Lande hin ein Plateau, das sich ziemlich weit hin in das Gebüsch des Innern des Landes erstreckt, wo es allmälig abfällt. Dieser von Weiden und Birken starrende Wall ist hier und da von Beiflüssen des großen Stromes zerrissen. Diese Flüsse bilden gleichsam tiefe Furchen in dem Ufer, das sie durchschneiden, um zu der Wolga zu gelangen. Dieses Ufer ist, wie ich bereits erwähnt habe, so breit, daß es einem wahren Gebirgsplateau gleicht, einem hohen und bewaldeten Landstriche, und die Einschnitte, welche die Beiflüsse des Stromes in demselben bilden, sind wahre Thäler neben dem Hauptbette der Wolga. Man kann diese Abgründe nicht vermeiden, wenn man an dem großen Flusse hinreisen will, denn, wenn man sie um=

gehen wollte, müßte man Umwege von einer Stunde und darüber machen; deshalb hat man es bequemer gefunden, die Straße so anzulegen, daß sie von der Höhe des Ufers in die Tiefe der Seitenschluchten hinabsteigt. Ist die Straße über den kleinen Fluß hinweg, der durch dieselben strömt, so steigt sie an der entgegengesetzten Seite wieder hinauf, welche die Fortsetzung des Dammes ausmacht, den die Natur längs dem Hauptflusse Rußlands aufgebaut hat.

Die Postillone oder, um richtiger zu sprechen, die russischen Kutscher, die in der Ebene so gewandt sind, werden auf bergigen Wegen die gefährlichsten Wagenlenker von der Welt. Der Weg, dem wir an der Wolga hin folgen, setzt ihre Klugheit und meine Kaltblütigkeit auf die Probe. Dieses fortwährende Bergauf- und Bergabfahren würde, wenn es länger dauerte, bei der Art, wie diese Leute zu Werke gehen, gefährlich werden. Der Kutscher beginnt im Schritt; ist er ein Drittel des Abhangs hinunter, was gewöhnlich die steilste Stelle ist, so fühlen Mann und Pferde, die an Zurückhalten nicht gewöhnt sind, Langeweile, der Wagen rollt mit immer zunehmender schwindelnder Geschwindigkeit hinab bis auf die Mitte einer Brücke von schwachen, ungleichen, beweglichen Balken — denn sie liegen unbefestigt auf den Unterlagen; von da an setzt dann der Wagen, wenn Kasten, Räder, Federn noch ganz sind (um die Menschen kümmert man sich nicht), seinen holpernden Weg fort. In der Tiefe jedes Abgrundes findet sich eine solche Brücke; wenn die galoppirenden Pferde nicht gerade auf sie gelangten, würde der Wagen umgeworfen werden; es ist dies ein Kunststück, von dem das Leben der Reisenden abhängt. Strauchelt ein Pferd, springt ein Nagel ab, reißt ein Riemen, so ist Alles verloren. Das Leben des Reisenden beruht auf den Beinen von vier muthigen, aber schwachen und ermüdeten Thieren.

Bei der dritten Wiederholung dieses Hazardspiels verlangte ich, daß eingehemmt werde; aber der Wagen, den ich in Moskau gemiethet, hatte, wie sich ergab, keinen Hemmschuh; man hatte mir bei der Abfahrt die Versicherung gegeben, in Rußland sei das Einhemmen nirgends nöthig. Um den Hemmschuh zu ersetzen, mußte man eines der vier Pferde abspannen und die Stränge des einen Augenblick freigelassenen Thieres nehmen. Diese Operation ließ ich zur großen Verwunderung der Postillone jedesmal vornehmen, wenn die Länge und Steilheit des Abhanges die Sicherheit des Wagens zu gefährden schien, dessen geringe Dauerhaftigkeit ich schon kennen gelernt hatte. So verwundert auch die Postillone zu sein scheinen, so machen sie doch gegen meine seltsamen Einfälle keine Einwürfe und setzen den Befehlen, die ich ihnen durch meinen Feldjäger geben lasse, keinen Widerspruch entgegen; auf ihren Gesichtern aber lese ich ihre Gedanken. Die Gegenwart eines Regierungsbeamten bringt mir an allen Orten Zeichen der Demuth und Ehrfurcht ein; man achtet in mir den Willen, der mir diesen Beschützer gegeben hat. Ein solches Zeichen der Gunst von Seiten der Behörde macht mich zum Gegenstande der Achtung. Ich möchte jedem Fremden, der so wenig Erfahrung hat, als ich sie besaß, rathen, sich nicht ohne einen solchen Führer auf die russischen Straßen zu wagen, namentlich wenn er Gouvernements besuchen will, welche von der Hauptstadt entfernt sind.

Ist man in der Tiefe der Abgründe angelangt, so muß man an der entgegengesetzten Seite wieder hinaufklimmen; der Kutscher setzt sein Geschirr in Stand und treibt die Pferde mit Gewalt gegen das neue Hinderniß. Die russischen Pferde kennen nur den Galopp; ist die steile Stelle nicht sehr lang und der Wagen leicht, so kommt man mit einem Rucke hinauf; ist dagegen der Hang sandig, was häufig der Fall ist, oder länger als der Raum, den die Pferde in einem Athem durchlaufen können, so bleiben sie bald keuchend auf dem Wege stehen, schlagen unter den Peitschenhieben aus und weichen unfehlbar zurück auf die Gefahr hin, den Wagen in den Abgrund hinunterzustürzen, aber bei jeder Verlegenheit wiederholte ich spottend bei mir, was die Russen zu behaupten pflegen: in Rußland giebt es keine Entfernung.

Diese Art, ruckweise vorwärts zu kommen, paßt zu dem Character der Menschen und dem Temperamente der Thiere, auch fast immer zu der Beschaffenheit des Bodens. Ist dieser dagegen zufällig sehr uneben, tief eingeschnitten, so sieht man sich jeden Augenblick durch das Feuer der Thiere und durch die Unerfahrenheit der Menschen aufgehalten. Die letztern sind gewandt und geschickt, aber ihre Klugheit kann die ihnen mangelnde Kenntniß nicht ersetzen; sie sind für die Ebene geboren und kennen die rechte Art nicht, die Pferde zum Reisen im Gebirge abzurichten. Bei dem ersten Zeichen von Zögerung steigen Alle ab, die Dienstleute schieben an den Rädern; alle drei Schritte muß man das Gespann verschnaufen lassen; dann hält man den Wagen mit einem großen Holzstücke an, das man hinter die Räder wirft, und um weiter zu gelangen, treibt man die Pferde durch den Zügel, mit der Stimme, mit den Händen an, man nimmt sie am Kopfe, reibt ihnen die Nüstern mit Essig, um ihnen das Athmen zu erleichtern, und mit allen diesen Vorsichtsmaßregeln, durch wildes Geschrei und Peitschenhiebe, die immer so wirksam gegeben werden, daß ich sie unwillkürlich bewundern muß, kommt man mit großer Mühe diese furchtbaren Anhöhen hinauf, die man in einem andern Lande gar nicht bemerken würde.

Der Weg von Yaroslaw nach Nischnei ist einer der bergigsten in dem Innern Rußlands; aber auch an den Theilen, welche am tiefsten eingeschnitten sind, dürfte die zu ersteigende Erhöhung schwerlich die Höhe eines fünf- bis sechsstöckigen Hauses in Paris übersteigen. Der Anblick dieses natürlichen Kais der Wolga, den die Beiflüsse des Stromes durchbrechen, ist imposant aber traurig; er könnte die Unterlage einer prächtigen Straße werden; da man aber diese Schluchten nicht umgehen kann, so müßte man über dieselben Bogenbrücken schlagen, die so kostspielig sein würden wie Wasserleitungsbogen, oder wenigstens die Seiten der Hänge minder steil machen; dies hat man nicht gethan und deshalb ist die Fahrt da bisweilen gefährlich.

Die Russen hatten mir die Landschaft an dem Ufer der Wolga hin als lachend und mannichfaltig beschrieben; es ist aber immer die Umgegend von Yaroslaw und immer dieselbe Temperatur.

Wenn es bei einer Reise in Rußland etwas Unerwartetes giebt, so ist es sicherlich nicht das Aussehen des Landes, sondern eine Gefahr, die wir nicht ahnen konnten und die ich Ihnen bezeichnen will: die Gefahr, sich den Kopf an der Decke der Calesche einzustoßen. Lachen Sie nicht; die Gefahr besteht und ist ernstlich; die Knüppel, aus denen man hier die Brücken baut, und oft auch die Wege, geben den Wagen solche Stöße, daß die nicht aufmerksamen Reisenden aus dem offenen Wagen geworfen werden würden, oder an der Decke sich den Kopf einrennen müßten. Es ist demnach gerathen, in Rußland sich sehr hoher Wagen zu bedienen. Ein Krug mit Selter-Wasser (Sie wissen, daß diese sehr fest sind), der gut in Heu gepackt war, wurde in dem Kasten meines Sitzes durch die Heftigkeit der Stöße zertrümmert.

Gestern schlief ich in einem Posthause, wo es an Allem fehlte; mein Wagen ist so hart und die Wege sind so holperig, daß ich nicht über vierundzwanzig Stunden hinter einander reisen kann, ohne heftige Kopfschmerzen zu erhalten; dann halte ich an, da mir ein schlechtes Nachtlager noch immer lieber ist, als ein Gehirnfieber. Das Seltenste in diesen improvisirten Nachtquartieren und in ganz Rußland überhaupt ist weiße Wäsche. Sie wissen, daß ich mit meinem Bett reise, aber ich konnte nicht sehr viel Wäsche mitnehmen und die Servietten, die man mir in den Posthäusern giebt, sind immer schon gebraucht; wer die Ehre hat, sie schmutzig zu machen, weiß ich nicht. Gestern um elf Uhr Abends ließ der Postmeister aus einem über eine Stunde entfernten Dorfe Wäsche für mich holen. Ich hätte gegen diesen übertriebenen Eifer des Feldjägers protestirt, aber ich erfuhr es erst am andern Morgen. Durch das Fenster meines Hundestalles konnte ich in dem Halbdunkel, das man in Rußland Nacht nennt, mit Muße den unvermeidlichen römischen Peristyl mit dem hölzernen und geweißten Fronton, sowie die Mörtelsäulen bewundern, die an der Stallseite die Façade der russischen Posthäuser zieren. Diese ungeschickte Architectur ist der Alp, der mich von einem Ende des Reiches bis zum andern verfolgen wird. Die classische Säule ist der Stempel des öffentlichen Gebäudes in Rußland geworden.

Eine durchaus nothwendige Vorsichtsmaßregel bei dem Reisen in diesem Lande, die Sie nicht erwarten, ist ein russisches Schloß mit seinen zwei Ringen. Das russische Schloß ist so einfach als sinnreich. Man kommt in einem Gasthause an, in welchem sich Leute aller Art befinden; man weiß, daß alle slawischen Bauern stehlen, wenn nicht auf der Straße, so doch in den Häusern; man läßt sein Gepäck in sein Zimmer bringen und dann will man aus=

gehen. Ehe man weggeht, will man aber doch seine Thüre verschließen und den Schlüssel abziehen. Es giebt keinen Schlüssel, — es giebt nicht einmal ein Schloß, kaum eine Klinke, einen Nagel, einen Bindfaden, mit einem Worte nichts. Es ist das goldene Zeitalter in einer Höhle. Ein Diener bewacht den Wagen; will man nicht den andern an der Thür des Zimmers Schildwache stehen lassen, was weder sehr sicher wäre, da eine sitzende Schildwache leicht einschläft, noch sehr menschlich, so schraubt man einen großen eisernen Ring in die Thürsäule, einen andern eben so großen in die Thüre, so nahe als möglich an dem ersten und zieht durch diese beiden Ringe den Hals eines Vorlegeschlosses, das ebenfalls eine Schraube hat, welche das Schloß öffnet und schließt; sie nimmt man mit und die Thüre ist fest verschlossen, denn die Ringe, wenn sie einmal angeschraubt sind, können nicht abgenommen werden, wenn man sie nicht abdreht, was nicht möglich ist, wenn das Schloß sie zusammenhält. Das Zuschließen geht sehr schnell und leicht; in der Nacht, in einem verdächtigen Hause, kann man sich mit einem solchen Schlosse sogleich einschließen, das eine des Landes, in welchem es von kecken und geschickten Dieben wimmelt, ganz würdige Erfindung ist. Die Diebstähle kommen so häufig vor, daß die Justiz nicht streng zu sein wagt, und dann geschieht hier Alles nach Ausnahmen, ruckweise.

Gestern früh besuchte ich das Kloster Kostroma, wo man mir die Gemächer des Alexis Romanow und der Mutter desselben zeigte. Von hier aus bestieg Alexis den Thron und gründete die jetzt herrschende Dynastie. Das Kloster gleicht allen andern; ein junger Mönch, der nicht nüchtern war und von weitem nach Wein roch, zeigte mir das Haus im Einzelnen; die alten Mönche mit weißem Bart und die Popen mit kahlen Köpfen sind mir lieber, als die jungen wohlgenährten Einsiedler. Auch der Schatz hier gleicht allen denen, die man mir an andern Orten gezeigt hat. Wollen Sie mit zwei Worten wissen, was Rußland ist? Rußland ist ein Land, wo man überall dieselbe Sache und dieselben Leute findet und sieht. Das ist so wahr, daß man, ist man an einem Orte angekommen, die Personen wieder zu sehen glaubt, welche man an einem andern verließ.

In Kunitscha ist die Fähre, die uns über die Wolga brachte, nicht eben beruhigend; sie könnte sehr leicht umschlagen. Nichts ist mir so traurig vorgekommen, als diese kleine Stadt bei einem grauen Himmel, einer feuchten und kalten Temperatur und bei Regen, der die Leute in ihren Häusern gefangen hielt; es wehte ein heftiger Wind; wenn der Sturm zugenommen hätte, würden wir ernstlich in Gefahr gekommen sein. Ich erinnerte mich, daß in Petersburg Niemand sich rührt, um die Leute zu retten, welche in die Newa fallen, und ich dachte bei mir; wenn Du in der Wolga bei Kunitscha ertrinkst, springt Niemand in das Wasser, um Dich herauszuziehen; kein Ruf wird sich Deinetwegen an diesen Ufern erheben, die volkreich sind, aber ganz öde zu sein scheinen, so traurig sehen die Städte, der Boden, der Himmel und die Bewohner aus. Das Menschenleben hat in den Augen der Russen wenig Werth und sie sehen so melancholisch aus, daß sie wahrscheinlich auf ihr eigenes Leben nicht mehr Werth legen, als auf das der Andern:

Das Gefühl seiner Würde, die Freiheit knüpft den Menschen an sich selbst, an das Vaterland, an Alles; hier aber ist das Leben von so vielen Hemmnissen begleitet, daß Jeder im Stillen den Wunsch zu hegen scheint, einen andern Platz sich zu suchen, ohne daß er es vermag. Die Großen erhalten keinen Paß, die Armen haben kein Geld und so bleibt der Mensch wie er ist, geduldig aus Verzweiflung, d. h.

eben so gleichgültig gegen sein Leben, als gegen seinen Tod. Die Resignation, die doch überall eine Tugend ist, wird in Rußland eine Sünde, weil sie die erzwungene Unbeweglichkeit der Dinge dauernd erhält.

Es handelt sich hier nicht um politische Freiheit, sondern um persönliche Unabhängigkeit, um Leichtigkeit der Bewegung und selbst um den willkürlichen Ausdruck eines natürlichen Gefühls, aber alles dies steht in Rußland Niemand zu, außer dem Gebieter. Die Sclaven streiten und zanken sich nur mit leiser Stimme, denn der Zorn ist ein Vorrecht der Gewalt. Jemehr ich die Leute den Schein von Ruhe unter dieser Regierung behaupten sehe, um so mehr beklage ich sie; die Ruhe oder die Knute! — Das ist hier die Lebensbedingung. Die Knute der Großen ist Sibirien und Sibirien selbst ist nur der Comparativ von Rußland.

———

Fortgesetzt an demselben Tage Abends mitten im Walde.

Da bin ich aufgehalten auf einem Sand- und Knüppelwege; der Sand ist so tief, daß selbst die größten Holzstücke darin versinken. Wir sitzen mitten in einem Walde fest, mehrere Stunden von irgend einer Wohnung. Ein Unfall, der meinem Wagen begegnet ist, der doch ein inländischer, hält uns in dieser Einöde auf und während mein Diener mit Hilfe eines Bauern, den uns der Himmel sendet, den Schaden wieder ausbessert, schreibe ich, beschämt wegen der wenigen Hilfsmittel, die ich bei dieser Gelegenheit in mir finde, und weil ich fühle, daß ich die Arbeiter sogar nur hindern würde, wenn ich mit helfen wollte. Ich schreibe an Sie, um Ihnen die Nutzlosigkeit der Ausbildung des Geistes darzuthun, wenn der Mensch, von allem Zubehör der Civilisation entblößt, ohne andere Hilfsmittel außer seiner eigenen

Kraft, mit einer rohen Natur kämpfen muß, welche noch die ganze ursprüngliche Macht besitzt, die sie von Gott empfangen hat. Sie wissen dies besser als ich; aber Sie fühlen es nicht so, wie ich es in diesem Augenblicke fühle.

Die hübschen Bauermädchen sind in Rußland selten, das wiederhole ich jeden Tag, dagegen sind die, welche schön sind, auch vollendet schön. Ihre mandelförmigen Augen haben einen ganz eigenthümlichen Ausdruck; der Schnitt ihrer Lider ist rein und scharf, aber das Blau des Auges oft trübe, was an die Schilderung der Sarmaten durch Tacitus erinnert, der ihnen weißblaue Augen zuschreibt. Diese Farbe giebt ihrem Blick eine Sanftmuth und Unschuld, deren Reiz unwiderstehlich ist. Sie besitzen zu gleicher Zeit das Zarte der duftigen Schönheiten des Nordens und das Wollüstige der Orientalinnen. Der Ausdruck von Gutmüthigkeit bei diesen reizenden Geschöpfen flößt ein eigenthümliches Gefühl ein, eine Mischung von Achtung und Vertrauen. Man muß in das Innere Rußlands kommen, um zu erfahren, was eigentlich der ursprüngliche Mensch war und was er in dem Raffinement der Gesellschaft verloren hat. Ich habe es schon gesagt, ich wiederhole es und werde es vielleicht noch mit manchem Philosophen wiederholen: in diesem patriarchalischen Lande verdirbt die Civilisation den Menschen. Der Slawe war von Natur geistreich, musikalisch, fast mitfühlend; der Russe jetzt ist falsch, unterdrückend, nachäffend und eitel. Es wird mehr als ein Jahrhundert dazu gehören, um hier die Nationalsitten mit den neuen europäischen Ideen in Einklang zu bringen, wobei aber angenommen werden muß, daß die Russen in dieser langen Zeit nur durch aufgeklärte Fürsten regiert werden, die Freunde des Fortschritts sind, wie man jetzt sagt. Bis dieses glückliche Resultat eintritt, macht die vollständige Trennung der Classen das gesellschaftliche Leben in Rußland zu etwas Gewaltsamen und Unmoralischen; man könnte sagen, Rousseau habe in diesem Lande die erste Idee zu seinem Systeme gesucht, denn es ist nicht einmal nöthig, seine zauberische Beredtsamkeit aufzubieten, um zu beweisen, daß die Künste und Wissenschaften den Slawen mehr Uebles als Gutes gebracht haben. Die Zukunft wird der Welt sagen, ob der militairische und politische Ruhm die russische Nation für das Glück entschädigen soll, das sie in Folge ihrer specialen Organisation und ihrer fortwährenden Entlehnungen von dem Auslande entbehrt.

Die Zierlichkeit ist den Menschen von reiner slawischer Race angeboren. Ihr Character ist eine Mischung von Einfalt, Sanftmuth und Gefühl, das die Herzen gewinnt; damit verbindet sich oft viel Ironie und etwas Falschheit, aber bei den guten Naturels sind diese Mängel Grazie geworden und es ist nur eine Gesichtsbildung mit unvergleichlich schlauem Ausdrucke übrig geblieben. Man fühlt einen unbekannten Zauber, eine weiche Melancholie, die nichts Bitteres hat, eine leidende Milde, die fast immer die Folge eines geheimen Wehs ist, das man sich selbst verheimlicht, um es den Andern besser verbergen zu können. Kurz die Russen sind eine resignirte Nation, — dieser einfache Ausdruck sagt Alles. Der Mensch, dem die Freiheit fehlt — das Wort bezeichnet hier natürliche Rechte, wirkliche Bedürfnisse — ist wie eine Pflanze, der man die Luft entzogen hat, wenn er sonst auch alle Güter besitzt; wenn man auch die Wurzel begießt, der Stengel treibt traurig einige Blätter ohne Blüthen.

Die ächten Russen haben etwas Eigenthümliches in ihrem Geiste, in dem Ausdrucke ihres Gesichts und in ihrer Haltung. Ihr Gang ist leicht und alle ihre Bewegungen verrathen eine ausgezeichnete Natur. Sie haben sehr gespaltene

Augen, die nicht sehr weit offen sind und ein längliches
Oval bilden; der ihnen fast Allen eigene Zug in dem Blicke
giebt ihrem Gesicht einen ungemein angenehmen Ausdruck
von Gefühl und Schalkhaftigkeit. Die Griechen nannten in
ihrer schöpferischen Sprache die Bewohner dieser Gegenden
Eidechsenäugige (Syromeden); das lateinische Wort Sarmaten ist davon abgeleitet. Dieser Zug im Auge ist also allen
aufmerksamen Beobachtern aufgefallen. Die Stirn der Russen
ist weder sehr hoch noch sehr breit, sie hat aber eine reine
anmuthige Form. In ihrem Character liegt gleichzeitig Mißtrauen und Leichtgläubigkeit, Hinterlist und Zärtlichkeit und
alle diese Contraste haben einen gewissen Reiz; ihre verhüllte
Gefühlsseligkeit geht mehr auf Andere über, als daß sie ausgesprochen würde, die Seele theilt sich der Seele mit, denn
sie erwerben sich Liebe, ohne daß sie es wollen, ohne daß sie
daran denken, ohne Worte. Sie sind weder plump noch
apathisch wie die meisten Nordländer. Sie sind poetisch wie
die Natur, und ihre Phantasie mischt sich in alle ihre Neigungen; die Liebe hat bei ihnen etwas von dem Aberglauben;
ihre Zuneigung ist mehr innig als lebhaft; sie bleiben immer
schlau, selbst bei der Leidenschaft, so daß man sagen könnte,
in ihrem Gefühl liege Geist. Alle diese flüchtigen Nüancen
drückt ihr Blick aus, den die Griechen so gut characterisirt haben.

Die alten Griechen besaßen das ausgezeichnete Talent,
die Menschen und die Dinge recht zu würdigen, und dieselben
durch die Benennung zu malen, eine Fähigkeit, welche ihre
Sprache unter allen europäischen Sprachen fruchtbar, und
ihre Poesie vor allen göttlich gemacht hat.

Die leidenschaftliche Vorliebe der russischen Bauern für
den Thee beweiset die Eleganz ihrer Natur, und paßt vollkommen zu der Schilderung ihres Characters, die ich Ihnen
eben entworfen habe. Der Thee ist ein raffinirtes Getränk

und in Rußland ein unumgängliches Bedürfniß geworden. Wenn die gemeinen Leute höflich um ein Trinkgeld bitten wollen, so sagen sie: zum Thee, na tschiai, wie man anderswo zu einem Glas Wein oder Branntwein sagt.

Dieser Instinct des guten Geschmacks ist unabhängig von der Geistesbildung, und schließt selbst die Rohheit, die Grausamkeit nicht aus, wohl aber das Gemeine.

Das Schauspiel, das ich in diesem Augenblicke vor mir sehe, beweiset die Wahrheit dessen, was ich immer gesagt habe, daß die Russen außerordentlich gewandt und industriös sind.

Ein russischer Bauer hat den Grundsatz, vor dem Befehle, den er erfüllt — nicht vor seinen Wünschen, der Arme! — kein Hinderniß zu finden. Mit seinem Beile, das er immer bei sich hat, wird er eine Art Zauberer, der in einem Augenblicke Alles schafft, was in der Einöde fehlt. Er weiß in der Wildniß die Wohlthaten der Civilisation zu finden, bessert den Wagen aus, ersetzt selbst ein zerbrochenes Rad durch einen Baumstamm, den er geschickt unter den Kutschkasten legt und mit einer Achse verbindet, während das Ende auf der Erde schleppt; kommt trotz dieser Industrie die Telega nicht vom Platze, so weiß er in sehr kurzer Zeit eine andere zu schaffen, bei der er geschickt die Trümmer der alten benutzt. Man hatte mir in Moskau gerathen, in einer Tarandasse zu fahren, und ich würde wohlgethan haben, wenn ich diesem Rathe gefolgt wäre, denn mit diesem Fuhrwerke setzt man sich nie der Gefahr aus, unterwegs liegen zu bleiben. Es kann von jedem russischen Bauer ausgebessert, im Nothfalle neu gebaut werden.

Will man im Freien campiren, so baut der russische Bauer sogleich ein Haus für die Nacht, und diese improvisirte Hütte ist besser als irgend ein Wirthshaus in der Stadt.

Hat er den Reisenden so bequem als möglich untergebracht, so hüllt er sich in seinen Schafpelz, und schläft auf der neuen Schwelle dieses Hauses, das er mit der Treue eines Hundes vertheidigt, oder er setzt sich am Fuße eines Baumes vor der Wohnung nieder, die er gebaut hat, sieht den Himmel an, und vertreibt dem Reisenden in der Einsamkeit der Hütte die Langeweile durch Nationallieder, deren Melancholie den sanftesten Gefühlen des Herzens entspricht, denn auch das angeborene Talent für die Musik ist ein Vorrecht dieses im Unglück bevorzugten Geschlechts, — und nie wird es ihm einfallen, wie es doch eigentlich Recht sei, daß er neben dem Fremden in der Hütte, die er ihm gebaut, Platz nehme.

Werden diese ausgezeichneten Menschen lange noch in den Wildnissen verborgen bleiben, wo sie die Vorsehung in Reserve hält — zu welchem Zwecke? Das weiß sie allein. Wann für sie die Stunde der Befreiung und des Sieges schlagen wird, ist ein Geheimniß Gottes.

Ich bewundere die Einfalt der Ideen und Gefühle dieser Menschen. Gott, der König des Himmels; der Czar, der König der Erde, das ist ihre Theorie; die Befehle, selbst die Launen des Gebieters zu befolgen mit sclavischem Gehorsam, ist ihre Praxis. Der russische Bauer glaubt mit Leib und Seele seinem Herrn anzugehören.

Nach dieser socialen Frömmigkeit lebt er ohne Freude, aber nicht ohne Stolz, und bei dem Stolze kann der Mensch schon bestehen; er ist das moralische Element des Verstandes. Er nimmt alle Formen an, selbst die der Demuth, jener von den Christen entdeckten religiösen Bescheidenheit.

Der Russe weiß nicht, was Nein sagen heißt gegen den Herrn, der für ihn der Repräsentant zweier andern viel größern Herren, des Kaisers und Gottes, ist, und er bietet seinen ganzen Verstand auf, setzt seinen ganzen Ruhm darein, die kleinen Schwierigkeiten der Existenz zu besiegen, welche die gemeinen Leute in andern Ländern berücksichtigen, ausführen und vergrößern, weil sie diese Langeweile für Hilfsmittel der Rache gegen die Reichen halten, die sie als Feinde ansehen, weil sie dieselben die Glücklichen dieser Welt nennen.

Die Russen entbehren zu sehr alle Güter des Lebens, als daß sie neidisch sein könnten; die Leute, die wahrhaft zu beklagen sind, beklagen sich nicht mehr; die Neidischen bei uns sind Ehrgeizige, deren Hoffnungen fehlschlugen; Frankreich, dieses Land des leicht gewonnenen Wohlbehagens, des raschen Glückes ist eine Pflanzschule des Neidischen; ich kann keine Rührung fühlen über die gehässige Sehnsucht dieser Menschen, deren Seele durch die Genüsse des Lebens entnervt ist, während die Geduld des Volkes hier Mitleid in mir erregt, ja fast Achtung. Die politische Verläugnung der Russen ist empörend, widerwärtig, ihre häusliche Ergebung aber rührend und edel. Das Laster der Nation wird die Tugend des Einzelnen.

Die Traurigkeit der russischen Gesänge fällt allen Fremden auf; aber diese Musik ist nicht blos melancholisch, sie ist auch gelehrt und complicirt; sie besteht aus inspirirter Melodien, und zugleich aus vorzüglichen harmonischen Combinationen, die man anderswo nur durch viel Studium und Berechnung findet. Ich lasse, wenn ich durch ein Dorf fahre, oft anhalten, um auf Musikstücke zu hören, die von drei oder vier Personen mit einer Präcision und einem musikalischen Instincte vorgetragen werden, den ich stets bewundere. Diese ländlichen Sänger errathen die Gesetze des Contrapunktes, die Regeln der Harmonie, die Effecte der verschiedenen Arten von Stimmen, und verschmähen das Unisono. Sie finden Reihen von unerwarteten Accorden, die von zierlichen Roulaben und Verzierungen unterbrochen werden. Aber trotz ihrer feinen Organisation singen sie nicht immer vollkommen richtig, was nicht zu verwundern ist, wenn man sich mit heisern und angegriffenen Stimmen an eine schwere Musik macht; sind dagegen die Sänger jung, so halte ich die Wirkung, die sie durch die Aufführung dieser gelehrt gearbeiteten Musikstücke hervorbringen, für größer als die der Nationalmelodien, welche man in andern Ländern hört.

Der Gesang der russischen Bauern ist ein näselndes, bei einer Stimme nicht sehr angenehmes Klagen; im Chore dagegen erhalten die Klagetöne einen ernsten, religiösen Character, und bringen überraschende harmonische Wirkungen hervor. Die Art, wie die verschiedenen Partien gestellt sind, das unerwartete Aufeinanderfolgen der Accorde, der Zweck der Composition, das Einsetzen der Stimmen, Alles dies ist rührend und nie gemein; es sind überdies die einzigen Volkslieder, bei denen ich viele Roulaben gehört habe. Solche Verzierungen, die von Bauern immer schlecht ausgeführt werden, klingen unangenehm für das Ohr; das Ganze dieser ländlichen Chöre ist aber originell und selbst schön.

Ich glaubte, die russische Musik sei von Byzanz daher verpflanzt worden, man sagt mir aber, sie sei einheimisch; dies würde allerdings die tiefe Melancholie dieser Lieder erklären, besonders derjenigen, welche nach dem raschen Tacte heiter sein wollen. Wenn die Russen sich nicht gegen den Druck aufzulehnen verstehen, so wissen sie doch wenigstens zu seufzen und zu wehklagen.

An der Stelle des Kaisers würde ich mich nicht begnügen, meinen Unterthanen das Klagen zu verbieten, ich würde ihnen auch den Gesang untersagen, der eine versteckte Klage ist. Diese so schmerzlichen Töne sind ein Geständniß, und können eine Anklage werden, so wahr ist es, daß unter dem

Despotismus selbst die Künste, wenn sie national sind, nicht für unschuldig gelten sollten; sie sind verhüllte Protestationen.

Daher schreibt sich denn auch wahrscheinlich die Vorliebe der Regierung und der Höflinge in Rußland für die Werke, die Literaten und Künstler des Auslandes; die entlehnte Poesie hat nur schwache Wurzeln. Bei den sclavischen Völkern fürchtet man die tiefen Erregungen durch patriotische Gefühle; deshalb wird Alles, was national ist, ein Mittel der Opposition, selbst die Musik. Das ist sie in Rußland, wo aus den entferntesten Winkeln der Einöde die Stimme des Menschen ihre racheerflehende Klage zum Himmel sendet, um von Gott den Theil des Glückes zu verlangen, der ihm auf der Erde versagt ist... Wenn man so mächtig ist, um die Menschen unterdrücken zu können, muß man auch so consequent sein und ihnen sagen: singt nicht. Nichts offenbart das gewöhnliche Leiden eines Volkes so, als die Traurigkeit seiner Vergnügungen. Die Russen haben nur Tröstungen, eigentliche Vergnügungen haben sie nicht. Ich wundere mich, daß noch Niemand vor mir die Gewalt auf die Unklugheit aufmerksam gemacht hat, welche sie begeht, indem sie den Russen eine Erholung gestattet, die ihre Noth verräth, und einen Maßstab für ihre Resignation giebt; eine so tiefe Resignation zeugt von einem unendlich großen Schmerze.

Fortgesetzt am 22. Aug. 1839 auf der letzten Station vor Nischnei.

Wir sind hier auf drei Rädern und einem Schleifstücke angekommen, das das vierte ersetzte. Ich habe nicht aufgehört, die sinnreiche Einfachheit dieser Art zu reisen zu bewundern.

Ein großer Theil des Weges von Yaroslaw nach Nischnei ist eine große Gartenallee; dieser fast immer in gerader Linie laufende Weg ist breiter als der große Gang in unsern elysäischen Feldern in Paris und hat zu beiden Seiten zwei andere Wege, die mit natürlichem Rasen geschmückt und mit Birken bepflanzt sind. Dieser Weg ist angenehm, denn man fährt fast immer auf Gras mit Ausnahme der Stellen, wo man über Sümpfe auf elastischen Brücken, einer Art schwimmender Parquets gelangt, die eher seltsam als bequem sind. Diese Lagen von ungleichen Holzstücken sind für die Pferde und die Wagen gefährlich. Eine Straße, auf der so vieles Gras wächst, kann nicht sehr befahren sein und ist deshalb um so leichter im Stande zu erhalten. Gestern, ehe wir das Rad zerbrachen, fuhren wir im Galopp auf einem Wege hin, dessen Schönheit ich gegen meinen Feldjäger rühmte. „Ich glaube wohl, daß er schön ist," antwortete mir dieser Mann mit schwachen Gliedern, mit Wespentaille, steifer militairischer Haltung, grauen lebhaften Augen, dünnen Lippen und einer Haut, die von Natur zwar weiß, aber durch das viele Reisen im offenen Wagen verbrannt und geröthet ist, dieser Mann mit einer zugleich furchtsamen und furchtbaren Miene: „ich glaube es wohl, — es ist ja die Hauptstraße nach Sibirien."

Dieses Wort erfüllte mich mit eiskaltem Schauer. Ich reise auf dieser Straße zu meinem Vergnügen, dachte ich, was aber mögen so viele Unglückliche gedacht und gefühlt haben, welche vor mir hier waren? Ich konnte dies nicht wieder vergessen.... Ich suche eine Zerstreuung, ein Vergnügen da, wo Andere verzweifelten. — Sibirien! Diese russische Hölle steht fortwährend vor mir mit allen ihren Schrecken und sie hat dieselbe Wirkung auf mich wie der Blick des Basilisken auf den bezauberten Vogel. Welches Land! Die Natur wird hier für gar nichts gerechnet, denn in einer Ebene ohne Grenze, ohne Farbe, ohne Linien bis auf die immer gleiche, welche der Kreis des bleifarbigen Himmels auf der Eisenfläche der Erde beschreibt, muß man die Natur vergessen. Das ist, bis auf einige Unebenheiten, die Ebene, welche ich seit meiner Abreise von Petersburg gesehen habe: ewige Sümpfe mit einigen Hafer= oder Roggenfeldern, die in gleicher Höhe mit den Binsen liegen, einige mit Gurken, Melonen und verschiedenem Gemüse bepflanzte Feldstückchen in der Nähe von Moskau, dann in der Ferne halbverkrüppelte Fichten und einige knotige dürre Birken, längs der Straße. Dörfer von grauen Bretern und alle zwanzig, dreißig oder funfzig Stunden Städte, die so flach sind wie die Dörfer, oder doch nur wenig höher, Städte, in deren weiten Räumen die Menschen verschwinden, Straßen, welche Casernen für einen Manövertag gleichen, — zum hundersten Male, das ist Rußland. — Denken Sie sich dazu einige Decorationen, einige Vergoldungen, viele Menschen mit schmeichelnden Worten und spöttischen Gedanken, und Sie werden es so vor sich sehen, wie man es uns zeigen will. Man sieht, wenn man es aussprechen soll, prächtige Revuen. Wissen Sie, was die russischen Manöver sind? Diese Truppenbewegungen gleichen dem Kriege, nur daß der Ruhm dabei fehlt; die Kosten sind noch größer, denn die Armee kann nicht auf Kosten des Feindes leben.

In diesem Lande ohne Landschaften fließen ungeheure, aber farblose Ströme; sie fließen durch ein graues Land in sandigem Boden und verschwinden unter Hügeln, die nicht höher sind als Dämme und durch sumpfige Wälder eine dunkle Farbe erhalten. Die nordischen Flüsse sind traurig und trübe wie der Himmel, der sich in ihnen spiegelt; die Wolga sieht an manchen Stellen an ihren Ufern Dörfer, die man ziemlich wohlhabend nennen könnte; aber diese Häuser von grauen Bretern mit moosbewachsenen Dächern geben der Gegend kein Leben. Man fühlt es, daß der Winter und der Tod über allen diesen Länderstrecken schwebt; das Licht und das Clima des Nordens geben den Gegenständen eine düstere Farbe; nach einigen Wochen glaubt der Reisende mit Entsetzen, lebendig begraben zu sein; er möchte sein Leichentuch zerreißen und diesem unbegrenzten Gottesacker entfliehen, der sich unabsehbar in die Ferne zieht; er strengt alle seine Kräfte an, um den bleiernen Schleier zu heben, der ihn von den Lebenden scheidet. Sehen Sie nie nach dem Norden, wenn Sie Unterhaltung suchen, Sie müßten denn die Unterhaltung im Studiren finden, denn zu lernen giebt es hier viel.

Ich fuhr also, völlig entzaubert, auf der großen Straße nach Sibirien hin, als ich von fern eine Anzahl Bewaffneter auf einem Nebenwege der Straße bemerkte:

„Was thun diese Soldaten hier?" fragte ich meinen Feldjäger.

„Es sind Kosaken," antwortete er mir, „die Verbannte nach Sibirien bringen."

Es ist also kein Traum, kein Zeitungsmärchen; ich sehe da wirkliche Unglückliche, wahrhaftige Deportirte, die mühselig zu Fuße wandern, um das Land aufzusuchen, wo sie, vergessen von der Welt, fern von Allem, was ihnen theuer war, allein mit Gott, der sie zu einer solchen Strafe nicht geschaffen hatte, sterben sollen. Vielleicht sah ich ihre Mütter und Frauen schon, oder ich sehe sie noch; es sind keine Verbrecher, im Gegentheil, es sind Polen, Helden von Unglück und Aufopferung. Die Thränen traten mir in die Augen, als ich mich diesen Unglücklichen näherte, bei denen ich nicht anzuhalten wagte, um meinem Argus nicht selbst verdächtig zu werden. Ach, vor solchem Unglück demüthigte mich das Gefühl meines machtlosen Mitleides und der Unwille drängte die Rührung in meinem Herzen zurück. Ich wäre gern fern von einem Lande gewesen, wo der Elende, der mir als Courrier diente, mir so furchtbar werden konnte, daß er mich durch seine Anwesenheit zu zwingen vermochte, die natürlichsten Gefühle meines Herzens zu verheimlichen. Vergebens redete ich mir vor, daß unsere Galeerensträflinge vielleicht mehr zu beklagen wären als diese — sibirischen Ansiedler; es liegt in diesem fernen Exil eine gewisse Poesie, welche der Strenge des Gesetzes die ganze Gewalt der Phantasie hinzufügt, und diese unmenschliche Verbindung bringt ein schreckliches Resultat hervor. Uebrigens sind unsre Sträflinge mit Ernst gerichtet und verurtheilt, während man in Rußland, nach einem Aufenthalt von einigen Monaten daselbst, nicht mehr an die Gesetze glaubt.

Es waren sechs Verbannte und diese Verurtheilten waren, obgleich mit Ketten belastet, in meinen Augen unschuldig, da es unter dem Despotismus keinen andern Verbrecher giebt als den Menschen der straft. Diese sechs Verbannten wurden durch zwölf Reiter, durch zwölf Kosaken geleitet. Mein Wagen war zu und je näher wir der Gruppe kamen, um so aufmerksamer betrachtete mein Feldjäger, was in meinem Gesichte vorging. Einen eigenthümlichen Eindruck machten seine Bemühungen auf mich, mich zu überzeugen, daß die Leute, an denen wir vorüberkamen, gewöhnliche Uebelthäter wären und daß sich kein politischer Verbrecher unter ihnen befände. Ich schwieg still; seine Bestrebungen, auf meine Gedanken zu antworten, kamen mir sehr bedeutungsvoll vor. Er lieset also in meinem Gesicht, dachte ich, oder er fühlt, was ich fühle.

Schrecklicher Scharfblick der Unterthanen des Despotismus! Alle sind Spione und spioniren, geschähe es auch aus Dilettantismus und ohne Lohn.

Die letzten Stationen auf der Straße nach Nischnei sind lang und beschwerlich wegen des Sandes, der immer tiefer wird, so daß man fast versinkt*), und in diesem Sande bewegen sich ungeheuere Holzblöcke und Steine unter den Rädern der Wagen und den Füßen der Pferde. Man könnte glauben, auf einem mit Trümmern bestreuten Strande zu sein. An diesem Theile des Weges ziehen sich Wäldern hin, wo von halber Stunde zu halber Stunde Kosakenposten liegen, welche die zur Messe ziehenden Handelsleute schützen sollen. Diese Vorsichtsmaßregel ist nicht eben beruhigend. Man glaubt im Mittelalter zu sein.

Mein Wagenrad ist wieder in Stand gesetzt und ich hoffe deshalb vor dem Abende in Nischnei anzukommen. Die letzte Station beträgt acht Stunden und der Weg ist so, wie ich ihn eben beschrieben habe. Ich erwähne diese Uebelstände mehrmals, weil die Worte, die sie schildern, zu schnell im Verhältniß zu der Zeit verklingen, die man darüber verliert.

---

*) Man baut jetzt eine Chaussee von Moskau nach Nischnei, die bald vollendet sein wird.

Dreiunddreißigster Brief.

Nischnei Nowogorod, den 22. August 1839. Abends.

Die Lage Nischneis ist die schönste, die ich in Rußland gesehen habe; es sind nicht mehr halbhohe Ufer und niedrige Dämme, die sich an dem großen Flusse hinziehen, nicht Erhöhungen mitten in einer Ebene, welche man Hügel nennt, es ist ein wirklicher Berg, ein Vorgebirge in dem Zusammenflusse der Wolga und Oka, der zwei gleich imposanten Flüsse, denn die Oka sieht bei ihrer Einmündung eben so groß aus als die Wolga, und sie verliert nur ihren Namen, weil sie nicht so weit herkommt. Die Oberstadt Nischneis, die auf diesem Berge liegt, beherrscht eine Ebene, die so groß ist wie das Meer; eine grenzenlose Welt öffnet sich zu den Füßen dieser Bucht, vor welcher die größte Messe in der Welt gehalten wird. Sechs Wochen im Jahre giebt sich der Handel der beiden reichsten Welttheile ein Rendezvous am Zusammenflusse der Wolga und Oka. Es ist ein Ort zum Malen; bis jetzt hatte ich in Rußland keine wahrhaft malerischen Ansichten bewundert, als in den Straßen Moskaus und auf den Kais Petersburgs, und diese Ansichten waren überdies von Menschen geschaffen; hier ist die Gegend an sich schön; freilich bleibt die Altstadt, statt nach den Flüssen hin zu sehen und die Mittel des Reichthums zu benutzen, die sie ihr bieten, gänzlich hinter dem Berge versteckt;

sie scheint, im Innern des Landes verloren, das zu fliehen, was ihren Ruhm und ihr Glück bilden würde; dieses Ungeschick fiel auch dem Kaiser Nicolaus auf, der ausrief, als er diesen Ort zum ersten Male sah: „in Nischnei hat die Natur Alles gethan und die Menschen haben Alles verdorben." Um den Irrthum der Gründer Nischnei Nowogorods zu verbessern, wird jetzt eine Vorstadt in der Gestalt eines Kais an einer der beiden Landspitzen gebaut, welche die Wolga von der Oka trennen. Diese Vorstadt vergrößert sich jährlich und wird wichtiger und volkreicher als die Stadt selbst; der alte Kreml von Nischnei (jede russische Stadt hat den ihrigen) trennt das alte von dem neuen Nischnei am rechten Ufer der Oka.

Die Messe wird an der andern Seite dieses Flusses in einer Niederung gehalten, die ein Dreieck zwischen der Oka und der Wolga bildet. Dieses angeschwemmte Land bezeichnet den Punkt, wo die beiden Flüsse sich vereinigen, und dient folglich auf der einen Seite der Oka, auf der andern der Wolga als Ufer, wie das Vorgebirge von Nischnei auf dem rechten Ufer der Oka. Die beiden Ufer dieses Flusses sind durch eine Schiffbrücke verbunden, welche von der Stadt zu dem Meßplatze führt und mir so lang vorkam, wie die über den Rhein vor Mainz. Diese beiden Landecken sind, obgleich nur durch einen Fluß getrennt, ganz und gar von einander verschieden; die eine überragt mit der ganzen Höhe eines Berges den flachen Boden der Ebene, die man Rußland nennt, und gleicht einer riesigen Grenzsäule, einer natürlichen Pyramide; es ist das Vorgebirge von Nischnei, das sich majestätisch mitten in dieser weiten Fläche erhebt; die andere Ecke, die, wo die Messe gehalten wird, erhebt sich kaum über den Wasserspiegel und ist einen Theil des Jahres hindurch überschwemmt; die seltene Schönheit dieses Contrastes entging dem Auge des Kaisers Nicolaus nicht, der mit dem ihm eigenen Scharfsinne fühlte, daß Nischnei einer der wichtigsten Punkte seines Reiches ist. Er liebt vorzugsweise diesen Centralpunkt, der von der Natur begünstigt und der Sammelplatz der entferntesten Völker geworden ist, die von allen Seiten her des Handels wegen hier zusammenströmen. Der Kaiser vernachlässigt in seiner in's Kleinste gehenden Aufmerksamkeit nichts, um diese Stadt zu verschönern, zu vergrößern, zu bereichern; er hat Terrassirungen und die Anlegung von Kais angeordnet, für 17 Millionen Arbeiten befohlen, die nur durch ihn controlirt werden. Die Messe von Makarieff, die sonst auf den Besitzungen eines Bojaren, zwanzig Stunden weiter an der Wolga hin, nach Asien zu, gehalten wurde, ist zu Gunsten der Krone und des Landes eingezogen worden; dann verlegte sie der Kaiser Alexander nach Nischnei. Ich bedaure, daß diese asiatische Messe auf dem Grund und Boden eines alten russischen Fürsten nicht mehr besteht; sie muß malerischer und origineller, wenn auch minder großartig und minder regelmäßig gewesen sein als die, welche ich hier finde.

Ich sagte, jede russische Stadt habe ihren Kreml, wie jede spanische ihren Alcazar hat. Der Kreml von Nischnei mit seinen Thürmen von verschiedenem Aussehn und seinen zackigen Mauern, die sich über einen Berg schlängeln, welcher weit höher ist als der Kremlhügel in Moskau, hat ungefähr eine halbe Stunde im Umfange.

Der Reisende staunt, wenn er diese Feste von der Ebene aus erblickt; es zeigen sich ihm von Zeit zu Zeit über den Gipfel der verkrüppelten Fichten die glänzenden Spitzen und die weißen Linien dieser Citadelle, die der Pharus ist, nach welchem er über die sandigen Einöden steuert, welche den Zugang zu Nischnei auf der Straße von Yaroslaw so beschwerlich machen. Der Eindruck dieser Nationalarchitectur ist immer ein gewaltiger, und hier sind die seltsamen Thürme, die christlichen Minarets, die nothwendigen Verzierungen aller Kremt, noch durch die ungewöhnliche Bodenbildung verschönert, die an manchen Stellen den Schöpfungen des Baumeisters wirkliche Abgründe entgegenstellt. In diesen dicken Mauern hat man, wie in Moskau, Treppen angebracht, auf denen man von Zinne zu Zinne bis auf die Spitze des Berges und der hohen Wälle steigt, die ihn krönen. Diese imposanten Stufen mit den Thürmen, von denen sie flankirt sind, mit den Rampen, den Gewölben und Arcaden, die sie tragen, geben ein Bild, von welcher Seite aus man sie auch betrachten möge.

Die Messe von Nischnei, jetzt die großartigste in der Welt, ist der Sammelplatz der Völker, die einander völlig fremd, und folglich von einander in Aussehen, Kleidung, Sprache, Religion und Sitten durchaus verschieden sind, Männer aus Thibet, aus der Bucharei, den Grenzländern Chinas, treffen hier Perser, Finnen, Griechen, Engländer, Pariser; es ist der jüngste Tag der Kaufleute. Die Zahl der Fremden, die in Nischnei während der Dauer der Messe fortwährend gegenwärtig sind, beläuft sich auf zweimalhunderttausend; die Menschen, welche diese Menge bilden, erneuern sich mehrmals, die Zahl aber bleibt so ziemlich immer dieselbe, an gewissen Tagen dieses Handelscongresses steigt sie wohl gar auf dreimalhunderttausend. Es werden täglich im Durchschnitt in diesem friedlichen Lager 400,000 Pfund Brod verbraucht. Sind diese Saturnalien der Industrie und des Handels vorüber, so ist die Stadt todt. Denken Sie sich den Eindruck, den dieser plötzliche Uebergang machen muß! Nischnei hat kaum 20,000 Einwohner, die sich in den weiten Straßen und kahlen Plätzen verlieren, während der Meßplatz neun Monate im Jahre gänzlich verlassen ist.

Diese Messe veranlaßt wenige Unordnungen; in Rußland ist die Unordnung etwas Unbekanntes; sie würde ein Fortschritt sein, denn sie ist die Tochter der Freiheit; die Gewinnsucht und die Bedürfnisse des Luxus, die immer höher steigen, selbst bei den rohen Völkern, sind die Ursachen, daß selbst halbwilde Menschen, wie die, welche aus Persien und der Bucharei hierher kommen, in der Ruhe und Ehrlichkeit einen Gewinn sehen; übrigens muß man auch gestehen, daß die Mahomedaner im Allgemeinen in Geldsachen ehrlich sind.

Ich bin erst seit wenigen Stunden in dieser Stadt, und schon habe ich den Gouverneur gesehen. Man hat mir mehrere sehr dringende Empfehlungsschreiben an ihn mitgegeben, und er kam mir gastfreundlich, für einen Russen sogar mittheilend vor. Die Messe von Nischnei, in seiner Begleitung und aus seinem Gesichtspunkte gesehen, wird für mich ein doppeltes Interesse haben, das Interesse an den Sachen selbst, die für einen Franzosen fast alle neu sind, und das Interesse, das ich dabei finde, den Gedanken der Regierungsbeamten zu erkennen.

Dieser Gouverneur hat einen längst in der Geschichte Rußlands berühmten Namen; er heißt Buturlin. Die Buturlin sind eine alte Bojarenfamilie. Morgen werde ich Ihnen meine Ankunft in Nischnei, die Noth, welche ich hatte, um ein Unterkommen zu finden, und die Art erzählen, wie ich endlich mich einrichtete.

Fortgesetzt am 23. August 1839, früh.

Eine Volksmenge habe ich in Rußland nur in Nischnei auf der Oka=Brücke gefunden; dies ist der einzige Weg, welcher von der Stadt zur Messe führt, so wie der, auf welchem man von Yaroslaw her in Nischnei ankommt.

Bei dem Beginne des Meßplatzes wendet man sich rechts, um über die Brücke zu gelangen, und läßt zur Linken alle Buden der Messe, so wie den Tagespalast des Gouverneurs, der sich alle Morgen aus seinem Hause in der Oberstadt hierher in dieses Administrativ-Observatorium begiebt, von wo er alle Straßen, alle Budenreihen und alle Meßangelegenheiten überblickt und beobachtet. Der Staub, welcher blendet, der Lärm, welcher betäubt, die Wagen, die Fußgänger, die Soldaten, welche die Ordnung aufrecht zu erhalten haben, alles dies hemmt die Brückenpassage, und da das Wasser unter der Menge von Böten ganz verschwindet, so fragt man sich, wozu diese Brücke nöthig sei, denn bei dem ersten Anblick glaubt man der Fluß sei ausgetrocknet. Die Böte sind bei dem Zusammenflusse der Wolga und Oka so dicht gedrängt, daß man den letztern Fluß trocknen Fußes überschreiten könnte, wenn man aus einer Dschonke in die andere stiege. Ich bediene mich dieses chinesischen Namens, weil viele der Fahrzeuge, die nach Nischnei kommen, Waaren aus China und namentlich Thee bringen. Alles dies beschäftigt die Phantasie, aber ich kann nicht behaupten, daß auch die Augen befriedigt würden. Es fehlt dieser Messe, wo alle Gebäude neu sind, an malerischen Bildern.

Gestern, bei meiner Ankunft, glaubte ich, unsere Pferde würden zwanzig Menschen niedertreten, ehe wir den Oka-Kai erreichten. Dieser Kai ist das neue Nischnei, die Vorstadt, welche binnen wenigen Jahren bedeutend werden wird. Es ist eine lange Reihe von Häusern, zusammengedrängt zwischen der Oka, die ihrer Einmündung in die Wolga sich nähert, und zwischen dem Hügel, der auf dieser Seite ihr Bett verengt; oben auf diesem Hügel oder hohem Ufer laufen die Mauern hin, welche die äußere Umwallung des Kremls von Nischnei bilden. Die Oberstadt verschwindet hinter diesen Mauern und hinter dem Berge. Als ich endlich dieses ersehnte Ziel erreicht hatte, stieß ich auf viele Schwierigkeiten; vor allen Dingen mußte ich ein Unterkommen haben und die Gasthäuser waren gefüllt. Mein Feldjäger klopfte an alle Thüren und kam jedesmal wieder, um mir mit einem gewissen Lächeln zu sagen, er habe kein einziges Zimmer finden können. Er rieth mir die Gastfreundschaft des Gouverneurs in Anspruch zu nehmen, aber das mochte ich nicht thun.

Endlich, am Ende dieser langen Straße, am Fuße des Weges, der steil zu der Altstadt hinaufsteigt und unter einem dunkeln Mauerbogen hingeht, bemerkten wir an einer Stelle, wo die Straße sich senkt und verengt, zwischen dem Flußdamme und den Gebäuden, ein Kaffeehaus, das letzte der Stadt nach der Wolga zu. Die Zugänge zu dem Kaffeehause sind durch einen Marktplatz versperrt, eine Art bedeckter Halle, aus welcher Gerüche hervorströmen, die nichts weniger als angenehm sind. Hier stieg ich aus und ließ mich nach dem Kaffeehause bringen, das nicht einen einzigen Saal hat, sondern in einer Art Markt besteht, welcher eine ganze Zimmerreihe einnimmt. Der Besitzer begleitete mich artig durch die lärmende Menge hindurch, welche diese lange Zimmerreihe füllte; als er mit mir an das letzte gekommen, das wie alle übrigen voll von Tischen und bepelzten Trinkern war, welche Thee und andere Getränke genossen, bewies er mir, daß kein einziger Raum frei sei.

„Dieses Zimmer macht die Ecke Ihres Hauses," sagte ich zu ihm; „hat es einen besondern Eingang?"

„Ja."

„Nun wohl; verschließen Sie die Thüre, welche dieses Zimmer von den andern Ihres Kaffeehauses trennt, und geben Sie mir dasselbe als Schlafzimmer."

Die Luft, welche ich da athmete, erstickte mich schon fast; es war eine ekelhafte Mischung der verschiedenartigsten Gerüche, nach Schafpelzen, Juchten, Stiefelschmiere, Sauerkraut, Kaffee, Thee und Branntwein. Man athmete Gift ein; aber was konnte ich thun? es war mein letztes Mittel. Ich hoffte übrigens, wenn das Zimmer gescheuert und gelüftet worden, würden die übeln Gerüche verschwinden. Ich bestand also darauf, daß mein Feldjäger dem Besitzer des Kaffeehauses meine Forderung genau angebe.

„Dabei würde ich einbüßen," antwortete der Mann.

„Ich zahle Ihnen, was Sie verlangen, unter der Bedingung aber, daß Sie für meinen Diener und meinen Feldjäger irgendwo ein Plätzchen finden."

Der Handel wurde geschlossen und ich war ganz stolz darauf, ein stinkendes Wirthshaus mit Sturm genommen zu haben, wo ich mehr bezahlen muß als für die schönste Wohnung in dem Fürstenhotel in Paris. Ich tröstete mich indeß über diese Ausgabe mit dem Gedanken an den Sieg, den ich errungen. Man muß in Rußland sein, in einem Lande, wo die Einfälle der Menschen, die man für mächtig hält, keine Hindernisse kennen, um ein Kaffeehauszimmer sofort in ein Schlafzimmer umzuwandeln.

Mein Feldjäger forderte die Trinker auf sich zu entfernen; sie gingen, ohne die geringste Einwendung zu machen und suchten sich, so gut es gehen wollte, Platz in dem Nebenzimmer, während man die Thüre mit einem Schlosse, wie ich es beschrieben habe, verschließt. Es standen etwa zwanzig Tische in dem großen Zimmer; ein Schwarm von Priestern in Gewändern, oder mit andern Worten ein Schwarm von Kellnern in Hemden stürzte sich nun herein, um alle Meubles sofort hinweg zu schaffen. Aber was seh' ich? Unter jedem Tische, unter jedem Stuhle kommen Schaaren von Thieren hervor, die ich noch nirgends gesehen habe, schwarze, einen halben Zoll lange, ziemlich dicke, weiche, kriechende, glänzende, stinkende, sich ziemlich schnell bewegende Insecten. Dieses stinkende Thier ist in einem Theile des östlichen Europa, in Volhynien, der Ukraine, Rußland und, wie ich glaube, auch in Großpolen bekannt, wo man es persica nennt, weil es aus Asien mitgebracht worden sein soll. Den Namen, welchen ihm die Kellner in dem Gasthause zu Nischnei gaben, konnte ich nicht verstehen. Als ich den Fußboden meines Quartiers von diesen kriechenden Thieren, die man unwillkürlich mit jedem Schritte zertrat, nicht zu Hunderten, sondern zu Tausenden bedeckt, ganz marmorirt sah, als ich besonders den neuen Geruch bemerkte, der durch die Tödtung der Thiere hervorgebracht wurde, erfaßte mich die Verzweiflung; ich eilte aus dem Zimmer und aus der Straße fort zu dem Gouverneur. In mein abscheuliches Nachtlager kam ich erst zurück, als man mir gesagt und versichert hatte, daß es so rein als möglich sei. Mein, wie man mir sagte, mit frischem Heu ausgestopftes Bett stand mitten in dem Zimmer, die vier Beine in vier Gefäßen mit Wasser und ich umgab mich mit Licht für die Nacht. Trotz allen diesen Vorsichtsmaßregeln fand ich nichtsdestoweniger bei dem jedesmaligen Erwachen aus einem unruhigen Schlafe ein Paar Persica auf meinem Kopfkissen. Die Thiere sind unschädlich und unschuldig, aber ich kann ihnen nicht sagen, welchen Ekel sie in mir erregten. Die Unreinlichkeit, die Apathie, welche die Anwesenheit solcher Insecten in den menschlichen Wohnungen verräth, lassen mich bedauern, meine Reise bis hierher ausgedehnt zu haben. Ich halte es für eine geistige Entwürdigung, sich solche unreine Thiere nahe kommen zu lassen; mancher physische Ekel widersteht allen Vernunftgründen.

Nachdem ich Ihnen meine Noth gestanden und mein

Unglück geschildert habe, werde ich nichts wieder davon erwähnen. Damit aber die Schilderung des Zimmers, das ich hier dem Kaffeehause abgedrungen habe, vollständig werde, muß ich noch hinzufügen, daß man mir Vorhänge von Tischtüchern gemacht hat, deren Zipfeln mit eisernen Gabeln an die Fenster angesteckt sind; Bindfaden nehmen diese Draperien zusammen; zwei Kasten unter einem persischen Teppiche vertreten die Stelle des Sofas.

Ein Kaufmann von Moskau, der das prachtvollste und bedeutendste Lager von Seidenwaaren auf der Messe hat, soll mich diesen Morgen abholen, um mir Alles in gehöriger Ordnung und im Einzelnen zu zeigen. Das Resultat dieser Musterung werde ich Ihnen mittheilen.

Fortgesetzt am 24. August 1839, Abends.

Ich finde hier einen schölichen Staub und eine erstickende Hitze; man rieth mir deshalb auch die Messe nur zu Wagen zu besuchen; aber der Zufluß von Fremden ist in diesem Augenblicke in Nischnei so groß, daß ich keinen Miethwagen fand; ich mußte mich also desjenigen bedienen, in welchem ich von Moskau hergereist bin, konnte aber nur zwei Pferde anspannen, was mir so unangenehm war wie einem Russen; man hat hier nicht aus Eitelkeit vier Pferde; sie besitzen Feuer, aber keine Kraft; sie laufen lange, wenn sie nichts zu ziehen haben; bei dem Ziehen ermüden sie bald. Mein Fuhrwerk war also mehr bequem als elegant und ich fuhr den ganzen Tag lang darin auf der Messe und in der Stadt herum.

Als ich mit dem Kaufmanne, der mein Führer sein wollte, und dessen Bruder in meinen Wagen stieg, sagte ich meinem Feldjäger, er möge uns folgen, und ohne Zögern, ohne um Erlaubniß zu fragen, stieg er in die Calesche, wo er neben dem Bruder des Kaufmannes Platz nahm.

Es ist hier zu Lande nicht selten, den Besitzer eines Wagens im Fond desselben sitzen zu sehen, selbst wenn er seine Frau nicht bei sich hat, während seine Freunde auf dem Vordersitze Platz nehmen. Dieser Mangel an Artigkeit, den man sich bei uns nur mit genauen Bekannten erlaubt, setzt hier Niemanden in Verwunderung.

Da ich fürchtete, die Zudringlichkeit des Courriers könne meinen geselligen Führern lästig erscheinen, so glaubte ich den Mann aussteigen lassen und ihm andeuten zu müssen, er möge neben dem Kutscher Platz nehmen.

„Das werde ich nicht thun," antwortete mir der Feldjäger mit unveränderlicher Ruhe.

„Warum gehorchen Sie mir nicht?" entgegnete ich noch ruhiger, denn ich weiß, daß man bei diesem halb orientalischen Volke so ruhig als möglich sein muß, wenn man seine Autorität behaupten will.

Wir sprachen deutsch. „Ich würde mir etwas vergeben," antwortete mir der Russe immer in demselben Tone.

Dies erinnerte mich an die Vorrangsstreitigkeiten der Bojaren, deren Folgen unter Iwan IV. oft so ernst wurden, daß sie viele Seiten in der Geschichte jener Regierungszeit füllen.

„Was verstehen Sie unter „sich etwas vergeben?" fuhr ich fort. „Haben Sie nicht seit unsrer Abreise von Moskau da gesessen?"

„Allerdings ist es mein Platz auf der Reise; auf der Promenade aber muß ich im Wagen sitzen. Ich trage die Uniform."

Die Uniform ist die eines Briefträgers.

„Ich trage die Uniform," fuhr er fort; „ich habe meinen

Rang in dem Tschinn, bin kein Bedienter, sondern der Diener des Kaisers."

„Was Sie sind, ist mir sehr gleichgültig; ich habe Ihnen nicht gesagt, daß Sie ein Bedienter wären."

„Ich würde aber so aussehen, wenn ich mich neben den Kutscher setzte, während der Herr in der Stadt umher fährt. Ich habe schon viele Jahre gedient und man hat mir wegen meines guten Verhaltens Aussicht auf den Adel gemacht; ich gedenke ihn auch zu erhalten, denn ich bin ehrgeizig."

Diese Vermengung unsrer alten aristocratischen Ideen und der neuen Eitelkeit, welche argwöhnische Despoten neidkranken Völkern eingeflößt haben, erschreckt mich. Ich hatte vor mir eine Probe der schlechten Art Nacheiferung, der eines Emporstrebenden, welcher sich für einen Emporgekommenen ausgeben möchte.

Nach einer kurzen Pause fuhr ich fort: „Ich billige ganz Ihren Stolz, wenn er begründet ist, da ich aber die Gebräuche in Ihrem Vaterlande nicht genau kenne, so werde ich Ihr Verlangen dem Herrn Gouverneur mittheilen, bevor ich Sie in meinem Wagen sitzen lasse. Ich will durchaus nicht mehr von Ihnen verlangen, als Sie nach den Befehlen, die man Ihnen ertheilt hat, mir zu leisten verpflichtet sind. Für heute entlasse ich Sie Ihres Dienstes; ich werde die Fahrt ohne Sie machen."

Ich hätte gern über den wichtigen Ton gelacht, in welchem ich sprach, ich hielt aber diese Comödienwürde zu meiner Sicherheit während des übrigen Theils meiner Reise nöthig. Durch die unvermeidlichen Folgen des Despotismus wird jede Lächerlichkeit verzeihlich.

Dieser Adelscandidat, der die Etikette der Landstraße so gewissenhaft beobachtet, kostet mich trotz seinem Stolze monatlich 300 Frcs. Gehalt; ich sah ihn über meine letzten

Worte erröthen; er stieg endlich, ohne ein Wort zu entgegnen, von dem Wagen herunter, und ging schweigend nach Hause. Ich werde nicht verfehlen, den Gouverneur von diesem kurzen Zwiegespräche zu unterrichten.

Der Meßplatz ist sehr groß und ich wohne sehr weit von der Brücke, welche zu dieser Stadt von einmonatlicher Dauer führt. Ich hatte deshalb Ursache, mir Glück dazu zu wünschen, daß ich Pferde genommen, denn bei der Hitze würde meine Kraft vor der Ankunft auf der Messe zu Ende gewesen sein, wenn ich zu Fuße über diese staubigen Straßen an einem schattenlosen Kai und über eine Brücke hätte gehen sollen, wo die Sonne ihre glühenden Strahlen noch immer ungefähr funfzehn Stunden des Tages auffallen läßt, ob sie gleich in der jetzigen vorgerückten Jahreszeit rasch abzunehmen anfangen.

Leute aus allen Ländern der Welt, hauptsächlich aber von den äußersten Ende des Orients, kommen auf dieser Messe zusammen, aber diese Leute sind merkwürdiger ihrem Namen, als ihrem Aussehen nach. Alle Asiaten gleichen einander, oder man kann sie wenigstens in zwei Classen theilen, in die Menschen mit Affengesicht: die Kalmücken, Mongolen, Baschkiren, Chinesen, und die mit griechischem Profil: die Circassier, Perser, Georgier, Hindus ꝛc.

Die Messe zu Nischnei wird, wie ich bereits gesagt habe, auf einem ungeheuern Dreieck sandigen und vollkommen ebenen Bodens gehalten, der eine Spitze zwischen der Oka, in der Nähe ihrer Einmündung in die Wolga, und diesem Flusse bildet. Dieser Raum ist also auf jeder Seite durch einen der beiden Flüsse begrenzt. Der Boden, auf welchem so viele Reichthümer liegen, erhebt sich kaum über den Wasserspiegel; auch sieht man an den Ufern der Oka und Wolga nur Schuppen, Baracken und Waarenniederlagen, während

14*

die eigentliche Meßstadt ziemlich weit vorwärts an der Basis des durch die beiden Flüsse gebildeten Dreiecks liegt. Sie hat keine andern Grenzen als die, welche man ihr auf der Seite der dürren Ebene angeben wollte, die sich im Westen und Nordwesten nach Yaroslaw und Moskau hinzieht. Diese Handelsstadt ist eine große Menge langer und breiter nach der Schnur gezogener Straßen, was dem malerischen Aussehen des Ganzen schadet; ein Dutzend sogenannter chinesischer Pavillons überragt die Buden, aber ihr phantastischer Styl genügt nicht zur Entfernung der Einförmigkeit des allgemeinen Aussehens des Meßplatzes. Es ist ein länglich viereckiger Bazar, der menschenleer aussieht, so groß ist er; man bemerkt kein Volksgewühl mehr, sobald man in das Innere der Linie gelangt ist, wo die Buden stehen, während sich an den Zugängen Volksmassen drängen. Die Budenstadt ist, wie alle andern modernen russischen Städte, zu groß für ihre Bevölkerung und doch haben Sie bereits gesehen, daß diese Bevölkerung im Durchschnitt täglich 200,000 Seelen beträgt. Allerdings sind unter dieser ungeheuern Fremdenzahl alle die mitbegriffen, welche sich zerstreut auf den Flüssen in den Böten befinden, die als Asyl für ein ganzes Amphibien-Volk dienen, und in den fliegenden Lagern, welche die eigentliche Messe umgeben. Die Häuser der Kaufleute ruhen auf einer unterirdischen Stadt, einer prächtigen gewölbten Kloake, einem ungeheuern Labyrinthe, in dem man sich verirren würde, wenn man sich ohne einen erfahrenen Führer hineinwagte. Jede Straße der Messe wird durch eine andere Galerie verdoppelt, welche ihr unter der Erde in ihrer ganzen Länge folgt und den Schmutz und den Unrath ableitet. Diese von behauenen Steinen erbauten Kloaken werden mehrere Male des Jahres durch eine Menge Pumpen gereinigt, welche das Wasser aus den nahen Flüssen hineinschütten. Man gelangt auf breiten, schönen, steinernen Treppen in diese Galerie. Jedermann, dem es einfällt, die Straßen des Bazars zu verunreinigen, wird von den Kosaken, welche die Polizei handhaben, höflich aufgefordert, in diese Schmutzcatacomben sich hinab zu bemühen. Es sind dieselben eines der imposantesten Bauwerke, die ich in Rußland gesehen habe. Die Größe und Dauerhaftigkeit erinnert an Rom. Diese Souterrains sind die Schöpfung des Kaisers Alexander, der, wie seine Vorgänger, die Natur überwinden wollte, indem er die Messe auf einen Boden verlegte, der die Hälfte des Jahres hindurch überschwemmt ist. Er hat Millionen aufgewendet, um den Uebelständen der unpassenden Wahl abzuhelfen, die er an dem Tage traf, als er befahl, daß die Messe von Makarieff nach Nischnei verlegt werde.

Die Oka ist bei ihrer Einmündung in die Wolga viermal so breit, als die Seine, trennt die permanente Stadt von der Budenstadt und ist so von Böten bedeckt, daß in einer Ausdehnung von mehr als einer halben Stunde das Wasser gar nicht sichtbar ist. Vierzigtausend Menschen bivouakiren alle Nächte auf diesen Fahrzeugen, welche die Baraken eines Lagers, aber eines beweglichen Lagers geworden sind. Dieses Wasservolk weiß sich aus Allem ein Bett zu schaffen; ein Sack, eine Tonne, eine Bank, ein Bret, ein Kahnboden, eine Kiste, ein Holzstück, ein Stein, ein Segelhaufen, Alles genügt diesen Menschen, die sich nicht auskleiden, wenn sie schlafen wollen; sie breiten ihren Schafpelz auf den Lagerplatz, den sie sich aussuchen und legen sich darauf, wie auf eine Matratze. Aus dieser Wasserstadt hört man Abends dumpfe Stimmen, menschliches Gemurmel, das man für das Rauschen der Wellen hält; bisweilen erheben sich Gesänge aus der Mitte einer Insel von Böten, die nicht bewohnt zu sein scheinen, denn die Fahrzeuge, aus denen diese

Töne kommen, scheinen seltsamer Weise leer zu sein, wenigstens den Tag über; ihre Bewohner begeben sich dahin nur um zu schlafen und selbst dann flüchten sie sich in den Kielraum hinab und verschwinden unter dem Wasser wie Ameisen unter der Erde. Ganz ähnliche Boothaufen sammeln sich auf der Wolga an der Einmündung der Oka, und diesen Fluß hinauf jenseits der Schiffbrücke von Nischnei sieht man wieder andere, die sich in bedeutende Ferne hinziehen. Kurz, wohin auch das Auge blickt, es ruht auf Reihen von Böten, von denen manche seltsame Formen und Farben haben; alle haben Masten. Es sieht aus wie ein amerikanischer Sumpf, der von Leuten bewohnt wird, welche aus allen Weltgegenden herbeikamen und so seltsame Anzüge wie Gesichtsbildungen haben. Das fiel mir bei dieser ungeheuern Messe am meisten auf; diese bewohnten Flüsse erinnern uns an die Beschreibung der Städte in China, wo die Flüsse durch die Menschen, welche auf dem Wasser leben, weil es an Grund und Boden fehlt, in Straßen verwandelt werden.

Manche Landleute in diesem Thale Rußlands tragen ganz weiße Blousen=Hemden, mit rothen Stickereien; eine Kleidung, welche man von den Tartaren entlehnt hat. Man sieht sie von weitem glänzen in der Sonne und in der Nacht sehen diese weißen Gestalten wie Gespenster aus; alles dies zusammengenommen giebt außerordentliche, aber so große, so flache Bilder, daß sie auf den ersten Blick die Fassungskraft meines Geistes überschreiten und meine Neugierde täuschen. Trotz allem Ungewöhnlichen und Interessanten ist die Messe zu Nischnei nicht malerisch; wer sich mit Staatswirthschaft, Industrie ꝛc. beschäftigt, ist hier mehr an seinem Orte, als der Dichter und Maler; es handelt sich um das Gleichgewicht und die Handelsfortschritte der beiden Haupttheile, um nichts weniger und nichts mehr. Ich sehe von einem

Ende Rußlands bis zum andern eine kleinliche, holländische Regierung heuchlerisch die eigentlichen Anlagen eines geistreichen, heitern, poetischen und orientalischen Volkes bekämpfen, das für die Kunst geboren ist.

In den unermeßlichen Straßen des Meßplatzes findet man alle Waaren der Welt beisammen, aber sie verschwinden auch darin; die seltenste Waare sind die Häuser; ich habe in diesem Lande noch nichts gesehen, ohne daß ich ausrufen mußte: „es sind für den weiten Raum zu wenig Menschen hier," gerade umgekehrt wie in den alten Staaten, wo es der Civilsation an Raum gebricht. Die französischen und englischen Buden sind die elegantesten der Messe und die besuchtesten; man glaubt in Paris oder London zu sein; aber dieses Bondstreet der Levante, dieses Palais-Royal der Steppen macht nicht den eigentlichen Reichthum des Marktes zu Nischnei aus; um sich eine richtige Vorstellung von der Wichtigkeit dieser Messe zu machen, muß man sich an ihre Entstehung und an den Ort erinnern, wo sie anfangs abgehalten wurde. Vor Makarieff war Kasan der Meßplatz, wohin man von den beiden Enden der alten Welt kam; das westliche Europa und China fanden sich in der ehemaligen Hauptstadt der russischen Tartarei zusammen, um ihre Erzeugnisse auszutauschen. Dies geschieht nun noch jetzt in Nischnei, aber man würde eine sehr unvollständige Vorstellung von diesem Markte haben, zu welchen zwei Welttheile ihre Producte senden, wenn man sich von den nach der Schnur gezogenen Buden und den sogenannten chinesischen Pavillons des modernen Bazars Alexanders nicht entfernte; man muß vor allen Dingen einige der verschiedenen Lager durchwandern, die sich neben der eleganten Messe befinden. Richtmaß und Schnur verfolgen den Handel nicht bis in die Vorstädte der Messe; diese Vorstädte gleichen gewissermaßen dem Viehhofe eines Schlosses; wie prachtvoll und luxuriös auch die Hauptwohnung ist, in dem Nebenzubehör herrscht die Unordnung der Natur vor.

Es ist keine kleine Arbeit, diese äußeren Niederlagen zu durchwandern, denn sie sind wiederum groß wie Städte. Hier herrscht eine fortwährende und wahrhaft imposante Bewegung, ein wahres merkantilisches Chaos, wo man Dinge erblickt, die man mit eigenen Augen gesehen haben muß, um sie für wahr zu halten.

Wir wollen in der Theestadt anfangen; es ist dies ein asiatisches Lager, das sich an den Ufern der beiden Flüsse bis an die Landspitze hinzieht, wo sie sich vereinigen. Der Thee kommt aus China nach Rußland über Kiachta, das tief in Asien liegt; an diesem ersten Stapelplatze wird er gegen Waaren ausgetauscht, dann bringt man ihn in Ballen fort, welche kleinen würfelförmigen Kisten gleichen. Diese Ballen sind mit Fellen bedeckte Rahmen, in welche die Käufer hineinstechen, um die Qualität der Waare zu ermitteln. Von Kiachta kommt der Thee zu Lande bis Tomsk; hier wird er in Böte geladen und erscheint nun auf verschiedenen Flüssen, namentlich dem Irtisch und Tobol; so kommt er nach Turmin, von wo er von Neuem zu Lande bis nach Perm in Sibirien gebracht wird, wo man ihn auf die Kama bringt, auf der er zur Wolga gelangt, die ihn dann bis Nischnei trägt. Rußland erhält jedes Jahr 75 bis 80,000 Kisten Thee, wovon die Hälfte in Sibirien bleibt, um von da im Winter nach Moskau gebracht werden, während die andere Hälfte, wie erwähnt, zu dieser Messe gelangt.

Der erste Theehändler in Rußland hat mir die eben angebene Reiseroute des Thees aufgeschrieben; ich bürge nicht für die Geographie dieses reichen Mannes, aber ein

Millionair hat immer viel Aussicht, Recht zu behalten, denn er kauft die Kenntnisse der Andern.

Sie ersehen daraus, daß der berühmte Karavanenthee, der so vortrefflich ist, weil er zu Lande transportirt wird, wie man sagt, beinahe die ganze Reise zu Wasser macht, freilich auf Flüssen, wo die Nebel nicht so bedeutend sind, wie auf dem Meere. Wenn ich mir eine Thatsache nicht erklären kann, zeichne ich sie wenigstens auf.

Vierzigtausend Kisten Thee! Das ist bald gesagt, aber Sie stellen sich nicht vor, wie lange man zubringt, ehe man sie alle sieht, selbst wenn man an den Ballen vorübergeht, ohne sie zu zählen. Dieses Jahr hat man 35,000 in drei Tagen verkauft. Ich habe mir die Schuppen angesehen, in denen sie aufbewahrt werden; ein einziger Mann, ein großer Theehändler, nahm 14,000 Kisten für zehn Mill. Silberrubel, die zum Theil baar, zum Theil nach einem Jahre zu bezahlen waren.

Der Theepreis bestimmt den Preis aller andern Meßwaaren; so lange derselbe nicht bestimmt ist, werden alle andern Käufe nur auf Bedingung geschlossen.

Noch giebt es eine andere eben so große Stadt, als die Theestadt, wenn sie auch minder zierlich und minder wohlriechend ist, die Stadt — der Lumpen. Glücklicherweise werden die Lumpen aus ganz Rußland, ehe man sie zur Messe bringt, gewaschen. Diese zur Papierfabrikation nöthige Waare ist so werthvoll geworden, daß das russische Zollsystem ihre Ausfuhr mit großer Strenge verbietet.

Eine andere Stadt kam mir unter allen, die sich dieser Messe anschließen, bemerkenswerth vor, die des abgeschälten Holzes. Diese untergeordneten Städte sind, wie die Vorstädte Wiens, größer als der Hauptort. In der, welche ich meine, wird das Holz aufbewahrt, das aus Sibirien kommt und aus dem man die Räder der russischen Wagen und die Pferdekummete macht, jene Halbkreise, die so originell und so malerisch sich erheben und über die Köpfe der Pferde hinwegragen. Sie bestehen aus einem einzigen Holzstücke, das in Dampf gebogen wird. Auch die Radfelgen, die eben so zubereitet werden, bestehen aus einem einzigen Stücke. Die Vorräthe nun von diesen Radfelgen und Kummeten für das ganze westliche Rußland liegen hier zu Bergen aufgeschichtet, von denen die Holzplätze in Paris nicht einmal eine Vorstellung geben können.

Eine andere Stadt, wie ich glaube, die größte und merkwürdigste von allen, ist die Niederlage der sibirischen Eisenwaaren. Man geht eine Viertelstunde weit unter Galerien, wo kunstvoll alle bekannten Arten von Stangeneisen aufgestellt sind, denen sich dann das verarbeitete Eisen anschließt; man sieht ganze Pyramiden von Ackergeräthen und Wirthschaftsgegenständen, ganze Häuser voll von gegossenen Gefäßen. Es ist eine Metallstadt und man kann hier eine der Hauptquellen des Landesreichthums würdigen lernen. Aber man schaudert bei diesem Reichthume. Wie viele Verurtheilte gehörten dazu, um diese Schätze aus der Erde zu holen! Wenn es an Verbrechern fehlt, macht man Leute dazu oder man macht wenigstens Unglückliche; in dieser unterirdischen Welt, aus welcher das Eisen heraufkommt, unterliegt die Politik des Fortschrittes, der Despotismus triumphirt und — der Staat gedeiht. Ein merkwürdiges Studium würde die Beobachtung der Lebensweise der Leute in den Bergwerken im Ural sein, wenn man sie einem Fremden gestattete; aber man müßte mit eigenen Augen sehen und sich auf Geschriebenes gar nicht verlassen. Diese Aufgabe würde für einen Europäer aus dem Westen eben so schwierig zu lösen sein, als die Reise für einen Christen nach Mecca.

Alle diese Budenstädte, Filiale der Hauptstadt, sind nur das Aeußere der Messe; sie ziehen sich planlos um den gemeinschaftlichen Mittelpunkt herum. Vereinigte man sie alle in einem Raume, so würde ihr Umfang dem der größten Hauptstädte Europas gleichkommen. Ein Tag würde nicht hinreichen, alle diese provisorischen Vorstädte zu durchwandern, welche eben so viele Trabanten der eigentlichen Messe sind. Man kann in dieser Masse von Reichthum unmöglich Alles sehen, man muß also wählen; überdies verliert man bei der erstickenden Hitze der letzten Hundstage, bei dem Staube, dem Gedränge und den üblen Gerüchen die Kräfte des Körpers wie des Geistes. Ich habe so viel als möglich und dies genau gesehen.

Ich werde meine Beschreibung abkürzen. In Rußland ergiebt man sich endlich in die Einförmigkeit, die eine Lebensbedingung ist; Sie dagegen sind nicht zur Geduld verpflichtet, als wenn Sie tausend Stunden gereis't wären, um diese Tugend der Besiegten zu erlernen.

Ich vergaß eine Stadt mit Caschmir-Wolle zu erwähnen. Als ich dieses schlechte staubige in ungeheure Ballen zusammengeschnürte Haar sah, dachte ich an die schönen Schultern, die einst damit werden bedeckt werden, und an die prachtvollen Toiletten, die es vervollständigen wird, wenn es in Shawls umgewandelt ist.

Ich sah ferner eine Pelz- und eine Potaschen-Stadt. Stadt sage ich ausdrücklich und absichtlich, denn nur dieses Wort kann Ihnen eine geeignete Vorstellung von der Größe der verschiedenen Waarenlager geben, welche sich um diese Messe her befinden und ihr eine Großartigkeit geben, die nie eine andere Messe haben wird.

Dieses Handels-Phänomen konnte nur in Rußland zu Tage kommen; um die Messe hervorzurufen, mußte ein gro=

ßes Luxusbedürfniß bei noch halbrohen Völkern bestehen, die in Ländern leben, welche durch unermeßliche Fernen von einander getrennt sind und weder leichte, noch schnelle Communicationsmittel haben; es gehört dazu ein Land, wo in Folge des Climas jeder Ort einen Theil des Jahres hindurch gleichsam isolirt ist. Das Zusammentreffen dieser Umstände und noch mancher andern ohne Zweifel, die ich nicht erkannte, war nothwendig, um in einem schon reichen Lande den täglichen Verkehr unmöglich zu machen, dessen Detail den Kaufleuten die Kosten und Strapazen der jährlichen Aufhäufung aller Producte des Bodens und der Industrie zu einer bestimmten Zeit und an einem bestimmten Ort erspart. Man kann die wahrscheinlich nicht ferne Zeit vorhersagen, in welcher die Fortschritte der materiellen Civilisation in Rußland die Wichtigkeit der Messe von Nischnei unendlich vermindern werden. Jetzt ist sie, ich wiederhole es, die größte Messe in der Welt.

In einer Vorstadt, die durch einen Arm der Oka abgetrennt wird, befindet sich ein persisches Dorf, dessen Buden nur persische Waaren enthalten. Unter den bemerkenswerthesten dieser fernherkommenden Gegenstände bewunderte ich besonders Teppiche, die mir prachtvoll vorkamen, Stücke von ungefärbter Seide und Termolama, eine Art Seidencaschmir, der, wie man sagt, nur in Persien gearbeitet wird. Ich würde mich indeß nicht wundern, wenn die Russen dergleichen machten, um den Stoff als ausländisches Erzeugniß zu verkaufen. Doch ist dies eine reine Muthmaßung, die ich durch nichts zu rechtfertigen weiß.

Die persischen Gesichter fallen wenig in diesem Lande auf, wo die Eingeborenen selbst Asiaten sind und Spuren ihrer Abstammung an sich tragen.

Man führte mich durch eine Stadt, die blos zur Auf=

nahme gedörrter und gesalzener Fische bestimmt war, welche
für die russische Fastenzeit von dem caspischen Meere her=
kommen. Die frommen Griechen verbrauchen diese Wasser=
mumien in großen Massen. Eine viermonatliche Enthalt=
samkeit bei den Moskowitern bereichert die Mahomedaner
in Persien und der Tartarei. Diese Fischstadt liegt am
Wasser; man sieht die Häute dieser gespaltenen Ungethüme,
die zum Theil auf dem Lande aufgeschichtet sind, zum Theil
in den Fahrzeugen bleiben, die sie herbrachten. Wenn man
diese todten Körper nicht nach Millionen zählte, würde man
sich in einem naturhistorischen Cabinet zu befinden glauben.
Man nennt sie, glaube ich, sordacs. Sie verbreiten selbst
im Freien einen unangenehmen Geruch.

Eine andere Stadt ist die des Leders, eines der wich=
tigsten Gegenstände in Nischnei, weil man so viel hierher
bringt, daß davon die Bedürfnisse des ganzen westlichen
Rußlands befriedigt werden können.

Noch eine andere Stadt ist die der Rauchwaaren. Man
sieht da Felle von allen Thierarten, von dem Zobel, dem
blauen Fuchse, gewisse Bärenfelle, die so theuer sind, daß ein
damit gefütterter Rock auf 1200 Fres. zu stehen kommt,
bis zu den Fellen der gewöhnlichen Füchse und Wölfe,
welche fast gar nichts kosten. Die Aufseher dieser Schätze
bauen sich für die Nacht Zelte aus ihren Waaren, welche
originell genug und malerisch aussehen. Diese Menschen
leben von sehr wenig, ob sie gleich ein kaltes Land bewohnen;
sie sind schlecht gekleidet und schlafen unter freiem Himmel,
wenn das Wetter schön ist; regnet es, so kriechen sie in
Löcher unter Waarenhaufen. Sie sind wahre Lazzaronis des
Nordens, wenn auch minder heiter, minder erfahren in der
Geberdensprache und unreinlicher, als die von Neapel, weil

zu dem Schmutze ihres Körpers der ihrer Kleidungsstücke kommt, welche sie nie ablegen.

Das, was Sie gelesen haben, wird hinreichen, Ihnen eine Vorstellung von dem Aeußern der Messe zu geben; das Innere ist, ich wiederhole es, weit weniger interessant, und sticht von dem Aeußern unangenehm ab. Außen rollen Wagen und Karren; es herrscht da Unordnung und Lärm, man sieht Menschengedränge, hört Geschrei und Gesang, kurz es ist Freiheit da; im Innern dagegen findet man wieder die Regelmäßigkeit, die Stille, die Einsamkeit, die Ordnung, die Polizei, mit einem Worte Rußland.

Ungeheure Reihen von Häusern oder vielmehr von Buden trennen lange und breite Straßen, deren es dreizehn oder vierzehn giebt und die sich in einer russischen Kirche oder an zwölf chinesischen Pavillons endigen. Man muß zehn Stunden weit gehen, wenn man jede Straße durchwandern, die ganze Messe besichtigen und von Bude zu Bude gehen will. Ich spreche hier, wohl zu bemerken, nur von der eigentlichen Meßstadt, nicht mehr von den Vorstädten, deren Lärm wir mieden, um uns in den Frieden des Bazars zu flüchten, welcher von den Kosaken bewacht wird, die ihrer Ernsthaftigkeit, ihrer Steifheit und ihrem pünktlichen Gehorsame nach, wenigstens in den Dienststunden, den Stummen in dem Serail vollkommen gleichen.

Der Kaiser Alexander ordnete die nöthigen Arbeiten an, nachdem er diesen neuen Platz für die Messe gewählt hatte; er hat sie aber nie gesehen, kannte auch die ungeheuern Summen nicht, welche aufzuwenden waren und welche man nach seinem Tode an diesen Platz gewendet hat, der für den Zweck, zu welchem er denselben bestimmte, zu niedrig ist. In Folge unerhörter Anstrengungen und ungeheurer Kosten ist jetzt die Messe den Sommer über bewohnbar; weiter braucht der Handel nichts. Es ist aber doch nicht minder wahr, daß der Meßplatz schlecht liegt, und staubig oder kothig ist, sobald die Sonne ein wenig scheint oder ein wenig Regen fällt. Ungesund ist er in jeder Zeit, was für die Kaufleute ein großer Uebelstand ist; da sie sechs Wochen über in ihren Lagern schlafen müssen.

Trotz der Vorliebe der Russen für die gerade Linie denken viele Leute hier wie ich, daß es besser gewesen sein würde, die Messe neben der Altstadt, auf den Kamm des Berges zu verlegen, dessen Gipfel man durch allmälig aufsteigende Rampen, einen Schmuck der Landschaft, hätte leicht zugänglich machen können, während die zu schweren oder zu umfänglichen Gegenstände, welche nicht bequem auf den Berg hinaufzubringen waren, am Ufer der Oka bleiben konnten. Das Eisen, das Holz, die Wolle, die Lumpen, der Thee würden so in der Nähe der Böte geblieben sein, welche sie herbeibrachten, während die glänzende Messe auf einem geräumigen Plateau vor dem Thore der Oberstadt gehalten worden wäre, — eine in jeder Hinsicht zweckmäßigere Einrichtung als die jetzige. Können Sie sich eine von den Repräsentanten aller Nationen Asiens und Europas bewohnte Höhe vorstellen? Der so bevölkerte Berg würde bewunderungswürdig aussehen, während der Sumpf, wo die Menschenmenge sich jetzt bewegt, kein besonderes Bild gewährt.

Die modernen Ingenieurs, die in allen Ländern so geschickt sind, würden hier ihr Talent haben üben können; die Bewunderer der Mechanik hätten hier sicherlich Gegenstände gefunden, die ihre Aufmerksamkeit verdienten, denn man würde Maschinen erfunden haben, das Hinaufschaffen der Waaren auf den Berg zu erleichtern; die Dichter, die Maler, die Liebhaber schöner Ansichten und pittoresker Effecte, die Neugierigen, die ein Volk geworden sind in unserm Jahrhunderte, wo der Mißbrauch der Thätigkeit fanatische Verehrer des Nichtsthun hervorbringt, alle diese Leute, die nützlich sind durch das Geld, welches sie ausgeben, würden eine herrliche, weit interessantere Promenade haben als die ist, welche man ihnen in einem ebenen Bazar gewährt hat, wo man keine Aussicht findet und wo man eine mephitische Luft athmet. In jedem Falle verdient alles dies Berücksichtigung. Dieses Resultat würde dem Kaiser viel weniger Geld gekostet haben, als er für seine Wasser=Messe aufwendete, für die Stadt, die einen Monat dauert, flach wie ein Tisch, im Sommer warm wie eine Savanne, und im Winter feucht wie eine Niederung.

Die russischen Bauern sind die Haupthandelsagenten dieser bewundernswürdigen Messe. Das Gesetz verbietet freilich einem Leibeigenen, einen Credit von mehr als fünf Rubeln zu verlangen, und den Freien, ihm einen höhern zu bewilligen; gleichwohl macht man mit mehreren dieser Leute auf Ehrenwort Geschäfte in Betrag von zweimalhunderttausend, von einer halben Million Francs mit weit in die Ferne gerückten Zahlungsterminen. Diese Sclaven, die Millionen besitzen, diese an die Scholle gefesselten Aguados können nicht lesen. So bietet der Mensch in Rußland großen Verstand auf, um seine Unwissenheit auszugleichen. In den gebildeten Ländern wissen die Thiere mit zehn Jahren, was in den zurückgebliebenen Ländern nur besonders begabte Menschen lernen, aber auch erst in dreißig Jahren.

In Rußland weiß das Volk von Zahlenrechnen nichts; es macht seine Rechnungen seit Jahrhunderten mit Rahmen, die Reihen beweglicher Kugeln enthalten. Jede Linie hat ihre Farbe und die eine bezeichnet die Einer, die andere die Zehner, die dritte die Hunderte ꝛc. Diese Art zu rechnen ist sicher und geht schnell von statten.

Vergessen Sie dabei nicht, daß der Herr dieser Millionair=Leibeigenen ihnen morgen Alles nehmen kann, was sie besitzen, wenn er nur ihre Person schont. Allerdings sind solche gewaltthätige Handlungen selten, aber sie sind doch möglich.

Man erinnert sich nicht, daß je ein Kaufmann in seinem Vertrauen auf die Redlichkeit der Bauern getäuscht worden sei, mit denen er Geschäfte machte; so wahr ist es, daß in jedem Staate, sobald er stabil ist, der Fortschritt der Sitten die Mängel der Einrichtungen ausgleicht.

Man hat mir indeß erzählt, daß der Vater eines heute noch lebenden, ich hätte beinahe gesagt regierenden, Grafen Tscheremitscheff, einst einer Bauerfamilie die Freiheit für die ungeheure Summe von funfzigtausend Rubeln versprochen hatte. Er empfing das Geld, behielt aber dann die beraubte Familie doch unter seinen Leibeigenen.

In dieser Schule der Ehrlichkeit und Rechtlichkeit erhalten die russischen Bauern Unterricht unter dem aristocratischen Despotismus, der sie zu Boden drückt, trotz dem autocratischen Despotismus, der sie regiert; der letztere ist freilich oft machtlos gegen seinen Nebenbuhler. Der kaiserliche Stolz begnügt sich mit den Worten, Formen und Zahlen; der aristocratische Ehrgeiz strebt nach den Dingen selbst und auf Worte legt er keinen großen Werth. Nirgends fand ein mehr geschmeichelter Gebieter geringern Gehorsam, nirgends wurde ein solcher mehr hintergangen, als der sogenannte absolute Beherrscher des russischen Reiches. Allerdings ist der Ungehorsam gefährlich, aber das Land ist groß und die Einsamkeit stumm.

Der Gouverneur von Nischnei, Buturlin, ersuchte mich mit großer Artigkeit, alle Tage während meines Aufenthaltes in Nischnei bei ihm zu speisen; morgen wird er mir erklären, warum solche Dinge, wie das nicht gehaltene Ver=

sprechen des Grafen Tscheremitscheff, die überall und jederzeit selten sind, in Rußland jetzt nicht mehr vorkommen können. Ich werde Ihnen diese Unterredung mittheilen, wenn ich etwas daraus abnehmen kann; bis jetzt habe ich aus dem Munde der Russen nur verworrene Reden vernommen. Liegt es an einem Mangel an Logik, oder wollen sie absichtlich die Gedanken der Fremden verwirren? Ich glaube beides. Wenn man sich lange bemüht, die Wahrheit vor den Augen Andrer zu verbergen, erblickt man sie endlich selbst durch einen Schleier hindurch, der jeden Tag dichter wird. Die alten Russen hintergehen und täuschen unschuldig, ohne daß sie es wissen; die Lüge geht über ihre Lippen wie ein Geständniß. Ich möchte wohl wissen, in welchem Alter die Täuschung in ihren Augen aufhört, eine Sünde zu sein. Das falsche Gewissen beginnt frühzeitig bei den Menschen, die von der Furcht leben.

Auf der Messe zu Nischnei ist nichts wohlfeil als etwa das, was Niemand kaufen mag. Die Zeit der, nach den verschiedenen Orten, großen Preisdifferenzen ist vorüber; man kennt überall den Werth aller Dinge, selbst die Tataren, welche tief aus Asien nach Nischnei kommen, um, weil sie nicht anders können, die aus Paris oder London daher geschickten Gegenstände theuer zu bezahlen, bringen zum Tausche Waaren mit, deren Werth ihnen sehr genau bekannt ist. Die Kaufleute können die Lage noch mißbrauchen, in denen sich die Käufer befinden, aber sie nicht mehr täuschen. Sie schlagen nicht vor und lassen nicht abhandeln; sie fordern keck und ruhig einen hohen Preis und ihre Ehrlichkeit besteht darin, daß sie auch von ihren übertriebensten Forderungen nicht abstehen.

Ich habe in Nischnei keinen asiatischen Seidenstoff gefunden, außer einigen Rollen schlechten chinesischen Atlas von falscher Farbe und nicht sehr dichtem Gewebe, der zerdrückt war wie altes Seidenzeug. Schöneres hatte ich in Holland gesehen und diese Rollen werden hier theurer verkauft, als die schönsten Lyoner Zeuge.

Die Wichtigkeit dieser Messe in finanzieller Hinsicht steigt alle Jahre, während das Interesse an der Seltsamkeit der Waaren und dem seltsamen Aussehen der Menschen abnimmt. Im Allgemeinen entspricht die Messe zu Nischnei der Erwartung der Neugierigen in malerischer und unterhaltender Hinsicht nicht; Alles ist ja in Rußland still und steif; selbst die Geister sind nach der Schnur gestellt, ausgenommen an Tagen, an welchen sie über die Schnur schlagen. In solchen Augenblicken bricht der so lange niedergehaltene Freiheitstrieb mit Gewalt aus; die Bauern stecken dann ihren Herrn an den Spieß und braten ihn an gelindem Feuer oder der Herr heirathet eine Leibeigene; es ist wie am jüngsten Gerichte, aber diese seltenen Umwälzungen bringen in der Ferne keinen tiefen Eindruck hervor; Niemand spricht davon; die Entfernungen und die Thätigkeit der Polizei lassen die einzelnen Thatsachen nicht zur Kenntniß der Massen gelangen; die gewöhnliche Ordnung wird nur durch ohnmächtige Aufstände gestört; sie beruht auf allgemeiner Vorsicht und Stille, welche gleichbedeutend sind mit Langeweile und Unterdrückung.

Ich sah auf meiner Promenade unter den Buden der eigentlichen Messe auch Bucharen. Dieses Volk bewohnt einen Winkel von Thibet an der Grenze von China. Die bucharischen Handelsleute kommen nach Nischnei, um da Edelsteine zu verkaufen. Die Türkisen, welche ich von ihnen gekauft habe, sind so theuer, wie in Paris und man hat nicht einmal die Gewißheit, ob sie ächt sind. Alle

15*

Steine von einigem Werthe erreichen hier sehr hohe Preise. Diese Männer bringen ein Jahr mit der Reise zu, denn sie brauchen, wie sie sagen, blos zur Her= und Hinreise acht Monate. Weder ihre Gesichtsbildung noch ihre Kleidung kam mir besonders bemerkenswerth vor. An die Aechtheit der Chinesen in Nischnei glaube ich nicht, aber die Tataren, die Perser, die Kirgisen und Kalmücken genügen schon für die Neugierde.

Die Kirgisen und Kalmücken bringen aus ihren Steppen Heerden kleiner wilder Pferde hierher, um sie auf der Messe zu Nischnei zu verkaufen. Diese Thiere haben viele gute Eigenschaften, sehen aber nicht hübsch aus; zum Reiten sind sie ganz vortrefflich und ihr Character macht sie schätzens= werth. Die armen Thiere haben ein besseres Herz, als viele Menschen; sie lieben sich unter einander mit einer Innigkeit, daß sie unzertrennlich sind. So lange sie bei einander blei= ben, vergessen sie die Verbannung und Sclaverei, weil sie noch immer in ihrer Heimath zu sein glauben; wird aber eines verkauft, so muß es niedergeworfen und mit Gewalt mit Stricken aus der Einzäunung gezogen werden, in wel= cher sich seine Brüder befinden, die während dieser Operation fortwährend zu entfliehen oder sich zu empören versuchen, ächzen, schmerzlich wiehern und hin und her laufen. Solche Beweise von Gefühl haben, so viel ich weiß, die Pferde in unsern Gegenden nie gegeben. Selten wurde ich so ergrif= fen, wie gestern durch die Verzweiflung eines dieser unglück= lichen, der Wüstenfreiheit entrissenen Thiere. Spotten Sie immerhin darüber, ich bin doch überzeugt, daß Sie meine Rührung getheilt haben würden, wenn Sie Zeuge dieser grausamen Verkäufe gewesen wären, die an die schändlich= sten erinnern. Das von den Gesetzen als solches anerkannte Verbrechen hat Richter in der Welt; die erlaubte Grau=

samkeit aber wird nur durch das Mitleiden rechtlicher Leute mit den Opfern und, wie ich hoffe, durch die göttliche Gerechtigkeit gestraft. Bei dieser geduldeten Barbarei bedauere ich, daß es mir an Beredtsamkeit fehlt; ein Rousseau, selbst ein Sterne würde Sie zu Thränen rühren über das Schicksal meiner armen Kirgisen-Pferde, die nach Europa gebracht werden, um da Menschen zu tragen, die Sclaven sind wie sie, deren Lage aber nicht immer gleich großes Mitleid verdient, wie die der Thiere, wenn sie der Freiheit beraubt sind.

Gegen Abend wird das Aussehen der Ebene imposant. Der Horizont verschleiert sich leicht unter dem Nebel, der später in Thau niederfällt, und unter dem Staube des Bodens von Nischnei, einer Art braunen Sandes. Der Himmel erhält davon eine röthliche Farbe und diese Lichteffecte erhöhen den Eindruck der Landschaft, die großartig und imposant ist. Aus dem Schatten treten fantastische Lichter hervor; in den Bivouacs um die Messe her werden zahlreiche Lampen angezündet; Alles spricht; Alles murmelt; der ferne Wald erhält eine Stimme und selbst von den bewohnten Flüssen schlagen Töne des Lebens an das aufmerksame Ohr. Welche imposante Vereinigung von Menschen! Welche Sprachenverwirrung! welche verschiedene Lebensweisen! — und welche Gleichförmigkeit in den Ansichten und Ideen; Jeder hat in dieser ungeheuren Versammlung den Zweck, Geld zu verdienen. An andern Orten verschleiert die Lustigkeit des Volkes die Habsucht; hier sieht man den Handel nackt und kahl und die unfruchtbare Raub- und Gewinnsucht des Handelsmannes herrscht über die Frivolität des Spaziergängers, über die Verthierung der Sclaven vor; Nichts ist poetisch, Alles verräth das Streben nach Gewinn. Doch — ich irre mich; in diesem Lande liegt überall die

Poesie der Furcht und des Schmerzes; aber welche Stimme wagt sie auszudrücken?

Einige malerische Bilder erquicken indeß doch die Phantasie und das Auge.

Auf den Wegen, welche die verschiedenen Handelslager mit einander verbinden, auf den Brücken, längs der Ufer, trifft man auf unermeßliche Reihen seltsamer Fuhrwerke. Diese durch eine Achse verbundenen Räder kommen aus den Niederlagen, wohin sie lange Bauhölzer brachten. Die Baumstämme wurden auf vier, bisweilen auf sechs Rädern getragen; wann aber das Fuhrwerk zurückkommt, ist jede Achse mit ihren beiden Rädern von dem übrigen getrennt und wird allein von einem Pferde gezogen, das ein Mann lenkt. Dieser Kutscher steht auf dieser Achse, hält sich da im Gleichgewichte und leitet sein kaum geschirrtes Pferd mit einer wilden Anmuth, mit einer Gewandtheit, die ich nur bei den Russen gefunden habe. Diese rohen Franconis erinnern mich an die Kutscher in dem Circus zu Byzanz; sie tragen das griechische Hemd, eine Art Tunica, die ich Ihnen schon beschrieben habe, die unsern Blousen gleicht und wahrhaft antik ist. In Rußland erinnert man sich immer und überall an das oströmische Reich, wie in Spanien an Afrika und in Italien an das alte Rom und an Athen. Die russischen Bauern sind, glaube ich, die einzigen Männer, die ihr Hemd über den Beinkleidern tragen, wie die russischen Bäuerinnen die einzigen Frauen auf der Erde sind, welche den Gürtel über dem Busen anlegen. Das ist, ich muß es wiederholen, die ungraziöseste Sitte unter der Sonne.

Wenn man in der Nacht um den Meßplatz herumgeht, fällt von weitem der Glanz der Buden mit Eßwaaren, der der kleinen Theater, der Wirths= und Kaffeehäuser auf.

Aber in dieser Helle hört man nur dumpfes Geräusch und der Contrast der Beleuchtung der Oerter und der Schweigsamkeit der Menschen grenzt an das Zauberhafte. Man glaubt unter Menschen zu sein, welche der Zauberstab eines Magiers berührte.

Die ernsten und schweigsamen Asiaten bleiben selbst bei ihren Unterhaltungen ernsthaft; die Russen sind halbgebildete Asiaten.

Ich werde nicht müde, ihre Volksgesänge anzuhören, welche sich durch die Traurigkeit der Accorde, durch die Schönheit der Composition, so wie durch das Feuer und das Ensemble des Vortrags auszeichnen. Die Musik hat einen doppelten Werth an einem Orte, wo hundert verschiedene Völker durch ein gemeinsames Interesse vereinigt, durch ihre Sprachen und Religion aber getrennt sind. Wo das Wort nur dazu dient, die Menschen zu scheiden, singen sie, um sich einander verständlich zu machen. Die Musik ist das beste Mittel gegen Sophismen und daher kommt die immer zunehmende Vorliebe für diese Kunst in Europa. Es liegt in diesen von den Muschiks der Wolga gesungenen Chören etwas Außerordentliches, Harmonieeffecte, die wir trotz oder vielleicht wegen ihrer Rohheit in einem Theater oder einer Kirche gelehrt nennen würden; es sind keine lieblichen Melodien, aber diese Stimmmassen bringen, von weitem gehört, einen tiefen und für uns Abendländer neuen Eindruck hervor. Die Traurigkeit der Töne wird durch die örtliche Umgebung nicht gemildert. Ein tiefer Wald von Schiffsmasten begrenzt die Aussicht auf beiden Seiten und verhüllt an manchen Stellen einen Theil des Himmels; das übrige Bild ist nichts als eine einsame von einem endlosen Fichtenwalde eingeschlossene Ebene; allmälig nehmen die Lichter ab, dann erlöschen sie und die Dunkel=

heit, in welchem das ewige Schweigen in diesen bleichen Ländern noch zunimmt, erregt in der Seele eine neue Ueberraschung; die Nacht ist die Mutter des Staunens. Alle Scenen, welche noch wenige Augenblicke vorher die Wüste belebten, schwinden und werden vergessen, sobald der Tag verschwindet; auf die Bewegung des Lebens folgen unklare Erinnerungen und der Reisende bleibt allein mit der russischen Polizei, welche das Dunkel doppelt schrecklich macht; man glaubt geträumt zu haben und kehrt in seine Wohnung zurück, den Geist erfüllt von Poesie, d. h. von unklarer Furcht und schmerzlichen Ahnungen.

Vierunddreißigster Brief.

Nischnei, den 25. August 1839.

Bei dem Beginne der diesjährigen Messe berief der Gouverneur die ausgezeichnetsten Kaufleute Rußlands, die in Nischnei versammelt waren, zu sich, und setzte ihnen im Detail die seit lange anerkannten und beklagten Uebelstände des in dem Lande bestehenden Geldsystems auseinander.

Sie wissen, daß es in Rußland zwei Werthzeichen giebt, Papier und gemünztes Geld; vielleicht wissen Sie aber nicht, daß der Werth des letztern, in Folge einer in der Finanzgeschichte der Staaten wahrscheinlich einzigen Seltsamkeit, fortwährend schwankt, während der des Papiergeldes fest bleibt. Aus dieser Seltsamkeit, die nur durch ein tiefgehendes Studium der Geschichte und Staatswirthschaft des Landes zu erklären wäre, ergiebt sich eine außerordentliche Thatsache; daß nämlich das Geld das Papier vertritt, obgleich das letztere nur eingeführt worden ist und besteht, um das Geld zu vertreten.

Nachdem der Gouverneur seinen Zuhörern diese Abirrung erläutert, und alle traurigen Folgen angeführt hatte, welche daraus hervorgehen, setzte er hinzu, der Kaiser habe in seiner fortwährenden Sorge für das Glück seiner Völker und die gute Ordnung in seinem Reiche, eine Unordnung endlich beseitigt, deren Weitergreifen den innern Handel auf eine furchtbare Weise zu hemmen drohe. Das einzige wirksame Mittel sei die definitive und unwiderrufliche Bestimmung des Werthes des gemünzten Rubels. Die Verordnung, welche Sie am Schlusse dieses Briefes lesen werden, denn ich habe mir die Nummer des Journals von Petersburg aufbewahrt, in welcher sie erschien, bewerkstelligte diese Umwandlung in einem Tage, wenigstens mit Worten; um aber die Reform in's Werk zu setzen, schloß der Gouverneur seine Rede, befehle der Kaiser, daß die Ukase sofort in Ausführung gebracht werde. Die höhern Verwaltungsbeamten und er selbst, der Gouverneur von Nischnei, hofften, daß keine Rücksicht persönlichen Interesses gegen die Pflicht etwas vermögen werde, ohne Zögern dem höchsten Willen des Staatsoberhauptes Gehorsam zu leisten.

Die bei dieser ernsten Frage zu Rathe gezogenen Sachverständigen antworteten, die an sich ganz gute Maßregel würde die festesten und wohlhabendsten Handelshäuser erschüttern, wenn man sie auf früher abgeschlossene Geschäfte anwende, die erst in der jetzigen Messe zur Ausführung gebracht werden sollten. Sie segneten und bewunderten die hohe Weisheit des Kaisers, stellten aber dem Gouverneur demüthig vor, daß diejenigen Kaufleute, welche Waaren für einen nach dem sonstigen Geldwerthe bestimmten Preise und dem Verhältnisse des Papierrubels zu dem Silberrubel in der vorigen Messe verkauft hätten, betrügerischen, wenn auch durch das Gesetz erlaubten Zahlungen ausgesetzt sein, um ihren Gewinn kommen, oder denselben doch sehr geschmälert sehen würden. Sie sähen also ihren Ruin vor Augen, wenn man der Verordnung eine rückwirkende Kraft beilege, welche eine Menge kleiner partieller Bankerotte herbeiführen würde, die dann sicher andere und totale veranlaßten.

Der Gouverneur entgegnete mit der Ruhe und Sanftmuth, welche in Rußland bei allen administrativen, finanziellen und politischen Erörterungen vorwalten, er gehe vollkommen in die Ansichten der Herren Handelsleute ein, indessen bedrohe doch das traurige Resultat, welches die Herren fürchteten, nur einige Personen, denen überdies die Strenge der bestehenden Gesetze gegen die Bankerottirer als Bürgschaft bleibe, während eine Verzögerung immer einigermaßen wie Widerstand aussehen, und das Beispiel des wichtigsten Handelsplatzes im Reiche für das Land weit schlimmere Unannehmlichkeiten haben würde, als einige Bankrotte, die doch nur einigen wenigen Personen Nachtheil brächten, während der Ungehorsam, der durch Personen gebilligt und gerechtfertigt werde, die bis dahin das Vertrauen der Regierung besaßen, eine Nichtachtung der dem Kaiser schuldigen Ehrfurcht und ein Angriff gegen die administrative und finanzielle Einheit Rußlands, folglich gegen das Lebensprincip des Reiches, sein würde. Nach diesen Betrachtungen, setzte er hinzu, zweifle er nicht, daß die Herren sich beeilen würden, dem ungeheuren Vorwurfe zu entgehen, das Staatsinteresse ihrem Privatvortheile aufzuopfern, da sie gewiß einen Schatten von Verbrechen gegen den Staat mehr fürchteten als alle Geldopfer, denen sie sich durch ihren freiwilligen Gehorsam und ihren patriotischen Eifer glorreich aussetzen würden.

Die Folge dieser friedlichen Conferenz war, daß am andern Tage die Messe unter der rückwirkenden Kraft der neuen Ukase begann, deren feierliche Bekanntmachung nach der Zustimmung und den Versprechungen der ersten Kaufleute des Reichs erfolgte.

Dies wurde mir, ich wiederhole es Ihnen, durch den Gouverneur selbst in der Absicht erzählt, um mir zu beweisen, wie sanft die Maschine der despotischen Regierung gehe, welche von den Völkern mit liberalen Institutionen so arg geschmäht werde.

Ich erlaubte mir, meinen gefälligen und interessanten Lehrer in der orientalischen Politik zu fragen, welche Folge die Regierungsmaßregel und die Art gehabt habe, wie sie in Ausführung gebracht worden sei. „Das Resultat hat meine Hoffnungen übertroffen," entgegnete der Gouverneur mit zufriedener Miene. „Nicht ein Bankerott; Alle neuen Geschäfte wurden nach dem neuen Geldsysteme abgeschlossen; erstaunen aber werden Sie, daß kein Schuldner bei der Bezahlung alter Schulden die ihm durch das Gesetz gegebene Erlaubniß, seine Gläubiger zu betrügen, benutzt hat."

Ich gestehe, daß im Anfange dieses Resultat mich überraschte, als ich aber weiter darüber nachdachte, erkannte ich die Schlauheit der Russen; ist das Gesetz erlassen, so gehorcht man ihm — auf dem Papiere und damit ist die Regierung zufrieden. Sie ist leicht zufrieden zu stellen, denn sie verlangt vor Allem um jeden Preis Schweigen. Man kann den politischen Zustand Rußlands so erklären: es ist ein Land, in welchem die Regierung spricht wie sie will, weil sie allein ein Recht zu sprechen hat. So sagt denn auch in dem vorliegenden Falle die Regierung: das Gesetz hat seine Kraft bewährt, während das Uebereinkommen der dabei Betheiligten das ausgleicht, was unbillig wäre, wenn das Gesetz auf frühere Schulden angewandt werden sollte. In einem Lande, wo die Gewalt geduldig ist, würde die Regierung den ehrlichen Mann nicht der Gefahr ausgesetzt haben, durch Unehrliche um einen Theil dessen gebracht zu werden, was er zu fordern hat; bei guter Justiz würde das Gesetz nur die Zukunft geregelt haben. Hier wurde dasselbe Resultat durch andere Mittel erreicht; es mußte aber die Gewandtheit und

Klugheit der Unterthanen das blinde Zutappen der Regierung ausgleichen, um die Uebel zu vermeiden, welche aus dem Eigensinne der höchsten Gewalt für das Land hervorgehen konnten.

In jeder Regierung mit übertriebenen Theorien liegt eine geheime Kraft, eine Thatsache, die sich fast immer dem Unsinnigen dieser Theorie widersetzt. Die Russen besitzen in hohem Grade Handelsgeist und die Handelsleute der Messe fühlten deshalb, daß die wahren Geschäftsleute, die nur vom Vertrauen leben, hundert Procent gewinnen, wenn sie ihrem Credit ein Opfer bringen. Aber auch noch ein anderer Einfluß würde der Gewinnsucht Schweigen geboten und die Unehrlichkeit zurückgehalten haben. Die Absicht, Bankerott zu machen, ist einfach durch die Furcht verhindert worden, die eigentliche Herrscherin in Rußland. Die Leute werden bedacht haben, daß wenn sie sich jetzt einem Prozesse oder nur scandalösen Klagen aussetzten, die Richter oder die Polizei gegen sie verfahren würden, daß das, was man hier Gesetz nennt, streng angewendet werden würde. Sie fürchteten die Einsperrung, die Prügel im Gefängniß, wer weiß was noch Schlimmeres. Nach allen diesen Gründen, welche in dem allgemeinen Schweigen, dem Normalzustande Rußlands, von doppelter Bedeutung sind, gaben sie dieses schöne Beispiel von commerzieller Rechtlichkeit, mit welcher der Gouverneur von Nischnei mich blenden wollte. Ich wurde freilich nur einen Augenblick geblendet, denn ich erkannte bald, daß wenn die russischen Kaufleute einander nicht ruiniren, dies aus derselben Quelle stammt, wie die Fügsamkeit der Schiffer auf dem Ladoga=See, die der Fiacrekutscher in Petersburg und so vieler andrer Leute aus dem Volke, die ihren Zorn nicht aus Humanitätsgründen, sondern durch die Besorgniß zum Schweigen bringen, die höhere Behörde könnte sich in ihre

Angelegenheiten mischen. Da ich schwieg, so weidete sich Herr Buturlin an meiner Ueberraschung. „Man kennt die Größe des Kaisers nicht ganz," fuhr er fort, „wenn man ihn nicht in Thätigkeit gesehen hat, namentlich in Nischnei, wo er Wunder schafft."

„Ich bewundre den Scharfsinn des Kaisers sehr," antwortete ich.

„Wenn wir mit einander die von Sr. Majestät angeordneten Arbeiten besichtigen werden," erwiederte der Gouverneur, „werden Sie ihn noch weit mehr bewundern. Durch die Energie seines Characters und seine richtigen Ansichten ist, wie Sie sehen, die Münzordnung, welche an andern Orten endlose Vorsichtsmaßregeln erfordert haben würde, bei uns wie durch einen Zauberschlag bewirkt worden."

Der hofmännische Beamte hatte die Bescheidenheit, seine eigene Schlauheit nicht voranzustellen; er ließ mir auch keine Zeit ihm zu sagen, was die bösen Zungen mir fortwährend aber leise wiederholen, daß nämlich jede Finanzmaßregel wie die, welche die russische Regierung ergriffen hat, der höchsten Behörde wohlbekannte Gewinnmittel gebe, über die man sich aber unter einer autocratischen Regierung nicht laut zu beklagen wage. Ich kenne die geheimen Manöver nicht, zu denen man diesmal gegriffen hat; um mir aber eine Idee davon zu machen, denke ich mir die Lage eines Depositumsinhabers dem Manne gegenüber, der ihm eine bedeutende Summe anvertraute. Wenn der, welcher sie empfangen hat, die Kraft besitzt, willkürlich den Werth jedes der Geldstücke zu verdreifachen, aus denen die Summe besteht, so kann er offenbar das ihm Anvertraute zurückgeben und doch zwei Drittel davon für sich behalten. Ich sage nicht, daß dies das Resultat der von dem Kaiser angeordneten Maßregel gewesen; ich setze nur den Fall, um mir die Andeutungen der bösen Zungen oder, wenn man will, die Verläumdungen der Unzufriedenen begreiflich zu machen. Sie setzen hinzu, daß durch den Gewinn von dieser so plötzlich ausgeführten Operation, durch welche mittelst eines Decrets dem Papiere ein Theil seines ehemaligen Werthes genommen wird, um in demselben Verhältnisse den des Silberrubels zu steigern, die Privatkasse des Fürsten für die Summen entschädigt werden soll, die er daraus entnehmen mußte, um auf seine Kosten seinen Winterpalast wieder aufzubauen und mit der Großmuth, die Europa und Rußland bewundert haben, die Anerbietungen der Städte, mehrerer Privatpersonen und der ersten Kaufleute abweisen zu können, die sich beeiferten, zum Wiederaufbau eines Nationalgebäudes — weil die Wohnung des Herrschers — beizutragen.

Sie können nach der ausführlichen Erörterung dieser tyrannischen Charlatanterie, welche ich Ihnen vorlegen zu müssen glaubte, den Werth beurtheilen, den man hier auf die Wahrheit legt, den geringen Werth der edelsten Gesinnungen und schönsten Phrasen, kurz die Ideenverwirrung, welche die Folge dieser ewigen Comödie sein muß. Um in Rußland zu leben, reicht die Verstellung nicht aus, man muß auch heucheln können. Verbergen ist nützlich, heucheln ist nothwendig. Mögen Sie nun die Bemühungen würdigen, welche sich die edeln Seelen und die unabhängigen Geister auferlegen, um sich unter eine Regierungsweise zu fügen, bei welcher der Frieden und die Ordnung mit der Nichtachtung des menschlichen Wortes erkauft werden, der heiligsten aller Himmelsgaben für den Menschen, der etwas Heiliges kennt. — In den gewöhnlichen Staaten treibt das Volk und die Regierung hemmt; hier treibt die Regierung und das Volk hält zurück, denn der Geist der Erhaltung muß doch irgendwo sein, wenn die Staatsmaschine bestehen soll. Die Ideenversetzung, die ich hier anführe, ist eine politische Erscheinung, die ich bis jetzt nur in Rußland gefunden habe. Unter dem absoluten Despotismus ist die Regierung revolutionär, weil Revolution gleich bedeutend ist mit Willkür= und Gewaltherrschaft.

Der Gouverneur hat sein Versprechen gehalten; er zeigte mir ganz im Detail die Arbeiten, welche der Kaiser angeordnet hat, um aus Nischnei Alles zu machen, was aus dieser Stadt gemacht werden kann und um das Versehen ihrer Gründer auszugleichen. Eine prächtige Straße wird von dem Ufer der Oka in die Oberstadt hinaufführen, die, wie bereits erwähnt, von der Unterstadt durch einen sehr hohen Berg getrennt ist; es werden Abgründe ausgefüllt und Rampen angelegt; man will selbst Durchstiche in dem Berge bewerkstelligen; ungeheuere Unterbauten sollen Plätze, Straßen und Gebäude tragen. Diese Arbeiten sind einer großen Handelsstadt würdig. Die Durchstiche in dem hohen Ufer, die Brücken, die Esplanaden, die Terrassen werden Nischnei eines Tages in eine der schönsten Städte des Reiches umwandeln. Alles dies ist groß, aber das folgende wird Ihnen kleinlich erscheinen. Da Se. Majestät die Stadt Nischnei in besondern Schutz genommen hat, muß der Gouverneur jedesmal, wenn sich eine leichte Schwierigkeit über die Fortsetzung der begonnenen Bauten erhebt oder wenn man die Façade eines alten Hauses ausbessert oder wenn man ein neues in irgend einer Straße oder auf einem der Kais Nischnei's bauen will, einen besondern Plan entwerfen lassen und denselben dem Kaiser vorlegen. „Welcher Mann!" rufen die Russen aus. „Welches Land!" würde ich ausrufen, wenn ich zu sprechen wagte.

Unterwegs machte mir der Gouverneur, dessen Gefälligkeit und Gastfreundschaft ich nicht genug rühmen kann, interessante Mittheilungen über die russische Verwaltung und die Verbesserung, welche die Fortschritte der Sitten jeden Tag in der Lage der Bauern bewirken.

Jetzt kann ein Leibeigener sogar Grund und Boden unter dem Namen seines Herrn besitzen, ohne daß dieser die mora= lische Bürgschaft abzulehnen wagt, die er seinem reichen Sclaven schuldig ist. Diesem Manne die Frucht seiner Ar= beit und seines Fleißes zu entziehen, würde ein Mißbrauch der Gewalt sein, die sich auch der tyrannischeste Bojar unter der Regierung des Kaisers Nicolaus nicht zu erlauben wagt; aber wer bürgt dafür, daß er sich dieselbe auch unter einem andern Souverain nicht erlaubt? Wer bürgt dafür, daß sich trotz der Rückkehr zu Recht und Gerechtigkeit, dem ruhmvollen characteristischen Kennzeichen der jetzigen Regie= rung, nicht auch habsüchtige und arme Herren finden, die, ohne ihre Vasallen geradezu zu berauben, geschickt abwech= selnd die Drohung und die Milde anzuwenden wissen, um den Händen des Sclaven allmälig einen Theil der Reich= thümer zu entziehen, die sie ihm nicht mit einem Male zu nehmen wagen?

Man muß nach Rußland kommen, um den Werth der Institutionen würdigen zu lernen, welche die Freiheit der Völker ohne Rücksicht auf den Character der Fürsten ver= bürgen. Ein verarmter Bojar kann allerdings den Be= sitzungen seines reich gewordenen Vasallen den Schirm seines Namens geben, da jenem der Staat das Recht nicht ge= währt, einen Zoll breit Boden, nicht einmal das Geld zu besitzen, was er verdient; aber dieser zweideutige Schutz, der nicht einmal durch das Gesetz autorisirt wird, hängt einzig von den Launen des Beschützers ab.

Seltsame Verhältnisse zwischen dem Herrn und dem Leib= eigenen! Es liegt darin etwas Beunruhigendes. Man kann schwerlich auf die Dauer von Institutionen rechnen, welche eine solche sociale Seltsamkeit hervorbringen konnten; gleichwohl sind sie dauerhaft.

In Rußland wird nichts durch das rechte Worte bezeichnet; die Redaction ist eine fortwährende Täuschung, vor der man sich sorgfältig hüten muß. Dem Principe nach ist Alles so absolut, daß man sich sagen muß, unter einer solchen Regierung ist das Leben unmöglich; in der Praxis kommen aber so viele Ausnahmen vor, daß man zu sich sagt: bei der Verwirrung durch so widersprechende Sitten und Gebräuche ist jede Regierung unmöglich.

Man muß die Lösung dieses doppelten Problems gefunden haben, nämlich den Punkt, wo das Princip und die Anwendung, die Theorie und die Praxis zusammenfallen, um sich eine richtige Vorstellung von dem Zustande der Gesellschaft in Rußland machen zu können.

Glaubt man dem vortrefflichen Gouverneur von Nischnei, so kann es nichts Einfacheres geben: die Gewohnheit, die Gewalt auszuüben, macht die Befehlsformen leicht und mild. Der Zorn, die Mißhandlungen, die Gewaltmißbräuche sind außerordentlich selten geworden, gerade weil die sociale Ordnung auf außerordentlich strengen Gesetzen beruht; Jedermann fühlt, daß, um solchen Gesetzen die Achtung zu erhalten, ohne welche der Staat zusammenstürzen müßte, dieselben nur selten und vorsichtig angewendet werden dürfen. Man muß die Wirkung der despotischen Regierung in der Nähe sehen, um ihre ganze Milde zu begreifen (Sie errathen, daß der Gouverneur von Nischnei also spricht); die Gewalt behält in Rußland durch die Mäßigung der Männer Kraft, welche sie anzuwenden haben. Die Gebietenden, welche fortwährend zwischen einer Aristocratie stehen, die ihre Gewalt um so leichter mißbraucht, je weniger ihre Vorrechte klar bestimmt sind, und zwischen einem Volke, das seine Pflicht um so lieber verkennt, je weniger sein Gehorsam durch die moralische Gesinnung geadelt wird, können der Souverainetät ihren Glanz und ihre Macht nur dadurch erhalten, daß sie so selten als möglich gewaltsame Mittel anwenden. Diese Mittel würden den Maßstab der Kraft der Regierung abgeben und sie hält es für zweckmäßiger, ihre Hülfsmittel lieber zu verbergen als zu enthüllen. Wenn ein Herr irgend etwas Tadelnswerthes begeht, so wird er mehrmals insgeheim von dem Gouverneur der Provinz gewarnt, bevor man ihn officiell ermahnt; reichte die Warnung und der Tadel nicht aus, so droht ihm das Adelsgericht mit der Vormundschaft und später wird die Drohung ausgeführt, wenn sie ohne Folgen blieb.

Dieser ganze Luxus von Vorsichtsmaßregeln erscheint mir nicht sehr beruhigend für den Leibeigenen, der Zeit hat, hundert Mal unter der Knute seines Herrn zu sterben, ehe dieser, klug gewarnt und gebührend ermahnt, Rechenschaft von seinen Ungerechtigkeiten und Grausamkeiten geben muß. Allerdings können von heute bis zu morgen Herr, Gouverneur und Richter gestürzt und nach Sibirien geschickt werden, aber ich sehe darin eher einen Trost für die Phantasie des armen Volkes, als ein wirksames wirkliches Schutzmittel gegen die willkürlichen Handlungen der Subaltern=Behörden, die immer geneigt sind, die ihnen übertragene Macht zu mißbrauchen.

Die Leute aus dem Volke wenden sich in ihren Privat= streitigkeiten sehr selten an die Gerichte und dieser Instinct scheint mir ein sicherer Fingerzeig der geringen Gerechtigkeit der Richter zu sein. Die Seltenheit der Prozesse kann zwei Ursachen haben: das Billigkeitsgefühl des Volkes, und den Geist der Ungerechtigkeit der Richter. In Rußland werden fast alle Prozesse durch eine Entscheidung der Verwaltungs=

behörde erstickt, die meist den beiden Parteien einen lästigen Vergleich anräth; aber diese ziehen das gegenseitige Opfer eines Theils ihrer Forderungen und selbst ihrer bestbegründeten Rechte der Gefahr vor, gegen die Meinung eines Mannes zu kämpfen, den der Kaiser mit der Gewalt bekleidet hat. Sie sehen, warum die Russen Ursache haben, sich zu rühmen, daß in ihrem Vaterlande so wenige Prozesse vorkämen. Die Furcht bringt überall dasselbe Gut hervor: den Frieden ohne Ruhe.

Werden Sie aber den Reisenden nicht bemitleiden, der in einen Staat gerathen ist, in welchem die Thatsachen nicht mehr beweisen als die Worte? Die Prahlerei der Russen macht auf mich gerade den entgegengesetzten Eindruck als sie erwarten; ich erkenne sogleich die Absicht, mich zu täuschen und bin nun auf meiner Hut; die Folge davon ist, daß ich aus dem unparteiischen Zuschauer, der ich ohne ihre Großsprechereien gewesen sein würde, unwillkürlich ein feindseliger Beobachter werde.

Der Gouverneur wollte mir die ganze Messe zeigen, diesmal fuhren wir aber schnell hindurch. Ich bewunderte dabei eine Aussicht, die als Panorama aufgenommen zu werden verdient, ein herrliches Bild. Um dasselbe genießen zu können, muß man auf die Spitze eines der chinesischen Pavillons hinaufsteigen, welche diese Stadt von einmonatlicher Dauer überragen. Besonders fiel mir die ungeheure Menge der Reichthümer auf, die jährlich auf diesem Punkte aufgehäuft werden, einem Herde der Industrie, der um so bemerkenswerther ist, als er gleichsam inmitten von Einöden, die ihn unabsehbar umgeben, verloren liegt.

Nach den Aussagen des Gouverneurs beträgt der Werth der Waaren, welche dieses Jahr zur Messe nach Nischnei gebracht worden sind, über 150 Millionen nach der Angabe der Kaufleute selbst, welche nach dem den Orientalen eigenthümlichen Mißtrauen immer einen Theil des Werthes dessen verheimlichen, was sie mit sich bringen. Obgleich alle Länder der Welt den Tribut ihres Bodens oder ihrer Industrie zur Messe nach Nischnei senden, so wird dieser jährliche Markt doch hauptsächlich durch die Waaren, die Edelsteine, die Stoffe, das Rauchwerk aus Asien bedeutend. Die Menge von Tataren, Persern und Bucharen fällt also der Phantasie der Fremden zumeist auf, welche durch den Ruf dieser Messe herbeigelockt werden; dennoch und trotz ihrem commerziellen Resultate fand ich, ein bloßer Neugieriger, die Messe ihrem Rufe nicht entsprechend. Man antwortet mir darauf, der Kaiser Alexander habe sie in malerischer und unterhaltender Hinsicht verdorben, und er hat allerdings die Straßen, welche die Buden trennen, geräumiger und regelmäßiger gemacht und diese steife Regelmäßigkeit ist traurig. Uebrigens ist in Rußland Alles still und düster und überall wird die Freude durch das gegenseitige Mißtrauen der Regierung und der Unterthanen verscheucht. Selbst die Geister werden hier nach der Schnur gestellt und die Gesinnungen gewogen, als wenn jedes Gefühl, jedes Vergnügen für seine Folgen einem strengeren Beichtiger in der Gestalt eines Polizeidieners Rechenschaft schuldig wäre. Jeder Russe ist ein Schüler, der die Ruthe bekommen kann. In dieser großen Schule, welche Rußland heißt, geht Alles in geregeltem Tacte bis zu dem Tage, an welchem die Belästigung und die Langeweile unerträglich werden und Alles darunter und darüber geht. An einem solchen Tage sieht man politische Saturnalien. Aber noch einmal, diese vereinzelten Monstrositäten stören die allgemeine Ordnung nicht. Diese Ordnung ist um so beständiger und scheint um so fester begründet zu sein, da sie dem Tode gleicht; man tödtet nur das, was Leben hat. In Rußland

verschmilzt die Achtung vor dem Despotismus mit dem Ge=
danken an die Ewigkeit.

Ich finde in diesem Augenblicke mehrere Franzosen in
Nischnei. Trotz meiner leidenschaftlichen Liebe für Frank=
reich, für dieses Land, das ich aus Verdruß über die Aus=
schweifungen seiner Bewohner so oft mit dem Schwure ver=
lassen habe, nie wieder dahin zurückzukehren, zu dem ich aber
immer wieder zurückkomme und wo ich zu sterben hoffe;
trotz dieser blinden Vaterlandsliebe, trotz diesem Pflanzen=
instincte, der meinen Verstand beherrscht, habe ich immer,
so lange ich reise und so oft ich in der Ferne eine Menge
von Landsleuten erkenne, die Lächerlichkeiten der jungen
Franzosen hervorgehoben und mich über das Grelle gewun=
dert, das unsere Fehler in dem Auslande erhalten. Ich
spreche ausschließlich von der Jugend, weil in diesem Alter
der Stempel der Seele in dem Reiben mit den Umständen
weniger abgenutzt ist und die Character schärfer hervortreten.
Ich muß also gestehen, daß man über die Ehrlichkeit un=
serer jungen Landsleute lacht, mit welcher sie die unverdorbenen
Menschen der andern Nationen zu blenden suchen. Die fran=
zösische Ueberlegenheit, die in ihren Augen so fest steht, daß
gar kein Zweifel dagegen aufkommen könne, wird von ihnen
für ein Axiom gehalten, auf das man sich stützen dürfe,
ohne nöthig zu haben, dasselbe zu beweisen; dieser uner=
schütterliche Glaube an das persönliche Verdienst; diese Eigen=
liebe, die so vollständig selbstzufrieden ist, daß sie naiv er=
scheinen könnte, wenn so große Leichtgläubigkeit nicht häufig
mit einem gewissen Esprit verbunden wäre, — eine schreck=
liche Verbindung, welche die Selbstgenügsamkeit, die Persiflage
und Verhöhnung hervorbringt; diese Bildung, der meist die
Phantasie abgeht und die aus dem Verstande einen Haufen
von Daten macht, die mehr oder minder gut geordnet sind,

aber immer mit einer Trockenheit citirt werden, welche der Wahrheit ihren ganzen Werth nimmt, denn ohne Seele kann man nicht wahr, nur genau sein; diese fortwährende Aufsicht der Eitelkeit, der vorgeschobenen Wache der Conversation, die jeden Gedanken belauscht, der von Andern ausgesprochen wird oder nicht, um Vortheil aus demselben zu ziehen, eine Art Jagd auf Lob ganz zum Vortheile dessen, der sich am schamlosesten zu rühmen wagt, ohne jemals etwas zu sagen oder sagen zu lassen, etwas zu thun oder thun zu lassen, was nicht zu seinem Vortheile umschlüge; diese Mißachtung der Andern, die so weit getrieben wird, daß sie Andere schuldblos demüthigt und nicht bemerkt, daß die Meinung, welche man von sich selbst hat und die man leise oder laut Gerechtigkeit nennt, auf die man Anspruch habe, beleidigend für Andere ist; diese fortwährende Berufung an die Artigkeit der Nebenmenschen, welche doch nichts weiter ist als eine Nichtachtung der Rücksicht, die man ihm schuldet; der gänzliche Mangel an Gefühl, der nur die Empfindlichkeit stachelt; die bittere Feindseligkeit, welche man zu einer patriotischen Pflicht macht; die Unmöglichkeit, bei jeder Gelegenheit durch eine Bevorzugung, deren Gegenstand man ist, verletzt, oder durch eine Lehre, die man erhält, gebessert zu werden; durch Eitelkeit, welche der Thorheit als Schild gegen die Wahrheit dient; alle diese Züge und noch viele andere, die Sie besser hinzufügen können, als ich es vermag, scheinen mir die Franzosen zu characterisiren, die vor zehn Jahren jung waren und die jetzt Männer sind. Diese Eigenschaften schaden unserem Ansehen unter den Fremden; sie fallen in Paris wenig auf, wo die Anzahl der Muster dieser Art von Lächerlichkeit so groß ist, daß man auf sie nicht achtet; sie verschwinden in der Menge ihres Gleichen, wie einzelne Instrumente in einem Orchester verschwinden; wenn sie aber einzeln erscheinen und die Individuen in einer Gesellschaft hervortreten, wo andere Leidenschaften und andere Gewohnheiten herrschen als die, welche die französische Welt bewegen, können sie den Reisenden zur Verzweiflung bringen, der sein Vaterland liebt wie ich. Denken Sie sich also meine Freude, als ich hier bei dem Diner bei dem Gouverneur Herrn ** fand, Einen der Männer des Augenblickes, welche am besten geeignet sind, den Fremden eine gute Meinung von dem jungen Frankreich beizubringen. Er gehört allerdings durch seine Familie dem alten an, und verdankt eben der Mischung der neuen Ideen mit den alten Traditionen die Eleganz seines Benehmens und die geistige Sicherheit, welche ihn auszeichnen. Er hat das, was er gesehen, gut gesehen und spricht gut davon; dann denkt er von sich selbst nicht besser als die Andern, vielleicht nicht einmal so gut, und er hat mich, als wir von der Tafel aufstanden, durch die Erzählung dessen sehr unterhalten, was er täglich bei seinem Aufenthalte in Rußland lernt. Er wurde in Petersburg durch eine Kokette hintergangen und tröstete sich über diese Täuschung dadurch, daß er das Land mit doppelter Aufmerksamkeit studirt. Er besitzt einen hellen Geist, beobachtet gut, und erzählt richtig, was ihn nicht hindert, Andere ebenfalls anzuhören und ihnen selbst — das erinnert an die schönen Tage der französischen Gesellschaft — Lust zum Sprechen zu machen. Wenn man mit ihm spricht, giebt man sich einer Illusion hin; man glaubt, die Conversation sei noch immer ein Austausch von Gedanken, die elegante Gesellschaft beruhe bei uns noch immer auf gegenseitigem Vergnügen; kurz man vergißt das Eindringen der brutalen unverhüllten Selbstsucht in unsere modernen Salons, und man bildet sich ein, das gesellige Leben sei wie sonst ein für Alle vortheilhafter Verkehr, —

ein verjährter Irrthum, der bei dem ersten Nachdenken schwindet und traurige Wirklichkeit zurückläßt, nämlich die Plünderung der Ideen und Bonmots, den literarischen Verrath, kurz die Kriegsgesetze, die seit dem Frieden allein noch in der eleganten Welt anerkannt werden. Dieser trostlosen Vergleichung kann ich mich nicht entziehen, wenn ich die angenehme Conversation des Herrn ** höre und sie mit jener seiner Zeitgenossen vergleiche. Man kann von der Conversation mit noch größerem Rechte als von dem Style der Bücher sagen, sie sei der Mensch selbst. Seine Schriften ordnet und feilt man, nicht aber seine Antworten, und wenn man sie ordnet und feilt, verliert man mehr dabei als man gewinnt; denn bei der Unterhaltung ist die Affectation kein Schleier mehr, sie wird ein Wahrzeichen.

Die Gesellschaft, welche gestern bei dem Gouverneur versammelt, war aus den entgegengesetztesten Elementen gebildet; außer dem jungen **, den ich geschildert habe, befand sich daselbst noch ein anderer Franzose, ein Doctor R., der, wie man sagt, auf einem Staatsschiffe zur Poleppedition abgegangen, in Lappland aber, ich weiß nicht warum, an's Land gestiegen und von Archangel gerade nach Nischnei gekommen war, ohne über Petersburg zu reisen, — eine ermüdende und nutzlose Reise, die nur ein Mensch von Eisen ertragen kann; er sieht auch wirklich wie von Erz aus. Er soll ein gelehrter Naturforscher sein. Sein Gesicht hat etwas Bemerkenswerthes, etwas Unbewegliches und zugleich Geheimnißvolles, was die Phantasie beschäftigt. Er sprach gar nicht. Die Russen sind darin geschickter; sie sagen immer etwas, freilich immer das Gegentheil von dem, was man von ihnen erwartet, aber doch so viel, daß ihr Schweigen nicht auffällt. Endlich befand sich bei diesem Diner noch eine Familie junger englischer Elegants von höchstem

Range, die ich seit meiner Ankunft in Rußland gleichsam verfolge, da ich sie überall treffe, sie nicht vermeiden kann und doch nie Gelegenheit finde, direct mit ihnen Bekanntschaft zu machen. Alle diese Personen saßen an der Tafel des Gouverneurs, ungerechnet einige Beamte und verschiedene Einheimische, welche den Mund nur zum Essen öffneten. Ich brauche nicht hinzuzusetzen, daß in einem solchen Kreise die Unterhaltung nicht allgemein sein konnte. Man mußte sich begnügen, die bunte Seltsamkeit der Namen, der Physiognomien und der Nationen zu beobachten. In der russischen Gesellschaft gelangen die Frauen erst bei hoher Bildung zur Natürlichkeit; ihre Sprache ist eine angelernte, aus den Büchern geschöpfte, und es gehört eine reife Erfahrung dazu, um die Pedanterie zu überwinden. Die Gemahlin des Gouverneurs ist zu sehr provinziell, zu sehr sie selbst, zu russisch, mit einem Worte zu wahr geblieben, als daß sie einfach erscheinen könnte, wie die Damen am Hofe; übrigens wird ihr das Französischsprechen nicht leicht. Ihr Einfluß in ihrem Salon beschränkte sich gestern darauf, daß sie ihre Gäste mit der lobenswerthesten Artigkeit empfing; aber sie that nichts, um ihnen den Aufenthalt angenehm zu machen. Ich war deshalb sehr froh, als ich nach aufgehobener Tafel in einer Ecke mit Herrn * * sprechen konnte. Unsere Unterhaltung ging zu Ende, denn alle Gäste des Gouverneurs schickten sich zum Fortgehen an, als der junge Lord * *, der meinen Landsmann kannte, ceremoniös zu demselben trat und ihn bat, uns einander vorzustellen. Dieses sein schmeichelhaftes Entgegenkommen geschah mit der englischen Artigkeit, die ohne anmuthig zu sein oder vielleicht gerade weil sie nicht anmuthig ist, eines gewissen Adels nicht entbehrt.

„Ich wünschte schon lange, Mylord," entgegnete ich, „eine Gelegenheit zu finden, Ihre Bekanntschaft zu machen und ich danke Ihnen, daß Sie mir dieselbe geboten haben. Wir haben, wie es scheint, die Bestimmung, in diesem Jahre einander öfters zu begegnen, und ich hoffe in Zukunft diesen Zufall besser zu benutzen, als es mir bisher möglich war."

„Ich bedaure sehr, Sie verlassen zu müssen," entgegnete der Engländer, „aber ich reise eben ab."

„Wir werden einander in Moskau wieder sehen."

„Nein, ich reise nach Polen; mein Wagen steht bereits an der Thüre und ich werde ihn erst in Wilna wieder verlassen."

Ich hatte Lust zu lachen, als ich in dem Gesichte des Herrn ** sah, daß er gleich mir dachte der junge Lord, der drei Monate gewartet, am Hofe, in Peterhof, in Moskau, kurz überall, wo wir einander gesehen hatten, ohne mit einander zu sprechen, hätte drei Personen recht wohl die Langeweile des Vorstellens ersparen können, da dasselbe ihm und uns nichts nützte. Da wir an einer Tafel gespeist hatten, so konnte er sich, auch ohne vorgestellt zu sein, in unser Gespräch mischen, wenn er nur eine Viertelstunde mit plaudern wollte. Wir staunten über die späte, lästige, überflüssige Höflichkeit dieses förmlichen und gewissenhaften Engländers; als er sich entfernte, schien er eben so erfreut zu sein, Bekanntschaft mit mir gemacht zu haben und keinen Nutzen aus diesem Vortheile zu ziehen, wenn es sein Vortheil war.

Dieses linkische Benehmen erinnert mich an einen ähnlichen Vorfall, der einer Dame begegnete.

Es war in London. Eine polnische Dame von Geist hatte die erste Rolle in der Geschichte gespielt, die sie mir selbst erzählte. Die Anmuth ihrer Unterhaltung und ihre solide Bildung würden sie in der großen Welt gesucht machen, wenn sie auch nicht berufen wäre, trotz dem Unglücke ihres Vaterlandes und ihrer Familie in derselben obenan zu stehen.

Ich sage absichtlich „trotz", denn was auch die Phrasenmacher denken oder sagen mögen, das Unglück bringt keinen Vortheil in der Gesellschaft, auch nicht in der besten. Die Person, von welcher ich hier spreche, gilt für eine der ausgezeichnetsten und liebenswürdigsten Frauen unserer Zeit in London wie in Paris. Sie war zu einem großen ceremoniösen Diner geladen, saß neben dem Hausherrn und einem Unbekannten und langweilte sich; sie langweilte sich lange, denn obgleich die Sitte der ewigdauernden Diners in England zu schwinden anfängt, so sind sie doch dort noch immer länger als irgendwo. Die Dame ertrug ihr Leiden mit Geduld, suchte die Conversation mannichfaltig zu machen und wendete sich, sobald der Hausherr ihr einen freien Augenblick ließ, an ihren Nachbar zur Rechten; aber sie fand da immer ein steinkaltes Gesicht und diese Unbeweglichkeit brachte sie trotz ihrer Lebendigkeit als geistreiche Frau und trotz ihrer Gewandtheit als vornehme Dame aus der Fassung. So verging das Diner; es folgte ein ernstes Schweigen; die Trübsinnigkeit ist für die englischen Gesichter, was die Uniform für die Soldaten ist. Abends, als alle Herren wieder bei den Damen in dem Salon sich befanden, hatte die, welche mir diese Geschichte erzählte, ihren Nachbar, den steinernen Gast an der Tafel, kaum bemerkt, als dieser, bevor er ihr in das Gesicht blickte, den Herrn vom Hause am andern Ende des Zimmers aufsuchte, um ihn feierlich zu ersuchen, ihn der liebenswürdigen Fremden vorzustellen. Nachdem alle erforderlichen Ceremonien in der gehörigen Form durchgemacht waren, nahm der Nachbar endlich das Wort, holte tief Athem und sagte mit einer tiefen Verbeugung: „ich habe mich sehr beeifert, Ihre Bekanntschaft zu machen."

Die Dame hatte Mühe, über diese Beeiferung nicht

laut aufzulachen, sie fand aber endlich in dem ceremoniösen Menschen einen gebildeten, selbst interessanten Mann, so wenig bedeutet der Schein in einem Lande, wo der Stolz die meisten Menschen blöde und zurückhaltend macht.

Dies beweis't, daß das ungezwungene Benehmen, die Gewandtheit in der Conversation, mit einem Worte die wahre Eleganz, die darin besteht, Jedermann in einem Salon sich so behaglich fühlen zu lassen wie zu Hause, durchaus nichts Gleichgültiges und Frivoles ist, wie gewisse Leute meinen, welche die Welt nur nach Hörensagen beurtheilen, sondern nützlich und selbst nothwendig in den höhern Ständen der Gesellschaft, in welcher jeden Augenblick Leute zusammentreffen, die einander nie vorher gesehen haben. Wenn man immer, um mit neuen Gesichtern Bekanntschaft zu machen, so viel Geduld haben müßte, als die polnische Dame und ich, so würde man es lieber ganz aufgeben und dabei häufig kostbare Gelegenheiten verlieren, sich zu unterhalten oder zu belehren.

Diesen Morgen frühzeitig holte mich der Gouverneur, dessen Gefälligkeit ich noch nicht ermüden konnte, ab, um mir die Merkwürdigkeiten der Altstadt zu zeigen. Er hatte seine Leute bei sich, was es unnöthig machte, die Nachgiebigkeit meines Feldjägers, dessen Ansprüche dieser Gouverneur achtet, nochmals auf die Probe zu setzen.

Mein Courrier, welcher sein Handwerk nicht mehr treiben mag, weil er die Vorrechte des Adels ahnt, nach dem er strebt, ist der hochkomische Typus einer Art von Menschen, die ich oben beschrieben habe und die sich nur in Rußland finden kann.

Ich möchte Ihnen die schlanke Taille und den Anzug schildern, der sorgsam reinlich gehalten wird, nicht um besser darin auszusehen, sondern damit man daran den Mann er=

kenne, welcher zu einem achtbaren Range gelangt ist; — die schlaue, unbarmherzige, trockene und niederträchtige Gesichtsbildung, kurz den Typus eines Thoren in einem Lande, wo die Thorheit nicht unschuldig ist wie bei uns, denn in Rußland gelangt die Thorheit sicherlich an ihr Ziel, wenn sie die servile Gesinnung einigermaßen zu Hülfe nimmt; aber dieser Mensch entschlüpft den Worten, wie die Natter den Augen. — Dieser Mensch erregt Furcht in mir, wie ein Ungeheuer; er ist das Erzeugniß der beiden scheinbar vollkommen entgegengesetzten politischen Kräfte, die aber doch viel Aehnlichkeit unter einander haben und die die abscheulichsten werden, wenn sie sich mit einander verbinden: des Despotismus und der Revolution. — Ich kann ihn nicht ansehen, sein trübblaues Auge mit den blonden fast weißen Wimpern, und seine Gesichtsfarbe nicht betrachten, die zart sein würde, wenn sie nicht durch die Strahlen der Sonne und durch das innere Aufwallen eines immer niedergehaltenen Zorns gebräunt würde; ich kann die bleichen dünnen Lippen nicht sehen, die süßliche, aber barsch abgestoßene Sprache nicht hören, deren Ton gerade das Gegentheil der Worte sagt, ohne zu denken, daß man mir in ihm einen schützenden Spion gegeben hat und daß dieser Spion selbst von dem Gouverneur von Nischnei geachtet wird. Bei diesen Gedanken fühle ich mich versucht, Postpferde zu nehmen, aus Rußland zu entfliehen und erst jenseits der Grenze wieder anzuhalten.

Der mächtige Gouverneur von Nischnei wagt diesen ehrgeizigen Courrier nicht zu zwingen, auf den Bock meines Wagens zu steigen, und als ich mich bei diesem Manne beklagte, der die höchste Gewalt vertritt, forderte er mich auf, Geduld zu haben. — Wo liegt in einem so eingerichteten Lande die Stärke?

Sie werden gleich sehen, daß selbst der Tod keine Bürgschaft der Ruhe in diesem Lande ist, das fortwährend durch die Launen des Despotismus unterwühlt wird. Minin, der Befreier Rußlands, dieser heldenmüthige Bauer, dessen Andenken besonders seit dem Einfalle der Franzosen berühmt geworden, ist in Nischnei beerdigt. Man sieht sein Grab in der Kathedrale unter denen der Großfürsten von Nischnei.

Von Nischnei aus erschallte der Freiheitsruf zur Zeit, als die Polen das Land besetzt hielten.

Minin, ein gewöhnlicher Leibeigener, begab sich zu Pojarski, einem russischen Edelmann; die Worte des Bauers athmeten Begeisterung und Hoffnung. Pojarski wurde durch die Beredtsamkeit Minins electrisirt, und sammelte einige Mannschaft; der Muth dieser großherzigen Männer ging auf andere über, man rückte gegen Moskau, und Rußland war befreit.

Seit dem Rückzuge der Polen war die Fahne Pojarskis und Minins bei den Russen stets ein Gegenstand hoher Verehrung; Bauern in einem Dorfe zwischen Yaroslaw und Nischnei bewahrten sie als Nationalreliquie auf. Bei dem Kriege von 1812 fühlte man das Bedürfniß, die Soldaten zu enthusiasmiren; es mußten die geschichtlichen Erinnerungen, besonders die an Minin, wieder geweckt werden, und man ersuchte die Hüter der Fahne, dieses Palladium den neuen Befreiern des Vaterlandes zu leihen, und sie der Armee vorantragen zu lassen. Die Bewahrer dieses Nationalschatzes willigten in die Trennung von demselben nur aus Vaterlandsliebe und nach dem feierlich beschworenen Versprechen, nach dem Siege die Fahne zurück zu erhalten, wenn sie durch neue Siege neuen Glanz erhalten haben würde. So verfolgte die Fahne Minins unser Heer auf dem Rückzuge desselben; später aber wurde sie nach Moskau zurückgebracht und ihren rechtmäßigen Besitzern nicht zurückgegeben. Man legte sie in dem Schatze des Kremls nieder, trotz den feierlichsten Versprechungen, und um die gerechten Forderungen der beraubten Bauern zu befriedigen, sandte man ihnen eine Copie ihres wunderbaren Banners, eine Copie, die, wie man mit spottender Herablassung hinzusetzte, dem Original völlig gleich sei.

Solche Lehren der Moral und Ehrlichkeit giebt die Regierung dem russischen Volke. Freilich würde sich dieselbe Regierung anderswo nicht ebenso benehmen; man weiß, mit wem man es zu thun hat; zwischen dem Betrogenen und dem Betrügenden herrscht völlige Gleichheit, nur die Macht bewirkt einen Unterschied. Das ist noch wenig; Sie werden sehen, daß die historische Wahrheit in diesem Lande eben so wenig geachtet wird, als die Heiligkeit des Eides; die Aechtheit der Steine ist hier eben so schwer nachzuweisen, als die Autorität der Worte oder Schriften. Unter jeder neuen Regierung werden die Gebäude nach der Laune des Herrschers umgestaltet, und nach der absurden Manie, welcher man den schönen Namen: fortschreitende Bewegung der Civilisation, beilegt, bleibt kein Gebäude an dem Platze, an dem es der Gründer gestellt hat; selbst die Gräber sind vor dem Sturme der kaiserlichen Laune nicht gesichert. Selbst die Todten stehen in Rußland unter der Willkür des Mannes, welcher die Lebenden beherrscht und selbst die Asche der Gräber aufregt, wie der Sturm einen Staubwirbel. Der Kaiser Nicolaus, der gegenwärtig in Moskau den Baumeister spielt, um den Kreml umzugestalten, macht damit nicht seinen ersten Versuch dieser Art; Nischnei hat dies bereits erfahren. Als ich diesen Morgen in die Kathedrale eintrat, fühlte ich mich durch den Anblick des Alters dieses Gebäudes ergriffen; da es das Grab Minins enthält, so hat man es doch we=

nigstens seit mehr als zweihundert Jahren schonen müssen, und deshalb kam es mir erhabener vor.

Der Gouverneur ließ mich an das Grab des Helden treten, das sich unter den Denkmälern der alten Fürsten von Nischnei befindet. Als der Kaiser Nicolaus hier war, stieg er patriotisch selbst in das Grabgewölbe hinab, in welchem der Leichnam ruht.

„Das ist eine der schönsten und interessantesten Kirchen, die ich in Ihrem Vaterlande gesehen habe," sagte ich zu dem Gouverneur.

„Ich habe sie gebaut," antwortete mir Herr Buturlin.

„Wie so? Was meinen Sie damit? Sie haben sie ohne Zweifel wieder herstellen lassen?"

„Nein; die alte Kirche drohte einzustürzen, und der Kaiser wollte sie lieber völlig neu aufbauen, als ausbessern lassen; vor zwei Jahren stand sie funfzig Schritte weiter hin, und bildete einen Vorsprung, welcher der Regelmäßigkeit des Innern unsers Kremls schadete."

„Aber die Ueberreste Minins?" fragte ich.

„Man grub sie nebst denen der Großfürsten aus, und Alle befinden sich jetzt in dem neuen Grabe, dessen Stein Sie hier sehen."

Ich würde keine Antwort haben geben können, ohne eine völlige Umwälzung in dem Geiste eines Gouverneurs hervorzubringen, der so streng an den Pflichten seines Amtes hält, wie der von Nischnei; ich folgte ihm also schweigend zu dem kleinen Obelisken auf dem Marktplatz und zu den ungeheuren Mauern des Kremls von Nischnei.

Sie haben gesehen, wie man hier die Ehrfurcht vor den Todten, die Achtung vor den historischen Gebäuden und den Cultus der schönen Künste versteht. Dennoch verlangt der

Kaiser, der wohl weiß, daß das Alte ehrwürdig ist, eine erst gestern erbaute Kirche solle verehrt werden, wie eine alte. Wie geht er dabei zu Werke? Er sagt, sie sei alt und sie wird es. Diese Macht streift an das Göttliche. Die neue Kirche Minins in Nischnei ist die alte, und wer daran zweifelt, ist ein Aufwiegler, ein unruhiger Kopf.

Die einzige Kunst, in welcher die Russen sich auszeichnen, ist die Kunst, die Architectur und die Malerei von Byzanz nachzuahmen; sie machen Altes besser, als irgend ein modernes Volk, und deshalb haben sie keines.

Es ist immer und überall dasselbe System, das Peters des Großen, das durch seine Nachfolger fortgesetzt wird, welche nur seine Schüler sind. Dieser Mann von Eisen glaubte und bewies, daß man den Willen eines Czaren von Rußland an die Stelle der Gesetze der Natur und der Regeln der Kunst, an die Stelle der Wahrheit, der Geschichte, der Bande des Blutes, der Religion setzen könnte. Die Russen verehren heute noch diesen so unmenschlichen Mann, weil sie mehr Eitelkeit als Urtheilskraft besitzen. „Sehen Sie nur," sagen sie, „was Rußland in Europa vor der Thronbesteigung dieses großen Fürsten war, und was es seit seiner Regierung geworden ist; das kann ein genialer Fürst bewirken!" Dieser stolze Einfluß auf das Ausland ist politischer Materialismus. Ich sehe unter den civilisirtesten Ländern der Welt Staaten, die nur über ihre eigenen Unterthanen Macht haben, welche überdies nur gering an Zahl sind; diese Staaten zählen in der allgemeinen Politik nicht; ihre Regierungen erlangen weder durch den Stolz der Eroberung, noch durch die politische Tyrannei gegen die Fremden Rechte auf allgemeine Anerkennung, sondern durch gute Beispiele, durch weise Gesetze, durch eine aufgeklärte Verwaltung. Mit solchen Vorzügen kann ein kleines Volk nicht ein Eroberer, nicht ein Unterdrücker, aber die Leuchte der Welt werden, was gewiß hundertmal vorzuziehen ist.

Es betrübt mich ungemein, wenn ich bemerken muß, daß diese so einfachen, aber so vernünftigen Gedanken selbst bei sehr vielen ausgezeichneten Geistern, nicht blos in Rußland, sondern in allen Ländern, namentlich auch in Frankreich, noch keinen Eingang gefunden haben. Bei uns dauert die Zauberkraft des Krieges und der Eroberung noch immer fort, trotz den Lehren, die wir von Gott im Himmel, und vom Gott auf Erden, dem Interesse, erhalten haben. Ich hoffe indeß noch immer, da wir trotz den Abirrungen unserer Philosophen, trotz dem Egoismus unserer Sprache und trotz unserer Gewohnheit, uns selbst zu verläumden, ein wesentlich religiöses Volk sind. Das ist keine paradoxe Behauptung; wir geben uns den Ideen mit vollerm Herzen hin, als irgend ein Volk der Erde, und sind nicht die Ideen die Götzen der christlichen Völker?

Leider geht uns Unterscheidungskraft und Selbstständigkeit in unsern Wahlen ab; wir unterscheiden nicht zwischen dem Götzen vom vorigen Tage, der heute verächtlich geworden ist, und dem, welcher alle unsere Opfer verdient. Ich hoffe noch so lange zu leben, um bei uns den blutigen Götzen des Krieges, die rohe Gewalt, zertrümmern zu sehen. Man ist immer eine mächtige Nation, man besitzt immer ein großes Gebiet, wenn man den Muth hat, für die Wahrheit zu leben und zu sterben, wenn man den Irrthum auf's Aeußerste verfolgt, wenn man sein Blut vergießt, um die Lüge und die Ungerechtigkeiten zu vernichten, und wenn man mit Recht den Ruhm so vieler und so hoher Tugenden genießt. Athen war ein Pünktchen auf der Erde, und dieses Pünktchen ist die Sonne der Civilisation geworden; wie viele Nationen, die mächtig waren durch ihre Zahl und den Umfang ihrer Besitzungen, lebten, kriegten, eroberten und starben erschöpft, nutzlos und unbeachtet, während sie in ihrem ganzen Glanze strahlte. Wie stände es mit Deutschland bei dem Systeme der Eroberungspolitik? Deutschland steht trotz seiner Zerrissenheit, trotz der materiellen Schwäche der kleinen Staaten, aus denen es besteht, mit seinen Dichtern, seinen Denkern, seinen Gelehrten, seinen verschiedenen Souverainetäten, seinen Republiken und Fürsten, die nicht in Macht wetteifern, sondern in der Bildung des Geistes, in der Erhöhung der Gesinnung, in dem Scharfsinne des Denkens, in gleicher Civilisationshöhe mit den am weitesten vorgeschrittenen Ländern der Welt.

Nicht dadurch, daß sie begehrlich nach Außen blicken, gewinnen die Völker Ansprüche auf die Dankbarkeit des Menschengeschlechtes, sondern wenn sie ihre Kräfte auf sich selbst wenden und ganz das werden, was sie in der geistigen und materiellen Civilisation werden können. Diese Art Verdienst ist der Propaganda des Schwerdtes so überlegen, wie die Tugend dem Ruhme.

Der verjährte Ausdruck: Macht ersten Ranges wird, auf die Politik angewandt, noch lange das Unglück der Welt sein. Die Eigenliebe ist das Gemeinste im Menschen, und der Gott, welcher seine Lehre auf die Demuth gründete, ist der einzige wahrhaftige Gott, selbst von dem Gesichtspunkte einer gesunden Politik aus betrachtet, denn er allein kannte den Pfad des unendlichen Fortschrittes, des ganz geistigen, d. h. ganz innern Fortschrittes; dennoch zweifelt die Welt seit achtzehnhundert Jahren an seinem Worte, das, wie bestritten, wie vielfach erörtert es auch sein mag, wirklich Leben giebt. Was würde es für diese undankbare Welt thun, wenn es allgemein gläubig angenommen wäre! Die Moral des Evangeliums, auf die Politik der Nationen angewendet,

ist die Aufgabe der Zukunft. Europa mit seinen alten hoch=
civilisirten Nationen ist das Heiligthum, von dem aus das
religiöse Licht sich über die Welt verbreiten wird.

Die dicken Mauern des Kremls von Nischnei schlängeln
sich nach einer weit höhern und weit steilern Höhe hin, als
die von Moskau. Die Mauern, die Zinnen, die Gewölbe
dieser Feste geben malerische Ansichten, aber trotz der Schön=
heit der Gegend würde man sich doch täuschen, wenn man
erwartete, hier eben so ergriffen zu werden, wie bei dem
Anblicke des Kremls von Moskau. Der Kreml von Moskau
ist einzig in Rußland und in der Welt.

Bei dieser Gelegenheit will ich etwas anführen, was ich
in meinen frühern Briefen vergessen habe.

Sie erinnern sich des alten Czarenpalastes im Kreml und
wissen, daß er mit seinen zurücktretenden Stockwerken, mit
seinen Reliefverzierungen und seinen asiatischen Malereien wie
eine indische Pyramide aussieht. Die Meubles in diesem
Palaste waren schmutzig und abgenutzt; man schickte also ge=
schickte Tischler und Tapezierer nach Moskau, welche nach
diesen alten Meubles ganz ähnliche neue gearbeitet haben.
So ist das Mobiliar, das dasselbe bleibt, ob es gleich
ein ganz andres ist, der Schmuck des restaurirten, neu ge=
weißten, neu gemalten, obgleich immer alten Palastes gewor=
den. Ist das nicht ein Wunder? Seit aber die neuen
alten Meubles den neugebauten alten Palast schmücken, sind
die wirklichen Ueberreste der alten in Moskau selbst öffentlich
versteigert worden. Und in diesem Lande, wo die Ehrfurcht
vor der Herrscherwürde eine Religion ist, fand sich Niemand,
welcher die königlichen Trümmer vor dem Schicksale der ge=
meinsten Meubles bewahren oder gegen ein solches empören=
des Verfahren protestiren möchte. Was man hier Altes er=
halten nennt, heißt Neues mit alten Namen belegen; be=

wahren und pflegen, heißt neue Werke aus Trümmern aufbauen, eine Bewahrung, die meiner Meinung nach mit Barbarei gleichbedeutend ist.

Wir haben ein hübsches Nonnenkloster besucht; die Nonnen sind arm, aber ihr Haus zeichnet sich durch höchst wohlgefällige Reinlichkeit aus. Von diesem Hause aus führte mich der Gouverneur zu seinem Lager; die Sucht für Manöver, Revuen und Bivouaks ist hier allgemein. Die Gouverneure der Provinzen verbringen ihr Leben wie der Kaiser, — sie spielen Soldaten, lassen Regimenter exerciren, und je zahlreicher die Truppen sind, um so stolzer sind die Gouverneurs in dem Gefühle, dem Gebieter ähnlich zu sein. Die Regimenter, welche das Lager von Nischnei bilden, bestehen aus Soldatenkindern. Wir kamen des Abends bei ihren Zelten an, welche in einer Ebene, der Fortsetzung des Plateaus, auf welchem Nischnei steht, aufgeschlagen waren.

Sechshundert Mann sangen das Gebet und dieser religiöse militairische Chor brachte von fern, unter freiem Himmel eine außerordentliche Wirkung hervor; es war gleichsam eine Duftwolke, die majestätisch unter einem tiefen reinen Himmel emporstieg. Das Gebet, welches aus dem Herzen des Menschen, dieser Tiefe voll Leidenschaften und Schmerzen, kommt, läßt sich mit der Feuer= und Rauchsäule vergleichen, die sich zwischen dem zerrissenen Krater des Vulkans und dem Gewölbe des Firmamentes erhebt. Und wer weiß, ob dies die Säule der Israeliten nicht bedeutet, die so lange in der Wüste umherirrten? Die Stimmen der armen slawischen Soldaten, welche durch die Ferne gedämpft wurden, schienen von oben herabzukommen; als die ersten Töne uns erreichten, verdeckte eine kleine Anhöhe die Zelte. Die schwachen Echos der Erde antworteten diesen himmlischen Stimmen und die Musik wurde durch fernes Kleingewehrfeuer, ein kriegerisches Orchester, unterbrochen, das mir nicht geräuschvoller vorkam, als die großen Pauken in der Oper und mehr an seinem Platze zu sein schien. Als die Zelte, aus denen so viele harmonische Töne hervordrangen, vor unsern Blicken erschienen, fügte noch der Sonnenuntergang, der die Zelte mit seinem glänzenden Widerscheine übergoß, den Zauber der Farben zu dem der Töne.

Der Gouverneur, der bemerkte, mit welchem Vergnügen ich diese Musik unter freiem Himmel anhörte, störte mich in dem Genusse nicht und erfreute sich selbst lange daran, denn nichts macht diesem wahrhaft gastlichen Manne größere Freude, als die Unterhaltung, die er seinen Gästen gewährt. Man kann ihm den Dank auf keine bessere Weise zu erkennen geben, als wenn man ihm sehen läßt, daß man befriedigt ist.

Wir hatten unsere Wanderung mit der Dämmerung beendigt und waren in die Unterstadt zurückgekommen, wo wir vor einer Kirche anhielten, die meine Aufmerksamkeit erregt hat, so lange ich in Nischnei bin. Sie ist ein wahres Muster von russischer Bauart, weder in antik-griechischem, noch in oströmischem Style, sondern in dem des Kremls oder der Kirche Wassilj Blaschennoi, nur mit weniger Mannichfaltigkeit in den Farben und Formen. Die schönste Straße in Nischnei, die untere Straße, wird durch dieses Gebäude halb von Gips und halb von gebrannten Steinen geschmückt. Dieser Gips ist nach so seltsamen Mustern geformt und bildet so viele Säulchen, Rosetten u. dgl., daß man bei dem Anblicke einer solchen Kirche unwillkürlich an einen Tafelaufsatz von altem Meißner Porzellan denken muß. Dieses kleine Meisterwerk in dem bizarren Genre ist übrigens nicht alt; man verdankt es der Freigebigkeit der Familie Stroganow, die von den ersten Kaufleuten abstammt, zu deren Vortheile die Eroberung von Sibirien unter Iwan IV. erfolgte. Die Brüder Stroganow rüsteten damals selbst das abentheuerliche Heer aus, welches ein Reich für Rußland eroberte. Ihre Soldaten waren Flibustier des festen Landes.

Das Innere der Kirche der Stroganow entspricht dem Aeußern nicht, aber ich ziehe es doch, das seltsame Gebäude so wie es ist, den ungeschickten Copien der römischen Tempel weit vor, mit denen Moskau und Petersburg angefüllt sind.

Zum Beschlusse des Tages hörten wir noch ein russisches Vaudeville in dem Meßtheater an. Auch diese Vaudeville sind Uebersetzungen aus dem Französischen. Die Leute hier scheinen auf dieses neue Civilisationsmittel, das sie eingeführt haben, sehr stolz zu sein. Ueber den Eindruck des Schauspiels auf die Stimmung des Publicums konnte ich freilich nicht urtheilen, weil das Theater buchstäblich leer war. Außer der Langeweile und dem Mitleiden, welche man vor Schauspielern ohne Publicum fühlt, fand ich in diesem Theater auch den unangenehmen Eindruck, den in mir die Mischung von gesprochenen und gesungenen Scenen stets hervorbringt; denken Sie sich nun diese Barbarei ohne das Salz, das Pikante des französischen Esprit; wäre nicht der Gouverneur mit mir gewesen, ich wäre nach dem ersten Acte davon gelaufen. So mußte ich aushalten bis zuletzt.

Ich habe die Nacht hindurch geschrieben, um meine Langeweile zu vertreiben, aber diese Anstrengung hat mich unwohl gemacht. Ich habe das Fieber und lege mich nieder.

Manifest des Kaisers.

Wir, Nicolaus I., von Gottes Gnaden Kaiser und Selbstherrscher aller Reußen 2c.

„Die verschiedenen Modificationen, welche durch die Zeit und die Macht der Umstände in unser Geldsystem gekommen sind, haben zur Folge gehabt, daß man nicht nur den Bankassignationen, deren ursprünglicher Bestimmung zuwider, den Vorzug vor dem Silbergelde giebt, welches die Grundlage des Geldsystemes unseres Reiches bildet, sondern daß auch ein sehr wechselndes Agio entstanden ist, das fast an jedem Orte verschieden ist.

„In der Ueberzeugung von der unumgänglichen Nothwendigkeit, diese Schwankungen ohne Verzug zu beendigen, welche die Einheit und Uebereinstimmung unseres Geldsystemes zerstören und alle Classen der Bewohner unseres Reiches in Verluste und Verlegenheiten bringen, haben wir es bei unserer fortwährenden Sorge für das Wohl unserer getreuen Unterthanen für geeignet gehalten, entscheidende Maßregeln zu ergreifen, um die Unannehmlichkeiten zu beseitigen, die aus diesem Zustande hervorgehen, und deren Wiederkehr in der Zukunft zu hindern.

„Dem zu Folge und nach einer sorgfältigen Prüfung der verschiedenen sich daran knüpfenden Fragen in dem Reichsrathe, verordnen wir wie folgt.

„1. Indem wir die Bestimmungen des Manifestes des hochseligen Kaisers Alexander I. glorreichen Andenkens vom 20. Juni 1800 wieder in Kraft setzen, soll das Silbergeld Rußlands von nun an als das Haupt-Courantgeld des Reiches und der Silberrubel, so wie er jetzt existirt, mit seinen jetzigen Abtheilungen als die gesetzliche und unveränderliche Einheit des im Reiche coursirenden Geldes angesehen werden. Demnach müssen alle Steuern und Abgaben an den Staat, so wie die Ausgaben und Zahlungen des Schatzes in Zukunft in Silber berechnet werden.

„2. Da so der Silberrubel die Haupt-Courant-Münze geworden ist, so werden die Bankassignationen, ihrer ursprünglichen Bestimmung gemäß, ein stellvertretendes Werthzeichen bleiben. Von diesem Tage an ist ihnen ein für allemal ein bestimmter und

unveränderlicher Cours gegeben, der auf 3 Rubel und 50 Kope:
ken in Assignationen für einen Silberrubel, sowohl in Stücken
von einem Rubel und darüber, als in kleiner Münze festge:
setzt wird.

"3. Es ist einem Jeden freigestellt, nach diesem bestimmten
und unveränderlichen Cours, in Silbergeld oder in Assignationen
zu bezahlen a) alle Steuern und Abgaben an den Staat, die
Localabgaben und im Allgemeinen alle Abgaben, welche von der
Krone auferlegt und von ihr erhoben werden; b) alle nach spe:
ziellen Taxen geregelten Abgaben, z. B. das Porto für Briefe
und Packete, die Taxe der Postpferde, die Salzaccise, den Brannt:
weinpacht, das Stempelpapier, die Pässe 2c.; c) alle Zahlungen
an die Creditanstalten, an die Directionen milder Anstalten und
an die von der Regierung sanctionirten Privatbanken.

"4. Eben so werden alle Staatsausgaben und im Allgemei:
nen alle Zahlungen der Creditanstalten, so wie die Zinsen der
Schatzbillets und Staatsschulden, die in Assignationen berechnet
sind, nach demselben unveränderlichen Cours entweder in Silber
oder in Assignationen je nach dem, was sich in den Cassen befindet,
gezahlt werden.

"5. Alle oben genannten Zahlungen müssen von dem Tage
der Bekanntmachung des vorliegenden Manifestes an nach dem
oben bestimmten Cours geleistet werden. Da aber der festgesetzte
Cours für die Erhebung der Steuern, der in der Erwartung de:
finitiver Maßregeln über diesen Gegenstand für dieses Jahr auf
360 Kopeken belassen worden ist, bereits bestätigt wurde, so soll
er bis zum Jahre 1840 für die Erhebung der in Art. 3 unter
a und b erwähnten Steuern und Abgaben, sowie für die Zahlung
aller geregelten Ausgaben des Staates und andrer ähnlicher Zah:
lungen beibehalten werden. Der für die Erhebung der Zollabga:
ben bestimmte Cours soll ebenfalls unverändert bleiben bis zum
Jahre 1840, weil eine Abänderung mitten im Jahre Störungen
im Handel veranlassen würde.

"6. Alle Rechnungen, Contracte, und im Allgemeinen die
Geldgeschäfte aller Art, welche zwischen der Krone und den Pri:
vatpersonen vorkommen können, und im Allgemeinen alle Geschäfte
der Privatleute unter einander müssen einzig und allein in Sil:
bergeld gestellt werden. In Betracht daß jedoch, wegen der Größe

des Reiches diese Maßregel nicht gleichzeitig in dem ganzen Umfange des Landes zur Ausführung gebracht werden kann, wird die Zeit, in welcher sie Geltung erhält, auf den 1. Jan. 1840 festgesetzt, von welchem Tage an keine öffentliche Gerichts= oder Verwaltungsbehörde, kein Mäkler oder Notar irgend ein Geschäft in Assignationen annehmen oder legalisiren kann, bei Strafe, für die Uebertretung zur Verantwortung gezogen zu werden. Die Zahlungen aber, die durch alle Obligationen, Uebereinkünfte und Verabredungen bestimmt sind und entweder aus früherer Zeit sich herschreiben und auf Assignationen lauten, oder neu sind und nur auf Silber lauten, können nach Belieben in Silber oder in Assignationen nach dem oben in Art. 2. bestimmten Cours geleistet werden, und Niemand darf sich weigern, nach diesem Cours den einen oder den andern Werth ohne Unterschied anzunehmen.

„7. Die Quotität der Anleihen (auf Hypothek auf herrschaftliche Ländereien) bei den Creditanstalten wird gleichmäßig in Silber bestimmt und zwar zu 60 und 10, 60 und 45 Silberrubel für jedes männliche Individuum, das in der Volkszählung aufgenommen ist.

„8. Um in jeder möglichen Weise den freien Austausch des Geldes zu erleichtern, sollen die Bezirkskassen gehalten sein, so weit ihr Vorrath es erlaubt, zu demselben Cours von 3 Rubel 50 Kopeken die Assignationen gegen Silber und umgekehrt das Silber gegen die Assignationen auszutauschen und zwar bis zu 100 Silberrubel oder eine entsprechende Summe in Assignationen für jede Person, welche eine oder die andere Geldart zum Tausche bringt.

„9. Dem Vorstehenden zu Folge ist es sehr streng verboten, den Assignationen einen andern Cours zu geben, als den oben festgesetzten oder irgend ein Agio dem Silber oder den Assignationen hinzuzufügen. Von diesem Tage an muß der Wechselcours, so wie jede andere Notirung in den Preiscouranten rc. in Silber ausgedrückt sein und der Cours der Assignationen darf an den Börsen gar nicht mehr angegeben werden.

„10. Die Goldmünzen werden von den Kassen der Krone und den Creditanstalten zu 3 Proc. über ihren nominellen Werth und namentlich der Imperial für 10 Rubel 30 Kopeken Silber, und der halbe Imperial für 5 Rubel 15 Kopeken Silber angenommen und ausgegeben werden.

"11. Um jeden Vorwand zu Vexationen zu entfernen, wird den öffentlichen Cassen, so wie den Creditanstalten ausdrücklich verboten, die russischen Münzen, sowohl alte als neue, die man ihnen bringt, blos aus dem Grunde zurückzuweisen, daß sie nicht hinreichend markirt oder daß sie zu leicht wären, vorausgesetzt, daß das Gepräge erkennbar ist, und die Münzen nicht beschnitten oder durchbohrt sind.

"12. Bis die gegenwärtig im Umlauf befindliche Kupfermünze in directem Verhältniß zu dem des Silbers umgeschmolzen sein wird, wird der Cours derselben wie folgt festgesetzt: a) in Bezug auf das Silber sollen drei und ein halber Kupferkopek einem Silberkopeken gleich sein; b) diese Münze wird von der Krone in jeder Quantität bei Steuern und andern Abgaben angenommen, wenn nicht die Quantität der Zahlungen in Kupfer contractlich festgestellt ist; bei den Creditanstalten darf diese Menge nie zehn Kopeken in Silber übersteigen, und was die Zahlungen unter Privatpersonen betrifft, so hängen sie von den unter ihnen darüber verabredeten Bestimmungen ab.

"Gegeben in St. Petersburg am ersten Tage des Monats Juli im Jahre der Gnade 1839, in unserer Regierung im 14.

"Nicolaus."

Fünfunddreißigster Brief.

Wladimir, zwischen Nischnei und Moskau,
den 2. September 1843.

Ein Herr Jament erzählte mir in Nischnei, ein Deutscher, der neue Herr eines Dorfes, ein sehr erfahrner Oekonom, sei auf seinen Besitzungen ermordet worden, welche an die eines Herrn Merline grenzten, auch eines Fremden, durch den die Sache zu unserer Kenntniß gekommen ist.

Es erschienen bei jenem deutschen Herrn zwei Männer unter dem Vorwande, Pferde von ihm zu kaufen. Abends drangen sie in sein Zimmer ein und erschlugen ihn. Dies geschah, wie man versichert, in Folge einer Verschwörung der Bauern des Unglücklichen, die sich wegen der Neuerungen rächen wollten, die er in der Bearbeitung des Bodens einzuführen versucht hatte. Das Volk hat hier zu Lande eine Abneigung gegen Alles, was nicht russisch ist. Ich höre oft behaupten, man würde eines Tages alle Männer ohne Bart von einem Ende des Reiches bis zu dem andern ermorden sehen. An dem Barte erkennen die Russen einander.

In den Augen der Bauern ist ein Russe mit rasirtem Kinne ein von den Fremden erkaufter Verräther, der das Schicksal derselben zu theilen verdiene. Welche Strafe wollen die Ueberlebenden dann den Urhebern jener moskowitischen

Vesper zuerkennen? Man kann doch unmöglich ganz Rußland nach Sibirien schicken. Dörfer deportirt man wohl, Provinzen aber verbannt man nicht. Uebrigens fühlen die Bauern diese Strafe nicht, welche man gegen sie anwendet. Ein Russe findet überall da sein Vaterland wieder, wo es langdauernde Winter gibt; der Schnee hat immer ein und dasselbe Aussehen; das Leichentuch der Natur ist immer weiß, es mag sechs Zoll oder sechs Fuß dick sein; wenn man also den Russen seinen Schlitten und seine Hütte wieder bauen läßt, ist er überall zu Hause, wohin man ihn auch verbannt haben mag. In den nordischen Einöden kann man sich mit geringen Kosten ein Vaterland schaffen. Für einen Menschen, der nie etwas Anderes gesehen hat, als eisige Ebenen mit einigen mehr oder weniger verkrüppelten Bäumen, ist jedes kalte öde Land die Heimath. Uebrigens sind die Bewohner dieser Breiten stets geneigt, ihren Geburtsort zu verlassen.

Die Auftritte von Unordnung vervielfältigen sich auf dem Lande; jeden Tag hört man von einer neuen Schandthat erzählen, aber wenn man das Verbrechen erfährt, ist es bereits alt, was den Eindruck schwächt, und trotz so vielen einzelnen Verbrechen wird die Ruhe des Landes nicht fühlbar erschüttert. Ich habe übrigens bereits gesagt, daß bei diesem Volke die Ruhe durch die Langsamkeit und Schwierigkeit der Communication, so wie durch das geheime und eingestandene Wirken der Regierung erhalten wird, welche das Uebel aus Liebe zur bestehenden Ordnung fortpflanzt. Zu diesen Ursachen der Sicherheit kommt noch der blinde Gehorsam der Truppen, welcher hauptsächlich eine Folge der gänzlichen Unwissenheit der Leute vom Lande ist. Aber dieses Heilmittel ist merkwürdiger Weise zugleich die erste Ursache des Uebels, und man sieht also nicht, wie die Nation aus dem verderblichen Kreise herauskommen wird, in den sie durch die Um=

stande hineingebracht worden ist. Bis jetzt erhält sie das Böse und das Gute, das Verderben und das Heil aus einer und derselben Quelle, aus der Isolirung und der Unwissenheit, welche einander gegenseitig begünstigen, neu erzeugen und dauernd erhalten.

Sie können sich keine Vorstellung machen, wie ein Herr, der Besitz von einem Gute nimmt, das er erkauft hat, von seinen neuen Bauern empfangen wird; dieser Knechtssinn muß den Bewohnern unserer Länder unglaublich vorkommen: Männer, Frauen, Kinder, Alle fallen vor ihrem neuen Herrn auf die Kniee, Alle küssen ihm die Hände, bisweilen die Füße. Die, welche in dem Alter sind, daß sie sündigen können, beichten diesem Herrn freiwillig ihre Vergehen, denn er ist für sie das Ebenbild, der Gesandte Gottes auf Erden, zu gleicher Zeit der Stellvertreter Gottes und des Kaisers. Ein solcher Fanatismus in der Leibeigenschaft muß endlich selbst den, welcher ihr Gegenstand ist, in eine Illusion versetzen, besonders wenn er erst seit nicht langer Zeit zu dem Range gekommen ist, den er einnimmt. Dieser Glückswechsel blendet ihn dermaßen, daß er sich einredet, er sei nicht von derselben Art, wie die Menschen, die sich vor ihm niederwerfen, über die er plötzlich ein Recht zu befehlen erlangt hat. Es ist keine paradoxe Behauptung, wenn ich sage, nur die Geburtsaristocratie könnte die Lage der Leibeigenen in Rußland mildern und dieselben allmälig zur Freiheit überführen. Ihre jetzige Knechtschaft wird ihnen unerträglich den neuen Reichen gegenüber. Die alten werden unter ihnen geboren; es ist dies hart, aber sie werden doch bei ihnen, mit ihnen geboren; das ist ein Trost und dann ist die Gewohnheit des Herrschens dem einen natürlich, wie dem andern die Unterthänigkeit, und die Gewohnheit erleichtert Alles; sie mildert die

Ungerechtigkeit bei den Starken und erhöhert den Schwachen das Joch. Aus diesem Grunde bringt die Beweglichkeit des Vermögens und der Wechsel des Standes in einem Lande von Sclaven monströse Folgen hervor. Gleichwohl erhält diese Beweglichkeit die Dauer der jetzigen Ordnung der Dinge in Rußland, weil sie ihm eine Menge Menschen gewinnt, welche Vortheil daraus zu ziehen wissen, — wieder ein Beispiel, daß das Heilmittel aus dem Uebel selbst genommen wird. Schrecklicher Kreis, in welchem sich die Bewohner dieses unermeßlichen Landes fortwährend bewegen! Ein solcher socialer Zustand ist ein unentwirrbares Netz, in dem jede Masche ein Knoten wird, der sich bei der Bemühung, ihn zu lösen, fester zusammenzieht. Warum betet man den Herrn, diesen neuen Gott an? Weil er so viel Geld hatte, weil er so geschickt zu intriguiren verstand, um die Scholle kaufen zu können, mit welcher alle diese Menschen, die vor seinen Füßen liegen, verbunden sind. Der Emporkömmling erscheint mir als ein Ungethüm in einem Lande, wo das Leben des Armen von dem Reichen abhängt und wo der Mensch der Reichthum des Menschen ist. Die industrielle Bewegung und die Unveränderlichkeit der Leibeigenschaft, vereint in derselben Gesellschaft, bringen empörende Resultate hervor; aber der Despot liebt den Emporkömmling, er ist sein Geschöpf! — Können Sie sich die Lage eines neuen Herrn hier vorstellen? Gestern war sein Sclave seines Gleichen; seine mehr oder minder ehrliche Industrie, seine mehr oder minder niedrigen, mehr oder minder geschickten Schmeicheleien haben es ihm möglich gemacht, eine gewisse Anzahl seiner Genossen zu kaufen, die nun seine Leibeigenen sind. Das Lastthier von seines Gleichen zu werden, ist ein unerträgliches Uebel; aber dies Resultat kann bei einem Volk die gottlose Verbindung willkührlicher Gebräuche mit liberalen oder, um es richtiger auszudrücken, unbeständigen Institutionen hervorbringen; übrigens läßt sich der Reichgewordene die Füße nicht von Nebenbuhlern küssen, die er besiegte. Die empörendste Willkür ist die Grundlage der russischen Staatseinrichtung geworden.

Bemerken Sie zu gleicher Zeit eine seltsame Verwirrung in dem Geiste des russischen Volkes, welche die Folge der Regierungsweise ist, der es zu gehorchen hat. Der Mensch sieht sich unter dieser Regierung fest an den Grund und Boden gebunden, weil man ihn mit demselben verkauft. Statt nun anzuerkennen, daß er unveränderlich, der Boden dagegen beweglich ist, mit einem Worte statt zu wissen und zu gestehen, daß er diesem Boden angehört, indem vermittelst desselben andere Menschen despotisch über ihn verfügen, bildet er sich ein, der Boden gehöre ihm an. Der Irrthum reduzirt sich allerdings auf eine wirkliche optische Täuschung, denn wenn er auch Besitzer des Bodens zu sein glaubt, so begreift er doch nicht, daß man diesen verkaufen könne, ohne den darauf wohnenden Menschen mit zu verkaufen. Wenn er einen neuen Herrn erhält, so sagt er nicht, der Grund und Boden sei an den neuen Besitzer verkauft worden; er bildet sich ein, seine Person sei zuerst verkauft worden und dann habe man den Grund und Boden mit in den Kauf gegeben, den Boden, auf welchem er geboren wurde und den er bebaut, um seine Nahrung zu erhalten. Nun gebe man die Freiheit solchen Menschen, die, was ihre Kenntniß der socialen Gesetze betrifft, nicht viel höher stehen als Bäume und Pflanzen!

Herr Guibal (wenn ich Namen nenne, habe ich Erlaubniß dazu), der Sohn eines Schulmeisters, wurde ohne Ursache, wenigstens ohne Angabe einer Ursache und ohne daß er errathen konnte, wessen man ihn beschuldigte, in ein Dorf Sibiriens in der Nähe von Orenburg verbannt. Ein Lied, das er verfaßte, um seine Langeweile zu vertreiben, fällt einem Aufseher in die Hände und wird dem Gouverneur vorgelegt, dessen Aufmerksamkeit dasselbe erregt. Er schickt seinen Adjutanten zu dem Verbannten, um sich nach der Lage, der Angelegenheit, das Verhalten des Mannes zu erkundigen und sich zu überzeugen, ob er zu irgend etwas verwendet werden könne. Der Unglückliche flößt dem Adjutanten Interesse ein, der nach seiner Rückkehr in die Stadt einen sehr günstigen Bericht über Guibal erstattet. Derselbe wird sofort zurückberufen, aber nie hat er die wahre Ursache seines Unglücks erfahren können. Vielleicht war es ein anderes Lied.

Von solchen Umständen kann in Rußland das Schicksal eines Menschen abhängen!

Hier eine Geschichte anderer Art:

Auf den Besitzungen des Fürsten ** jenseits Nischnei läßt sich eine Bauerfrau für eine Hexe ausgeben und ihr Ruf breitet sich bald weithin aus. Man erzählt Wunder von dieser Frau, aber ihr Mann klagt; die Wirthschaft wird vernachlässigt und die Arbeiten werden ungethan. Der Intendant bestätigt in seinem Berichte die Klage gegen die Hexe.

Der Fürst bereiset seine Besitzungen und zuerst beschäftigt ihn bei seiner Ankunft dort die berühmte Besessene. Der Pope sagt ihm, der Zustand der Frau verschlimmere sich alle Tage, sie spreche nicht mehr und er sei entschlossen, den Exorcismus anzuwenden. Die Ceremonie erfolgt in Gegenwart des Herrn, bleibt aber ohne Erfolg; um der Sache ganz auf den Grund zu kommen, greift der Herr zu dem vorzugsweise russischen Mittel, er verurtheilt die Zauberin zu Schlägen. Dieses Mittel blieb nicht ohne Wirkung.

Bei dem fünfundzwanzigsten Hiebe bat sie um Gnade und schwur die Wahrheit zu sagen.

Sie ist mit einem Manne verheirathet, den sie nich

löst, und um nicht zum Vortheile ihres Mannes zu arbeiten, stellte sie sich besessen.

Diese Comödie unterstützte ihre Faulheit und sie machte überdies eine Menge von Kranken gesund, die voll Hoffnung und Vertrauen zu ihr kamen und geheilt sie verließen.

Die Zauberer sind unter den russischen Bauern nicht selten, denen sie zugleich als Aerzte dienen. Diese Betrüger machen zahlreiche und sehr schöne Curen, wie selbst Heilkünstler zugestehen.

Welcher Triumph für Molière und welcher Abgrund von Zweifeln für Alle! Die Phantasie! Wer weiß, ob nicht die Phantasie ein Hebel in der Hand Gottes ist, um ein beschränktes Geschöpf über sich selbst zu erheben? Ich für meinen Theil treibe den Zweifel so weit, daß ich wieder zum Glauben komme, denn ich glaube, meinem Verstand zum Trotze, daß der Zauberer selbst Unglückliche durch eine Kraft heilen kann, deren Existenz ich nicht leugnen mag, wenn ich sie auch nicht zu erklären weiß. Mit dem Worte Phantasie setzen sich unsere Gelehrten über die Erscheinungen hinweg, welche sie weder leugnen noch begreifen können. Die Phantasie wird für manchen Metaphysiker das, was die Nerven für gewisse Aerzte sind.

Der Geist wird fortwährend zum Nachdenken genöthigt von einem so außerordentlichen Anblicke, wie der der Gesellschaft und des Staates hier ist. Bei jedem Schritte, den man in diesem Lande thut, bewundert man, was die Staaten dadurch gewinnen, daß sie den Gehorsam absolut machen; aber man bedauert auch eben so oft, daß man nicht sieht, was die Gewalt gewinnen würde, wenn sie diesen Gehorsam moralisch zu machen und zu adeln suchte.

Ich erinnere mich dabei eines Ausspruches, der Ihnen beweisen wird, ob ich Recht habe, wenn ich glaube, daß es Männer, selbst viele Männer giebt, welche sich durch die Verehrung des Herrn durch die Leibeigenen täuschen lassen. Die Schmeichelei hat so große Gewalt auf das menschliche Herz, daß mit der Zeit selbst die ungeschicktesten Schmeichler, die Furcht und der Eigennutz, Mittel finden, ihren Zweck zu erreichen und sich Gehör zu verschaffen wie die geschicktesten. Aus diesem Grunde glauben viele Russen, sie hätten eine ganz andere Natur als die gewöhnlichen Menschen.

Ein unermeßlich reicher Russe, der aber über die Nichtigkeit des Reichthums und der Macht schon aufgeklärt sein sollte, denn das Vermögen seiner Familie schreibt sich von zwei Generationen her, kam aus Italien nach Deutschland. In einer kleinen Stadt wird er ernstlich krank und läßt den besten Arzt des Ortes zu sich rufen. Anfangs unterwirft er sich dem, was man ihm verordnet, als aber nach einigen Tagen das Uebel sich verschlimmert, wird der Patient seines Gehorsams überdrüssig, steht grimmig auf, zerreißt den Schleier der Civilisation, in den er sich in dem gewöhnlichen Leben hüllen zu müssen geglaubt hatte, wird wieder ganz er selbst, ruft den Wirth und spricht, indem er mit großen Schritten in dem Zimmer auf- und abgeht: „Ich begreife nicht, wie man mich behandelt; drei Tage schlucke ich nur schon Medicin, ohne daß es mir etwas nützt. Welchen Arzt haben Sie mir da rufen lassen? Weiß er denn nicht, wer ich bin?"

Da ich meinen Brief mit Anecdoten begonnen habe, so mag da noch eine, wenn auch minder pikante stehen, die Ihnen dazu dienen kann, eine richtige Vorstellung von dem Character und der Lebensweise der Personen aus der großen Welt in Rußland zu erhalten. Man liebt hier nur die Glücklichen und diese ausschließliche Liebe bringt bisweilen komische Auftritte hervor.

Ein junger Franzose hatte in einer Gesellschaft auf dem Lande allgemein gefallen. Jeder feierte ihn; es fehlte weder an Diners, noch an Promenaden, noch an Jagdpartien; auch war der Fremde ganz entzückt. Er rühmte gegen Jedermann die russische Gastlichkeit und das elegante Benehmen dieser so verläumdeten nordischen Barbaren. Einige Zeit darauf wird der junge Enthusiast in der benachbarten Stadt krank und so lange die Krankheit dauert, geben selbst seine vertrautesten Freunde kein Lebenszeichen von sich. So vergehen mehrere Wochen, zwei Monate; kaum läßt man sich von Zeit zu Zeit nach seinem Befinden erkundigen. Endlich siegt die Jugend und der Reisende wird troz dem Ortsarzte gesund. Sobald er wieder hergestellt ist, stürmt man wieder zu ihm, um seine Genesung zu feiern, als ob man während der ganzen Dauer seiner Krankheit nur an ihn gedacht hätte. Seine ehemaligen Wirthe äußern so große Freude, als hätten sie ihn vom Tode errettet. Man überhäuft ihn mit Betheuerungen der Theilnahme, bestürmt ihn mit neuen Plänen zu Lustbarkeiten und liebkoset ihn nach Katzenart; man besucht ihn, spielt Karte neben seinem Stuhle, erbietet sich, ihm ein Sopha, Eingemachtes, Wein ꝛc. zu schicken; kurz da er nichts mehr braucht, steht ihm Alles zu Diensten. Der Franzose hatte aber die Lehre benutzt, setzte sich eilig in den Wagen und sagte, er müsse schnell ein Land verlassen, das nur für die Glücklichen, Unterhaltenden, Nützlichen gastfrei sei.

Eine ausgewanderte alte und geistreiche französische Dame hatte sich in einer Provinzialstadt niedergelassen. Eines Tages wollte sie einen Besuch machen. In mehreren russischen Häusern giebt es Treppen mit gefährlichen Fallthüren. Die französische Dame, welche eine dieser trügerischen Klappen nicht bemerkt hatte, fiel etwa 15 Fuß hoch auf hölzerne

Stufen. Was that die Frau vom Hause? Sie werden es schwerlich errathen. Ohne sich zu überzeugen, ob die Unglückliche lebt oder todt ist, ohne zu ihr zu eilen, um sich nach ihrem Befinden zu erkundigen, ohne um Hilfe zu rufen, ohne wenigstens nach dem Chirurgen zu schicken, klagt sie den Zufall an und schließt sich fromm in den Betsaal ein, um die heilige Jungfrau zu bitten, der armen Todten und Verwundeten zu Hilfe zu kommen. Die Dame, die nur verletzt, nicht todt war, die kein Glied zerbrochen, hatte Zeit aufzustehen, in das Vorzimmer hinauf zu gehen und sich nach Hause bringen zu lassen, ehe ihre fromme Freundin von dem Betstuhle aufgestanden war. Man konnte diese sogar nicht anders bewegen aufzustehen, als indem man ihr durch die Thüre zurief, der Unfall habe keine ernste Folge gehabt und die Verletzte sei nach Hause zurückgekehrt, um sich da, aber blos aus Vorsorge, niederzulegen. Nun erwachte alsbald die thätige Menschenfreundlichkeit in dem betrübten Herzen der guten frommen Russin, die, dankbar für ihr wirksames Gebet, zu ihrer Freundin eilte, sich nicht abweisen ließ, an dem Bette der Kranken erschien und sie mit Betheuerungen der Theilnahme überhäufte, welche der Verunglückten wenigstens auf eine Stunde die Ruhe entzogen, deren sie bedurfte.

Dieser Vorfall ist mir von der Person selbst erzählt worden, welche der Unfall betroffen hatte. Wenn sie einen Fuß zerbrochen hätte, oder ohnmächtig geworden wäre, würde sie ohne Hilfe an der Stelle haben sterben können, wo sie von ihrer frommen Freundin verlassen wurde.

Hiernach darf man sich auch nicht wundern, wenn Leute in die Newa fallen und ertrinken, ohne daß Jemand daran denkt, ihnen beizustehen, ja ohne daß man wagt, von ihrem Tode zu reden.

Diese Seltsamkeiten des Gefühls finden sich in Rußland häufig und in allen Arten bei Leuten aus der großen Welte weil dieselben vollkommen und für Alles blasirt sind. Eine vornehme Dame in Petersburg ist mehrere Male verheirathet gewesen; sie verbringt den Sommer in einem herrlichen Landhause einige Stunden von der Stadt und in ihrem Garten befinden sich die Gräber aller ihrer Männer, die sie leidenschaftlich zu lieben anfängt, sobald sie todt sind; sie baut ihnen Mausoleen und Kapellen, weint auf ihrer Asche und bedeckt die Grabmäler mit sentimentalen Inschriften, mit einem Worte sie hat einen für die Lebenden beleidigenden Cultus der Todten eingeführt. So wird der Park der Dame ein wahrer Gottesacker und ein trauriger Ort für Jeden, der nicht, wie die edle Dame, die Verstorbenen und die Gräber liebt.

Man darf sich über nichts wundern, was Gefühllosigkeit oder Gefühlsschwärmerei bei einem Volke verräth, das die Eleganz so gewissenhaft in's Einzelne gehend studirt, wie man sich etwa in der Kriegs= oder Regierungskunst unterrichtet. Hier ein Beispiel von diesem ernsten Interesse, das die Russen an den kindischesten Dingen nehmen, sobald sie von denselben persönlich berührt werden.

Ein Nachkomme der alten Bojaren, der reich und bejahrt war, wohnte auf dem Lande in der Gegend von Moskau. In seinem Hause lag ein Detaschement Husaren mit den dazu gehörigen Offizieren. Es war um Ostern. Die Russen begehen dieses Fest mit ganz besonderer Feierlichkeit. Alle Personen einer Familie, so wie ihre Freunde und Nachbarn kommen zusammen, um die Messe zu hören, welche an diesem Tage um Mitternacht gelesen wird.

Da der erwähnte Schloßherr der angesehenste Mann in der Gegend war, so erwartete er eine große Anzahl Gäste für die Osternacht, um so mehr, da er dieses Jahr seine Kirche mit vielem Luxus hatte restauriren lassen.

Zwei oder drei Tage vor dem Feste wurde er durch eine Anzahl Pferde und Wagen geweckt, die auf einem Damm in der Nähe seiner Wohnung vorbeizogen. Das Schloß lag, wie man es sehr häufig findet, ganz am Rande eines kleinen Teiches; die Dorfkirche stand an der entgegengesetzten Seite, am Ende des Dammes, welcher die Straße von dem Schlosse nach dem Dorfe bildete.

Verwundert über das ungewohnte Geräusch mitten in der Nacht, stand der Schloßherr auf, trat an sein Fenster, und bemerkte mit Erstaunen im Lichte einer Anzahl Fackeln einen schönen Wagen mit vier Pferden und zwei Vorreitern.

Er erblickte den ganz neuen Wagen sowie den Mann, welchem derselbe gehörte, einen der Husarenoffiziere, die in seinem Hause einquartiert waren, und der kürzlich durch eine Erbschaft reich geworden war. Er hatte eben Pferde und einen Wagen gekauft und ließ sie in das Schloß bringen. Der alte Herr, der ihn ganz allein, in der Nacht, auf dem Lande in dem offenen Wagen sich brüsten sah, hielt ihn für verrückt, sah der eleganten Equipage und den Leuten nach, welche dieselbe umgaben, und bemerkte, daß sie sich in guter Ordnung nach der Kirche begaben, und an der Thüre derselben anhielten. Hier stieg der Besitzer gravitätisch aus dem Wagen mit Hilfe seiner Diener, die an den Schlag eilten, um dem jungen Offizier den Arm zu bieten, obgleich derselbe gewandter war als seine Leute, eben so jung und also die Beihilfe wohl entbehren konnte.

Kaum hatte er den Boden berührt, als er langsam und majestätisch wieder in den Wagen stieg, nochmals auf dem Damme herum fuhr, wieder an der Kirche erschien und dieselbe Ceremonie wie vorher wiederholte. Dieses Spiel wurde fortgesetzt bis der Morgen tagte. Nach der letzten Probe gab der Offizier Befehl, ohne Geräusch und im Schritte in das Schloß zurück zu fahren. Einige Augenblicke später hatten sich Alle niedergelegt.

Den andern Tag hatte der Hausherr nichts Eiligeres zu thun, als seinen Gast, den Husarencapitain, zu fragen, was die nächtliche Promenade und Evolution der Leute um den Wagen und seine Person her bedeuten sollten. „Durchaus nichts," antwortete der Offizier, ohne im mindesten Verlegenheit zu verrathen; „meine Diener sind Neulinge; Sie werden am Ostertage viele Gäste haben, und ich wollte meinen Eintritt in die Kirche einüben." —

Ich habe Ihnen nur noch meine Abreise aus Nischnei zu erzählen. Sie werden sehen, daß sie minder glänzend war, als die nächtliche Spazierfahrt des Husarencapitains.

An dem Abende, an welchem ich mit dem Gouverneur in dem leeren Theater gewesen war, begegnete ich bei dem Austritt aus demselben einem Bekannten, der mich in das Kaffeehaus der Zigeunerinnen in dem belebtesten Theile des Meßplatzes führte. Es war fast Mitternacht, dieses Haus aber noch voll Menschen, Licht und Lärm. Die Mädchen kamen mir reizend vor; ihre Tracht, obgleich scheinbar dieselbe wie die der andern Russinnen, erhält bei ihnen einen eigenthümlichen Character, es liegt in ihrem Blicke, in ihren Zügen etwas Zauberisches, und ihre Stellungen sind graziös, obgleich oft imponirend. Mit einem Worte, sie haben etwas von den Sibyllen Michel Angelo's.

Ihr Gesang ist ungefähr eben so wie jener der Zigeuner in Moskau, aber er kam mir noch ausdrucksvoller, stärker und mannichfaltiger vor. Man versichert auch, daß sie stolz sind; sie sind leidenschaftlich, aber weder leichtfertig noch frech, und weisen oft, wie man sagt, sehr vortheilhafte Anträge zurück.

Ich wundere mich immer mehr über den Rest der Tugend bei Leuten, die keine besitzen. Es ist mit den ihres Standes wegen sehr verschiedenen Personen oft wie mit den Nationen, die durch ihre Regierungen verdorben werden, aber doch treffliche verkannte Eigenschaften besitzen, während man im Gegentheil unangenehm überrascht wird, wenn man die Schwäche berühmter Leute und den kindischen Character der sogenannten gut regierten Völker entdeckt. Die Zustände der menschlichen Tugenden sind fast immer für den Gedanken der Menschen undurchdringliche Geheimnisse.

Die Idee der Rehabilitation, die ich hier nur andeute, ist durch einen der berühmtesten Männer unserer Zeit und aller Zeiten in ihr volles Licht gestellt, und mit dem Glanze eines gewaltigen Talentes vertheidigt worden. Victor Hugo scheint mit seinen Bühnenstücken der Welt das enthüllen zu wollen, was Menschliches, d. h. Göttliches in der Seele der Geschöpfe Gottes zurückgeblieben ist, die von der Gesellschaft am meisten geschmäht und verachtet werden. Dieser Zweck ist mehr als moralisch, er ist religiös. Wer den Kreis des Mitleidens erweitert, thut ein frommes Werk; der Mensch ist oft aus Leichtsinn, aus Gewohnheit, aus Princip grausam, noch öfterer aus Irrthum; wer diese Wunden der verkannten Herzen, wenn es möglich ist, heilt, ohne andere ebenfalls des Mitleids würdige Herzen noch tiefer zu verletzen, wirkt in dem Plane der Vorsehung und erweitert das Reich Gottes.

Es war schon spät in der Nacht, als wir das Kaffeehaus der Zigeunerinnen verließen. Eine Gewitterwolke, welche sich über der Ebene entlud, hatte plötzlich die Temperatur geändert. Große Wasserpfützen bedeckten die breiten langen Straßen des öden Meßplatzes, und unsere Pferde, die im Galopp durch diese Teiche und über diesen aufgeweichten Boden liefen, bespritzen uns in meinem offnen Wagen; schwarze Wol-

ten verkündeten neue Regengüsse für den übrigen Theil der
Nacht, während Windstöße uns stoßweise das Wasser, das
von den Dächern tropfte, in das Gesicht warfen. „Nun ist
der Sommer vorbei," sagte mein Begleiter. — „Ich fühle
es nur zu wohl," antwortete ich. Ich fror wie im Winter
und hatte keinen Mantel. Vormittags verbrannte man in
der Sonnengluth, und Abends erfror man; ich schrieb zwei
Stunden lang an Sie, dann legte ich mich halberfroren nieder. Am andern Morgen, als ich aufstehen wollte, war ich
schwindlig und sank wieder auf mein Bett, ohne mich an-
kleiden, ohne ausgehen zu können.

Dies war mir um so unangenehmer, als ich denselben
Tag nach Kasan abreisen sollte; ich wollte Asien wenigstens
betreten, und hatte schon ein Fahrzeug gemiethet, das mich
die Wolga hinabbringen sollte, während mein Feldjäger meinen Wagen leer nach Kasan gebracht haben würde, damit
ich nach Nischnei zurück zu Lande reisen könnte. Mein Eifer
hatte sich freilich etwas gelegt, seit mir der Gouverneur von
Nischnei stolz Ansichten von Kasan gezeigt. Eine Stadt ist
wie die andere von einem Ende Rußlands bis zum andern:
der große Platz, die großen Straßen mit kleinen sehr niedrigen Häusern; an diesem Platze das Haus des Gouverneurs,
ein schönes Gebäude mit Säulen und römischem Fronton,
Verzierungen, die in einer tartarischen Stadt noch weniger an
ihrem Platze sind, als in den russischen Städten; die Ka-
serne, die Kathedralen nach Art von Tempeln, nichts fehlte;
ich fühlte, daß dies die Mühe nicht lohne, meine Reise um
zweihundert Stunden auszudehnen. Aber die Grenze Sibiriens und die Erinnerungen an die Belagerung unter Iwan IV.
lockten mich doch noch immer. Trotzdem mußte ich diesen
Ausflug aufgeben, und mich vier Tage lang ruhig verhalten.

Der Gouverneur besuchte mich mit vieler Artigkeit auf

meinem schlechten Lager. Am vierten Tage endlich, da das Uebelbefinden immer noch zunahm, entschloß ich mich, einen Arzt rufen zu lassen. Dieser sagte zu mir: „Sie haben kein Fieber, Sie sind noch nicht krank, aber Sie werden es werden, wenn Sie noch drei Tage in Nischnei bleiben. Ich kenne den Einfluß dieser Luft auf gewisse Temperamente; reisen Sie also ab; sobald Sie zehn Stunden weit fort sind, werden Sie sich erleichtert fühlen, und den nächsten Tag ganz gesund sein."

„Aber ich kann weder essen, noch schlafen, noch stehen, noch mich rühren ohne die heftigsten Kopfschmerzen," entgegnete ich; „was soll aus mir werden, wenn ich unterwegs anhalten muß?"

„Lassen Sie sich in Ihren Wagen tragen; die Herbstregen beginnen; ich bürge nicht für Sie, wenn Sie in Nischnei bleiben."

Der Doctor ist ein gebildeter und erfahrener Mann, und hat sich mehrere Jahre in Paris aufgehalten, nachdem er in Deutschland studirte. Ich traute seinem Blicke, und den andern Tag stieg ich bei heftigem Regen und eiskaltem Winde in den Wagen. Ein vollkommen gesunder Reisender hätte den Muth verlieren können. Schon bei der zweiten Station begann indeß die Prophezeihung des Arztes in Erfüllung zu gehen; ich athmete freier, wenn ich auch noch sehr matt war. Die Nacht über mußte ich in einem sehr schlechten Quartier bleiben; den andern Tag war ich gesund.

Während der Zeit, die ich in Nischnei im Bette zubrachte, langweilte sich mein schützender Spion oder spionirender Beschützer. Eines Morgens sagte er deutsch zu meinem Bedienten:

„Wann reisen wir ab?"

„Ich weiß es nicht; der Herr ist krank."

„Ist er krank?"

„Glauben Sie, daß er zum Vergnügen im Bette und in dem Zimmer bleibt, das Sie ihm gesucht haben?"

„Was fehlt ihm?"

„Ich weiß es nicht."

„Warum ist er krank?"

„Fragen Sie ihn darüber selbst."

Dieses Warum schien mir des Erwähnens werth zu sein.

Dieser Mann hat mir den Auftritt mit dem Wagen nicht verziehen. Seit diesem Tage ist sein Benehmen und sein Gesichtsausdruck verändert, was mir beweist, daß auch bei den ganz verstellten Characteren irgend ein Winkelchen natürlich bleibt. Ich weiß ihm deßhalb seinen Groll gewissermaßen Dank, da ich ihn eines solchen natürlichen Gefühls gar nicht fähig hielt.

Die Russen sind, wie alle neuen Ankömmlinge in der civilisirten Welt, außerordentlich empfindlich; sie geben gar nichts Allgemeines zu und nehmen Alles für Persönlichkeiten. Frankreich wird nirgends schlechter gewürdigt; die Denk- und Sprechfreiheit wird in Rußland am allerwenigsten begriffen; diejenigen, welche sich stellen, als beurtheilten sie unser Vaterland, behaupten, sie glaubten nicht, daß der König die Schriftsteller ungestraft lasse, welche ihn täglich in Paris beleidigen.

„Die Thatsache steht aber doch fest," antwortete ich.

„Ja, man spricht von Toleranz," entgegnen sie schalkhaft; „das mag für die Menge und für die Fremden gut sein; aber man straft die zu kühnen Journalisten im Geheimen."

Wenn ich versichere, daß in Frankreich Alles öffentlich ist, lacht man pfiffig, schweigt artig und glaubt mir nicht.

Die Stadt Wladimir wird in der Geschichte oft genannt-

Sie hat dasselbe Aussehen wie jede russische Stadt, das Sie nun genugsam kennen. Die Gegend, welche ich von Rischnei aus durchreist habe, gleicht ebenfalls dem, was sie von Rußland bereits kennen; sie ist ein Wald ohne Bäume, der durch eine Stadt ohne Bewegung unterbrochen wird. Denken Sie sich Casernen in Sümpfen oder Haiden, je nach der Beschaffenheit des Bodens. Wenn ich den Russen sage, ihre Wälder wären schlecht gepflegt und es würde ihnen an Brennmaterial fehlen, lacht man mir in das Gesicht. Man hat berechnet, wie viele Tausende von Jahren dazu gehörten, um die Wälder niederzuschlagen, welche den Boden eines unermeßlichen Theiles des Reiches bedecken, und diese Berechnung widerlegt Alles. Man bezahlt hier mit Worten wie in allen Dingen. Es steht in den Etats geschrieben, welche jeder Provinz-Gouverneur einsendet, daß das und das Gouvernement so und so viel Acker Wald enthält. Darnach macht die Statistik ihre Berechnung, aber der Rechner begiebt sich keineswegs, ehe er seine Summe zu einem Ganzen addirt, an Ort und Stelle, um zu sehen, was die auf dem Papiere verzeichneten Wälder sind. Er würde meist nichts weiter, als einen Haufen von Gebüsch finden oder sich in Haiden verirren, wo hier und da Binsen und Farrenkräuter wachsen. Indeß macht sich die Abnahme der Flüsse bereits fühlbar und dieses für die Schiffahrt beunruhigende Symptom kann nur durch das Niederschlagen der Bäume in der Nähe der Quellen und am Ufer der Flüsse erklärt werden. Da aber die Russen günstige Berichte in den Mappen haben, so kümmern sie sich wenig um die Verschwendung des einzigen natürlichen Reichthumes ihres Bodens. Ihre Waldungen sind unermeßlich — in den Büreau's des Ministeriums und damit begnügen sie sich. In Folge dieser Verwaltungsruhe kann man den Augenblick vorhersehen, wann sie ihre Feuer mit den Papierhaufen unterhalten werden, die in ihren Kanzleien aufgethürmt sind. Dieser Reichthum vermehrt sich alle Tage.

Das, was ich Ihnen da sage, ist kühn; selbst empörend; die empfindliche Eitelkeit der Russen legt den Fremden Schicklichkeitspflichten auf, denen ich mich nicht unterwerfe und von denen Sie sich keine Vorstellung machen. Meine Aufrichtigkeit macht mich in den Augen dieser Leute schuldig. Da sehe man die Undankbarkeit; Der Minister giebt mir einen Feldjäger; die Anwesenheit dieser Uniform reicht hin, mir die Langeweile der Reise zu ersparen und ich bin nun der Meinung der Russen nach verpflichtet, Alles bei ihnen zu billigen und zu rühmen. Dieser Fremde, denken sie, würde gegen alle Gesetze der Gastfreundschaft verstoßen, wenn er sich erlaubte, ein Land zu critisiren, in welchem man ihm so viele Rücksichten schenkt. Wie entsetzlich! Trotzdem halte ich mich noch für frei, um Ihnen das zu schildern, was ich sehe und es zu beurtheilen. Sie werden über unwürdiges Benehmen schreien. Sie sollen aber, ob ich gleich für mein Geld und durch meine Empfehlungsschreiben einen Courrier erhalten habe, wissen; daß wir, hätte ich die Reise nach Nischnei blos mit einem Diener unternommen, wenn er auch russisch verstünde, wie ich französisch, durch die Spitzbübereien der Postmeister auf allen etwas entlegenen Stationen aufgehalten worden sein würden. Man würde uns zuerst Pferde verweigert, dann, wenn wir dringend geworden, in allen Ställen herumgeführt und uns gezeigt haben, daß sie leer sind, worüber wir uns mehr geärgert als gewundert haben würden, da wir voraus gewußt, daß der Postmeister gleich bei unserer Ankunft alle Pferde in Verstecke bringen ließ, die den Fremden nicht zugänglich sind. Nach einer Stunde würde man uns endlich ein sogenanntes freies Gespann gegeben und der Bauer, dem es angehören sollte, für die Ueberlassung desselben zwei bis dreimal so viel verlangt haben, als der Tarif der kaiserlichen Posten beträgt. Wir würden uns erst geweigert haben, diesen Preis zu zahlen, endlich aber uns genöthigt gesehen haben, zu bitten, jene theuern Pferde nur zu bringen, und die Leute so zu bezahlen, wie sie es verlangt. Dieselbe Scene würde sich auf jeder Station wiederholt haben. So reisen in diesem Lande die unerfahrenen und schutzlosen Fremden. Trotzdem behauptet man, die Post sei in Rußland sehr wohlfeil und man reise da sehr schnell.

Sind Sie aber nicht auch der Meinung, daß ich zwar die Gunst gebührend zu würdigen habe, die mir durch den Generaldirector der Posten gewährt worden ist, daß mir aber doch das Recht bleibe, Ihnen zu sagen, welche Unannehmlichkeiten mir seine Gefälligkeit erspart?

Die Russen sind immer auf ihrer Hut vor der Wahrheit, die sie fürchten; da ich aber einem Staate angehöre, wo Alles bei hellem Tage geschieht, wo Alles veröffentlicht und erörtert wird, so kümmere ich mich nicht um die Bedenklichkeiten dieser Leute, bei denen nichts ausgesprochen wird. Das Reden ist in Rußland unanständig; wer einen Beweis von Tact und gutem Ton geben will, darf nur einige sinnlose Töne dem Andern in das Ohr flüstern und muß nach jeder unbedeutenden Redensart bitten, ja nichts weiter davon zu sprechen. Jedes bestimmte deutliche Wort ist ein Ereigniß in einem Lande, wo nicht allein das Aussprechen der Meinungen untersagt ist, sondern wo man sogar die beglaubigten Thatsachen nicht erzählen darf. Ein Franzose muß diese Lächerlichkeit erwähnen, nachahmen kann er sie nicht.

Rußland hat Polizei; wenn es Civilisation erhalten wird, weiß Gott.

Der Fürst, der die Ueberzeugung für nichts rechnet, zieht Alles an sich unter dem Vorwande, eine strenge Centralisation sei bei der Regierung eines so ausgedehnten Reiches wie Rußland unumgänglich nothwendig. Dieses System ist vielleicht die nothwendige Vervollständigung des Prinzips des blinden Gehorsams; aber der aufgeklärte Gehorsam würde die falsche Idee der Vereinfachung bekämpfen, welche seit länger als einem Jahrhunderte den Geist der Nachfolger des Czar Peter und selbst den Geist ihrer Unterthanen beherrscht. Die zu diesem Uebermaße getriebene Vereinfachung ist keineswegs Macht, sondern Tod. Die absolute Autorität hört auf eine wirkliche zu sein und wird ein Phantom, wenn sie nur auf Menschen *schatten* wirkt.

Rußland wird erst wahrhaft eine Nation werden, wenn der Beherrscher das freiwillig wieder gut macht, was Peter I. verdorben hat. Wird aber in einem solchen Lande ein Fürst aufstehen, der Muth genug besitzt, um laut zu gestehen, daß er nur ein Mensch sei?

Man muß nach Rußland kommen, um die ganze Schwierigkeit dieser politischen Reformation zu erkennen und sich zu überzeugen, welche Characterstärke dazu gehört, um sie durchzuführen.

Fortgesetzt in einem Posthause zwischen Wladimir und Moskau, den 2. September 1839.

Sie werden schwerlich errathen, in welcher Gefahr ich diesen Morgen gewesen bin. Ueberdenken Sie alle Unfälle, welche einen Reisenden auf der Straße in Rußland betreffen können; Ihre Kenntnisse, Ihre Phantasie werden nicht hinreichen, das zu errathen, was mein Leben bedrohte. Die Gefahr war so groß, daß ohne die Gewandtheit, die Kraft und Geistesgegenwart meines italienischen Dieners ich Ihnen nicht würde schreiben können, was Sie lesen werden:

Der Schah von Persien muß ein Interesse haben, sich die Freundschaft des Kaisers von Rußland zu erwerben und aus diesem Zwecke, weil er wahrscheinlich das Meiste von den größten Geschenken erwartet, schickte er dem Czar einen der größten schwarzen Elephanten Asiens. Dieser wandelnde Thurm ist mit kostbaren Teppichen bekleidet, welche die Reitdecke des Riesen bilden; das monströse Thier ist von einer Bedeckung zu Pferde begleitet, die einem Heuschreckenschwarm gleicht, und dem Zuge folgt eine Reihe von Kameelen, die neben diesem Elephanten, dem größten, den ich gesehen habe und der in der Welt existiren mag, wie Esel aussehen; oben auf diesem lebendigen Hause sitzt ein Mensch von olivenbrauner Farbe in orientalischer Kleidung, der einen ausgespannten Sonnenschirm trägt. Während man nun diesen Fürsten der Wüste nöthigt, zu Fuße nach Moskau und Petersburg zu wandern, wo das Clima ihn bald in die Sammlung der Mastodonten und Mammuths einreihen wird, fahre ich mit Extrapostpferden von Nischnei nach Moskau auf der Straße von Wladimir und meine Abfahrt muß gerade mit dem Aufbruche der Perser zusammentreffen, so daß ich an einem gewissen Punkte der öden Straße, auf der sie in dem majestätischen Schritte ihres königlichen Thieres hinziehen, sie einhole und meine russischen Pferde neben dem Riesen vorüber müssen. Alle diese Umstände müssen Sie zusammenhalten, um sich die homerische Furcht meiner Pferde zu erklären, als sie die lebende Pyramide inmitten einer Schaar seltsamer Menschen= und Thiergestalten sich bewegen sahen.

Die Angst meiner vier Pferde, als sie sich diesem Coloß mit eisenfarbigen Füßen näherten, der mit Purpurschmuck behangen war, äußerte sich zuerst durch ein Zittern an allen Gliedern, durch Wiehern, durch ungewöhnliches Schnauben und dann durch die Weigerung, weiter zu gehen. Das Zureden, die Peitsche und die Hand des Postillons brachten sie indeß bald dahin, den phantastischen Gegenstand ihrer Furcht auszustechen; sie unterwarfen sich zitternd, mit sträubender Mähne; kaum aber hatte die doppelte entgegengesetzte Furcht in ihnen zu wirken begonnen, kaum setzten sie an, dem Ungeheuer sich zu nähern, indem sie in mäßigem Laufe an den geputzten Seiten desselben hinliefen, als sie sich gleichsam einen Vorwurf wegen ihres tollkühnen Muthes machten, der eigentlich nichts weiter war als unterdrückte Furcht, diese Furcht frei walten ließen und weder die Stimme des Kutschers noch die Zügel beachteten. Kaum merkten sie, daß das Ungeheuer hinter ihnen sei, als sie durchgingen und im gestreckten Galopp davonliefen, ohne zu wissen, wohin. Diese Furcht der Pferde konnte uns das Leben kosten; der Postillon, der nichts mehr thun konnte, blieb unbeweglich auf dem Bocke und ließ die Zügel nach; der Feldjäger, der neben ihm saß, theilte die Verwunderung und war eben so unthätig. Ich und Antonio saßen bleich und stumm in dem Wagen, der wegen des unsichern Wetters und meines Unwohlseins zugemacht war. Unser Wagen hat keine Thüre und man muß über den Rand steigen, wenn man hinaus oder herein will, was um so schwieriger ist, wenn das Verdeck heruntergelassen ist. Mit einem Male verließen die Pferde in ihrem Schwindel die Straße und fingen an, einen fast ganz steilen acht Fuß hohen Damm hinan zu laufen; eines der kleinern Räder gelangte in den Kies dieses Straßendammes hinein; schon waren zwei Pferde auf den Damm hinauf, ohne die Stränge zerrissen zu haben; ich sah ihre Füße in gleicher Höhe mit unsern Köpfen; noch einen Ruck und der Wagen mußte folgen; da er aber nicht hinauf konnte, so mußte er umwerfen und zertrümmert werden, während die Pferde die Trümmer mit uns nachschleppten, bis wir alle um's Leben gekommen sein würden. Ich glaubte wirklich, es sei um uns geschehen. Die Kosaken, welche den hohen Reisenden der Gefahr wegen begleiteten, waren, als sie unsere gefährliche Lage sahen, so klug, uns nicht zu folgen, um unsre Pferde nicht noch mehr anzutreiben; aber diese Klugheit nützte uns nichts. Ich dachte nicht einmal daran, aus dem Wagen zu springen und empfahl meine Seele Gott, als Antonio verschwand. Ich glaubte, er sei todt; das Wagenverdeck und die Ledervorhänge ließen mich den Vorgang nicht sehen, aber in demselben Augenblicke fühlte ich, daß der Wagen still stand. „Wir sind gerettet!" rief mir Antonio zu. Dieses wir bezog sich nur auf mich, denn er selbst war außer Gefahr, sobald er ohne Unfall aus dem Wagen gelangt war. Er hatte mit seltener Geistesgegenwart den einzigen günstigen Augenblick erkannt, in welchem er ohne Gefahr hinausspringen konnte; dann war er mit der Gewandtheit, welche große Aufregung giebt, ohne daß man erklären kann wodurch, auf den Damm hinaufgekommen vor die beiden Pferde, welche denselben bereits erstiegen hatten und deren verzweifelte Anstrengungen Alles zu verderben drohten. Der Wagen wollte umschlagen, als die Pferde still standen; der Postillon und der Feldjäger aber, denen das Beispiel Antonio's Muth machte, hatten Zeit, ebenfalls herunter zu springen. Der Postillon war im Nu vor den beiden Pferden; die noch auf der Straße geblieben und von den beiden andern getrennt waren, weil eine Deichselkette gesprungen. Der Feldjäger stützte unterdeß den Wagen. Fast in demselben Augenblicke kamen die Kosaken vom Elephanten her im Galopp uns zu Hülfe; ich mußte aus

steigen und sie halfen meinen Leuten die noch immer zittern=
den Pferde halten. Nie bin ich dem äußersten Unglück näher
gewesen, und wie wohlfeiler davon gekommen; es fehlte kein
Nagel am Wagen, kein Strang war gerissen, nur die eine
Kette gesprengt und ein Gebiß zerbrochen.

Nach einer Viertelstunde saß Antonio wieder ruhig neben
mir im Wagen und nach einer zweiten Viertelstunde schlief
er, als hätte er nicht uns Allen das Leben gerettet.

Während man unser Gespann wieder in Ordnung brachte,
wollte ich mich der Ursache dieses Unfalls nähern. Der
Cornac hatte glücklicherweise den Elephanten in den Wald
an der Straße gebracht. Das schreckliche Thier kam mir
noch größer vor seit der Gefahr, in welche mich dasselbe ge=
bracht hatte; sein Rüssel, den es in die Gipfel der Birken
hinaufstreckte, sah aus wie eine Boa. Ich fing an, meinen
Pferden Recht zu geben, denn das Ungethüm konnte aller=
dings großen Schrecken erregen. Zu gleicher Zeit kam mir
die Verachtung, mit welcher diese ungeheure Fleischmasse
auf unsere kleinen Körper herabsehen mußte, komisch vor.
Der Elephant warf von seinem gewaltigen Kopfe aus seinem
klugen lebhaften Auge einen unbeachtenden Blick auf die
Menschen; ich kam mir ihm gegenüber wie eine Ameise
vor, floh erschreckt und dankte Gott, daß ich einem schreck=
lichen Tode entgangen war, der einen Augenblick unver=
meidlich zu sein schien.

Fortgesetzt in Moskau den 5. September 1809, Abends.

In Moskau hat seit mehreren Monaten unausgesetzt
eine außerordentlich große Hitze geherrscht; ich finde hier die
Temperatur wieder, welche ich verlassen hatte. Es ist ein
völlig ungewöhnlicher Sommer. Die Trockenheit treibt über

die volkreichsten Theile der Stadt, einen röthlichen Staub empor, der Abends so phantastische Effecte hervorbringt, wie bengalisches Feuer; es sind wahre Theaterwolken. Heute wollte ich um die Zeit des Sonnenunterganges dieses Schauspiel im Kreml beobachten, um den ich mit eben so großer Bewunderung und fast ebenso überrascht wie das erste Mal außen herumgegangen bin.

Die Stadt der Menschen war von dem Palaste der Riesen durch eine Glorie Correggio's getrennt; es war eine großartige Verbindung der Wunder der Materie und der Poesie.

Der Kreml empfing, als der höchste Punkt des Gemäldes, die letzten Strahlen des Tages, während die Dünste der Nacht die übrige Stadt bereits umhüllten. Die Phantasie fühlte ihre Grenzen nicht mehr; das Weltall, die Unendlichkeit, Gott selbst gehörte dem Dichter an, dem Zeugen eines so majestätischen Schauspiels; es war Martin, der Colorist, oder vielmehr es war das lebende Modell seiner außerordentlichsten Gemälde. Das Herz schlug mir vor Scheu und Bewunderung; ich sah die ganze Schaar der übernatürlichen Gäste des Kreml sich wiederum aufrichten; ihre Gestalten glänzten wie Dämonen, auf Goldgrunde gemalt, und sie schritten strahlend nach den Regionen der Nacht zu, als wollten sie den Schleier derselben zerreißen. Ich erwartete nur noch den Blitz; es war schrecklich schön.

Die weißen und unregelmäßigen Mauern des Palastes warfen ungleich das schiefe Licht einer bewegten Dämmerung zurück; diese verschiedenartigen Tinten waren das Resultat der verschiedenen Neigungsgrade gewisser Wandfelder, der leeren und ausgefüllten Stellen, welche die Schönheit dieser barbarischen Bauart ausmachen, deren seltsame Launen zwar die Sinne nicht angenehm ansprechen, desto lauter aber zu den Gedanken reden. Es war dies so staunenswürdig, so schön, daß ich nicht umhin konnte, den Kreml noch einmal zu erwähnen.

Aber beruhigen Sie sich, es ist dies das letzte Mal.

Einige klagende Gesänge von Arbeitern, welche von den Echos wiederholt wurden, drangen von der Höhe der Terrassen, die hinter Gerüsten halb versteckt waren, herunter und hallten von Gewölbe zu Gewölbe, von Zinne zu Zinne, von Abgründen zu Abgründen, die von Menschenhand gebaut wurden, und von denen sie zurückprallend bis an mein von unbeschreiblicher Melancholie ergriffenes Herz schlugen. Umher wandernde Lichter zeigten sich in der Tiefe des königlichen Gebäudes; die öden Galerien und langen gewölbten Thore trugen einander Menschenstimmen zu, die man mit Verwunderung zu dieser Zeit in diesen einsamen Palästen hörte, und der Nachtvogel, in seiner geheimnißvollen Liebe gestört, floh den Schein der Fackeln und flatterte zu den höchsten Thürmen empor, um dahin die Kunde von irgend einer unerhörten Störung zu tragen.

Diese Umwandlung war die Wirkung der Arbeiten, welche der Kaiser angeordnet hatte, um die nahe Ankunft des Kaisers zu feiern; er feiert sich selbst und läßt den Kreml erleuchten, wenn er nach Moskau kommt. Je mehr das Dunkel zunahm, um so heller wurde der Lichtschein der Stadt; ihre Laden, ihre Kaffeehäuser, ihre Straßen, ihre Theater traten wie durch Zauberei aus der Finsterniß hervor. Der Tag war auch der Jahrestag der Krönung des Kaisers, ein neuer Beweggrund zur Festlichkeit und Illumination. Die Russen haben so viele Freudentage im Jahre zu feiern, daß ich an ihrer Stelle meine Lämpchen lieber gar nicht auslöschen würde.

Man merkt hier allmälig die Annäherung des Zauberers;

vor etwa drei Wochen war Moskau nur von Handelsleuten bewohnt, die ihre Geschäfte in Droschken besorgten; jetzt wimmelt es in den glänzend gewordenen Straßen von schönen Pferden, von Wagen mit vier lang gespannten Rossen und von goldflimmernden Uniformen; die großen Herren und Diener füllten die Theater und die Zugänge zu denselben. „Der Kaiser ist nur noch dreißig Stunden entfernt, wer weiß, ob nicht der Kaiser kommt; vielleicht ist der Kaiser morgen in Moskau; man versichert, der Kaiser sei gestern incognito hier gewesen; was bürgt dafür, daß er nicht jetzt da ist?" Und dieser Zweifel, diese Hoffnung, diese Erinnerung bewegt die Herzen, belebt alle Orte, verändert das Aussehen aller Dinge, die Sprache aller Personen, den Ausdruck aller Gesichter. Moskau, gestern eine Handelsstadt, die nur an die Geschäfte dachte, ist heute unruhig und bewegt wie eine Bürgersfrau, die vornehmen Besuch erwartet. Fast immer öde Paläste werden geöffnet und beleuchtet; überall verschönern sich die Gärten; Blumen und Kerzen wetteifern an Glanz; schmeichelndes Gemurmel läuft leise durch die Menschen; noch schmeichelhaftere und geheimere Gedanken entstehen in allen Köpfen; alle Herzen schlagen von Freude, von aufrichtiger Freude, denn die Ehrgeizigen überreden sich selbst und fühlen wirklich etwas von dem Vergnügen, das sie so sehr lieben.

Dieser Zauber der Gewalt erschreckt mich; ich fürchte, selbst die Wirkungen davon zu empfinden und Höfling zu werden, wenn nicht aus Berechnung, so doch aus Liebe zu dem Wunderbaren.

Ein Kaiser von Rußland in Moskau ist ein König von Assyrien in Babylon.

Die Gegenwart des Kaisers bewirkt, wie man sagt, in diesem Augenblicke noch ganz andere Wunder in Borodino

Es ist eine ganze Stadt entstanden und diese kaum aus der Einöde emporgewachsene Stadt soll eine Woche lang dauern; man hat selbst einen Garten um den Palast her angelegt; die Bäume, die wieder absterben werden, wurden mit großen Kosten weit hergebracht, um alten Schatten zu gewähren. Man ahmt in Rußland vor Allem gern das Werk der Zeit nach; die Menschen hier, wo die Vergangenheit fehlt, fühlen alle Schmerzen der Eitelkeit aufgeklärter Emporkömmlinge, die recht wohl wissen, was man von ihrem plötzlichen Reichthume denkt. In dieser Feenwelt wird das Dauernde durch das Ephemerste nachgeahmt, — ein alter Baum durch einen mit der Wurzel ausgehobenen, Paläste durch Baracken, die man mit Zeugen verhüllt, Gärten durch bemalte Leinwand. Auch mehrere Theater hat man in der Ebene von Borodino errichtet und die Comödie dient als Zwischenspiel der kriegerischen Pantomimen. Noch nicht genug; aus dem Staube in der Nähe der kaiserlichen und militairischen Stadt hat sich eine Bürgerstadt erhoben. Aber die Unternehmer, welche diese Wirthshäuser improvisirten, werden durch die Polizei ruinirt, welche den Neugierigen den Zutritt in Borodino außerordentlich erschwert.

Dieses Programm des Festes ist die genaue Wiederholung der Schlacht, welche wir die Schlacht an der Moskwa nennen, die aber von den Russen Schlacht von Borodino genannt wird. Um der Wirklichkeit so nahe als möglich zu kommen, hat man aus den entferntesten Theilen des Reiches alle noch übrigen Veteranen zusammen berufen, welche 1812 an der Schlacht Theil nahmen. Sie können sich das Erstaunen und die Angst dieser alten Tapfern denken, die plötzlich aus der Ruhe ihrer Erinnerungen herausgerissen und genöthigt wurden, aus Sibirien, aus Kamtschatka, vom Caucasus, von Archangel, von den Grenzen Lapplands, aus den Thälern des Caucasus, von den Küsten des caspischen Meeres, auf einem Schauplatze zu erscheinen, den man den Schauplatz ihres Ruhmes nennt. Sie werden da die schreckliche Comödie, eines Kampfes noch einmal beginnen, dem sie nicht ihren Wohlstand, aber ihren Ruhm verdanken, eine kleinliche Vergeltung einer übermenschlichen Aufopferung; Erschöpfen und Vergessen, das ist die Frucht, die ihnen ihr Gehorsam brachte, den man Ruhm nennt, um ihn mit so geringen Kosten als möglich zu belohnen. Warum diese Fragen und Erinnerungen wieder anregen? Warum diese lähme Beschwörung so vieler stummer und vergessener Gespenster? Es ist das letzte Gericht der Recruten vom Jahre 1812. Man möchte eine Satyre auf das Militairleben schreiben, wie Holbein in seinem Todtentanze eine Carricatur des Menschenlebens gegeben hat. Mehrere dieser Männer, die am Rande ihres Grabes durch diesen Ruf aufgeschreckt wurden, hatten seit vielen Jahren kein Pferd bestiegen und nun müssen sie, um einem Herrn zu gefallen, den sie nie gesehen haben, ihre Rolle wieder spielen, obwohl sie ihr Handwerk verlernt haben. Die Unglücklichen fürchten so sehr, der Erwartung des launenhaften Gebieters, der ihr Alter stört, nicht zu entsprechen, daß ihnen die Vorstellung der Schlacht schrecklicher vorkommt, als die Schlacht zu ihrer Zeit selbst. Diese nutzlose Feierlichkeit, dieser Phantasiekrieg wird die Soldaten vollends tödten, welche von dem Ereignisse und den Jahren verschont wurden. Grausame Vergnügungen, würdig eines Nachfolgers jenes Czars, der lebendige Bären zu dem Maskenballe bringen ließ, den er selbst zur Hochzeitsfeier seines Narren anbefohlen hatte! Dieser Czar war Peter der Große. Alle diese Vergnügungen entspringen aus einem und demselben Gedanken: der Mißachtung des Menschenlebens.

So weit kann die Macht eines Menschen über Menschen gehen; glauben Sie, daß die der Gesetze über einen Bürger ihr je gleich kommen könne? Es wird stets zwischen diesen beiden Gewalten ein ungeheurer Abstand sein.

Ich wundere mich über den Aufwand von Fiction, den man machen muß, um ein Volk und eine Regierung, wie die russische Regierung und das russische Volk, zu einem gleichförmigen Gange zu bringen. Es ist der Triumph der Phantasie, solche Kraftproben, so seltsame Siege über den Verstand sollten den Verfall der Nationen beschleunigen, welche sich dergleichen Kämpfen aussetzen; wer aber kann die Wirkung eines Wunders berechnen?

Der Kaiser hatte mir erlaubt, d. h. befohlen, nach Borodino zu kommen. Es ist dies eine Gunst, der ich mich nicht würdig fühle; ich hatte anfangs über die außerordentliche Schwierigkeit der Rolle eines Franzosen in dieser historischen Comödie nicht genügend nachgedacht, auch die monströsen Arbeiten im Kreml nicht gesehen, die ich hätte rühmen müssen; ferner kannte ich damals die Geschichte der Fürstin Trubetzkoi noch nicht, die ich um so weniger vergessen kann, als ich nicht davon sprechen darf. Alle diese Gründe zusammen genommen bestimmen mich, vergessen zu bleiben. Dies ist leicht, denn das Gegentheil würde mich in Verlegenheit bringen, wenn ich nach den nutzlosen Bemühungen urtheile, welche viele Franzosen und Fremde aus allen Ländern daran wenden, die sich vergebens bestreben, in Borodino zugelassen zu werden.

Die Lagerpolizei ist mit einem Male außerordentlich streng geworden und man schreibt diese Verdoppelung der Vorsichtsmaßregeln beunruhigenden Entdeckungen zu. Ueberall glimmt das Feuer des Aufruhrs unter der Asche der Freiheit. Ich weiß nicht einmal, ob ich bei den gegenwärtigen

Umständen die Worte des Kaisers würde gelten machen können, die er in Petersburg zu mir sagte und in Peterhof wiederholte, als ich Abschied nahm: „ich würde mich freuen, wenn Sie den Ceremonien zu Borodino beiwohnen wollten, wo wir den ersten Stein eines Denkmals zu Ehren des Generals Bagration legen." Das waren seine letzten Worte*).

Ich sehe hier Personen, die eingeladen wurden und nun dem Lager sich nicht nähern dürfen; man versagt Jedermann die Erlaubniß, ausgenommen einigen bevorzugten Engländern und einigen Mitgliedern des diplomatischen Corps, welche als Zuschauer der großen Pantomime bezeichnet worden sind. Alle andern, Junge und Alte, Militairpersonen, Diplomaten, Fremde und Russen, sind, der nutzlosen Bemühungen überdrüssig, nach Moskau zurückgekommen. Ich habe einer Person in der Umgebung des Kaisers geschrieben, daß ich bedauerte, von der Gnade Sr. Majestät keinen Gebrauch machen zu können, und als Grund mein Augenübel angeführt, das noch nicht geheilt ist.

Der Staub im Lager ist, wie man sagt, unerträglich selbst für ganz gesunde Personen; ich würde dabei mein Auge ganz verlieren. Der Herzog von Leuchtenberg muß eine bedeutende Gabe von Gleichgültigkeit besitzen, um mit kaltem Blute der Darstellung beiwohnen zu können, die man ihm geben will. Man versichert, der Kaiser befehlige in dieser Scheinschlacht das Corps des Prinzen Eugen, des Vaters des jungen Herzogs.

Ich würde ein in moralischer und anecdotischer Hinsicht

---

*) Ich habe später in Petersburg erfahren, daß Befehle gegeben waren, mich bis nach Borodino kommen zu lassen, wo ich erwartet wurde.

so interessantes Schauspiel ungern entbehren, wenn ich ihm
als unbetheiligter Zuschauer beiwohnen könnte; obgleich ich
aber keineswegs den Ruhm eines Vaters hier zu wahren
habe, bin ich doch ein Sohn Frankreichs und fühle, daß es
sich für mich nicht zieme, diese Wiederholung eines Kampfes
mit anzusehen, die mit großen Kosten einzig in der Absicht
erfolgt, den Nationalstolz der Russen zu heben und an unser
Unglück zu erinnern. Das Aussehen kann ich mir übrigens
vorstellen, ich habe gerade Linien genug in Rußland gesehen.
Ueberdies bringt der Blick bei Revuen ꝛc. über eine gewaltige Staubwolke nicht hinweg.

Wenn die Acteurs, welche die Geschichte spielen sollen,
nur diesmal wenigstens wahrhaft wären! Wie aber darf
man hoffen, daß die Wahrheit mit einem Male von Menschen sollte geachtet werden, welche ihr ganzes Leben hindurch keine Rücksicht auf dieselbe genommen haben!

Die Russen sind mit Recht auf den Ausgang des Feldzugs von 1812 stolz, aber der General, welcher den Plan
dazu entworfen, welcher zuerst gerathen hatte, die russische
Armee allmälig nach dem Mittelpunkte des Reiches zurückweichen zu lassen, um die erschöpften Franzosen dahin zu
locken, der Mann, dessen Genie Rußland seine Befreiung
verdankt, der Fürst Wittgenstein, wird bei dieser Generalprobe nicht vertreten, weil er — zu seinem Unglücke noch
lebt. Er hält sich, halb in Ungnade gefallen, auf seinen
Gütern auf; sein Name wird also bei Borodino nicht genannt werden, man wird vielmehr vor seinen Augen ein
ewiges Denkmal des Ruhmes des Generals Bagration errichten, der auf dem Schlachtfelde fiel.

Unter den despotischen Regierungen haben die todten
Krieger ein schönes Spiel; der eben genannte wird hier zum

Helden einer Schlacht decretirt, in welcher er als tapferer Krieger fiel, die er aber nicht geleitet hatte.

Dieser Mangel an historischer Ehrlichkeit, dieser Mißbrauch des Willens eines einzigen Mannes, der seine Ansichten Allen aufdringt und dem Volke selbst das Urtheil über Thatsachen von nationalem Interesse dictirt, kommt mir empörender vor als alle Frevelthaten einer willkürlichen Regierung. Quält und mißhandelt die Körper, aber laßt die Geister aus dem Spiele; laßt den Menschen alle Dinge, wie es die Vorsehung will, nach seinem besten Wissen und Gewissen beurtheilen! Man muß die Völker gottlos nennen, welche fortwährend so gegen die Ehrfurcht handeln lassen, die man dem Heiligsten vor Gott und den Menschen, der Wahrheit, schuldig ist.

Fortgesetzt in Moskau den 6. September 1859.

Man schickt mir einen Bericht über die Manöver von Borodino, der aber nicht geeignet ist, meinen Zorn zu besänftigen.

Jedermann hat die Beschreibung der Schlacht an der Moskwa gelesen und die Geschichte hat dieselbe zu denen gezählt, welche wir gewannen, weil sie von dem Kaiser Alexander gegen den Rath seiner Generale gewagt wurde als letztes Mittel seine Hauptstadt zu retten, welche vier Tage später eingenommen wurde; aber eine heldenmüthige Brandstiftung in Verbindung mit einer für Menschen aus einem mildern Klima tödtlichen Kälte, die Unvorsichtigkeit unseres Führers endlich, den diesmal das zu große Vertrauen auf sein Glück verblendete, veranlaßten unser Unglück und diesem Ausgange zu Folge beliebt es dem Kaiser von Rußland die Schlacht, welche seine Armee vier Tagmärsche von der

Hauptstadt verlor, als einen Sieg zu rechnen. Das ist ein Mißbrauch der Freiheit, die Thatsachen zu verunstalten, welche dem Despotismus zusteht, weil er sich dieselbe anmaßt. Um nun diese Fiction zu bestätigen, entstellt der Kaiser die militairische Scene, die er vollkommen treu nachahmen lassen wollte. Lesen Sie das Dementi, welches er vor ganz Europa der Geschichte gegeben hat.

In dem Augenblicke, als die Franzosen, durch die russische Artillerie niedergeschmettert, sich auf die Batterien stürzen, die ihnen den Tod senden, um die feindlichen Kanonen mit dem bekannten Muthe und Glücke zu nehmen, läßt der Kaiser Nicolaus, statt ein berühmtes Manöver wiederholen zu lassen, das er erlauben, ja sogar befehlen mußte, wenn er gerecht, wenn er seiner Würde gemäß handeln wollte, aus Schmeichelei für sein Volk das Corps, welches unsere Armee vorstellt, der wir die Niederlage der Russen, und die Einnahme von Moskau verdanken, drei Stunden weit zurückweichen. Darnach beurtheilen Sie, ob ich Gott danke, daß ich mich glücklicherweise geweigert habe, dieser lügenhaften Pantomime beizuwohnen.

Diese militairische Comödie hat einen kaiserlichen Tagesbefehl hervorgerufen, über den man sich in Europa ärgern wird, wenn man ihn so veröffentlicht, wie wir ihn hier lesen. Man kann die beglaubigsten Thatsachen nicht ärger Lügen strafen. Nach dieser merkwürdigen Darlegung der Ideen eines Mannes, nicht der Ereignisse einer Schlacht „sind die Russen freiwillig bis über Moskau hinaus zurückgewichen, was ein Beweis ist, das sie die Schlacht von Borodino nicht verloren haben (warum hätten sie dieselbe dann geschlagen?) und die Gebeine ihrer stolzen Feinde, sagt der Tagesbefehl, die von der heiligen Stadt bis an den

Niemen zerstreut liegen, zeugen von dem Triumphe der Vertheidiger des Vaterlandes!"

Ich reise nach zwei Tagen nach Petersburg ab, ohne den feierlichen Einzug des Kaisers in Moskau abzuwarten.

Hier endigen die Briefe des Reisenden; die nachstehende Erzählung vervollständigt seine Erinnerungen. Sie wurde an verschiedenen Orten, zuerst in Petersburg 1839, dann in Deutschland und später in Paris geschrieben.

Reisebericht.

Berlin, in den ersten Tagen des Octobers 1839.

Eben als ich Moskau verlassen wollte, erregte eine merkwürdige Thatsache meine ganze Aufmerksamkeit, und nöthigte mich, meine Abreise zu verschieben.

Ich hatte Postpferde auf sieben Uhr früh bestellen lassen. Zu meiner großen Verwunderung weckte mich mein Diener vor vier Uhr; ich erkundigte mich nach der Ursache dieser Eile, und er antwortete mir, er habe nicht zögern wollen, mir einen Vorfall mitzutheilen, der zu seiner Kenntniß gelangt sei, und der ihm so bedeutungsvoll vorkomme, daß er sich genöthigt sehe, mir denselben sofort zu erzählen.

Ein Franzose, Louis Pernet, der vor wenigen Tagen in Moskau angekommen war, und in dem Gasthause des Herrn Kopp wohnte, war mitten in der Nacht (eben in der Nacht, in welcher mein Diener mir den Vorfall erzählte) verhaftet worden; man hatte sich seiner bemächtigt, nachdem man ihm seine Papiere abgenommen, und ihn in das städtsche Gefängniß gebracht. Das hatte mein Diener von dem Kellner erfahren. Durch weitere Fragen hatte er ferner ermittelt, daß Herr Pernet ein junger Mann von etwa 26 Jahren und nicht ganz gesund sei; daß er schon im vorigen Jahre durch Moskau gereist sei, ja sich eine Zeitlang mit einem Freund, einem Russen, da aufgehalten, der ihn sodann mit auf das Land genommen; daß dieser Russe im Augenblick abwesend sei, und daß der unglückliche Verhaftete keine andern Stütze habe, als einen Franzosen, Herrn R., in dessen Gesellschaft er eine Reise durch das nördliche Rußland gemacht. Dieser Herr R. wohne in demselben Gasthause wie Pernet. Sein Name fiel mir sogleich auf, weil er der des ehernen Mannes war, mit dem ich einige Tage vorher bei dem Gouverneur von Nischnei gespeis't hatte. Sie erinnern sich, daß sein Gesichtsausdruck mancherlei Gedanken in mir angeregt hatte. Diesen Mann in Verbindung mit dem Ereignisse dieser Nacht wieder zu finden, kam mir wirklich romanhaft vor; ich konnte kaum Alles glauben, was man mir erzählte. Ich meinte, die Erzählung Antonio's sei erfunden worden, um uns auf die Probe zu stellen, stand aber doch sogleich auf, um selbst bei dem Kellner nachzufragen, namentlich über den Namen des Herrn R., damit ich mich nicht irre. Der Kellner erzählte, er habe im Auftrage eines Fremden in das Kopp'sche Gasthaus zu gehen gehabt, und sei dort angekommen, als eben die Polizei erschienen. Er setzte hinzu, Herr Kopp habe ihm die Sache gerade so erzählt, wie er sie dann Antonio mitgetheilt.

Sobald ich mich angekleidet hatte, begab ich mich zu dem Herrn R. Es war wirklich mein Mann von Nischnei, aber nicht mehr unempfindlich; er schien sehr unruhig zu sein. Er war auf, wir erkannten einander sogleich, und als ich ihm die Veranlassung zu meinem so frühen Besuche nannte, schien er sehr verlegen zu werden.

„Ich bin allerdings mit Herrn Pernet gereis't," sagte er, „aber nur zufällig; wir trafen einander in Archangel, und reis'ten von da an mit einander. Seine schwache Gesundheit machte mich sehr besorgt; ich habe ihm die Dienste geleistet, welche das Mitleiden erforderte, weiter nichts. Ich bin keinesweges sein Freund, und kenne ihn nicht."

„Ich kenne ihn noch weniger," entgegnete ich, „aber wir sind alle drei Franzosen, und müssen uns einander beistehen in einem Lande, wo unsere Freiheit, unser Leben jeden Augenblick durch eine Gewalt bedroht werden können, die man erst an den Schlägen erkennt, welche sie austheilt."

„Vielleicht hat sich Herr Pernet," entgegnete Herr R., „diese schlimme Sache durch irgend eine Unvorsichtigkeit zugezogen. Was kann ich thun, da ich selbst fremd hier bin? Ist er unschuldig, so wird die Haft nicht lange dauern; ist er schuldig, so muß er die Strafe leiden. Ich kann nichts für ihn thun, bin ihm nichts schuldig, und ersuche auch Sie, vorsichtig bei den Schritten zu sein, die sie für ihn thun wollen, so wie Ihre Worte wohl zu bedenken."

„Wer aber wird über seine Schuld oder Unschuld entscheiden?" rief ich aus. „Man müßte ihn vor allen Dingen sehen, um zu erfahren, wodurch er sich die Verhaftung erklärt, und um ihn zu fragen, was man für ihn thun und sagen könne."

„Sie vergessen, in welchem Lande wir uns befinden," entgegnete Herr R.; „er ist im Gefängnisse; wie soll man zu ihm gelangen? Das ist rein unmöglich."

„Unmöglich ist es auch," erwiederte ich, indem ich aufstand, „daß Franzosen, Männer, einen Landsmann in einer schlimmen Lage lassen, und sich nicht einmal nach der Ursache seines Unglücks erkundigen."

Indem ich von diesem sehr vorsichtigen Reisegefährten fortging, fing ich an, die Sache für schlimmer zu halten, als sie mir anfangs erschienen war, und ich glaubte, mich an den französischen Consul wenden zu müssen, um über die wahre Lage des Gefangenen in's Klare zu kommen. Ich ließ meine Miethpferde kommen, zum großen Mißvergnügen und zur Verwunderung meines Feldjägers, da die Postpferde bereits in dem Hofe des Gasthauses hielten, als ich diese Contreordre gab.

Gegen zehn Uhr erzählte ich den Vorfall dem französischen Consul, und fand diesen officiellen Beschützer der Franzosen eben so vorsichtig und kalt wie den Doctor R. Der französische Consul ist in der Zeit, in welcher er in Moskau lebt, fast Russe geworden. Ich konnte nicht ermitteln, ob seine Antworten durch eine Furcht dictirt wurden, welche sich auf seine Kenntniß der Landesgebräuche gründet, oder durch ein Gefühl verletzter Eitelkeit und falsch angewendeter persönlicher Würde.

„Herr Pernet," sagte er mir, „hat sechs Monate in Moskau und der Umgegend gelebt, und es während dieser ganzen Zeit nicht für nöthig gefunden, sich einmal zu dem französischen Consul zu bemühen. Herr Pernet mag also selber zusehen, wie er sich aus der Lage heraus hilft, in die ihn seine Sorglosigkeit gebracht hat. Dieser Ausdruck ist vielleicht noch zu schwach," setzte der Consul hinzu, dann wiederholte er mir, daß er sich in diese Angelegenheit nicht mischen könne, nicht mischen dürfe und nicht mischen wolle.

Vergebens machte ich ihm bemerklich, daß er als französischer Consul allen Franzosen ohne Ansehen der Person Schutz schuldig sei, selbst denen, welche gegen die Regeln der Etikette verstießen, daß es sich hier nicht um eine Sache des guten Tons, um eine Ceremonie-Angelegenheit, sondern um die Freiheit, vielleicht das Leben eines Landsmannes handele; daß vor einem solchen Unglücke jeder Groll, wenigstens während der Zeit der Gefahr, schweigen müsse, ich konnte kein Wort der Theilnahme für den Gefangenen aus ihm herausbringen, und setzte dann hinzu, er möge doch bedenken, daß die Partie nichts weniger als gleich stehe, da das Vergehen, welches sich Pernet dadurch habe zu schulden kommen laſſen, daß er dem franzöſiſchen Conſul keinen Beſuch gemacht, in keinem Verhältniß zu der Strafe ſtehe, die ihm dieſer zuerkenne, indem er ihn in das Gefängniß bringen laſſe, ohne ſich nach der Urſache dieſer willkürlichen Verhaftung zu erkundigen und ohne den weit ſchlimmern Folgen vorzubeugen, welche dieſe Handlung der Strenge haben könnte. Ich ſchloß mit den Worten, daß wir uns unter dieſen Umſtänden nicht mit dem Grade des Mitleidens zu beſchäftigen hätten, das Pernet einzuflößen verdiene, ſondern mit der Würde Frankreichs und der Sicherheit aller Franzoſen, die in Rußland reiſeten und reiſen würden.

Meine Gründe fruchteten nichts und dieſer zweite Beſuch brachte mich nicht weiter als der erſte.

Obgleich ich nun den Herrn Pernet nicht einmal dem Namen nach kannte und gar keinen perſönlichen Grund hatte, mich für ihn zu intereſſiren, ſo hielt ich es doch für meine Pflicht, da ich einmal zufällig ſein Unglück erfahren, ihm allen Beiſtand zu leiſten, den ich ihm leiſten könnte.

In dieſem Augenblick trat mir ſehr lebhaft eine Wahrheit vor die Seele, an die gewiß Jedermann ſchon oft gedacht hat, die ſich mir aber bis dahin immer nur flüchtig und unklar dargeſtellt hatte, daß nämlich die Phantaſie das Mitleid vergrößert und lebhafter macht. Ich meine ſelbſt, ein Menſch ohne alle Phantaſie müſſe ohne alles Mitleid ſein. Alle ſchöpferiſche Kraft meines Gedankens ſtrengte ſich unwillkürlich an, mir den armen Unbekannten im Kampfe mit den Phantomen der Einſamkeit und des Kerkers zu zeigen; ich litt mit ihm und gleich ihm; ich fühlte, was er fühlte, fürchtete, was er fürchtete, ſah ihn, von Jedermann verlaſſen, ſeine Einſamkeit beweinen und ſeine Hülfloſigkeit erkennen. Denn wer ſollte ſich für einen Gefangnen in einem Lande intereſſiren, das von dem unſrigen ſo ganz verschieden, in einer Gesellschaft, wo die Freunde sich vereinigen in Glück und trennen im Unglücke? Welche Antriebe zum Mitleiden für mich! „Du glaubst allein zu sein in der Welt und bist ungerecht gegen die Vorsehung, die dir einen Freund sendet, einen Bruder," sprach ich leise vor mich hin und noch vieles andere, indem ich den Unglücklichen vor mir zu sehen glaubte.

Der Unglückliche hoffte keinen Beistand und jede Stunde, die in grausamer Gleichförmigkeit, in Stille, ohne irgend einen Vorfall verging, stürzte ihn tiefer in Verzweiflung. Dann mußte die Nacht kommen mit ihren Gespenstern, und welche Angst würde ihn dann quälen! Wie sehr wünschte ich, ihm wissen zu lassen, daß der Eifer eines Unbekannten die Stelle treuer Beschützer vertrete, auf die er nicht rechnen konnte! Aber ich hatte durchaus kein Mittel, ihm eine Mittheilung zu machen und ich hielt mich doppelt verpflichtet, ihm nützlich zu werden, eben weil es mir unmöglich war, ihn zu trösten. Die Phantasie hielt mir alle Schrecken des Gefängnisses vor.

Es würde ein eben so gefährlicher als nutzloser Schritt gewesen sein, hätte ich darauf bestehen wollen, in das Gefängniß zu gelangen. Nach langem und schmerzlichem Schwanken blieb ich endlich bei einem andern Gedanken stehen. Ich hatte einige sehr einflußreiche Personen in Moskau kennen gelernt und obschon ich am Tage vorher von Allen Abschied genommen, entschloß ich mich doch zu einer vertraulichen Mittheilung an einen der Männer, der mir das größte Vertrauen eingeflößt hatte.

Ich darf ihn nicht nur nicht nennen, sondern muß mich sogar hüten, ihn kenntlich zu bezeichnen.

Als er mich in sein Zimmer treten sah, wußte er bereits, was mich zu ihm führte, und ohne mir die Zeit zu lassen, mich auszusprechen, sagte er, er kenne zufällig Herrn Pernet persönlich und halte ihn für unschuldig, weshalb er sich die Angelegenheit nicht erklären könne. Er sei überzeugt, daß nur politische Rücksichten eine solche Verhaftung hätten veranlassen können, weil die russische Polizei sich nur zeige, wenn sie gezwungen werde; man habe ohne Zweifel geglaubt, Niemand kenne in Moskau diesen Fremden, aber die Freunde würden, da der Schlag einmal gefallen sei, nur schaden, wenn sie hervorträten, denn wenn man sehe, daß er Beschützer habe, würde man seine Lage bald verschlimmern, indem man ihn entfernte, um jeder Aufklärung zu entgehen und die Klagen zum Schweigen zu bringen. Er setzte hinzu, man dürfe ihn, im Interesse des Unglücklichen selbst, nur mit der äußersten Vorsicht vertheidigen. „Wenn er einmal nach Sibirien abgeführt ist, dann weiß Gott, wann er zurückkommt,“ sagte der Mann, bei welchem ich Rath suchte und der mir dann begreiflich machte, daß er die Theilnahme an einem verdächtigen Franzosen nicht merken lassen dürfe, weil er, selbst der Hinneigung zu liberalen Ideen verdächtig, sich schaden würde, wenn er sich für einen Gefangenen verwende oder nur sage, daß er ihn gekannt habe. Er schloß mit den Worten: „Sie sind weder sein Verwandter, noch sein Freund; Sie nehmen nur den Antheil an ihm, den Sie einem Landsmanne, einem Manne, der in Verlegenheit ist, schuldig zu sein glauben; Sie haben sich bereits der Pflicht entledigt, die Ihnen dieses lobenswerthe Gefühl auferlegte; Sie haben mit dem Reisegefährten des Gefangenen, mit Ihrem Consul, mit mir gesprochen; jetzt, glauben Sie mir, enthalten Sie sich jedes weitern Schrittes, denn Sie würden, was Sie auch thäten, Ihren Zweck nicht erreichen und sich selbst wegen eines Mannes compromittiren, dessen Vertheidigung Sie freiwillig übernehmen. Er kennt Sie nicht und erwartet nichts von Ihnen; reisen Sie also ab; Sie können nicht fürchten, eine Hoffnung zu täuschen, da er keine auf Sie setzt; ich werde ihn im Auge behalten; zwar darf ich mich in der Sache nicht zeigen, aber ich kann auf Umwegen Kenntniß davon erlangen und den Gang bis zu einem gewissen Punkte leiten; ich verspreche Ihnen, so viel als möglich dabei zu thun. Folgen Sie meinem Rathe und reisen Sie ab."

„Wenn ich abreis'te," entgegnete ich, „würde ich keinen Augenblick Ruhe haben und wie durch Gewissensbisse von dem Gedanken verfolgt werden, daß der Unglückliche nur mich hatte, der sich seiner annehmen konnte, und daß ich ihn verlassen, ohne etwas für ihn gethan zu haben."

„Ihre Anwesenheit hier," antwortete man mir, „gewährt ihm nicht einmal Trost; weil sie ihm eben so unbekannt ist, als die Theilnahme, die Sie ihm schenken, und er wird nichts davon erfahren, so lange er in Haft ist."

„Es giebt also kein Mittel, zu ihm in den Kerker zu gelangen?"

„Keines," antwortete mit einiger Ungeduld der Mann, in den ich so lebhaft dringen zu müssen glaubte; „und wenn Sie sein Bruder wären, würden Sie nicht mehr für ihn thun können, als Sie bereits gethan haben. Dagegen kann dem Herrn Pernet Ihre Anwesenheit in Petersburg von Nutzen werden. Unterrichten Sie den französischen Gesandten von dem, was Sie wissen, denn ich zweifle, daß er den Vorfall durch den hiesigen Consul erfährt. Ein Schritt bei dem Minister durch einen Mann in der Stellung Ihres Gesandten und von einem Character wie der Herr von Barante, wird zur Befreiung Ihres Landsmannes mehr thun als Alles, was Sie und ich und zwanzig Personen in Moskau thun könnten."

„Aber der Kaiser und seine Minister sind in Moskau oder Borodino," entgegnete ich, da ich die Sache noch immer nicht aufgeben wollte.

„Nicht alle Minister folgen Sr. Maj. auf dieser Reise," antwortete man mir, zwar noch immer artig, aber mit zunehmender und kaum noch verhüllter übler Laune. „Im schlimmsten Falle müßte man ihre Zurückkunft abwarten. Sie können, ich wiederhole es Ihnen, keinen andern Schritt thun, wenn Sie dem Manne nicht schaden wollen, den Sie zu retten wünschen, indem Sie sich selbst vielen Plackereien aussetzen, vielleicht selbst etwas Schlimmern," setzte man bedeutungsvoll hinzu.

Wenn der Mann, mit dem ich sprach, ein Angestellter gewesen wäre, so würde ich geglaubt haben, die Kosaken kommen zu sehen, um mich zu verhaften und wie Pernet in das Gefängniß abzuführen.

Ich fühlte, daß die Geduld des Mannes zu Ende war, konnte auch keine Worte mehr gegen seine Gründe finden und entfernte mich mit dem Versprechen abzureisen und mit Dank für den Rath, den ich erhalten.

Da es nun einmal feststeht, dachte ich, daß ich nichts thun kann, so will ich sofort abreisen. Das Zögern meines Feldjägers, der ohne Zweifel einen letzten Bericht über mich zu erstatten hatte, nahm den Vormittag vollends hinweg und ich konnte das Wiedererscheinen der Postpferde erst gegen vier Uhr Abends bewirken. Eine Viertelstunde später war ich auf dem Wege nach Petersburg.

Das Uebelwollen meines Feldjägers, verschiedene Unfälle, Folgen des Zufalles und böser Absicht, der Mangel an Pferden überall, die für das Gefolge des Kaisers und die Officiere der Armee bestellt waren, so wie für die Courriere, welche fortwährend von Borodino nach Petersburg gingen, machten meine Reise langsam und beschwerlich. Ich wollte in meiner Ungeduld auch in der Nacht fahren, gewann aber bei dieser Eile nichts, denn ich mußte, weil ich keine Pferde erhielt, sechs volle Stunden in Groß-Nowogorod, 50 Stunden von Petersburg, bleiben.

Ich war nicht gestimmt, die Ueberreste der Wiege des Slawenreiches, die das Grab ihrer Freiheit geworden ist, zu besichtigen. Die berühmte heilige Sophienkirche enthält die Gräber Wladimir Jaroslawitsch (starb 1051), seiner Mutter Anna, eines Kaisers von Constantinopel und mehrere andere. Sie gleicht allen russischen Kirchen und vielleicht ist sie eben so wenig ächt als die sogenannte alte Kathedrale, in welcher die Gebeine Minins in Nischnei-Nowogorod liegen. Ich glaube an das Datum keines der alten Gebäude mehr, die man mir in Rußland zeigt. Nur an die Namen der Flüsse glaube ich noch; der Wolkoff erinnerte mich an die schrecklichen Scenen bei der Belagerung dieser republikanischen Stadt, die durch Iwan den Schrecklichen zu wiederholten Malen eingenommen und entsetzlich behandelt wurde. Ich sah die kaiserliche Hyäne, welche die Metzelei, die Pest, die Rache leitete, im Geiste auf den Trümmern liegen, und die blutigen Leichen der Unterthanen erhoben sich aus dem von Todten ausgefüllten Flusse, um mir als Zeugen zu dienen für die Gräuel der Bürgerkriege und die Wuth, die sie in Staaten entzünden, welche man civilisirte nennt, weil die Schandthaten, die man Tugendhandlungen nennt, in voller Gewissensruhe vollbracht werden. Bei den Wilden sind die entfesselten Leidenschaften dieselben, roher, wilder fast, aber sie greifen nicht so weit. Dort thut der Mensch, der so ziemlich auf seine individuellen Kräfte angewiesen ist, in kleinem Maßstabe Böses; dort wird die Grausamkeit der Krieger durch die Grausamkeit der Besiegten erklärt, wenn nicht entschuldigt;

in geregelten Staaten dagegen macht der Contrast zwischen den Schandthaten, die man begeht, und den schönen Worten, die man spricht, das Verbrechen empörender und zeigt die Menschheit unter einem weit entmuthigernden Gesichtspunkte. Hier halten nur zu oft gewisse Personen, die sich dem Optimismus zuneigen, und andere, welche aus Interesse, aus Politik oder aus Unkenntniß den Massen schmeicheln, Bewegung für Fortschritt. Bemerkenswerth erscheint es mir, daß der Briefwechsel des Erzbischofs und mehrerer der ersten Bürger von Nowogorod mit den Polen das Ungewitter über die Stadt zusammenzog, in welcher dreißigtausend Unschuldige in den Kämpfen und den Metzeleien umkamen, die der Czar ersann und leitete. An manchen Tagen wurden bis sechshundert Opfer vor seinen Augen hingerichtet, und alle diese Gräuel geschahen, um ein Verbrechen zu bestrafen, das schon damals nicht verziehen wurde, das Verbrechen geheimer Verbindung mit den Polen. Dies geschah vor beinahe dreihundert Jahren, 1570.

Groß-Nowogorod hat sich von dieser letzten Crisis nie wieder erholt; seine Todten hätte es wohl ersetzen können, die Aufhebung seiner democratischen Einrichtungen aber vermochte es nicht zu überdauern. Seine Mauern, die mit der Sorgfalt übertüncht wurden, welche die Russen überall anwenden, um unter der Schminke einer lügnerischen Regeneration die zu wahrhaftigen Spuren der Geschichte zu verwischen, sind nicht mehr von Blut befleckt; sie sehen aus wie gestern erbaut; aber die Straßen sind öde, und drei Viertheile der Ruinen, die vor der engen Ummauerung zerstreut liegen, verlieren sich in der Ebene umher, wo sie fern von der jetzigen Stadt vollends verfallen, die selbst nur ein Schatten und ein Name ist. Das ist Alles, was von der berühmten Republik des Mittelalters übrig blieb. Und wo ist die Frucht der Revolutionen, welche fortwährend diesen jetzt fast ganz verödeten Ort mit Blut düngten? Welcher Erfolg kann die Thränen rechtfertigen, welche die politischen Leidenschaften in diesem fernen Theile der Welt auspreßten? Alles ist jetzt still und ruhig hier, wie vor der Geschichte. Gott zeigt uns nur zu oft, daß das, was die vom Stolz geblendeten Menschen für ein ihrer Anstrengungen würdiges Ziel ansahen, eigentlich nur ein Mittel war, das Uebermaß ihrer Jugendkräfte zu beschäftigen. Das ist die Ursache mehr als einer heroischen That.

Groß=Nowogorod ist jetzt ein Steinhaufen, der einigen Ruhm bewahrt inmitten einer unfruchtbar aussehenden Ebene am Ufer eines schmalen traurigen trüben Flusses. Und doch lebten hier Männer, die durch ihre Liebe zu unruhiger Freiheit berühmt waren; doch ereigneten sich hier tragische Begebenheiten, und unvorhergesehene Katastrophen endigten manch glänzendes Leben. Von allem diesem Geräusch, von allem diesem Blute, von allen diesen Rivalitäten ist jetzt nichts mehr übrig, als die Schlaftrunkenheit eines Volkes von Soldaten, die in einer Stadt hinschmachten, welche an nichts mehr Antheil nimmt, was in der Welt geschieht, weder an dem Frieden, noch an dem Kriege. In Rußland ist die Vergangenheit von der Gegenwart durch einen Abgrund getrennt.

Seit dreihundert Jahren ruft die Glocke des Wetsche (der Volksversammlung) nicht mehr dieses sonst berühmteste und mißtrauischeste Volk zur Berathung seiner Angelegenheiten; der Wille des Czaren erstickt in allen Herzen selbst die Erinnerung an den entschwundenen Ruhm. Vor einigen Jahren kamen schreckliche Auftritte zwischen den Kosaken und den Landbewohnern in den Militaircolonien vor, welche in der Umgegend dieses Stadtüberrestes angelegt worden ist. Aber nachdem der Aufstand unterdrückt war, kehrte Alles zu der gewohnten Ordnung, d. h. zu der Stille und dem Frieden des Grabes zurück. Die Türkei hat Nowogorod um nichts zu beneiden.

Ich freute mich doppelt, wegen des Gefangenen in Moskau und auch um meinetwillen, als ich diesen sonst wegen der Unordnungen der Freiheit berühmten Ort verlassen konnte, in dem jetzt die gute Ordnung herrscht, ein Wort, das gleichbedeutend mit Tod ist.

Trotz aller Mühe, die ich mir gab, kam ich doch erst am vierten Tage in Petersburg an. Kaum war ich aus dem Wagen gestiegen, so eilte ich zu dem Herrn von Barante.

Er wußte noch nichts von der Verhaftung Pernets und schien sich zu wundern, sie durch mich zu erfahren, zumal als er hörte, daß ich beinahe vier Tage unterwegs gewesen. Sein Erstaunen steigerte sich, als ich ihm meine vergeblichen Bemühungen schilderte, unsern Consul, diesen offiziellen Vertheidiger der Franzosen, zu einem Schritte zu Gunsten des Verhafteten zu vermögen.

Die Aufmerksamkeit, mit welcher mich der Herr von Barante anhörte, die Versicherung, welche er mir gab, nichts zu versäumen, um die Sache aufzuklären und sie nicht aus den Augen zu verlieren, so lange sie nicht in's Klare gebracht sei, die Wichtigkeit, welche er auch den geringsten Umständen zuzuschreiben schien, welche die Würde Frankreichs und die Sicherheit unserer Mitbürger betreffen konnten, beruhigten mein Gewissen und vertrieben die Schreckgestalten meiner Phantasie. Das Schicksal des Herrn Pernet lag in den Händen seines natürlichen Beschützers, dessen Geist und Character sicherere Bürgen für den Unglücklichen wurden, als mein Eifer und meine machtlosen Bestrebungen.

Ich fühlte, daß ich Alles gethan hatte, was ich thun konnte und mußte, um dem Unglücke zu Hilfe zu kommen und die Ehre meines Vaterlandes nach dem Maße meiner Kräfte zu vertheidigen, ohne über die Grenzen hinauszugehen, die mir meine Stellung als gewöhnlicher Reisender setzte. Ich glaubte deshalb in den zwölf bis vierzehn Tagen, die ich noch in Petersburg blieb, den Namen Pernets vor dem französischen Gesandten nicht mehr erwähnen zu dürfen und ich verließ Rußland, ohne den Fortgang einer Geschichte zu kennen, deren Anfang mein Interesse in dem Maße, wie Sie gesehen, in Anspruch genommen hatte.

Während ich aber schnell und frei Frankreich entgegen reisete, kehrten meine Gedanken oft nach den Gefängnissen Moskaus zurück. Hätte ich gewußt, was dort vorging, so würde ich noch unruhiger gewesen sein.*)

---

*) Um den Leser nicht auch in Unkenntniß über das Schicksal des Gefangenen in Moskau zu lassen, knüpfe ich hier an, was ich seit meiner Rückkehr nach Frankreich über die Einkerkerung Pernets und seine Freilassung erfahren habe.

Eines Tages, zu Ende des Winters 1840, meldete man mir, es wünsche ein Unbekannter mit mir zu sprechen; ich ließ nach seinem Namen fragen und er antwortete, er würde mir denselben selbst nennen. Ich weigerte mich darauf, ihn zu empfangen; er ließ sich nicht abweisen und ich blieb bei meiner Weigerung. Endlich schrieb er mir zwei Worte, ohne seinen Namen zu unterzeichnen, um mir zu sagen, ich könne es unmöglich umgehen, einen Mann anzuhören, der mir sein Leben verdanke und der mir Dank zu sagen wünsche.

Diese Sprache kam mir neu vor und ich befahl, den Unbekannten eintreten zu lassen. Er erschien und sagte: „Ich habe Ihre Adresse erst gestern erfahren und heute eile ich zu Ihnen; ich heiße Pernet und komme, um Ihnen meinen Dank auszudrücken, denn man hat mir in Petersburg gesagt, daß ich Ihnen meine Freiheit und folglich mein Leben verdankte."

Die letzten Augenblicke meines Aufenthaltes in Peters=
burg wendete ich auf den Besuch verschiedener Anstalten,

Nach der ersten Bewegung, welche ein solcher Anfang wohl
hervorbringen mußte, betrachtete ich den Herrn Pernet; er gleicht
jener zahlreichen Classe junger Franzosen, die das Aussehen und
den Geist der Südländer haben; er hat schwarze Augen und Haare,
hohle Wangen und blasse Farbe, ist klein und hager und sieht
leidend aus, mehr geistig als körperlich. Es ergab sich, daß ich
Personen seiner Familie in Savoyen kenne, die zu den ehrenwer=
thesten in diesem Lande braver Leute gehören. Er sagte mir, daß
er Advokat sei, und erzählte, daß man ihn drei Wochen lang in
Moskau gefangen, darunter vier Tage im Kerker, gehalten habe.
Sie werden aus seiner Erzählung ersehen, wie ein Gefangener
behandelt wird.

Die beiden ersten Tage ließ man ihn ohne Nahrung.
Denken Sie sich seine Angst. Niemand verhörte ihn; man ließ
ihn allein; achtundvierzig Stunden lang glaubte er, er müsse,
vergessen in dem Gefängnisse, verhungern. Er hörte weiter nichts
als die Schläge, welche man von früh fünf Uhr bis zum Abende
den unglücklichen Sclaven gab, welche von ihren Herren in dieses
Haus geschickt wurden, um eine Züchtigung zu erhalten. Denken
Sie sich dazu das Schluchzen, das Weinen und Geheul der Opfer,
die Drohungen und Flüche der Henker und Sie werden sich unge=
fähr eine Vorstellung von der moralischen Behandlung machen
können, der unser Landsmann vier ganze Tage lang ausgesetzt
war, ohne zu wissen warum.

Nachdem er so unwillkürlich in die tiefen Geheimnisse der ruf=
sischen Kerker eingeweiht worden, glaubte er fest, hier sein Leben
beschließen zu müssen und er sprach bei sich: „Wenn man die
Absicht hätte, mich wieder loszulassen, würden mich die Leute, die
nichts mehr fürchten, als ihre geheime Barbarei bekannt werden
zu lassen, nicht gleich hierher gebracht haben."

Eine dünne leichte Scheidewand trennte seinen engen Kerker
von dem innern Hofe, in welchem jene Executionen statt=
fanden.

die ich bei meiner ersten Anwesenheit in dieser Stadt nicht gesehen hatte.

Der Fürst ** ließ mir unter andern Merkwürdigkeiten die ungeheuren Werkstätten von Colpina, das Arsenal der russischen Arsenale, einige Stunden von der Hauptstadt, zeigen. Man verfertigt hier alle Gegenstände für die kaiserliche Ma-

---

Die Ruthe, welche seit der Sittenmilderung gewöhnlich die Knute, mongolischen Andenkens, ersetzt, ist ein dreifach gespaltenes Rohr, ein Werkzeug, welches bei jedem Hiebe die Haut hinwegnimmt. Bei dem fünfzehnten Hiebe verliert der Unglückliche fast immer die Kraft zu schreien; seine Stimme kann nur ein dumpfes, gedehntes Aechzen hervorbringen. Dieses schreckliche Röcheln der Gezüchtigten zerriß das Herz des Gefangenen und verkündigte ihm ein Schicksal, über das er gar nicht fest nachzudenken wagte.

Herr Pernet versteht russisch; zuerst war er Ohrenzeuge vieler Leiden; es erschienen zwei junge Mädchen, Arbeiterinnen bei einer gesuchten Modistin in Moskau, die vor den Augen ihrer Prinzipalin Schläge erhielten. Die Frau gab ihnen Schuld, sie hätten Liebhaber und sich so weit vergessen, daß sie dieselben in ihr Haus — das Haus einer Modehändlerin! mitgebracht. Das schreckliche Weib forderte die Henker unablässig auf, stärker zu schlagen; eines der Mädchen bat um Gnade; man sah, daß sie dem Tode nahe war; sie schwamm im Blute; gleichviel, hatte sie doch die Frechheit gehabt zu sagen, sie sei minder schuldig als ihre Herrin. Herr Pernet versicherte, indem er hinzusetzte, er glaube, daß ich an seiner Angabe zweifeln würde, daß jede dieser Unglücklichen zu wiederholten Malen hundertachtzig Ruthenhiebe erhielt. „Ich habe bei der Zählung zu viel gelitten," sagte der Gefangene, „als daß ich mich hätte irren können." Man möchte wahnsinnig werden, wenn man solchen Abscheulichkeiten beiwohnen muß und nichts thun kann, um den Opfern beizustehen. Dann kam die Reihe an Bauern, welche durch den Intendanten irgend eines Herrn geschickt wurden, an Leibeigene, Diener in der Stadt, welche auf das Gesuch ihres Herrn abgestraft wurden; immer schreckliche eine. Es führt nach Colpina eine sieben Stunden lange Straße, von welcher die letzte Hälfte abscheulich ist. Die

Ruhe, Ungerechtigkeit, ungekannte Verzweiflung.*) Der unglückliche Gefangene sehnte sich nach dem Dunkel der Nacht, weil die Finsterniß auch Ruhe und Stille brachte; aber dann wurde sein Gedanke gleich einem glühenden Eisen; trotzdem zog er die schneidenden Schmerzen der Phantasie den Leiden vor, welche ihm die nur zu wirklichen Qualen der Uebelthäter oder Opfer verursachten, welche den Tag über in seine Nähe gebracht wurden. Wahrhaft Unglückliche fürchten den Gedanken nicht so, wie die Thatsache. Nur die Träumer, die wohlgesättigt in weichem Bette schlafen, behaupten, die Leiden, welche man sich einbilde, überträfen die, welche man fühlt.

Nach viermalvierundzwanzigstündigen Leben, die Alles übertreffen, was wir uns vorzustellen suchen, wurde Herr Pernet in einen andern Theil des Gefängnisses gebracht, erhielt aber ebenfalls keine Erklärung.

Von hieraus schrieb er durch den General...., auf dessen Freundschaft er rechnen zu dürfen hoffte, an den Herrn von Barante.

Der Brief ist nicht an seine Adresse gelangt und als der Schreiber desselben später Auskunft über diese Unterschlagung verlangte, entschuldigte sich der General mit Ausflüchten und schwur endlich auf die Bibel, der Brief sei nicht an den Polizeiminister ausgeliefert worden, würde es auch nie werden. Das war die größte Aufopferung, welche der Gefangene von seinem Freunde erlangen konnte. So verdirbt das Joch des Despotismus selbst die Gefühle der Menschen.

Drei Wochen vergingen in immer zunehmender Angst, denn es schien, als sei Alles zu fürchten und nichts zu hoffen.

---

*) Man sehe am Ende des Bandes in dem Auszuge aus Laveau das Verzeichniß der Verhafteten, die sich im Jahre 1836 in Moskau im Gefängniß befanden. Man sehe auch in dem Werke des Herrn Dickens über Amerika die Auszüge aus den amerikanischen Zeitungen in Betreff der Behandlung der Sclaven in den vereinigten Staaten, und man wird eine auffallende Aehnlichkeit zwischen den Uebergriffen des Despotismus und den Mißbräuchen der Democratie haben.

Anstalt wird von einem Engländer, Wilson, geleitet, der in Generalsrang steht (in Rußland hat Alles Militairrang); er

Nach dieser Zeit, die dem Herrn Pernet wie eine Ewigkeit vorgekommen war, wurde er ohne irgend eine Gerichtsform entlassen und ohne die Ursache seiner Verhaftung erfahren zu können.

Seine wiederholten Fragen an den Polizeidirector in Moskau klärten nichts auf; man sagte ihm blos, sein Gesandter habe ihn reclamirt und befahl ihm einfach, Rußland zu verlassen. Er bat um die Erlaubniß, über Petersburg reisen zu dürfen und erhielt sie.

Er wünschte dem Gesandten Frankreichs für die Freiheit zu danken, die er durch denselben wieder erlangt, aber auch einige Aufklärung über die Behandlung zu erhalten, die er hatte dulden müssen. Herr von Barante versuchte vergebens ihn von dem Vorsatze abzubringen, sich gegen den Herrn von Benkendorf, den Minister der kaiserlichen Polizei, auszusprechen. Der befreite Gefangene bat um eine Audienz, die ihm bewilligt wurde, und sagte zu dem Minister, da ihm die Ursache nicht bekannt sei, warum er Strafe gelitten, so wünsche er sein Verbrechen zu erfahren, bevor er Rußland verlasse.

Der Minister antwortete kurz, er würde wohl thun, wenn er seine Nachforschungen über die Sache nicht weiter treibe und entließ ihn mit der Wiederholung des Befehls, das Land ohne Verzug zu verlassen.

Weiter konnte ich nichts von dem Herrn Pernet erfahren. Der junge Mann hat, gleich allen Personen, die eine Zeit lang in Rußland lebten, das geheime, zurückhaltende Wesen angenommen, dem die Fremden, die sich da aufhalten, eben so wenig entgehen, als die Bewohner des Landes selbst. In Rußland scheint alle Gewissen ein Geheimniß zu drücken.

Auf mein Anbringen sagte mir endlich Herr Pernet, man habe ihn in dem Passe bei seiner ersten Reise Kaufmann, in dem bei der zweiten Advokat genannt, ja er fügte noch etwas Wichtigeres hinzu, nämlich daß er, vor der Ankunft in Petersburg, auf dem Dampfschiffe frei seine Meinung gegen den russischen Despotismus vor mehreren Personen ausgesprochen, die er nicht gekannt.

zeigte er uns seine Maschinen als ächter russischer Ingenieur; d. h. er erließ uns keinen Nagel und keine Schraube. Mit ihm musterten wir nahe an zwanzig Werkstätten von ungeheurer Größe. Diese außerordentliche Gefälligkeit des Directors verdiente ohne Zweifel großen Dank; ich sprach nur wenig davon aus und das war noch mehr als ich eigentlich fühlte; die Ermüdung macht fast eben so undankbar, als die Langeweile.

Das Bewundernswürdigste, das wir bei der langen Musterung der Maschinen zu Colpina fanden, war eine von Bramah zur Prüfung der Stärke der Ketten, welche die Anker der größten Schiffe tragen; die ungeheuern Ringe, welche der Kraft dieser Maschine zu widerstehen vermochten, können dann auch die Schiffe gegen die heftigen Windstöße und Wogenschläge festhalten. In der Maschine Brahmahs wendet man auf sinnreiche Weise den Druck des Wassers zur Messung der Stärke des Eisens an. Diese Erfindung kam mir höchst merkwürdig vor.

Wir untersuchten auch Schleußen, welche in Anwendung kommen, wenn das Wasser außerordentlich hoch steigt. Namentlich im Frühjahre kommen diese merkwürdigen Schleußen in Anwendung; ohne sie würde das Wasser unberechenbaren

---

Zum Schlusse versicherte er, daß er sich keines andern Umstandes erinnere, der seine Behandlung in Moskau hätte veranlassen können. Ich habe ihn nicht wieder gesehen; nach einem eben so seltsamen Zufalle wie der war, welcher mich eine Rolle in dieser Geschichte spielen ließ, traf ich zwei Jahre später mit einer Person seiner Familie zusammen, die mir sagte, sie kenne den Dienst, den ich ihrem jungen Verwandten erwiesen, und mir dafür dankte. Ich muß hinzusetzen, daß diese Person conservative Meinungen besitzt und sehr religiös ist und ich wiederhole, daß die Familie Pernet von Allen, die sie kennen, in dem Königreiche Sardinien hochgeachtet wird.

Schaden anrichten. Die Canäle und Schleußen sind mit starkem Kupferblech ausgelegt, weil dieses Metall, wie man sagt, der Winterkälte besser widersteht, als der Granit. Man versichert uns, wir würden nirgends etwas Aehnliches sehen. Ich habe in Colpina jene Art Großartigkeit, jenen Luxus gefunden, der mir bei allen nützlichen Bauten aufgefallen ist, welche die russische Regierung anordnet. Diese Regierung verbindet fast immer mit dem Nothwendigen viel Ueberflüssiges. Sie besitzt so viel wirkliche Macht, daß man selbst die List nicht mißachten darf, zu der sie sich herabläßt, um die Fremden zu blenden: diese Schlauheit und List wird blos aus Liebhaberei angewendet; es muß eine Neigung dazu in dem Nationalcharacter liegen. Man lügt nicht immer blos aus Schwäche, man lügt bisweilen auch, weil man von der Natur die Gabe erhalten hat, gut zu lügen; es ist dies ein Talent und jedes Talent will geübt sein.

Als wir in den Wagen stiegen, um nach St. Petersburg zurückzukehren, war es finster und kalt. Der lange Weg wurde durch eine angenehme Unterhaltung verkürzt, aus der ich folgende Anecdote behalten habe. Sie beweiset ebenfalls, wie weit sich die Schöpferkraft eines absoluten Herrschers erstreckt. Bis dahin hatte ich den russischen Despotismus in seiner Ausübung gegen die Todten, gegen die Kirchen, gegen die geschichtlichen Thatsachen, gegen die Verurtheilten und die Gefangenen, kurz gegen Alles gesehen, was nicht sprechen kann, um gegen einen Mißbrauch der Gewalt zu protestiren; hier werden wir einen Kaiser von Rußland einer der ausgezeichnetsten Familien Frankreichs eine Verwandtschaft aufnöthigen sehen, von der sie nichts wußte und nichts wissen mochte.

Unter der Regierung Pauls I. befand sich ein Franzose Namens Lovel in Petersburg; er war jung und angenehm von Person und gefiel einem sehr reichen Mädchen, in das er sich verliebt hatte. Sie hieß Kaminski oder Kaminska, ich weiß aber nicht, ob die Familie aus Polen stammt. Sie war damals ziemlich mächtig und angesehen und widersetzte sich der Heirath, weil der junge Fremde weder von vornehmer Familie war, noch Vermögen besaß. Die beiden Liebenden geriethen in Verzweiflung und griffen zu einem Romanmittel. Sie warteten einst auf der Straße auf den Kaiser, warfen sich ihm zu Füßen und baten ihn um seinen Schutz. Paul I., der gutmüthig war, wenn er nicht wahnsinnig war, versprach den Liebenden die Zustimmung der Familie zu ermitteln, die er wahrscheinlich durch mehr als ein Mittel, namentlich aber durch folgendes gewann: „Mlle. Kaminska," sagte der Kaiser, „verheirathet sich mit dem Grafen von Laval, einem jungen französischen Ausgewanderten von berühmter Familie und bedeutendem Vermögen."

Der so, versteht sich blos mit Worten, ausgestattete junge Franzose verheirathete sich mit Mlle. Kaminska, deren Familie sich wohl gehütet haben würde, einem Wunsche des Kaisers entgegen zu treten.

Um den Ausspruch des Kaisers zu bewahrheiten, ließ der neue Graf von Laval stolz sein Wappenschild über der Thüre des Palastes anbringen, den er mit seiner Gemahlin bezog.

Leider reis'te etwa funfzehn Jahre später, unter der Restauration, ich weiß nicht welcher Montmorency-Laval in Rußland. Er sah jenes Wappen, erkundigte sich und hörte die Geschichte des Herrn Lovel.

Auf sein Gesuch ließ der Kaiser Alexander sofort das Wappen der Laval vor der Thüre wegnehmen, was aber Herrn Lovel nicht gehindert hat, fortwährend als Graf von Laval die Honneurs in seinem glänzenden Palaste zu machen, der stets der Palast Laval heißen wird — aus Achtung vor dem Kaiser Paul, gegen den man manches abzubüßen hat.

Den Tag nach meinem Ausfluge nach Colpina besichtigte ich die Maleracademie, ein stolzes, prächtiges Gebäude, das bis jetzt freilich wenig gute Sachen enthält; aber was kann man hoffen von der Kunst in einem Lande, in welchem die jungen Künstler Uniform tragen! Ich fand alle Zöglinge der Academie wie Seecadetten gekleidet, eingerichtet und commandirt. Dies allein zeugt von tiefer Verachtung für das, was man zu schützen behauptet, oder vielmehr eine völlige Unkenntniß der Natur und der Geheimnisse der Kunst; zur Schau getragene Gleichgültigkeit wäre weniger barbarisch; es ist in Rußland nichts frei als das, um das die Regierung sich nicht kümmert; nun kümmert sie sich nur zu sehr um die Kunst, sie weiß aber nicht, daß die Kunst der Freiheit bedarf und daß diese Verbindung zwischen den Geisteswerken und der Unabhängigkeit des Menschen schon allein ein Beweis von dem Adel des Künstlerstandes sein würde.

Ich durchwanderte mehrere Ateliers und fand da ausgezeichnete Landschaften, die in ihren Compositionen Phantasie und selbst Farbe habe.. Besonders bewunderte ich ein Gemälde, Petersburg in einer Sommernacht, von Worobieff; es ist schön wie die Natur und poetisch wie die Wahrheit. Wenn ich das Bild ansah, glaubte ich in Rußland anzukommen; ich erinnerte mich der Zeit, wo die Sommernächte aus zwei Dämmerungen bestanden. Besser läßt sich der Effect dieser dauernden Helle nicht wiedergeben, welche über das Dunkel siegt, wie eine Lampe durch leichte Gaze hindurch scheint.

Ich entfernte mich ungern von diesem Bilde, das wie die andern desselben Malers der Natur abgestohlen zu sein scheint. Seine Werke erneuerten in mir die ersten Eindrücke bei dem Anblicke der Ostsee; ich sah hier die Polarhelle wieder, nicht das Licht auf den gewöhnlichen Bildern.

Man macht in Rußland viel Aufhebens von dem Talente Brülows. Sein „letzter Tag in Pompeji" hat, wie man sagt, selbst in Italien Aufsehen gemacht. Dieses ungeheuer große Gemälde ist jetzt der Stolz der russischen Schule in St. Petersburg. Lachen Sie nicht über diese Bezeichnung; ich sah einen Saal, auf dessen Thüre die Worte standen: Russische Schule! Das Gemälde Brülows scheint mir ein falsches Colorit zu haben; der von dem Künstler gewählte Gegenstand konnte allerdings diesen Fehler etwas verdecken, denn wer kann wissen, welche Farben die Gebäude in Pompeji an ihrem letzten Tage hatten? Der Maler hat einen harten, aber kräftigen Pinsel; es fehlt seinen Entwürfen weder an Phantasie noch an Originalität. Seine Köpfe sind verschieden, aber wahr; wenn er das Halbdunkel anzuwenden wüßte, würde er vielleicht einst den Ruhm verdienen, den man ihm hier schon jetzt gemacht hat; bis jetzt fehlt ihm aber das Natürliche, das Colorit, die Leichtigkeit, die Grazie; das Gefühl des Schönen geht ihm ganz ab, wenn man ihm auch eine gewisse wilde Poesie nicht absprechen kann. Der Eindruck seiner Bilder ist unangenehm.

Auf einer „Himmelfahrt," die man in Petersburg allgemein bewundert, weil sie von dem berühmten Brülow ist, bemerkte ich Wolken, die so plump und schwer waren, daß man sie auf dem Theater als Felsendecoration verwenden könnte.

Auf dem Gemälde Brülows „Pompeji's letzter Tag" sieht man indeß Köpfe, die ein wahres Talent verrathen. Es würde trotz den Mängeln der Composition, welche dasselbe enthält, jedenfalls im Kupferstiche gewinnen, da hauptsächlich das Colorit Tadel verdient.

Seit seiner Rückkehr nach Rußland soll der Maler bereits viel von seiner Begeisterung für die Kunst verloren haben. Wie bedaure ich ihn, daß er Italien gesehen hat, da er nach dem Norden zurückkehren mußte. Er arbeitet wenig und leider zeigt sich seine Leichtigkeit in Arbeiten, die man ihm zum Verdienst anrechnet, in seinen Werken gar zu sehr. Nur durch fleißige ausdauernde Arbeit würde er das Steife in seiner Zeichnung, das Rohe in seiner Färbung besiegen. Die großen Maler wissen, welche Mühe es kostet, mit dem Pinsel nicht mehr zu zeichnen, durch Abstufung der Töne zu malen, von der Leinwand die Linien zu entfernen, die nirgends in der Natur bestehen, die Luft zu zeigen, wie sie überall ist, die Kunst zu verbergen, kurz die Wirklichkeit darzustellen und sie doch zu veredeln. Der russische Rafael scheint von dieser schweren Aufgabe des Künstlers nichts zu ahnen.

Wie man mir erzählt, trinkt er mehr, als er arbeitet; ich tadle ihn weniger, als ich ihn beklage. Hier sind alle Mittel zur Erwärmung gut; der Wein ist die Sonne Rußlands. Wer neben dem Unglücke, ein Russe zu sein, auch das noch hat, in Rußland sich als Maler zu fühlen, muß auswandern. Ist nicht für alle Maler eine Stadt, in welcher es drei Monate Nacht ist und der Schnee heller glänzt als die Sonne, ein Exil?

Einige Genremaler könnten wohl, wenn sie die Seltsamkeiten der Natur unter dieser Breite wiedergeben wollten, sich Ehre erwerben und auf der Stufe des Tempels der Kunst ein Plätzchen erlangen, wo sie eine Gruppe für sich bilden würden, ein Historienmaler aber muß ein solches Clima fliehen, wenn er die Anlagen entwickeln will, die er von dem Himmel erhalten hat. Was auch Peter der Große sagte und that, die Natur wird immer den Einfällen der Menschen,

und wenn sie durch die Masken von zwanzig Czaren gerechtfertigt wären, Schranken entgegenstellen.

Ich habe ein wahrhaft bewundernswürdiges Werk Brülows gesehen, das beste ohne Zweifel, das man in Petersburg unter den modernen Gemälden besitzt, die Copie nämlich eines alten Meisterwerkes aus der Schule von Athen.
Es ist wenigstens so groß als das Original. Wenn man
das Unnachahmlichste, was Rafael nach seiner Madonna geschaffen hat, nachahmen kann, muß man nach Rom zurückkehren, um da etwas Besseres leisten zu lernen als „der letzte
Tag Pompejis" und „die Himmelfahrt der Jungfrau."

Die Nähe des Poles ist den Künsten nachtheilig, ausgenommen der Poesie, der überall das menschliche Herz genug
ist. Für die Bewohner dieser rauhen Climate verlieren die
Musik, die Malerei, der Tanz, alle Gefühlsgenüsse, die bis
zu einem gewissen Grade von dem Gedanken abhängen, von
ihrem Reize, indem sie ihre Organe verlieren. Was nützen
mir Rembrandt in der Nacht, Correggio, Michel Angelo und
Rafael in einem Zimmer ohne Licht? Der Norden besitzt
ohne Zweifel Schönheiten, aber er ist ein Palast, dem es
an Licht fehlt. Die von den Sinnen abgesonderte Liebe
entsteht hier weniger aus körperlichen Wünschen, als aus
den Bedürfnissen des Herzens; aber, der eitle Luxus der
Macht und des Reichthums möge mir es nicht übel nehmen, das ganze verführerische Gefolge der Tugend mit den
Spielen, den Grazien, dem Lachen und Tanze bleibt in den
gesegneten Gegenden zurück, wo die Strahlen der Sonne
nicht blos auf der Erde hingleiten, ohne sie kaum zu berühren, sondern sie erwärmen und befruchten.

In Rußland fühlt Alles eine doppelte Traurigkeit: die
Furcht vor der Macht und den Mangel der Sonne. Die
Nationaltänze gleichen hier bald einem Schattenreihen, der

sich traurig im Lichte einer nie endenden Dämmerung bewegt; bald und zwar wenn sie lebhaft sind, einer Uebung, die man unternimmt, um nicht einzuschlafen und im Schlafe zu erfrieren. Ist nicht selbst Mlle. Taglioni in Petersburg eine vollkommene Tänzerin geworden? Welcher Fall für die Sylphide! Es ist die Geschichte der Ondine, die ein gewöhnliches Weib wurde. Aber wenn sie auf den Straßen geht, — sie geht jetzt — folgen ihr Lakaien in großer Livree mit schönen Cocarden an ihren Hüten und goldenen Tressen, und man überschüttet sie alle Morgen in den Zeitungen mit den lächerlichsten lobpreisenden Artikeln, die ich jemals gelesen habe. Das verstehen die Russen mit allem ihren Geiste für die Künste und die Künstler zu thun. Die Künstler brauchen einen Himmel, um geboren zu werden, ein Publicum, das sie begreift, und eine Gesellschaft, die sie begeistert. Das ist das Nothwendige; die Belohnungen sind eine Nebensache. Dies Alles darf man in einem Reiche nicht suchen, dessen Volk mit Gewalt bis zu den Lappen gedrängt, durch Peter I. mit Gewalt polizeilich gebildet wurde. Ich warte bis die Russen in Constantinopel sind, um zu erfahren, was sie in den schönen Künsten und der Civilisation zu leisten vermögen.

Am besten schätzt man die Künste, wenn man aufrichtig die Genüsse bedarf, die sie verschaffen; eine Nation, die zu diesem Punkte der Civilisation gelangt ist, wird nicht lange mehr Künstler von dem Auslande anzuziehen brauchen.

Als ich St. Petersburg verlassen wollte, beklagten einige Personen die Aufhebung der Unirten und erzählten die willkürlichen Maßregeln, welche längst schon diese irreligiöse Handlung vorbereitet hatten, die von der russischen Kirche wie ein Sieg gefeiert wurde. Die geheimen Verfolgungen, welche mehrere Priester der Unirten erdulden mußten, empören die

Herzen auch der Gleichgiltigsten; in einem Lande aber, wo die Entfernungen und das Geheimniß die Willkür begünstigen und den tyrannischesten Handlungen ihre Unterstützung leihen, bleiben alle Gewaltthätigkeiten verhüllt. Dies erinnert mich an den nur zu oft von den schutzlosen Russen wiederholten bedeutungsvollen Ausspruch: Gott ist hoch oben, und der Kaiser ist weit.

Die Griechen wollen also Märtyrer machen. Was ist aus der Toleranz geworden, deren sie sich vor den Leuten rühmen, welche den Orient nicht kennen? Jetzt schmachten die glorreichen Bekenner des katholischen Glaubens in den Klostergefängnissen, und ihren im Himmel bewunderten Kampf kennt selbst die Kirche nicht, für welche sie edelmüthig auf der Erde streiten, jene Kirche, die Mutter aller Kirchen, die einzige allgemeine, denn sie allein ist von keiner Oertlichkeit befleckt, sie allein ist frei geblieben, und gehört keinem Lande an.

Wann die Sonne der Oeffentlichkeit über Rußland aufgehen wird, wird die übrige Welt schaudern vor den alten und immer wieder neu erscheinenden Ungerechtigkeiten, die sie beleuchten wird. Man wird aber nicht genug schaudern, denn die Wahrheit hat einmal das Schicksal auf der Erde, daß die Völker sie nicht kennen, so lange sie das größte Interesse haben, sie kennen zu lernen, und daß sie ihnen nicht mehr von Wichtigkeit ist, wenn sie endlich Kunde davon erhalten. Die Mißbräuche einer gestürzten Gewalt erregen nur noch laute Ausrufungen; diejenigen, welche sie erzählen, gelten für Erbitterte, welche den schon gefallenen Feind noch schlagen, während auf der andern Seite die Uebergriffe dieser ungerechten Gewalt sorgfältig verborgen bleiben, so lange sie besteht, denn sie bietet vor allen Dingen ihre Macht auf, um die Klagen ihrer Opfer zu ersticken; sie vernichtet, sie zermalmt, sie hütet sich dagegen, zu reizen, und wünscht sich Glück wegen ihrer Milde, weil sie sich nur die unumgänglichen Grausamkeiten erlaubt. Gleichwohl rühmt sie sich mit Unrecht ihrer Milde; wenn das Gefängniß stumm und fest verschlossen ist wie das Grab, entbehrt man leicht das Schaffot.

Die Vorstellungen, daß ich dieselbe Luft athme, wie so viele ungerecht unterdrückte, von der Welt abgesonderte Menschen, nehmen mir die Ruhe bei Tag und bei Nacht. Ich hatte Frankreich verlassen, erschrocken über die Mißbräuche einer lügnerischen Freiheit, und kehre in die Heimath mit der Ueberzeugung zurück, daß die repräsentative Regierung, wenn nicht in logischer Hinsicht moralischer, doch in ihrer Praxis weise und gemäßigt ist. Wenn man sieht, daß sie auf der einen Seite die Völker von der democratischen Ungebundenheit und auf der andern vor den schreiendsten Mißbräuchen des Despotismus bewahrt, die um so gehässiger sind, je weiter die Staaten, die sie dulden, in der materiellen Civilisation vorgeschritten sind, so fragt man sich, ob man nicht seinen Abneigungen Schweigen gebieten, und sich ohne Klage in eine politische Nothwendigkeit fügen müsse, die doch, Alles erwogen, den für sie vorbereiteten Völkern mehr Gutes als Böses bringe. Bis jetzt freilich hat sich diese neue und gelehrte Regierungsform nur durch die Usurpation consolidiren können. Vielleicht waren diese definitive Usurpationen durch alle vorhergegangene Fehler unvermeidlich gemacht worden; es ist dies eine Frage der religiösen Politik, welche die Zeit, der weiseste Minister Gottes auf Erden, für unsere Nachkommen lösen wird. Das erinnert mich an einen tiefen Gedanken, den einer der hellsten Geister Deutschlands, Varnhagen von Ense, ausgesprochen hat: „Ich habe," schrieb er mir eines Tages, „lange nachgeforscht, durch wen denn eigentlich zuletzt die Revolutionen gemacht werden, und ich habe nach dreißigjährigem Nachdenken das gefunden, was ich in meiner Jugend dachte, daß sie nämlich durch diejenigen gemacht werden, gegen welche sie gerichtet sind."

Ich werde nie vergessen, was ich empfand, als ich über den Niemen nach Tilsit fuhr; in diesem Augenblicke gab ich dem Gastwirthe in Lübeck vollkommen Recht. Ein Vogel, der seinem Käfige entflieht, oder der unter der Glocke einer Luftpumpe hervorschlüpft, kann nicht so glücklich sein. „Ich kann sagen und schreiben was ich denke, ich bin frei!" rief ich aus. Der erste wahre Brief, den ich nach Paris schrieb, ist von dieser Grenze abgeschickt worden; er wird Aufsehen gemacht haben in dem kleinen Kreise meiner Freunde, die bis dahin durch meine offiziellen Schreiben sich wahrscheinlich irre führen ließen. Hier eine Abschrift dieses Briefes:

Tilsit, den 26. September 1839.

Den Ort, von wo ich schreibe, werden sie hoffentlich eben so gern lesen als ich ihn schreibe; ich habe das Land der Gleichförmigkeit und der Schwierigkeiten hinter mir! Man spricht frei, und glaubt in einem Wirbel von Vergnügungen, in einer Welt sich zu befinden, welche durch die neuen Ideen zu einer ordnungslosen Freiheit fortgerissen wird. Doch ist man in Preußen; aber wenn man Rußland verläßt, findet man wieder Häuser, deren Plan nicht durch einen unbeugsamen Herrn einem Sclaven anbefohlen ist, Häuser, die zwar noch ärmlich, aber doch nach eigener freier Wahl erbaut sind; man sieht ein freibebautes heiteres Land (vergessen Sie nicht, daß ich von Preußen spreche), und diese Veränderung erquickt das Herz. In Rußland sieht man den Mangel der Freiheit selbst in den Steinen, die alle rechtwinkelig behauen sind, in den Balken, die sämmtlich regelmäßig einander gleichen, wie man ihn an den Menschen fühlt. —

Ich athme frei auf! — Ich kann schon schreiben ohne die von der Polizei befohlene oratorische Vorsicht, die fast immer unzureichend ist, denn es liegt in der Spionererei der Russen eben so viel reizbare Eitelkeit als politische Klugheit. Rußland ist das traurigste Land auf der Erde, bewohnt durch die schönsten Männer, die ich gesehen habe; ein Land, in welchem man die Frauen kaum sieht, kann für das Auge nicht angenehm sein. Ich habe es endlich verlassen, und ohne den geringsten Unfall! Ich machte in vier Tagen 250 Stunden auf oft abscheulichen, oft vortrefflichen Wegen, denn der russische Geist kann, so sehr er die Gleichförmigkeit liebt, die wirkliche Ordnung nicht erreichen; der Character der russischen Verwaltung ist die Nachlässigkeit, die Bestechlichkeit. Man fühlt sich durch den Gedanken empört, sich an alles dies zu gewöhnen, und doch gewöhnt man sich daran. Ein ehrlicher, aufrichtiger Mann würde hier für verrückt gelten.

Jetzt werde ich ausruhen und mit Muße reisen. Ich habe noch 200 Stunden von hier bis Berlin zu machen; aber Betten, in denen man schlafen kann und überall gute Gasthäuser, so wie eine gute Straße machen die Reise zu einer wahren Spazierfahrt.

Die Reinlichkeit der Betten und der Zimmer, die Ordnung der von Frauen geleiteten Wirthschaften, Alles kam mir neu und reizend vor. Besonders fiel mir die verschiedene Form der Häuser, das freie Aussehen der Bauern und die Heiterkeit der Bäuerinnen auf; ich erschrak fast über ihre gute Laune; es war eine Selbstständigkeit, deren Folgen ich für sie fürchtete; ich hatte die Erinnerung daran verloren. Man sieht hier Städte, die von selbst entstanden sind, und man erkennt es, daß sie gebaut wurden, ehe eine Regierung den Plan dazu gemacht hatte. Das herzogliche Preußen gilt gewiß nicht für das Land der Ungebundenheit, aber als ich durch die Straßen Tilsits, und später Königsbergs, ging, war es mir, als befände ich mich in dem Carneval zu Venedig. Ich erinnerte mich da, daß einer meiner deutschen Bekannten, der seiner Geschäfte wegen mehrere Jahre in Rußland zugebracht hatte, endlich das Land für immer verließ; er befand sich in Gesellschaft eines Freundes; kaum hatten sie das englische Schiff betreten, das die Anker gelichtet, als man sie einander in die Arme sinken sah und ausrufen hörte: „Gott sei Dank, wir können frei athmen und laut denken."

Wahrscheinlich haben viele Personen dasselbe gefühlt; warum sprach es noch kein Reisender aus? Ich bewundere hier die Macht, welche die russische Regierung auf die Geister ausübt, wenn ich sie auch nicht begreife. Sie erlangt das Schweigen nicht blos ihrer Unterthanen, das ist wenig, sie verschafft sich sogar in der Ferne Gehorsam bei den Fremden, die ihrer eisernen Disciplin entgangen sind. Man lobt sie, oder schweigt doch wenigstens; es ist dies ein Geheimniß, das ich mir nicht zu erklären vermag. Wenn die Veröffentlichung dieser Reiseschilderung dazu beiträgt, mir das Räthsel lösen zu helfen, so werde ich einen Grund mehr haben, mir wegen meiner Aufrichtigkeit Beifall zu wünschen.

Ich wollte über Wilna und Warschau nach Deutschland zurückkehren, änderte aber meinen Plan.

Ein Unglück wie das Polens kann nicht blos dem Schicksale zugeschrieben werden; bei lange dauerndem Unglück muß man immer auch den Fehlern ihren Antheil zurechnen, wie den Umständen. Bis zu einem gewissen Punkte werden die Nationen wie die einzelnen Individuen Mitschuldige des Schicksals, das sie verfolgt; sie scheinen verantwortlich zu sein für die Unfälle, die sie Schlag auf Schlag betreffen, denn in aufmerksamen Augen sind die Geschicke nichts weiter als die Entwickelung der Ideen. Ich würde, wenn ich das Resultat der Verirrungen eines so hart gestraften Volkes sähe, mich einiger Bemerkungen nicht enthalten können, die ich später bereuen möchte; den Unterdrückern die Wahrheit zu sagen, ist eine Aufgabe, die man sich mit einer gewissen Freude stellt, da man sich durch den Schein von Muth und Edelsinn gestützt fühlt, der mit der Erfüllung einer gefährlichen, oder doch wenigstens peinlichen Pflicht verbunden ist; das Opfer aber zu betrüben, den Unterdrückten niederzubeugen, und geschähe es durch die Wahrheit, ist ein Verfahren, zu dem sich nie der Schriftsteller herablassen wird, der seine Feder nicht verachten will.

Aus diesen Gründen besuchte ich Polen nicht.

Sechsunddreißigster Brief.

Ems, den 22. October 1839.

Ich habe die Gewohnheit, nie viel Zeit vergehen zu lassen, ohne Sie zu nöthigen, sich meiner zu erinnern; ein Mann wie Sie wird denen nothwendig, welche ihn einmal würdigen lernten und seine Kenntnisse zu benutzen verstehen, ohne sie zu fürchten. Es liegt in dem Hasse, welche das Talent kleinen Geistern einflößt, noch mehr Furcht als Neid; was würden sie damit thun, wenn sie es besäßen. Sie fürchten immer seinen Einfluß und seinen Scharfblick. Sie sehen nicht ein, daß der überlegene Verstand, der das Wesen der Dinge und deren Nothwendigkeit erkennen lehrt, Nachsicht verheißt; die aufgeklärte Nachsicht ist anbetungswürdig wie die Vorsehung; aber die kleinen Geister beten nicht an.

Vor fünf Monaten reisete ich von Ems nach Rußland ab und jetzt bin ich nach einer Reise von einigen tausend Stunden in diese elegante Stadt zurückgekommen. Der Aufenthalt im Bade war mir im Frühjahre unangenehm wegen der unvermeidlichen Menge von Badenden und Trinkenden; jetzt finde ich ihn herrlich, da ich buchstäblich allein bin und mich an dem schönen Herbste inmitten der Berge freue, deren Einsamkeit ich bewundere, während ich immer

Erinnerungen sammele und die Ruhe suche, die ich nach der schnellen Reise bedarf, welche ich gemacht habe.

Welcher Contrast! In Rußland entbehrte ich des Anblicks der Natur; es giebt dort keine Natur, denn ich mag diesen Namen Einöden ohne pittoresken Wechsel, Meeren mit flachen Ufern, Seen und Flüssen, deren Wasser mit der Erde gleich hoch steht, grenzenlosen Sümpfen und Steppen ohne Vegetation unter einem Himmel ohne Licht nicht geben.

Diese Ebenen ohne malerische Landschaften haben wohl auch ihre Art Schönheit; aber das Großartige ohne Reiz ermüdet bald; welches Vergnügen gewährt es, über unermeßliche, unabsehbare kahle Flächen zu reisen, wo man nichts als einen ganz leeren weiten Raum erblickt? Diese Einförmigkeit erhöht die Ermüdung des Reisens, weil sie dasselbe unfruchtbar macht. Die Ueberraschung gehört einigermaßen zu allen Reisevergnügungen und hält den Eifer des Reisenden aufrecht.

Ich freue mich, daß ich mich zu Ende des Jahres in einer verschiedenartigen Gegend befinde, deren Schönheiten sogleich in die Augen fallen. Ich kann Ihnen nicht sagen, mit welchem Vergnügen ich so eben unter den großen Bäumen hin gegangen bin, deren abgefallene Blätter den Boden bestreut hatten.

Ich bemerkte bisweilen durch das durch den ersten Reif dünner gewordene Laub hindurch die duftige Ferne des Lahnthales in der Nähe des schönsten Flusses in Europa, und bewunderte die Ruhe und Anmuth der Landschaft.

Die Aus- und Durchsichten, welche durch die Schluchten gebildet werden, in denen die Beiflüsse des Rheines strömen, sind mannichfaltig; die an der Wolga sehen einander sämmtlich ähnlich; das Aussehen der hohen Ebenen, welche man hier Berge nennt, weil sie tiefe Thäler scheiden, ist im

Allgemeinen kalt und monoton. Dennoch sind diese Fälle und diese Eintöhigkeit Feuer und Leben und Bewegung in Vergleich mit den Sümpfen Rußlands. Diesen Morgen ergoß sich das blitzende Licht der Sonne der letzten schönen Tage über die ganze Natur und verlieh einen südlichen Glanz diesen nordischen Landschaften, welche durch die Herbstnebel ihre scharfen Umrisse und steifen Linien verloren hatten.

Die Ruhe der Wälder in dieser Jahreszeit ist merkwürdig; sie sticht von der Thätigkeit der Felder ab, wo der Mensch, durch die Ruhe, die Vorläuferin des Winters, aufgefordert, seine Arbeit zu beendigen strebt. Dieses belehrende und feierliche Schauspiel, das so lange dauern muß als die Welt, interessirt mich als wäre ich erst geboren oder als sollte ich sterben. Das intellectuelle Leben ist eine Aufeinanderfolge von Entdeckungen. Die Seele bewahrt, wenn sie ihre Kräfte nicht in den zu gewöhnlichen Leidenschaften vergeudet hat, eine unerschöpfliche Fähigkeit, neugierig zu sein und sich überraschen zu lassen; immer neue Gewalten regen sich zu neuen Anstrengungen an; die Welt vor ihr genügt ihr nicht; sie wendet sich an die Unendlichkeit; ihr Gedanke reift, ohne alt zu werden und dies eben verheißt uns etwas über dem, was wir hier sehen.

Die Intensität unseres Lebens macht die Mannichfaltigkeit aus; was man recht tief fühlt, erscheint immer neu; die Sprache empfindet diese ewige Frische der Eindrücke ebenfalls; jede neue Gefühlserregung giebt den Worten, welche sie ausdrücken sollen, eine eigenthümliche Harmonie, und deshalb ist das Colorit des Styls der sicherste Maßstab für die Neuheit, d. h. die Wahrheit der Empfindungen. Ideen werden geliehen, die Quelle derselben läßt sich verbergen, der Geist belügt den Geist, aber die Harmonie der

Rede täuscht nie; als sicherer Beweis der Empfänglichkeit der Seele ist sie eine unwillkürliche Enthüllung; sie kommt unmittelbar aus dem Herzen und geht unmittelbar zum Herzen; die Kunst ersetzt sie nur unvollkommen, denn sie geht aus dem wirklich Empfundenen hervor; sie ist das Unwillkürlichste, das Wahrste, das Fruchtbarste in dem Ausdruk des Gedankens, und deshalb hat die Sand so schnell den Ruf erlangt, den sie verdient.

Heilige Liebe zur Einsamkeit, du bist nur ein lebhaftes Bedürfniß der Wirklichkeit! Die Welt ist so lügnerisch, daß ein Character, der leidenschaftlich die Wahrheit liebt, die Gesellschaften zu meiden suchen muß. Der Menschenhaß ist ein verläumdetes Gefühl, denn er ist nur der Haß der Lüge. Es giebt keine Menschenfeinde, sondern nur Gemüther, welche sich lieber zurückziehen als heucheln.

Der Mensch, der mit Gott allein ist, wird durch die Aufrichtigkeit endlich demüthig; er büßt hier durch Schweigen und Nachdenken alle glücklichen Täuschungen der weltlichen Geister, ihre triumphirende Doppelzüngigkeit, ihre Eitelkeit, ihren unbekannten, oft gar belohnten Verrath; da er nicht getäuscht werden kann, aber auch nicht täuschen will, so bringt er sich freiwillig zum Opfer und verbirgt sein Dasein eben so sorgfältig, wie sich die Höflinge der Mode vorandrängen. Dies ist ohne Zweifel das Geheimniß des Lebens der Heiligen, das leicht zu errathende, aber schwer nachzuahmende Geheimniß. Wenn ich ein Heiliger wäre, würde ich nicht mehr reisesüchtig sein, noch viel weniger die Lust fühlen, meine Reisen zu erzählen. Die Heiligen haben bereits gefunden; ich suche noch.

Suchend durchstreifte ich Rußland; ich wollte ein Land sehen, in welchem die Ruhe einer ihrer Kraft sichern Macht herrscht; aber ich erkannte, daß nur die Stille der Furcht da herrscht und zog daraus eine ganz andere Lehre, als ich gesucht hatte. Rußland ist eine den Fremden fast unbekannte Welt; die Russen, welche reisen, um ihr zu entfliehen, zahlen in der Ferne ihren Tribut an das Vaterland in kühnen Lobpreisungen und die meisten Reisenden, welche uns Rußland beschrieben haben, wollten da nur das entdecken, was sie dort suchten. Warum aber reisen, wenn man sich gegen den Augenschein sträubt? Wenn man entschlossen ist, die Nationen so zu sehen, wie man sie haben will, braucht man sein Haus nicht zu verlassen.

Ich sende Ihnen einen kurzen Ueberblick meiner Reise, den ich seit meiner Rückkunft nach Ems geschrieben habe; ich dachte bei dieser Arbeit stets an Sie und ich darf sie Ihnen also wohl widmen.

Ueberblick der Reise.

In Rußland ist Alles, was in die Augen fällt und um den Reisenden her vorgeht, entsetzlich regelmäßig, und der erste Gedanke, den er bei der Betrachtung dieser Symmetrie haben muß, ist, daß eine so vollständige Gleichförmigkeit, eine den natürlichen Neigungen des Menschen so widersprechende Regelmäßigkeit ohne gewaltsame Mittel nicht erlangt werden konnte und nicht bestehen kann. Die Phantasie wünscht vergebens einige Mannichfaltigkeit, wie der Vogel in dem Käfig seine Flügel ausbreitet. Unter einer solchen Regierung kann der Mensch am ersten Tage seines Lebens wissen, und er weiß es, was er bis zum letzten sehen und thun wird. Eine so lästige Tyrannei heißt in der officiellen Sprache Ordnungsliebe, Achtung für die Einheit, und diese herbe Frucht des Despotismus erscheint den methodischen Geistern so kostbar, daß sie um keinen Preis zu theuer erkauft werden könne.

In Frankreich glaubte ich dieselbe Ansicht zu theilen; seit ich aber unter der schrecklichen Disciplin gelebt habe, welche die Bewohner eines ganzen Reiches der militairischen Regel unterwirft, ist mir, ich gestehe es, eine Unordnung, welche die Kraft verräth, weit lieber als eine vollkommene

Ordnung, die das Leben kostet. In Rußland beherrscht die Regierung Alles, belebt aber nichts. Das Volk ist in diesem unermeßlichen Reiche, wenn nicht ruhig, so doch stumm; der Tod schwebt über allen Häuptern und trifft sie nach launenhafter Wahl, man könnte hier an der göttlichen Gerechtigkeit verzweifeln. Der Mensch hat hier zwei Klippen: die Wiege und das Grab. Die Mütter müssen die Geburt ihrer Kinder schmerzlicher beweinen, als den Tod derselben.

Ich glaube nicht, daß der Selbstmord in Rußland häufig vorkömmt; man leidet zu sehr, als daß man sich umbringen sollte. Seltsame Gemüthsstimmung des Menschen! Wenn der Schrecken sein Leben beherrscht, sucht er den Tod nicht; er weiß schon, was derselbe ist*).

Uebrigens könnte die Zahl der Selbstmörder in Rußland groß sein und es würde doch Niemand etwas davon erfahren; die Kenntniß der Zahlen ist ein Vorrecht der russischen Polizei; ich weiß nicht, ob sie richtig bis zu dem Kaiser

---

*) Dickens sagt: „Der Selbstmord ist selten unter den Gefangenen, ja fast unbekannt, aber es läßt sich aus diesem Umstande, obgleich man häufig darauf hinweiset, kein Grund für das System (die einsame Haft) ableiten. Alle, welche die Geisteskrankheiten studirt haben, wissen recht wohl, daß eine Entmuthigung, eine Verzweiflung, die so groß sind, daß sie den ganzen Character verändern und die Kraft der Elasticität und des Widerstandes brechen, in einem Menschen thätig sein und ihn doch von dem Selbstmorde zurückhalten können. Das ist ein häufig vorkommender Fall." (Reise in Amerika, von Charles Dickens.)

Der große Schriftsteller, der tiefe Moralist, der christliche Philosoph, dem ich diese Zeilen entlehne, besitzt nicht nur die Autorität des Talentes und eines Styles, welcher seine Gedanken wie in Erz gräbt, seine Ansicht gilt in dieser Sache auch als Gesetz.

gelangen; nur so viel weiß ich, daß unter seiner Regierung kein Unglück bekannt gemacht wird, wenn er nicht ausdrücklich seine Einwilligung zu diesem demüthigenden Geständnisse der Ueberlegenheit der Vorsehung gegeben hat. Der Stolz des Despotismus ist so groß, daß er mit der Macht Gottes rivalisirt. Monströse Eifersucht, zu welcher Verwirrung hast du die Könige und die Unterthanen verleitet! Was soll das Volk sein, wenn der Fürst mehr ist als ein Mensch?

Wie vermag man die Wahrheit zu lieben und zu vertheidigen in einem Lande, wo die Götzendienerei das Princip der Staatsverfassung ist? Ein Mensch, der Alles kann, ist die gekrönte Lüge.

Sie sehen ein, daß ich in diesem Augenblicke nicht an den Kaiser Nicolaus denke, sondern an den Kaiser von Rußland. Man spricht viel von dem Herkommen, das seine Macht beschränke; mir ist nur der Mißbrauch dieser Macht aufgefallen und ich habe kein Heilmittel dagegen gesehen.

In den Augen des ächten Staatsmannes und aller practischen Geister sind die Gesetze, ich weiß es, von geringerer Wichtigkeit, als unsere strengen Logiker, unsere Staatsphilosophen glauben; denn zuletzt entscheidet über das Leben der Völker doch nur die Art, wie die Gesetze angewendet werden. Ja, aber das Leben der Russen ist ein traurigeres als das irgend eines ändern Volkes in Europa, und wenn ich sage „das Volk", so meine ich nicht blos die an die Scholle gefesselten Bauern, sondern das ganze Reich.

Eine sogenannte kräftige Regierung, die sich bei jeder Gelegenheit unbarmherzig Achtung erzwingt, muß die Menschen nothwendig unglücklich machen. In den Staaten kann Alles dem Despotismus dienen, welche Fiction man auch herrschen läßt, die monarchische oder die democratische. Ueberall, wo der Gang der Staatsmaschine streng regelmäßig ist, giebt es Despotismus. Die beste Regierung ist die, welche sich am wenigsten fühlbar macht, aber dies Vergessen des Joches läßt sich nur durch überlegenes Genie, durch große Weisheit oder durch eine gewisse Schlaffheit der socialen Disciplin bewirken. Die Regierungen, welche in der Jugend der Völker wohlthätig waren, als die halbwilden Menschen Alles ehrten, was sie der Ordnung entriß, werden es wieder in dem Alter der Nationen. In dieser Zeit sieht man die gemischten Constitutionen erscheinen. Die Regierungen aber, die auf einen Vertrag zwischen der Erfahrung und der Leidenschaft begründet sind, können nur bereits ermatteten Völkern, nur Staaten zusagen, deren Triebfedern durch die Revolutionen abgenutzt sind. Daraus muß man schließen, daß sie die mildesten, wenn auch nicht die dauerhaftesten sind; die Völker, welche sie einmal erhalten haben, können deshalb die Dauer derselben nicht weit genug ausdehnen, denn sie sind ein kräftiges Alter. Das Alter der Staaten ist wie das der einzelnen Menschen die friedlichste Lebenszeit, wenn sie eine glorreiche Laufbahn krönt; das mittlere Alter einer Nation ist immer beschwerlich und Rußland fühlt dies jetzt.

In diesem Lande, das von allen andern verschieden ist, hat sich selbst die Natur zur Mitschuldigen der Launen des Mannes gemacht, der die Freiheit tödtete, um die Einheit zur Gottheit zu machen. Auch sie ist überall dieselbe: zwei halb verkrüppelte, vereinzelt stehende Bäume in sumpfigen oder sandigen unabsehbaren Ebenen, die Birke und die Fichte, bilden die ganze natürliche Vegetation des nördlichen Rußland, d. h. der Umgegend von Peterburg und der umliegenden Provinzen, also eines unermeßlichen Landstriches.

Wo soll man unter einem Clima, wo man nur drei Monate jährlich auf dem Lande — und welches Land! —

leben kann, eine Zuflucht vor den Unannehmlichkeiten der Gesellschaft finden? Dazu bedenken Sie, daß man in den sechs härtesten Wintermonaten die freie Luft nur zwei Stunden des Tages einzuathmen wagt, wenn man kein russischer Bauer ist. Das hat Gott für den Menschen in diesen Gegenden gethan.

Sehen wir nun, was der Mensch für sich gethan hat. Petersburg ist ohne Widerrede ein Weltwunder; Moskau ist auch eine sehr malerische Stadt, aber was soll man von dem Aussehen der Provinzen sagen?

Sie werden aus meinen Briefen das Uebermaß der Gleichförmigkeit ersehen, das der Mißbrauch der Einheit hervorbringt. Ein einziger Mensch in dem ganzen Reiche hat das Recht zu wollen und folglich allein eigenthümliches Leben. Der Mangel an Geist und Gemüth offenbart sich in allen Dingen; bei jedem Schritte, den man thut, fühlt man, daß man sich bei einem unfreien Volke befindet. Alle zwanzig oder dreißig Stunden ermattet den Reisenden auf jeder Straße eine und dieselbe Stadt. Die Tyrannei erfindet nur die Mittel sich zu befestigen; um den guten Geschmack in den Künsten kümmert sie sich wenig.

Die Vorliebe der russischen Fürsten und der Leute vom Fache in Rußland für die heidnische Bauart, für die gerade Linie, für die niedrigen Gebäude und die breiten Straßen steht in Widerspruch mit den Gesetzen der Natur und mit den Bedürfnissen des Lebens in einem kalten, nebeligen Lande, das fortwährend eiskalten Winden ausgesetzt ist. Ich habe mich während meiner ganzen Reise vergebens bemüht, einzusehen, wie diese Manie sich der Bewohner eines Landes bemächtigen konnte, das von denen so verschieden ist, in welchem die Bauart entstand, die man nach Rußland verpflanzt hat; die Russen wissen es wahrscheinlich eben so wenig, als ich, denn sie sind in ihrem Geschmack eben so wenig frei, als in ihren Handlungen. Man schreibe ihnen das vor, was man die schönen Künste nennt, wie man ihnen das Exercitium befiehlt. Das Regiment und dessen kleinlicher Geist ist die Form dieses Staates.

Die hohen Wälle, die hohen dicht neben einander stehenden Häuser und die krummen Straßen des Mittelalters würden sich für das Clima und die Lebensweise in Rußland weit besser eignen als die Carricaturen des Alterthums; aber die einflußreichen Russen denken am wenigsten an den Geist und die Bedürfnisse des Landes, das sie beherrschen.

Als Peter der Große von der Tartarei bis nach Lappland seine Civilisationsedicte erließ, waren die Schöpfungen des Mittelalters in Europa längst aus der Mode gekommen, und die Russen, selbst die, welche man groß nennt, folgten immer nur der Mode.

Diese Nachahmungssucht paßt nicht zu dem Ehrgeize, den wir ihnen zuschreiben, denn das, was man nachahmt, beherrscht man nicht; aber in dem Character dieses oberflächlichen Volkes ist Alles Widerspruch und überdies zeichnet es sich durch den Mangel an Erfindungskraft aus. Wenn es erfinden sollte, müßte es frei sein. Selbst in dem, was es liebt, äfft es nach; es will auf der Weltbühne auftreten, aber nicht, um Fähigkeiten zur Anwendung zu bringen, die es besitzt und die thätig sein wollen, sondern blos um die Geschichte der berühmten Staaten wieder zu beginnen. Sein Ehrgeiz ist keine Macht, sondern eine Anmaßung; es besitzt keine schöpferische Kraft; sein Talent ist das Vergleichen und sein Genie das Nachahmen. Wenn es trotzdem einige Originalität zu besitzen scheint, so darf man nicht vergessen, daß kein Volk auf Erden jemals ein solches Bedürfniß nach Musterbildern gefühlt hat und daß es nur dann eigenthümlich wird, wenn es die Schöpfungen der Andern nachahmt. Das Eigenthümliche, was es besitzt, liegt in seinem außerordentlichen Nachahmungstalent, das es in höherem Grade besitzt, als irgend ein andres Volk. Seine einzige ursprüngliche und eigenthümliche Fähigkeit ist die Gabe, die Erfindungen der Fremden nachzumachen. Es wird in der Geschichte das sein, was in der Literatur ein geschickter Uebersetzer ist. Die Russen haben die Aufgabe, die europäische Civilisation für die Asiaten zu übersetzen.

Das Nachahmungstalent in den Nationen kann nützlich, sogar bewundernswürdig werden, wenn es sich spät in ihnen entwickelt; es erstickt dagegen alle andern Talente, wenn es denselben vorausgeht. Rußland ist eine Gesellschaft von Nachahmern, und jeder Mensch, der nur nachahmen kann, verfällt nothwendigerweise in die Carricatur.

Rußland, das seit vier Jahrhunderten zwischen Europa und Asien schwankt, konnte noch nicht dahin gelangen, durch seine Werke in der Geschichte des menschlichen Geistes mit zu zählen, weil sein Nationalcharacter unter dem Entlehnten sich verwischt.

Obwohl vor dem Westen durch seine Anhänglichkeit an das griechische Schisma getrennt, wendete es sich mit der Inconsequenz getäuschter Eitelkeit nach vielen Jahrhunderten dennoch wieder an die durch den Katholizismus gebildeten Nationen, um sich die Civilisation zu holen, von der es durch eine rein politische Religion fern gehalten worden war. Diese byzantinische Religion, welche aus einem Palaste hervorgegangen ist, um die Ordnung in einem Feldlager aufrecht zu erhalten, entspricht den höchsten Bedürfnissen der menschlichen Seele nicht; sie unterstützt nur die Polizei in der Täuschung der Nation.

Sie hat dieses Volk von vorn herein des Bildungsgrades unwürdig gemacht, nach dem es strebt.

Die Kirche muß frei und unabhängig sein, wenn der religiöse Saft sich frei bewegen soll, denn die Entwickelung der edelsten Fähigkeit der Völker, der Fähigkeit zu glauben, hängt von der Würde des Priesterthums ab. Der Mensch, welcher dem Mitmenschen die göttlichen Offenbarungen mittheilen soll, muß eine Freiheit besitzen, die kein Priester haben kann, welcher sich gegen seinen geistlichen Obern auflehnt. Die Erniedrigung der Diener des Cultus ist die erste Strafe der Ketzerei; deshalb sind in allen schismatischen Ländern die Geistlichen verachtet trotz oder vielmehr wegen des Schutzes der Könige, und zwar weil sie selbst in dem, was ihre göttliche Sendung betrifft, von dem Fürsten abhängig sind.

Die Völker, welche die Freiheit zu würdigen wissen, werden niemals einer abhängigen Geistlichkeit so recht von Herzen gehorchen.

Die Zeit ist nicht mehr fern, in der man erkennen wird, daß in Religionssachen die Hauptsache die ist, die Freiheit des Hirten, nicht die der Heerde zu sichern.

Ist die Welt dahin gekommen, dann wird sie einen großen Schritt gethan haben.

Die Menge wird immer Männern gehorchen, die sie zu Führern wählt; man möge sie Priester, Lehrer, Dichter, Gelehrte, Tyrannen nennen, der Geist des Volkes liegt in der Hand derselben; die religiöse Freiheit für die Massen ist also eine Chimäre, dagegen ist für das Geschick der Seelen die Freiheit des Mannes, der das Priesteramt bekleiden soll, von der höchsten Wichtigkeit. Nun giebt es aber in der Welt keinen freien Geistlichen als den katholischen.

Die sclavischen Geistlichen können nur unfruchtbare Geister

reiten; ein Pope wird die Nationen nie etwas Anderes lehren, als sich vor der Gewalt niederzuwerfen. — Fragen Sie mich also nicht weiter, warum die Russen nichts erfinden, und warum sie nur nachzuahmen verstehen, ohne zu vervollkommen.

Als im Westen die Nachkommen der Barbaren die Alten mit einer an Anbetung grenzenden Verehrung studirten, modificirten sie dieselben, um sie sich anzueignen; wer kann Virgil in Dante, Homer in Tasso wieder erkennen, selbst Justinian und die römischen Gesetze in den Gesetzbüchern der Feudalzeit? Die Nachahmung der den modernen Sitten ganz fremden Meister konnte die Geister bilden, indem sie die Sprache formte, vermochte sie aber nicht zu sclavischer Nachbildung zu nöthigen. Die leidenschaftliche Verehrung für die Vergangenheit weckte ihren eigenen Geist, statt ihn zu ersticken; so haben aber die Russen uns nicht benutzt.

Wenn man die Form einer Gesellschaft nachahmt, ohne auch den Geist sich anzueignen, der sie belebt, wenn man Unterricht in der Civilisation, nicht von den alten Lehrern des Menschengeschlechtes, sondern von Fremden verlangt, die man um ihre Reichthümer beneidet, ohne ihren Character zu achten, wenn die Nachahmung feindselig ist und zu gleicher Zeit kindisch wird, wenn man einem Nachbar, den man verachten will, abguckt, wie er sein Haus eingerichtet hat, wie er sich kleidet, wie er spricht, so wird man ein Echo, ein Widerschein und existirt nicht mehr durch sich selbst. Die Staaten des Mittelalters, die stark durch eigene Bedürfnisse waren und durch eignen Glauben lebten, konnten das Alterthum verehren, ohne daß sie dasselbe parodiren mußten; weil die schöpferische Kraft, wenn sie einmal existirt, nicht verloren geht, was auch der Mensch treiben mag.

Welche Phantasie zeigt sich in der Gelehrsamkeit des fünfzehnten Jahrhunderts!

Die Achtung der Musterbilder ist der Stempel eines schöpferischen Geistes.

Aus diesem Grunde hatte das Studium der Classiker im Abendlande zur Zeit des Wiederauflebens der Wissenschaften nur auf die schöne Literatur und die schönen Künste Einfluß; die Entwickelung der Industrie, des Handels, der Naturwissenschaften und der exacten Wissenschaften ist einzig das Werk des modernen Europa, das in Bezug auf diese Dinge fast Alles aus sich selbst genommen hat. Trotz der abergläubischen Bewunderung, die es lange für die heidnische Literatur hegte, gehören ihm seine Politik, seine Religion, seine Philosophie, seine Regierungsformen, seine Kriegführung, sein Ehrgefühl, seine Sitten, sein Geist und seine socialen Gewohnheiten eigenthümlich an.

Nur das spät civilisirte Rußland sah sich durch die Ungeduld seiner Herrscher einer tiefen Gährung und der Wohlthat einer langsamen und natürlichen Ausbildung beraubt. Die innere Arbeit, welche die großen Völker bildet und eine Nation zum Herrschen, d. h. zur Bildung Anderer vorbereitet, fehlte Rußland; ich habe in diesem Lande oftmals die Bemerkung gemacht, daß die Gesellschaft, der Staat, wie er durch die Fürsten geworden, nichts als ein ungeheures Treibhaus mit schönen exotischen Gewächsen ist. Jede Blüthe erinnert hier an ihren heimathlichen Boden, aber man fragt sich, wo das Leben, wo die Natur ist, wo denn die einheimischen Erzeugnisse sind in dieser Sammlung von Erinnerungen, die von der mehr oder minder glücklichen Wahl einiger neugieriger Reisenden zeugt, aber keineswegs das ernste Werk einer freien Nation ist.

Die russische Nation wird ewig diesen Mangel des

eigenen Lebens zur Zeit ihres politischen Erwachens fühlen. Die Jugend, dieses Alter der Arbeit, in welchem der menschliche Geist die ganze Verantwortlichkeit für seine Unabhängigkeit übernimmt, ist für Rußland verloren. Seine Fürsten und namentlich Peter der Große, welche die Zeit für nichts rechneten, haben es gewaltsam aus der Kindheit in das männliche Alter versetzt. Da es kaum dem fremden Joche entgangen war, so hielt es Alles für Freiheit, was nicht mongolische Herrschaft war, und nahm in der Freude seiner Unerfahrenheit selbst die Leibeigenschaft als eine Erlösung auf, da sie ihm von einem rechtmäßigen Fürsten auferlegt wurde. Das unter der Eroberung erniedrigte Volk hielt sich schon für glücklich und frei, wenn sein Tyrann einen russischen und keinen tatarischen Namen hatte.

Die Wirkung dieser Illusion dauert noch fort; die Selbstständigkeit des Geistes entfloh von diesem Boden, dessen an die Sclaverei gewöhnte Kinder bis auf den heutigen Tag nur den Schrecken und den Ehrgeiz ernstlich genommen haben. Was ist die Mode anders für sie, als eine zierliche Kette, die man nur öffentlich trägt? Die russische Höflichkeit ist, wie gut gespielt sie uns auch vorkommen mag, mehr ceremoniös als natürlich, weil die ächte Artigkeit eine Blume ist, die nur auf dem Gipfel des socialen Baumes sich entfaltet. Dieser Baum läßt sich nicht pfropfen, er wurzelt ein und braucht, wie die Aloe, Jahrhunderte, ehe er zur Blüthe gelangt. Es müssen viele halb barbarische Generationen in einem Lande untergegangen sein, ehe aus den obern Schichten des socialen Bodens wirklich höfliche Menschen empor wachsen; zur Erziehung eines civilisirten Volkes sind mehrere Menschenalter von Erinnerungen nöthig; nur der Geist eines von höflichen Aeltern gebornen Kindes kann so schnell reifen, um einzusehen, was die Artigkeit wirklich ist. Sie ist ein geheimer Austausch von freiwilligen Opfern. Es kann nichts Zarteres, ja nichts so recht eigentlich Moralisches geben als die Grundsätze, welche die vollkommene Eleganz des Benehmens ausmachen. Eine solche Artigkeit kann, um der Prüfung der Leidenschaften zu widerstehen, von dem Adel der Gesinnungen nicht ganz verschieden sein, den Niemand allein erlangt, denn die erste Erziehung wirkt hauptsächlich auf das Gemüth. Mit einem Worte, die wahre Artigkeit ist ein Erbtheil; wenn auch unser Jahrhundert die Zeit für nichts rechnet, die Natur schlägt sie in ihren Werken hoch an. Sonst characterisirte die südlichen Russen ein gewisses Raffinement im Geschmack und es herrschte in Folge der von Alters her, während der barbarischsten Jahrhunderte, bestehenden Verbindungen zwischen Constantinopel und den Fürsten von Kiew, in diesem Theile des Slawenreiches die Liebe zu den Künsten, die zu gleicher Zeit die Traditionen des Orients durch das Gefühl des Großen erhalten und eine gewisse Gewandtheit unter den Künstlern und Arbeitern fortgepflanzt hatten; aber diese Vorzüge, Früchte der ehemaligen Verbindung mit Völkern, die in einer von dem Alterthume ererbten Civilisation weit vorgeschritten waren, gingen bei dem Einfalle der Mongolen verloren.

Diese Crisis nöthigte das ursprüngliche Rußland, gleichsam seine Geschichte zu vergessen; die Sclaverei erzeugt die Gemeinheit, welche die wahre Artigkeit ausschließt, denn diese hat nichts Serviles, da sie der Ausdruck der erhabensten und zartesten Gesinnungen ist. Erst wenn die Artigkeit gleichsam eine courante Münze bei einem ganzen Volke wird, kann man dieses Volk civilisirt nennen; dann wird die ursprüngliche Rohheit und die brutale Persönlichkeit der menschlichen Natur schon von der Wiege an durch die Lehren verwischt, welche jedes Individuum in seiner Familie empfängt. Das

Menschenkind ist, wo es auch geboren werden mag, nicht mitleidig und wenn es nicht vom Beginne seines Lebens an von seinen grausamen Neigungen abgebracht wird, wird es niemals wahrhaft artig werden. Die Artigkeit ist das Gesetzbuch des Mitleidens, angewendet auf den täglichen Verkehr der Gesellschaft; dieses Gesetzbuch schreibt hauptsächlich Mitleiden mit den Leiden der Eitelkeit vor; auch ist dasselbe das allgemeinste, das anwendbarste und praktischeste Mittel gegen die Selbstsucht, das man bis jetzt gefunden hat.

Was man auch sagen mag, alle diese Raffinements, das natürliche Resultat des Wirkens der Zeit, sind den jetzigen Russen unbekannt, die sich mehr an Saraï als an Byzanz erinnern und, mit wenigen Ausnahmen, noch immer nichts weiter sind als gut gekleidete Barbaren. Sie kommen mir vor wie schlecht gemalte, aber gut gefirnißte Portraits. Wenn die Artigkeit die rechte sein soll, muß das Volk lange menschlich gewesen sein, ehe es artig wurde.

Peter der Große hat mit aller Unklugheit eines ungebildeten Genies, mit aller Tollkühnheit eines Mannes, der um so ungeduldiger war, als man ihn allmächtig nannte, mit aller Ausdauer eines eisernen Characters aus Europa die bereits gereiften Früchte der Civilisation geholt, statt daß er langsam den Samen in seinem eigenen Boden hätte ausstreuen sollen. Dieser zu sehr gerühmte Mann hat nur ein Schrinwerk geschaffen; es verdient dies allerdings angestaunt zu werden, aber das Gute, welches dieser geniale Barbar wirkte, war vergänglich, während das Böse, das er anrichtete, nicht wieder zu vertilgen ist.

Was liegt Rußland daran, daß es fühlt, es drücke auf Europa, es übe Einfluß auf die Politik Europas? Scheininteressen! Leidenschaft der Eitelkeit! Die Hauptsache für Rußland war, in sich selbst den Lebenskeim zu haben und denselben zu entwickeln; eine Nation, die nur ihren Gehorsam besitzt, hat keine Lebenskraft. Man hat die russische an das Fenster gestellt; sie sieht zu, sie hört, sie handelt wie Jemand, der im Theater sitzt; was wird sie thun, wenn der Vorhang fällt?

Man sollte stehen bleiben oder von vorn anfangen; ist aber eine solche Anstrengung möglich? kann man den Grund eines so großen Gebäudes wegnehmen und neu legen? Die zu neue Civilisation des russischen Reiches hat bereits, ob sie gleich nur Schein ist, reelle Resultate gehabt und keine menschliche Macht vermag dieselben wegzuschaffen. Ich halte es für unmöglich, die Zukunft eines Volkes zu leiten, ohne auf die Gegenwart Rücksicht zu nehmen. Die Gegenwart aber, die gewaltsam von der Vergangenheit abgerissen ist, verheißt nur Unheil; dieses Unheil Rußland zu ersparen, indem dasselbe gezwungen wird, seine alte Geschichte zu beachten, welche nur das Resultat seines eigentlichen Characters war, wird von nun an die undankbare, mehr nützliche als glänzende Aufgabe der Männer sein, welche das Land zu regieren haben.

Der außerordentlich praktische und ganz nationale Geist des Kaisers Nicolaus hat diese Aufgabe begriffen; wird er sie lösen können? Ich glaube es nicht. Er läßt nicht genug handeln, er baut zu viel auf sich selbst und zu wenig auf die Andern, als daß es ihm gelingen könnte. Uebrigens reicht in Rußland der absoluteste Wille nicht hin, um das Gute zu schaffen.

Die Menschenfreunde haben hier nicht gegen den Tyrannen, sondern gegen die Tyrannei zu kämpfen. Es würde ungerecht sein, wenn man dem Kaiser das Unglück des Reiches und die Fehler der Regierung zur Last legen wollte; die Kraft eines Menschen ist der Aufgabe des Souverains nicht gewachsen, der mit einem Male menschlich über ein unmenschliches Volk herrschen wollte.

Man muß nach Rußland gehen und an Ort und Stelle sehen, was dort geschieht, um Alles zu begreifen, was der Mann nicht thun kann, der Alles kann, namentlich, wenn er Gutes thun will.

Die traurigen Folgen des Werkes Peters I. sind unter der großen oder, besser gesagt, unter der langen Regierung einer Frau noch verschlimmert worden, die ihr Volk nur regierte, um Europa zu amüsiren und in Erstaunen zu setzen. Europa und immer Europa und nie Rußland!

Peter I. und Katharina II. haben der Welt eine große und nützliche Lehre gegeben, welche Rußland bezahlen mußte; sie zeigten uns, daß der Despotismus nie mehr zu fürchten ist, als wenn er Gutes schaffen will, denn dann glaubt er seine empörendsten Handlungen durch seine Absichten rechtfertigen zu können, und das Schlechte, das sich als Heilmittel ausgiebt, hat keine Grenzen mehr. Das unverhüllte Verbrechen triumphirt nur einen Tag, aber die falschen Tugenden führen den Geist der Völker für immer irre. Die Völker, die sich durch die glänzenden Beigaben des Verbrechens, durch das Großartige gewisser Frevelthaten blenden lassen, welche durch die Ereignisse gerechtfertigt wurden, glauben endlich, es gäbe zweierlei Sünde und zweierlei Tugend und die Nothwendigkeit, die Staats=Raison, wie man sonst sagte, entschuldige die hochgestellten Verbrecher, wenn sie nur ihre Uebergriffe mit den Leidenschaften des Landes in Uebereinstimmung zu bringen wüßten.

Die eingestandene Tyrannei wird mich in Vergleich mit einer unter Ordnungsliebe verhüllten Bedrückung nicht sehr erschrecken. Die Stärke des Despotismus liegt einzig in der Maske des Despoten. Sobald der Souverain gezwungen ist, nicht mehr zu lügen, ist das Volk frei; ich kenne deshalb auch in der Welt kein anderes Uebel als die Lüge. Wenn Sie die eingestandene und gewaltsame Willkür fürchten, so gehen Sie nach Rußland und Sie werden vor Allem die heuchlerische Tyrannei fürchten lernen.

Ich kann es nicht leugnen, ich bringe von meiner Reise Ideen mit, welche vor dem Beginne derselben nicht die meinigen waren. Deshalb würde ich auch um keinen Preis die Mühe hingeben, die sie mir gemacht hat, und ich lasse meine Beschreibung drucken, weil diese Reise meine Ansichten in mehreren Punkten abgeändert hat. Meine früheren Ansichten waren bekannt, meine Sinnesänderung ist es nicht; ich habe also die Pflicht, sie bekannt zu machen.

Als ich die Reise begann, hatte ich nicht die Absicht, sie zu beschreiben; meine Methode ist ermüdend, weil ich die Gewohnheit habe, für meine Freunde in der Nacht die Erinnerungen vom vergangenen Tage aufzuzeichnen. Bei dieser Arbeit, die einer vertraulichen Mittheilung gleicht, sehe ich wohl das Publikum vor mir, aber in so weiter Ferne, daß ich selbst über seine Anwesenheit nicht recht klar bin, und deshalb bleibt der Ton der Vertraulichkeit, den man unwillkürlich in Briefen annimmt, auch in meinen gedruckten Briefen.

Wie leicht Ihnen auch diese Aufgabe erscheinen mag, ich bin nicht mehr jung genug, um sie ungestraft übernehmen zu können. Ist das Unternehmen einmal begonnen, so werde ich es ausführen und das ist ermüdend, beschwerlich. Ich dachte deshalb auch mit Vergnügen, diesmal für mich allein reisen zu können; es war dies ein Mittel, Alles mit Ruhe zu sehen; aber die Furcht der Russen vor mir, von den Vornehmsten bis zu den kleinen Privatpersonen herab, gab mir den Maßstab für meine Wichtigkeit, wenigstens für die, welche ich in Petersburg erlangen konnte. „Was meinen

Sie oder vielmehr, was werden Sie von uns sagen?" das klang aus allen Gesprächen heraus. So rissen mich die Russen selbst aus meiner Unthätigkeit; ich spielte aus Trägheit, vielleicht aus Muthlosigkeit den Bescheidenen; übrigens macht Paris diejenigen bescheiden, die es nicht außerordentlich eitel macht. Ich hatte also Ursache, mir selbst zu mißtrauen, aber die besorgte Eitelkeit der Russen beruhigte die meinige.

Eine immer zunehmende Entzauberung hielt mich in meinem neuen Entschlusse aufrecht. Die Ursache der Enttäuschung muß tief liegen und stark sein, da mich der Widerwille mitten in den glänzendsten Festen, die ich in meinem Leben gesehen habe, und trotz der blendenden Gastfreundschaft der Russen ergriff. Aber ich erkannte mit dem ersten Blicke, daß in diesen Aeußerungen von Theilnahme mehr die Absicht lag, für zuvorkommend zu gelten, als wahre Herzlichkeit. Die Herzlichkeit ist den Russen völlig unbekannt; diese haben sie von den Deutschen nicht entlehnt. Sie beschäftigen alle unsere Augenblicke, zerstreuen uns, nehmen uns ganz in Anspruch, tyrannisiren uns durch ihren Eifer, fragen mit ganz besonderer Dringlichkeit, wie wir unsere Zeit anwenden und hindern uns durch Feste über Feste, das Land zu sehen. Leider traf diese Beeiferung in mir einen Mann, den die Feste stets weniger zerstreut als ermüdet haben. Bemerken sie, daß sie auf directem Wege auf die Stimmung des Fremden nicht einwirken können, so nehmen sie ihre Zuflucht zu andern Mitteln, um seine Aeußerungen und Erzählungen bei aufgeklärten Lesern in Mißcredit zu bringen; sie täuschen ihn mit bewundernswürdiger Gewandtheit. Um ihm die Sachen unter falschem Lichte zu zeigen, lügen sie im Bösen, wie sie im Guten lügen, so lange sie auf eine gutwillige Leichtgläubigkeit rechnen zu können glauben. Ich habe oft eine Person in einem Gespräche zwei bis dreimal die Tactik in Bezug auf mich ändern sehen. Ich schmeichle mir nicht, immer das Rechte gefunden zu haben, trotz den Bemühungen so vieler Personen, dasselbe zu verhüllen: aber es ist schon viel, wenn man weiß, daß man hintergangen wird; wenn ich auch die Wahrheit nicht sehe, so sehe ich doch, daß man sie mir verhüllt.*)

Heiterkeit fehlt an allen Höfen; an dem Petersburger hat man aber nicht einmal die Erlaubniß, sich zu langweilen. Der Kaiser, der Alles sieht, hält das Erheucheln des Vergnügens für eine Huldigung, was an den Ausspruch Talleyrands über Napoleon erinnert: „der Kaiser scherzt nicht, er verlangt, daß man sich amüsire."

Ich werde manche Eitelkeit verletzen und meine unbestechliche Ehrlichkeit wird mir Vorwürfe zuziehen; aber ist es meine Schuld, daß mir, während ich bei einer absoluten Regierung neue Gründe gegen den Despoten in unserm Vaterlande suchte, nur Mißbräuche der Autocratie, d. h. der Tyrannei auffielen, welche man gute Ordnung nennt? Der russische Despotismus ist eine falsche Ordnung, wie unser Republikanismus eine falsche Freiheit ist. Ich bekämpfe die Lüge überall, wo ich sie finde; aber es giebt mehr als eine Art Lüge; ich hatte die der absoluten Macht vergessen und zähle sie nun einzeln auf, weil ich bei meinen Reisebeschreibungen stets aufrichtig sage, was ich sehe.

Ich hasse die Vorwände. In Rußland sah ich, daß die Ordnung als Vorwand zur Bedrückung dient, wie in Frankreich die Freiheit als Vorwand zum Neide. Ich liebe, um es mit einem Worte zu sagen, die wahre Freiheit, die Freiheit, die möglich ist in einer Gesellschaft, von welcher nicht jede Eleganz ausgeschlossen wird; ich bin Aristocrat in der

---

*) Man sehe die Beschreibung meiner Fahrt nach Schlüsselburg.

weitesten Bedeutung des Wortes. Die Eleganz, welche ich den Staaten zu erhalten wünsche, ist nichts Frivoles, sie ist nicht grausam, sondern durch den Geschmack geregelt; der Geschmack aber schließt den Mißbrauch aus; er ist das sicherste Schutzmittel gegen denselben, denn er fürchtet jede Uebertreibung. Eine gewisse Eleganz ist für die Künste nothwendig und die Künste retten die Welt, weil die Völker vorzugsweise durch diese an die Civilisation gefesselt werden, deren letzter und kostbarster Lohn sie sind. Nach einem unter Allem, was Glanz über eine Nation verbreiten kann, einzigem Vorrechte gefällt ihr Glanz allen Klassen der Gesellschaft und kommt gleichzeitig allen zu Gute.

Die Aristocratie, die ich meine, ist weit entfernt, sich mit der Tyrannei zu Gunsten der Ordnung zu verbinden, wie es ihr die Demagogen vorwerfen, die sie nicht kennen; sie kann bei Willkür gar nicht bestehen. Sie hat den Auftrag, auf der einen Seite das Volk gegen den Despoten und auf der andern die Civilisation gegen die Revolution, den furchtbarsten aller Tyrannen, zu vertheidigen. Die Barbarei nimmt mehr als eine Form an; verwundet man sie im Despotismus, so erscheint sie von Neuem in der Anarchie; die wahre Freiheit aber, unter der Obhut der wahren Aristocratie, will weder Gewaltthat noch Unordnung.

Leider werden heut zu Tage die Anhänger der mäßigenden Aristocratie in Europa verblendet und geben ihren Gegnern selbst Waffen in die Hände; sie suchen in ihrer falschen Klugheit Hilfe bei den Feinden jeder politischen und religiösen Freiheit, als ob die Gefahr nur von den neuen Revolutionären kommen könnte. Die willkürlichen Fürsten waren eben so furchtbare alte Usurpatoren, als es die modernen Jacobiner sind.

Die Feudalaristocratie ist zu Grabe getragen, aber nicht

der unverlöschliche Glanz, in welchem die großen geschichtlichen Namen ewig strahlen werden. In den Staaten, die lebendig dauern wollen, wird der Adel des Mittelalters, wie es lange schon bei den Engländern geschehen ist, durch eine erbliche Amtswürde ersetzt werden, und diese neue Aristocratie, die Erbin aller alten, verbunden mit mehreren neuen Elementen, da ihre Grundlagen das Amt, die Geburt und der Reichthum sind, wird ihr Ansehn nur dann wiederfinden, wenn sie sich auf eine freie Religion stützt. Nun habe ich bereits gesagt und ich wiederhole es so oft, als ich es für nöthig halte, die alleinfreie Religion ist die, welche durch die katholische Kirche, die freieste aller Kirchen, gelehrt wird, da sie von keiner weltlichen Macht abhängt. Die Macht des Papstes hat jetzt keine andere Bestimmung, als die geistliche Unabhängigkeit zu vertheidigen. Die Aristocratie ist die Regierung der unabhängigen Geister und man kann es nicht oft genug wiederholen, der Katholicismus ist die Religion der freien Priester.

Sie wissen es schon, sobald sich mir eine Wahrheit darstellt, spreche ich sie aus, ohne die Folgen zu berechnen, da ich überzeugt bin, daß das Uebel nicht von den Wahrheiten, die man ausspricht, sondern von denen herkommt, welche man verheimlicht. Ich habe deshalb das Sprüchwort unserer Väter: man darf nicht alle Wahrheiten sagen, stets für verderblich gehalten.

Die Wahrheit wird oft schädlicher als der Irrthum, weil jeder in ihr das sucht, was seinen Leidenschaften, seiner Furcht, seinem Knechtssinn, seinem Interesse dient; ich wähle deshalb auf der Reise aus den Thatsachen nicht aus, die ich sammele und weise die nicht zurück, welche meinen liebsten Meinungen widerstreiten. So lange ich erzähle, habe ich keine andere Religion als den Cultus der Wahrheit; ich bemühe mich, nicht als Richter aufzutreten, ich bin nicht einmal Maler, denn die Maler componiren; ich suche nur ein Spiegel zu werden, mit einem Worte, ich will vor Allem unpatteiisch sein und hier reicht die Absicht hin, wenigstens in den Augen geistreicher Leser. Ich will und kann nicht gestehen, daß es auch andre Leser giebt, denn diese Entdeckung würde die Aufgabe des Schriftstellers zu unangenehm und lästig machen.

So oft ich Gelegenheit gehabt habe, mit den Menschen in Verbindung zu treten, war mein erster Gedanke, sie hätten mehr Geist als ich, sie könnten sich besser vertheidigen, könnten besser sprechen und handeln. Das ist bis diesen Tag das Resultat meiner Erfahrungen gewesen; ich verachte also Niemanden, am wenigsten meine Leser. Deshalb schmeichle ich ihnen aber auch nie.

Schwer wird es mir nur, gegen diejenigen gerecht und billig zu sein, die mich langweilen; aber ich kenne keine solchen, da ich die Müßigen fliehe.

Ich habe Ihnen gesagt, es gäbe in Rußland nur eine Stadt: In Petersburg giebt es nur einen Salon, denn immer und überall findet man den Hof oder Theile vom Hofe. Man kommt wohl in andre Häuser, aber in keinen andern Kreis und in diesem einzigen Kreise versagt man sich jede interessante Conversation. Eine Entschädigung findet man allerdings und zwar in dem Geiste der Damen, die es vortrefflich verstehen, das uns denken zu lassen, was sie nicht sagen.

Die Frauen sind an allen Orten die mindest servilen Sclaven, weil sie ihre Schwäche geschickt zu brauchen, sogar zu einer Macht zu erheben verstehen und besser als wir den schlechten Gesetzen entschlüpfen. Sie haben deshalb auch die Bestimmung, die individuelle Freiheit überall da zu retten, wo es keine allgemeine Freiheit giebt.

Was ist die Freiheit, wenn nicht die Bürgschaft des Rechtes des Schwächern, das die Frauen in der Natur zu vertreten von der Natur berufen sind? In Frankreich ist man gegenwärtig stolz darauf, Alles durch die Majorität zu entscheiden; ein schönes Wunder! Wann ich sehen werde, daß man auch den Reclamationen der Minorität einige Beachtung widmet, will auch ich rufen: „Es lebe die Freiheit!"

Die Schwächsten jetzt waren sonst die Stärksten und sie haben damals nur zu oft die Stärke gemißbraucht, über die ich mich jetzt beklage. Aber ein Irrthum entschuldigt den andern nicht.

Trotz dem geheimen Einflusse der Frauen ist Rußland noch weiter von der Freiheit entfernt, als die meisten andern Völker der Erde, nicht von dem Worte, sondern von der Sache. Morgen kann man bei einem Aufstande, bei einer Metzelei, bei dem Leuchten einer Feuersbrunst bis an die Grenzen Sibiriens schreien: es lebe die Freiheit; ein verblendetes und grausames Volk kann seine Herren morden, gegen die unbekannten kleinen Tyrannen sich empören und das Wasser der Wolga mit Blut roth färben, es wird darum nicht freier sein; die Barbarei ist ein Joch.

Das beste Mittel, die Menschen zu emancipiren, ist keineswegs die pomphafte Proclamation ihrer Freilassung; es liegt vielmehr darin, daß man die Sclaverei unmöglich macht, indem man in den Herzen der Nationen das Gefühl der Menschenwürde weckt; das fehlt in Rußland noch. Es würde ein Verbrechen sein, wenn man jetzt mit den Russen, welchem Stande sie auch angehören mögen, von liberalen Gesinnungen sprechen wollte; eine Pflicht aber ist es, ihnen Allen ohne Ausnahme von Menschenwürde vorzupredigen.

Die russische Nation besitzt, ich muß es sagen, noch keine

Justiz; man erzählte mir eines Tages, um den Kaiser Nicolaus zu rühmen, daß ein unbekannter Privatmann einen Prozeß gegen vornehme Herren gewonnen habe. Die Bewunderung des Characters des Souverains erschien mir in diesem Falle wie eine Satire auf den Staat. Diese zu sehr gerühmte Thatsache bewies mir unwiderleglich, daß Recht und Gerechtigkeit in Rußland eine Ausnahme ist.

Ich möchte keineswegs allen geringen Leuten rathen, sich auf den Erfolg jenes Mannes zu verlassen, der vielleicht gerade durch die Ausnahme begünstigt wurde, damit die laufenden Ungerechtigkeiten ungestraft bleiben möchten.

Eine andere Thatsache, aus welcher wir eine für den russischen Richterstand nicht eben günstige Folgerung ziehen müssen, ist der Umstand, daß man in Rußland selten oder gar nicht klagt; man weiß schon, wohin dies führt, man würde sich häufiger an die Justiz wenden, wenn die Richter gerechter wären. So streitet und prügelt man einander auf den Straßen nicht, weil man sich vor Kerker und Ketten fürchtet, die meist beiden Parteien zu Theil werden.

Trotz diesen trüben Schilderungen verdienen zwei Sachen und eine Person die Mühe der Reise. Die Newa in Petersburg in den Tagen ohne Nacht, der Kreml in Moskau bei Mondscheine und der Kaiser von Rußland. Das ist das malerische, historische und politische Rußland. Außer diesem ist alle Ermüdung und Langeweile ohne Entschädigung; Sie werden dies aus meinen Briefen erkennen.

Mehrere meiner Freunde haben mir bereits gerathen, diese Briefe nicht drucken zu lassen.

Als ich mich anschickte, Petersburg zu verlassen, fragte mich ein Russe, wie alle Russen, was ich von seinem Vaterlande sagen würde. „Ich wurde zu gut aufgenommen, als daß ich davon sprechen sollte," antwortete ich ihm.

Man hätt mir diese Erklärung vor, in welcher ich kaum artig ein Epigramm zu verbergen glaubte. „Nach der Behandlung, die Sie erfahren haben," schreibt man mir, „können Sie offenbar die Wahrheit nicht sagen, und da Sie nur für die Wahrheit schreiben, so werden Sie am besten thun, wenn Sie schweigen." Das ist die Meinung einiger der Personen, auf die ich zu hören pflege. In jedem Falle ist sie für Rußland nicht schmeichelhaft.

Meiner Meinung nach kann man, ohne das Zartgefühl zu verletzen, ohne gegen die Dankbarkeit zu handeln, die man den Personen schuldig ist, ohne gegen die Achtung zu verstoßen, die man sich selbst schuldet, auf eine anständige Weise aufrichtig über öffentliche Angelegenheiten und Personen sprechen, und ich hoffe, diese Weise gefunden zu haben. Nur die Wahrheit verletzt, wie man sagt; wohl möglich, aber in Frankreich wenigstens hat Niemand das Recht und die Macht, dem den Mund zu schließen, welcher sie ausspricht. Mein Schrei des Unwillens wird nicht für den verhüllten Ausdruck verletzter Eitelkeit gelten können. Wenn ich nur auf meine Eitelkeit gehört hätte, würde sie mir vielleicht gerathen haben, von Allem entzückt zu sein. Mein Herz ist durch nichts befriedigt worden.

Um so schlimmer für die Russen, wenn Alles, was man von ihrem Lande und dessen Bewohnern sagt, in Persönlichkeiten umschlägt; es ist dies ein unvermeidliches Unglück, denn, die Wahrheit zu sagen, die Dinge existiren in Rußland nicht, weil das Belieben eines Menschen sie hervorruft und vernichtet. Daran sind die Reisenden nicht Schuld.

Der Kaiser scheint gar nicht geneigt zu sein, sich eines Theiles seiner Gewalt zu entäußern; so möge er denn die Verantwortlichkeit der Allmacht tragen; es ist dies eine erste Buße für die politische Lüge, durch welche ein einziger Mensch zum absoluten Herrn eines Landes, zum allmächtigen Beherrscher der Gedanken eines Volkes erklärt wird.

Die mildere Praxis entschuldigt die Gotteslästerung einer solchen Lehre nicht. Ich habe bei den Russen gefunden, daß das Princip der absoluten Monarchie, mit unbeugsamer Consequenz angewendet, zu monströsen Resultaten führt. Und diesmal muß ich trotz meiner politischen Friedensliebe anerkennen und ausrufen: es giebt Regierungen, welchen die Völker sich nie unterwerfen sollten.

Der Kaiser Alexander sagte einst zu der Frau von Staël, mit der er vertraulich über seine beabsichtigten Verbesserungen sprach: „Sie rühmen meine menschenfreundlichen Absichten; ich danke Ihnen; aber ich bin doch nichtsdestoweniger in der Geschichte Rußlands nur ein glücklicher Zufall." Er sagte die Wahrheit; die Russen rühmen vergebens die Vorsicht und die Schonung der Männer, welche an der Spitze stehen, die willkürliche Gewalt ist bei ihnen nichtsdestoweniger das Grundprincip des Staates, und dieses Princip wirkt dermaßen, daß der Kaiser Gesetze macht, zu machen befiehlt, machen läßt oder bestehen läßt — verzeihen Sie, daß ich den Verordnungen der Art den heiligen Namen Gesetze gebe, aber ich bediene mich der in Rußland gebräuchlichen Ausdrücke, — also daß der Kaiser Gesetze bestehen läßt, die z. B. dem Kaiser erlauben zu erklären, die ehelichen Kinder eines rechtmäßig verheiratheten Mannes hätten keinen Vater, keinen Namen, sie wären Zahlen, keine Menschen*). Und ich soll einen Fürsten, der, so ausgezeichnet, so überlegen er auch sein mag, regieren kann, ohne ein solches Gesetz aufzuheben, nicht vor die Schranken des europäischen Gerichts laden!

Sein Haß ist unversöhnlich; man kann mit so unaus-

---

*) Man sehe die Geschichte der Fürstin Trubetzkoi.

löschbarem Grolle noch immer ein großer Fürst sein, gewiß aber nicht ein großer Mensch; der große Mensch ist gnädig, mild, der Staatsmann ist rachsüchtig; durch die Rache regiert, durch Verzeihung bekehrt man.

Ich habe Ihnen mein letztes Wort über einen Fürsten gesagt, den man zu beurtheilen zögert, wenn man das Land kennt, in dem er zu regieren verurtheilt ist, denn die Menschen sind dort von den Dingen so abhängig, daß man nicht weiß, wie hoch man hinaufgehen, wie weit man hinunter steigen muß, um Rechenschaft für Thatsachen zu verlangen. Und die vornehmen Herren eines solchen Landes behaupten, den Franzosen zu gleichen!

Die Könige von Frankreich haben in den Zeiten der Barbarei ihren großen Vasallen oft das Haupt abschlagen lassen; Einer unter ihnen, tyrannischen Andenkens, verlangte in raffinirter Grausamkeit, daß das Blut des Vaters auf die unter dem Schaffot befindlichen Kinder gegossen werde; wie groß aber auch die Härte und die Strenge dieser absoluten Fürsten war, sie hüteten sich wohl, wenn sie ihren Gegner tödteten, ihn seiner Güter beraubten, in ihm durch ein höhnisches Urtel seinen Stand, seine Familie, sein Vaterland zu entehren; eine solche Mißachtung jeder Würde hätte die Völker Frankreichs selbst in dem Mittelalter empört. Das russische Volk duldet noch ganz andere Dinge, oder sagen wir lieber: es giebt kein russisches Volk; es giebt nur Kaiser, die Leibeigene und Höflinge haben, welche letztere ebenfalls Leibeigene besitzen. Alles das macht kein Volk aus.

Die bis jetzt im Verhältniß zu den andern nicht sehr zahlreiche Mittelklasse besteht fast ganz aus Fremden; einige Bauern, die sich durch ihren Reichthum die Freiheit erworben haben, und die kleinsten Angestellten, die um einige Grade emporgestiegen sind, vergrößern sie allmälig. Die Zukunft Rußlands hängt von diesen neuen Bürgern ab, die von so verschiedenem Herkommen sind, daß sie in ihren Ansichten unmöglich übereinstimmen können.

Man bemüht sich jetzt, eine russische Nation zu schaffen, aber die Aufgabe ist schwer für einen Menschen. Das Uebel ist schnell geschehen, wird aber nur langsam wieder ausgeglichen; der Widerwille vor dem Despotismus muß den Despoten oft über die Mißbräuche der absoluten Macht aufklären, ich glaube es; aber die Verlegenheit des Bedrückers entschuldigt die Bedrückung nicht, und wie die Nothwendigkeit des Drucks mir einiges Mitleid einflößen (das Uebel ist immer zu beklagen), so fühle ich doch weit geringeres, als mit den Leiden des Unterdrückten. In Rußland liegt überall und Allem Gewaltthätigkeit und Willkür zu Grunde, wie die Sachen auch scheinen mögen. Man hat dort die Tyrannei durch den Schrecken ruhig gemacht, und das ist, bis auf den heutigen Tag, die einzige Art Glück, welches diese Regierung ihren Völkern zu geben verstanden hat.

Wenn der Zufall mich zum Zeugen der unerhörten Leiden macht, die man unter einer Staatsverfassung mit übertriebenem Principe duldet, sollte mich die Besorgniß, irgend ein Zartgefühl zu verletzen, abhalten, das zu sagen, was ich gesehen habe? Ich würde nicht werth sein, Augen gehabt zu haben, wenn ich dieser kleinmüthigen Parteilichkeit nachgäbe, die man diesmal unter dem Namen der Achtung für sociale Schicklichkeit verhüllt; als wenn mein Gewissen nicht das erste Recht auf meine Achtung hätte! Wie? Man hat mich in ein Gefängniß eintreten lassen, ich habe das Schweigen der erschreckten Opfer verstanden, und sollte nicht wagen, ihre Leiden zu erzählen aus Besorgniß, der Undankbarkeit beschuldigt zu werden, weil Kerkermeister die Gefälligkeit hatten, mich in dem Gefängnisse umherzuführen? Eine solche Klug=

heit wäre durchaus keine Tugend; ich erkläre Ihnen also, daß ich mich genau umgesehen habe, um zu sehen, was man mir verbarg, daß ich aufmerksam aufhorchte, um zu hören, was man mir nicht sagen wollte, daß ich mich bemühete, das Falsche zu erkennen in dem, was man mir sagte, und daß ich nicht zu übertreiben glaube, wenn ich Ihnen die Versicherung gebe, daß das russische Reich dasjenige Land auf Erden ist, wo die Menschen am unglücklichsten sind, weil sie zu gleicher Zeit von den Unannehmlichkeiten der Barbarei und denen der Civilisation leiden. Ich würde mich für einen Verräther und Schurken halten, wenn ich, nachdem ich mit aller Geistesfreiheit einen großen Theil Europas geschildert, diese Schilderung nicht vollenden wollte, weil ich fürchtete, gewisse Neigungen, die ich hegte, ändern zu müssen, und gewisse Personen durch die wahrhaftige Schilderung eines Landes zu verletzen, das noch nie so beschrieben worden, wie es wirklich ist. Worauf, ich bitte Sie, sollte sich meine Achtung für das Schlechte gründen? Bin ich durch irgend eine andere Kette als durch die Liebe zur Wahrheit gebunden?

Im Allgemeinen schienen mir die Russen viel Tact zu besitzen, sehr schlau, aber nicht gefühlvoll zu sein; die Grundlage ihres Characters scheint eine außerordentliche Empfindlichkeit in Verbindung mit großer Härte zu sein. Eine hellblickende Eitelkeit, der Scharfsinn des Sclaven, und eine sarkastische Feinheit sind die vorstehenden Züge ihres Geistes. Ich habe dies mehrmals ausgesprochen, denn es wäre reine Täuschung, die Eitelkeit der Leute schonen zu wollen, wenn sie selbst so wenig mitleidig sind. Empfindlichkeit ist nicht Zartgefühl. Es ist Zeit, daß die Menschen, welche so scharfsinnig die Fehler und Lächerlichkeiten unserer Staaten herausfinden, auch die Aufrichtigkeit Anderer ertragen lernen; das offizielle Schweigen, das man um sie her herrschen läßt, leitet ihren Verstand irre und schwächt ihn; sie wollen von den Nationen Europas anerkannt sein, und mit uns wie unseres Gleichen unterhandeln; sie müssen sich also zuerst darin ergeben, sich beurtheilen zu lassen. Alle Nationen bestehen diesen Prozeß, ohne viel Aufhebens davon zu machen. Seit wann nehmen die Deutschen die Engländer nur unter der Bedingung auf, daß sie nur Gutes von Deutschland sagen? Die Nationen haben immer gute Gründe dafür, so zu sein wie sie sind, und der beste von allen ist der, daß sie nicht anders sein können.

Diese Entschuldigung gilt aber für die Russen nicht, wenigstens nicht für die, welche lesen. Da sie Alles nachäffen, könnten sie wohl anders sein, und eben diese Möglichkeit macht ihre Regierung so außerordentlich mißtrauisch. Diese Regierung weiß nur zu gut, daß man mit ganz reflectirten Characteren auf nichts rechnen kann.

Ein stärkerer Grund hätte mich abhalten können, die Besorgniß, der Apostasie beschuldigt zu werden. „Er hat lange," wird man sagen, „gegen die liberalen Declamationen protestirt; jetzt folgt er selbst dem Strom und strebt nach der falschen Popularität, nachdem er sie verschmäht hat."

Ich weiß nicht, ob ich mich täusche, aber je mehr ich nachdenke, um so weniger glaube ich, daß dieser Vorwurf mich treffen, oder daß Jemand ihn mir machen könne.

Die Russen fürchten nicht erst heute, von den Fremden getadelt zu werden. Dieses seltsame Volk verbindet eine außerordentliche Prahlerei mit einem übergroßen Mißtrauen gegen sich selbst; außen Selbstgenügsamkeit und innen unruhige Demuth, — das habe ich in den meisten Russen gelesen. Ihre nie ruhende Eitelkeit ist immer verletzt, wie der englische Stolz. Die Naivetät, dieses französische Wort, dessen Sinn keine andere Sprache genau wiedergeben kann, weil die Sache nur den Franzosen eigen ist; die Naivetät, diese Einfalt, welche schalkhaft werden könnte; diese Gabe des Geistes, welche Lachen erregt, ohne jedes Herz zu verletzen; dieses Vergessen der Vorsicht in den Worten, das so weit geht, daß es selbst denen, mit welchen man spricht, Waffen in die Hand giebt; diese Gerechtigkeit im Urtheil, diese ganz unwillkürliche Wahrheit im Ausdruck, dieses Aufgeben der Persönlichkeit im Interesse der Wahrheit kennen die Russen nicht. Ein nachahmendes Volk wird nie naiv sein; die Berechnung wird bei ihm stets die Aufrichtigkeit ersticken.

Ich habe in einem Testamente Monomach's merkwürdige und weise Rathschläge für seine Kinder gefunden; hier eine Stelle, die mir besonders aufgefallen ist: „Achtet besonders die Fremden, welchem Stande und Range sie auch angehören mögen, und wenn Ihr sie nicht mit Geschenken überhäufen könnt, so gebt ihnen wenigstens Beweise von Wohlwollen, da von der Art, wie sie in einem Lande behandelt werden, das Gute und das Böse abhängt; das sie von demselben sagen, wann sie in ihre Heimath zurückgekommen sind."

Eine solche raffinirte Eigenliebe nimmt, wie Sie gestehen werden, der Gastfreundschaft viel von ihrem Werthe. Ich dachte deßhalb auch während meiner Reise unwillkürlich mehr als einmal an die berechnete Freundlichkeit. Man soll allerdings den Menschen den Lohn für ihre guten Thaten nicht nehmen, aber unmoralisch ist es, diesen Lohn für den ersten Beweggrund der Tugend auszugeben.

Ich theile noch einige Stellen desselben Verfassers mit, welche meine Bemerkungen unterstützen werden.

Karamsin selbst schildert die traurigen Einwirkungen des Einfalls der Mongolen auf den Character des russischen

Volkes; findet man mich streng in meinen Urtheilen, so wird man sehen, daß sie durch einen ernsten und mehr zur Nachsicht geneigten Schriftsteller gerechtfertigt werden.

„Der Nationalstolz," sagte er, „schwand unter den Russen; sie nahmen ihre Zuflucht zu Kunstgriffen, welche die Stärke bei Menschen ersetzen, die zu servilem Gehorsam verurtheilt sind; die Geschicklichkeit, die Tataren zu täuschen, machte sie auch erfahrener in der Kunst, sich unter einander zu betrügen; sie erkauften von den Barbaren ihre persönliche Sicherheit, wurden darum begieriger nach Geld und unempfindlicher gegen Beleidigungen und gegen die Schande, da sie unaufhörlich der Rücksichtslosigkeit der fremden Tyrannei ausgesetzt waren." (Karamsin 5r Bd. 48 Kap.)

Weiter hin:

„Es wäre möglich, daß der jetzige Character der Russen einige der Flecken behalten hätte, mit denen ihn die Barbarei der Mongolen beschmutzt hat."

„Wir bemerken, daß man mit mehrern erhabenen Gefühlen in uns den Muth schwächer werden sah, der hauptsächlich durch den Nationalstolz genährt wird. — Die Autorität des Volkes begünstigte auch die der Bojaren, die ihrerseits mit Hülfe der Bürger Einfluß auf den Fürsten, oder durch den Fürsten auf die Bürger haben konnten. Diese Stütze war verschwunden und man mußte dem Fürsten gehorchen, wenn man nicht für einen Verräther oder Rebellen gehalten werden wollte, und es giebt keinen rechtmäßigen Weg mehr, sich seinem Willen zu widersetzen; mit einem Worte, man sah die Selbstherrschaft entstehen."

Ich beschließe diese Auszüge mit einem Paar Stellen aus der Regierung Iwans III. Nachdem Karamsin erzählt hat, wie der Czar Iwan III. schwankte, ob er seinen Sohn oder seinen Enkel als Thronerben bezeichnen solle, fährt er fort:

„Es ist zu bedauern, daß die Chronikenschreiber, statt uns alle Umstände dieses merkwürdigen Ereignisses zu entwickeln, sich mit der Angabe begnügen, Iwan habe, nach reiflicherer Prüfung der Anklagen gegen seine Gemahlin, derselben so wie seinem Sohne seine ganze Liebe wieder zugewendet; sie fügen hinzu, er habe sich, nachdem er Kunde von den Complotten seiner Feinde erhalten und in der Ueberzeugung, daß er getäuscht worden, entschlossen, an den ausgezeichnetsten Herren ein strenges Beispiel zu geben. Der Fürst Iwan Patrikieff, dessen beiden Söhne und Schwiegersohn, der Fürst Simeon Riapolwski, wurden als Intriganten zum Tode verurtheilt."

Dieser Iwan III., welcher die Intriganten hinrichten ließ, wird von den Russen zu den größten Männern gerechnet.

Gleiche oder ähnliche Dinge kommen auch heut zu Tage noch immer in Rußland vor. Wegen der autocratischen Allmacht giebt es keine Achtung für die Urtelsprüche und der besser unterrichtete Kaiser kann stets das umstoßen, was der minder gut unterrichtete Kaiser gethan hatte.

Weiter hin giebt endlich Karamsin folgenden Ueberblick über die ruhmreiche Regierung dieses großen und guten Fürsten (Iwan III.):

„Alles wurde nun Rang oder Gunst des Fürsten; unter den Bojarenkindern am Hofe, einer Art Pagen, sah man Söhne von Fürsten und großen Herren. Bei dem Vorsitz in den Kirchenconcilien erschien Iwan feierlich als Haupt der Geistlichkeit. Er war stolz auf seine Verbindungen mit den andern Herrschern und entfaltete vor den Gesandten derselben gern einen großen Pomp; er führte die Sitte ein, als Zeichen einer besondern Gunst, seine Hand zum Kusse zu reichen; er wollte durch alle möglichen äußeren Mittel sich über die Menschen erheben, um auf die Phantasie zu wirken; er erkannte das Geheimniß der Selbstherrschaft und wurde gleichsam ein irdischer Gott in den Augen der Russen, welche schon damals anfingen, alle andern Völker durch blinde Unterwerfung unter den Willen ihres Fürsten in Erstaunen zu setzen."

Diese Geständnisse erschienen mir doppelt bedeutsam in dem Munde eines so schüchternen, so höfischen Geschichtschreibers wie Karamsin. Ich könnte die Auszüge vervielfältigen, glaube aber bereits genug mitgetheilt zu haben, um das Recht festzustellen, das ich zu besitzen glaube, unumwunden meine Meinung zu sagen, welche sogar durch die Meinung eines der Parteilichkeit beschuldigten Schriftstellers gerechtfertigt wird.

In einem Lande, wo die Menschen von der Wiege an zur Verstellung und zu der Schlauheit der orientalischen Politik erzogen werden, muß die Natürlichkeit seltener sein als irgendwo; sie hat deshalb auch einen ganz besondern Reiz, wenn man sie einmal findet. Ich sah in Rußland einige Männer, welche sich schämten, durch die harte Regierung unterdrückt zu werden, unter welcher sie leben müssen, ohne daß sie sich zu beklagen wagen; diese Männer sind nur im Angesichte des Feindes frei; sie ziehen in den Krieg an den Caucasus, um von dem Joche auszuruhen, das man ihnen in der Heimath auflegt. Das Traurige dieses Lebens drückt vor der Zeit auf ihre Stirn einen Stempel der Melancholie, der zu ihrer militairischen Lebensweise und zu der Sorglosigkeit ihres Alters nicht paßt; die Runzeln der Jugend verrathen tiefen Kummer und erwecken großes Mitleiden. Diese jungen Männer haben von dem Morgenlande den Ernst, von dem Norden das Unklare und Träumerische; sie sind sehr unglücklich und sehr liebenswürdig; es gleicht ihnen kein Bewohner der andern Länder.

Da die Russen Grazie besitzen, so müssen sie etwas Natürliches haben, das ich nicht erkennen konnte; vielleicht ist es für einen Fremden unbemerklich, der so schnell durch das Land reiset, wie ich durch Rußland reisete. Kein Character ist so schwer klar darzulegen, wie der des russischen Volkes.

Ohne Mittelalter, ohne Erinnerungen aus der alten Zeit, ohne Katholicismus, ohne Ritterwesen hinter sich, ohne Achtung für das Wort, immer Griechen des oströmischen Reiches, in Formeln höflich wie die Chinesen, grob oder wenigstens rücksichtslos wie Kalmucken, schmutzig wie Lappländer, schön wie Engel, unwissend wie Wilde (ich nehme die Frauen und einige Diplomaten aus), pfiffig wie Juden, intrigant wie Freigelassene, mild und ernst in ihrem Wesen wie Orientalen, grausam in ihren Gefühlen wie Barbaren, bitter und spottsüchtig aus Verzweiflung, leichtsinnig, aber nur zum Scheine, so sind die Russen hauptsächlich für ernste Dinge geeignet. Alle besitzen den nothwendigen Geist, um einen außerordentlich feinen Tact zu erlangen, keiner aber ist so hochherzig, um sich über die Schlauheit zu erheben, und so haben sie mir diese Eigenschaften verleidet, welche für die durchaus nöthig ist, die unter ihnen leben wollen. Ich halte sie mit ihrer fortwährenden Selbstbeobachtung für die beklagenswerthesten Menschen auf Erden. Der Tact für das, was sich schickt, diese Polizei der Phantasie, ist eine traurige Eigenschaft, durch die man unaufhörlich sein Gefühl dem der andern aufopfert, eine negative Eigenschaft, welche weit überlegenere positive ausschließt, das Gewerbe der ehrgeizigen Höflinge, die nur da sind, um dem Willen eines Andern zu gehorchen, dem Antriebe zu folgen und ihn zu errathen, die sich aber vertreiben lassen würden, sobald sie einmal selbst den Anstoß geben wollten. Wer Anstoß geben will, muß Genie besitzen; das Genie ist der Tact der Stärke, der Tact dagegen nur das Genie der Schwäche. Die Russen sind durch und durch Tact. Das Genie handelt, der Tact beobachtet und übertriebene Beobachtung führt zum Mißtrauen, d. h. zur Unthätigkeit; das Genie kann mit großer Kunst verbunden sein, nie aber mit einem sehr raffinirten Tacte, weil der Tact die verhüllte Schmeichelei, diese höchste Tugend der Subalternen, die den Gegner, d. h. den Herrn achten, so lange sie ihn nicht anzugreifen wagen, ist immer mit etwas List verbunden. Wegen dieser Seraitüberlegenheit sind die Russen nicht zu durchschauen; man sieht allerdings immer, daß sie etwas verbergen, aber man weiß nicht, was sie verbergen und das genügt ihnen schon. Sie werden sehr furchtbar und sehr klug sein, wenn es ihnen noch gelingt, selbst ihre Schlauheit zu verhüllen.

Schon sind einige von ihnen dahin gekommen, die nämlich, welche am höchsten stehen, entweder durch das Amt, das sie bekleiden oder wegen der geistigen Ueberlegenheit, mit der sie ihr Amt verwalten. Diese konnte ich nur aus der Erinnerung beurtheilen, ihre Gegenwart übte einen Zauberbann auf mich aus.

Aber wozu kann Alles dies dienen? Welchen Grund wollen wir dieser großen List und Verstellung unterlegen? Welche Pflicht, welcher Lohn kann menschliche Gesichter dahin bringen, die drückende Maske so lange zu tragen?

Soll das Spiel so vieler Batterien nur eine wirkliche und rechtmäßige Gewalt vertheidigen? Eine solche Gewalt bedarf derselben nicht; die Wahrheit vertheidigt sich schon selbst. Will man aber die Interessen der Eitelkeit schützen?

Vielleicht; es wäre aber doch eine für ernste Männer unwürdige Mühe, solche Sorgen zu übernehmen, um ein so erbärmliches Resultat zu erreichen. Ich schreibe ihnen einen tiefer liegenden Gedanken zu; ein größerer Zweck scheint mir ihre große Langmuth und Verstellung zu erklären.

Ein maßloser ungeheurer Ehrgeiz, ein Ehrgeiz, der nur in der Seele der Unterdrückten aufkeimen, sich nur durch das Unglück einer ganzen Nation nähren kann, gährt in dem Herzen des russischen Volkes. Diese wesentlich erobernde, in Folge von Entbehrungen habsüchtige Nation büßt im Voraus in der Heimath durch erniedrigende Unterthänigkeit die Hoffnung ab, die Tyrannei über andere auszuüben; der Ruhm, der Reichthum, den sie erwartet, läßt sie die Schmach vergessen, die sie erträgt, und um sich rein zu waschen von der gotteslästerlichen Aufopferung jeder öffentlichen und persönlichen Freiheit, träumt sie, die Sclavin, kniend von der Weltherrschaft.

Man betet in dem Kaiser Nikolaus nicht den Mann an, sondern den ehrgeizigen Gebieter einer noch weit ehrgeizigern Nation. Die Leidenschaften der Russen sind nach dem Muster jener der Völker des Alterthums zugeschnitten; Alles erinnert bei ihnen an das alte Testament; ihre Hoffnungen und ihre Leiden sind groß wie ihr Reich.

Nichts hat hier Grenzen, weder der Schmerz noch der Lohn, weder die Opfer noch die Hoffnungen; ihre Macht kann ungeheuer werden, aber sie werden dieselbe mit dem Preise erkaufen, den die Völker Asiens für die Beständigkeit ihrer Regierungen zahlten, mit dem Glücke.

Rußland sieht in Europa eine Beute, die ihm früher oder später durch unsre Uneinigkeiten zugeführt werden wird; es schürt bei uns die Anarchie in der Hoffnung, die Verdorbenheit zu benutzen, die es begünstigte, weil sie seinen

Plänen nützlich ist; es ist die Geschichte Polens im Großen. Paris lies't seit vielen Jahren revolutionäre Journale, die Rußland bezahlt. „Europa," sagt man in Petersburg, „schlägt den Weg ein, den Polen ging; es schwächt sich durch einen eiteln Liberalismus, während wir mächtig bleiben, gerade weil wir nicht frei sind; wir halten geduldig aus unter dem Joche, Andere werden für unsre Schmach büßen müssen."

Der Plan, den ich Ihnen hier enthülle, kann chimärisch aussehen, jeder aber, der in den Gang der Angelegenheiten Europas und in die Geheimnisse der Cabinette in den letzten zwanzig Jahren eingeweiht ist, wird ihn für richtig erkennen. Er giebt den Schlüssel zu vielen Räthseln, er erklärt mit einem Worte die außerordentliche Wichtigkeit, welche von Character und durch ihre Stellung ernste Personen darauf legen, von den Fremden nur von der schönen Seite gesehen zu werden. Wenn die Russen, wie sie es sagen, die Stützen der Ordnung und der Legitimität wären, würden sie sich dann revolutionärer Männer und, was noch schlimmer ist, revolutionärer Sachen bedienen?

Das außerordentliche Ansehen Rußlands in Rom ist auch eine Folge der Zauberkraft, gegen welche ich uns schützen möchte*). Rom und die ganze katholische Welt haben keinen größern und gefährlichern Feind als den Kaiser von Rußland. Früher oder später wird unter dem Schutze der griechischen Autocratie das Schisma allein in Constantinopel herrschen; dann erst wird die in zwei Lager getheilte christliche Welt das Unrecht erkennen, was der römischen Kirche durch die politische Verblendung ihres Oberhauptes geschehen ist.

---

*) Geschrieben 1839.

Dieser Fürst, der über die Unordnung erschrak, in welche die Staaten bei seiner Besteigung des päpstlichen Stuhles geriethen, der sich vor dem moralischen Nachtheil entsetze, der Europa durch unsere Revolutionen zugefügt werde, und der allein und ohne Stütze in einer gleichgültigen oder spottenden Welt stand, fürchtete nichts mehr als die Volksaufstände, unter denen er gelitten und seine Zeitgenossen hatte leiden sehen, gab dem verderblichen Einflusse gewisser beschränkter Menschen nach, ließ sich von menschlicher Klugheit rathen und zeigte sich, vor der Welt, weise und klug nach Art der Menschen, d. h. schwach und verblendet vor Gott; deßhalb wurde die Sache des Katholicismus in Polen von ihrem natürlichen Vertheidiger, von dem sichtbaren Oberhaupt der orthodoxen Kirche aufgegeben. Giebt es jetzt viele Nationen, welche ihre Soldaten für Rom opfern würden? Und wenn der Papst in seiner Noth noch ein Volk findet, das sich für ihn hinschlachten lassen will, — so belegt er es mit dem Banne! — er, der einzige Fürst auf Erden, der es bis zum Tode unterstützen sollte, belegt es mit dem Banne aus Gefälligkeit für den Fürsten eines schismatischen Volkes*). Die Gläubigen fragen sich mit Schrecken, was aus der unermüdlichen Vorsorge des heiligen Stuhles geworden ist; die mit dem Banne belegten Märtyrer sehen den katholischen Glauben durch Rom selbst der griechischen Politik geopfert, und das in seinem heiligen Widerstande entmuthigte Polen erduldet sein Schicksal, ohne es zu begreifen.

Hat der Stellvertreter Gottes auf Erden nicht erkannt, daß seit dem westphälischen Frieden alle europäischen Kriege

---

*) Diese Bemerkungen, welche, wie mir scheint, über die Grenzen der Ehrfurcht nicht hinausgehen, sind durch die letzten Edicte des römischen Hofes gerechtfertigt worden.

Religionskriege sind? Welche menschliche Klugheit konnte ihm den Blick so trüben, daß er Mittel, die wohl für Könige gut, für den König der Könige aber unwürdig sind, auf die Leitung göttlicher Dinge anwendete? Der Thron der Könige hat nur eine kurze Dauer, der seinige ist ewig, ja ewig, und der Priester, der auf diesem Throne sitzt, würde in den Katacomben größer und hellsehender sein, als er es in dem Vatican ist. Er hat, getäuscht durch die Schlauheit der Kinder der Zeit, den Grund der Dinge nicht erkannt, und in den Verirrungen, in die ihn seine Politik der Furcht stürzte, vergaß er, seine Kraft da zu suchen, wo sie ist, in der Politik des Glaubens*).

Aber Geduld! Die Zeit reift, bald wird jede Frage scharf und deutlich gestellt werden und die Wahrheit, durch ihre rechtmäßigen Kämpfer vertheidigt, ihre Herrschaft über den Geist der Nationen wieder erlangen. Vielleicht werden die Protestanten in dem Kampfe, der sich vorbereitet, eine wesent=

---

*) Die Unwissenheit in Religionssachen ist jetzt so groß, daß ein Katholik, ein Mann von vielem Geiste, dem ich diese Stelle vorlas, mich mit der Bemerkung unterbrach: „Sie sind nicht mehr Katholik; Sie tadeln den Papst!" Als wenn der Papst keine Fehler begehen könnte, weil er in Glaubenssachen unfehlbar ist. Und selbst diese Unfehlbarkeit wird von den Gallikanern, die doch auch Katholiken zu sein glauben, gewissen Beschränkungen unterworfen. Ist Dante jemals der Ketzerei beschuldigt worden? Und welche Sprache führt er gegen die Päpste, die er in seine Hölle versetzt! Die besten Geister verfallen in unserer Zeit in eine Ideenverwirrung, über die in den frühern Jahrhunderten die Schüler gelacht haben würden. Ich antwortete meinem Kritiker dadurch, daß ich ihn auf Bossuet verwies. Seine Darlegung der katholischen Lehre, die von dem römischen Hofe jeder Zeit bestätigt, gebilligt, gerühmt und angenommen worden ist, rechtfertigt meine Grundsätze hinreichend.

liche Wahrheit erkennen, die ich schon mehr als einmal aus=
gesprochen habe, auf die ich aber immer wieder zurückkomme,
weil sie mir die einzige zu sein scheint, die nöthig ist, um
die Wiedervereinigung aller christlichen Gemeinden zu be=
schleunigen; nämlich, daß der einzige freie Geistliche in der
Welt der katholische ist. Ueberall außer in der katholischen
Kirche ist der Geistliche andern Gesetzen und andern Lehren
unterworfen, als denen seines Gewissens. Man zittert, wenn
man die Inconsequenzen der anglikanischen Kirche oder die
Erniedrigung der griechischen Kirche in Petersburg sieht;
triumphirt in England die Heuchelei nicht länger, so wird
der größte Theil des Reiches katholisch werden. Nur die
römische Kirche hat die Reinheit des Glaubens gerettet, in=
dem sie auf der ganzen Erde mit erhabenem Edelmuthe, mit
heldenmüthiger Geduld, mit unbeugsamer Ueberzeugung die
Unabhängigkeit des Priesterstandes gegen die Usurpation der
weltlichen Macht vertheidigte. Welche Kirche hat sich nicht
durch die verschiedenen Regierungen zu dem Range einer
frommen Polizei erniedrigen lassen? Es giebt nur eine, eine
einzige, die katholische Kirche, und diese Freiheit, die sie durch
das Blut ihrer Märtyrer bewahrt hat, ist ein ewiges Prinzip
des Lebens und der Macht. Die Zukunft der Welt gehört
ihr, weil sie rein von aller Beimischung zu bleiben wußte.
Möge der Protestantismus sich rühren, es liegt in seiner
Natur; mögen die Secten discutiren und sich ängstigen, die
katholische Kirche wartet.

Die russisch=griechische Geistlichkeit ist immer nur eine
Miliz in einer etwas andern Uniform als die der weltlichen
Truppen des Kaisers gewesen und wird auch in Zukunft
nichts weiter sein. Die Popen und ihre Bischöfe sind unter
der Leitung des Kaisers ein Regiment von Schreibern.

Die Entfernung, welche Rußland von dem Westen trennt,

hat viel dazu beigetragen, uns bis jetzt Alles zu verhüllen. Die schlaue griechische Politik fürchtet die Wahrheit so sehr, weil sie die Lüge vortrefflich zu benutzen versteht; daß sie aber die Herrschaft derselben so lange erhalten kann, setzt mich in Verwunderung.

Begreifen Sie nun die Wichtigkeit einer Meinung, eines bittern Wortes, eines Briefes, eines Spottes, eines Lächelns und noch vielmehr eines Buches in den Augen dieser Regierung, welche durch die Leichtgläubigkeit ihrer Völker und durch die Gefälligkeit aller Fremden begünstigt wird? Ein Wort der Wahrheit, das nach Rußland geschleudert wird, ist der Funke, der in ein Pulverfaß fällt.

Was kümmert die Männer, welche Rußland regieren, die Entblößung, die Blässe der Soldaten des Kaisers? Diese lebenden Gespenster haben die schönsten Uniformen in Europa; wer achtet auf die rauhen Kittel, unter denen sich diese mit Gold bedeckten Phantome im Innern ihrer Cantonnirungen verbergen? Wenn sie nur nicht gesehen werden, so lange sie ärmlich oder schmutzig sind, wenn sie nur glänzen, sobald sie sich öffentlich zeigen, so verlangt man nichts von ihnen, so giebt man ihnen nichts. Der Reichthum der Russen ist eine kunstvoll drapirte Armuth; der Schein ist Alles bei ihnen und er lügt bei ihnen mehr als bei Andern. Deshalb ist auch in Petersburg jeder um seinen Ruf gekommen, wenn er den Schleier zu lüften versucht.

Das gesellige Leben in diesem Lande ist eine permanente Verschwörung gegen die Wahrheit.

Wer hier sich nicht betrügen läßt, gilt für einen Verräther; über eine Prahlerei zu lachen, eine Lüge zu widerlegen, einer politischen Großsprecherei zu widersprechen, den Gehorsam zu motiviren, ist ein Attentat gegen die Sicherheit des Staates und des Kaisers und man zieht sich dadurch das Schicksal eines Revolutionärs, eines Verschwörers, eines Gegners der Ordnung, eines Majestätsverbrechers, — eines Polen zu und wie schrecklich ein solches Schicksal ist, wissen Sie. Eine Empfindlichkeit, die sich in dieser Weise kund giebt, ist mehr furchtbar als lächerlich; die kleinliche Wachsamkeit einer solchen Regierung in Uebereinstimmung mit der Eitelkeit eines solchen Volkes wird entsetzlich, sie ist nicht mehr lächerlich.

Man kann und muß zu allen Arten von Vorsichtsmaß= regeln unter einem Gebieter greifen, der keinem Gegner ver= zeiht, keinen Widerstand verachtet und die Rache für eine Pflicht hält. Dieser Mann oder vielmehr diese personifizirte Regierung würde die Verzeihung für eine Apostasie, die Milde für Selbstvergessenheit, die Menschlichkeit für einen Mangel an Achtung der eigenen Majestät, was sage ich? der eige= nen Göttlichkeit halten. Er vermag es nicht, sich n i c h t anbeten zu lassen.

Die russische Civilisation steht noch so nahe an ihrer Quelle, daß sie wie Barbarei aussieht. Rußland ist nur ein erobernder Staat; seine Stärke liegt nicht in dem Ge= danken, sondern in dem Kriege, d. h. in der List und in der Rohheit.

Polen hat durch seinen letzten Aufstand die Explosion der Mine hinausgeschoben; es nöthigte die Batterien, verhüllt zu bleiben, und man wird Polen nie die Verstellung verzeihen, die man anwenden muß, nicht gegen Polen, da man dies ja ungestraft hinschlachtet, sondern gegen die Freunde, die man fortwährend täuschen, deren mißtrauische Philanthropie man schonen muß. Man gewinnt für diesen großmüthigen und leidenschaftlichen Haß — bemerken Sie diese beiden Worte — die vorgeschobene Wache des neuen römischen Reiches, welches das griechische Reich heißen wird und der vorsichtigste und verblendetste der Könige Europas*) beginnt, um seinem Nachbar zu gefallen, der sein Herr ist, einen Religionskrieg. Wenn man diesen irre leiten konnte, wird man auch noch andere verlocken.

Vergessen Sie nicht, daß die Russen, wenn es ihnen je gelingen sollte, den Westen zu beherrschen, diesen nicht von ihrer Heimath aus regieren würden wie die alten Mongolen; im Gegentheil, sie würden nichts Eiligeres zu thun haben, als ihre eisigen Ebenen zu verlassen und verschieden darin von ihren ehemaligen Herren, den Tataren, die von hier die Slaven drückten (denn das Clima Rußlands erschreckte selbst die Mongolen), aus ihrem Lande auswandern, sobald ihnen der Weg nach den andern Ländern offen stände.

In diesem Augenblicke sprechen sie von Mäßigung, protestiren gegen die Eroberung Constantinopels und fürchten Alles, was ein Reich vergrößern könnte, in welchem schon jetzt die Entfernungen ein Unglück sind; sie fürchten selbst — bedenken Sie, wie weit ihre Klugheit geht! — sie fürchten selbst das warme Clima. Warten Sie nur noch ein wenig, Sie werden schon sehen, wohin diese Befürchtungen führen.

Und ich sollte so viele Lügen, so viele Gefahren, so viele Geißeln nicht bezeichnen? Nein, nein, ich will mich lieber selbst täuschen und sprechen, als richtig gesehen haben und schweigen. Wenn es kühn ist, das zu sagen, was ich beobachtet habe, so wäre es gar ein Verbrechen, dasselbe zu verheimlichen.

Die Russen werden mir nicht antworten; sie werden blos sagen: „vier Monate gereis't? Er hat nicht viel gesehen."

Es ist wahr, aber ich habe viel errathen. Thun sie mir

---

*) Bei Lebzeiten des letzten Königs von Preußen 1839 geschrieben.

dagegen die Ehre an, mich zu widerlegen, so werden sie die
Thatsachen läugnen, die Thatsachen, das rohe Material jeder
Erzählung, das man in Petersburg für nichts zu achten ge=
wöhnt ist, wo die Vergangenheit wie die Zukunft, wie die
Gegenwart zur Verfügung des Gebieters steht; denn, noch
einmal, die Russen haben nichts Eigenes als den Gehorsam
und die Nachahmung; die Leitung ihres Geistes, ihr Urtheil,
ihr freier Wille gehört dem Kaiser an. In Rußland gehört
die Geschichte zu dem Krongute; sie ist das geistige Eigen=
thum des Fürsten, wie die Menschen und die Erde das
materielle Eigenthum sind; man stellt sie in den Palästen
mit den kaiserlichen Schätzen auf und zeigt nur das davon,
was man bekannt werden lassen will. Die Erinnerung an
das, was an dem vergangenen Tage geschah, ist das Besitz=
thum des Kaisers; er verändert nach seinem Gutdünken die
Annalen des Landes und theilt jeden Tag an sein Volk die
historischen Wahrheiten aus, die gerade mit der Fiction des
Augenblickes zusammen passen. So wurden Minin und
Pojarski, die seit zwei Jahrhunderten vergessenen Helden, bei
dem Einfalle Napoleons plötzlich wieder hervorgeholt und
Mode gemacht. In jenem Augenblicke gestattete die Regie=
rung die patriotische Begeisterung.

Diese übergroße Macht schadet sich freilich selbst; Ruß=
land wird sie nicht immer ertragen; in der Armee glimmt
eine Geist der Empörung. Ich spreche wie der Kaiser, die
Russen reisen zu viel, die Nation ist nach Belehrung begierig
geworden; die Zolllinien halten den Gedanken nicht auf, die
Armeen tödten ihn nicht, er verbreitet sich unter der Erde
hin und in der Luft; die Ideen sind überall und sie gestalten
die Welt um*).

---

*) Seit dies geschrieben ist, erlaubt der Kaiser vielen Russen

Aus dem Vorstehenden ergiebt sich, daß die Zukunft, diese so glänzende Zukunft, welche die Russen träumen, nicht von ihnen abhängt, daß sie keine eigenen Ideen haben und daß das Schicksal dieses Volks von Nachahmern sich bei den Völkern mit eigenen Ideen entscheiden wird. Wenn die Leidenschaften im Westen sich beruhigen, wenn Einigkeit zwischen Regierungen und Unterthanen eintritt, wird die Hoffnung der erobernden Slawen eine Chimäre.

Brauche ich Ihnen zu wiederholen, daß ich ohne Animosität spreche, daß ich die Sachen beschrieben habe, ohne die Personen anzuklagen und daß ich in den Folgerungen, die ich aus gewissen Thatsachen zog, die mich erschrecken, der Nothwendigkeit ihren Theil zugeschrieben habe? Ich klage weniger als ich erzähle.

Ich habe Paris mit der Ansicht verlassen, nur das innige Bündniß zwischen Frankreich und Rußland könnte die Angelegenheiten Europas ordnen; seit ich aber die russische Nation in der Nähe gesehen und den wahren Geist der russischen Regierung erkannt habe, fühle ich, daß sie von der übrigen civilisirten Welt durch ein mächtiges politisches Interesse getrennt wird, welches sich auf den religiösen Fanatismus stützt, und ich bin nun der Meinung, daß Frankreich seine Stützen unter den Nationen suchen müsse, deren Interessen mit den seinigen zusammentreffen. Man baut Bündnisse nicht auf Meinungen gegen die Bedürfnisse. Wo sind in Europa die Bedürfnisse, welche zusammentreffen? Bei den

---

den Aufenthalt in Paris. Er glaubt vielleicht, die Neuerungssüchtigen von ihren Träumen zu heilen, wenn er ihnen Frankreich in der Nähe zeigt, das ihm als ein Revolutionsvulkan vorgestellt wird, als ein Land, in welchem die Russen einen Abscheu vor den politischen Reformen erhalten müssen; er irrt sich.

Franzosen und den Deutschen und den Völkern, welche die Natur bestimmt hat, Satelliten dieser beiden Nationen zu sein. Die Geschicke einer fortschreitenden, aufrichtigen und verständigen Civilisation werden im Herzen Europas entschieden werden; Alles, was dazu beiträgt, die vollkommene Uebereinstimmung der deutschen Politik mit der französischen zu beschleunigen, ist wohlthätig, während Alles, was diese Vereinigung verzögert, wie scheinbar auch der Grund der Verzögerung sein mag, verderblich ist.

Es wird zum Kampfe kommen zwischen der Philosophie und dem Glauben, zwischen der Politik und der Religion, zwischen dem Protestantismus und der katholischen Kirche, und von dem Banner, das Frankreich in diesem Riesenkampfe aufpflanzt, wird das Schicksal der Welt, der Kirche und vor Allem Frankreichs abhängen.

Daß das Alliancesystem, nach dem ich strebe, gut ist, beweist der Umstand, daß eine Zeit kommen wird, in welcher wir kein andres werden wählen können.

Als Fremder, namentlich als Fremder, der schreibt, bin ich von den Russen mit Betheuerungen der Artigkeit überhäuft worden, aber ihre Gefälligkeit beschränkte sich auf Versprechungen; Niemand erleichterte es mir, einen Blick in die Tiefe, auf den Grund der Dinge zu thun. Eine Menge Geheimnisse und Räthsel blieben mir unerforschlich. Wäre ich ein Jahr in diesem Lande geblieben, so würde ich weiter gekommen sein, die Unannehmlichkeiten des Winters schienen mir aber um so mehr zu fürchten sein, je eifriger die Leute versicherten, man empfinde wenig davon. Sie nehmen gelähmte Glieder und ein erfrorenes Gesicht für nichts; und doch könnte ich schon mehr als ein Beispiel von solchen Unfällen anführen, die selbst Frauen von Stande, fremde wie russische, betrafen. Ueberdies fühlt man einen solchen

Unfall sein ganzes Leben hindurch, ja wenn man sich nur unheilbaren Nervenleiden aussetzte, wäre die Gefahr schon groß. Ich wollte mich nicht nutzlos diesen Uebeln und der Langeweile der Vorsichtsmaßregeln aussetzen, die man ergreifen muß, um sie zu vermeiden. Uebrigens befiel mich die Traurigkeit in diesem Reiche des tiefen Schweigens, der großen leeren Räume, der kahlen Flächen, der stillen Städte, der vorsichtigen Gesichter, deren nicht eben offener Ausdruck selbst die Gesellschaft öder erscheinen läßt; ich entfloh deshalb sowohl vor dem Spleen als vor der Kälte. Was man auch sagt, wer den Winter in Petersburg verbringen will, muß sich darein ergeben, die Natur sechs Monate lang zu vergessen, um unter Menschen eingeschlossen zu leben, die nichts Natürliches haben*).

Ich gestehe aufrichtig, ich habe in Rußland einen schrecklichen Sommer verbracht, weil es mir nur gelang, einen sehr kleinen Theil von dem zu begreifen, was ich sah. Ich hoffte zu Auflösungen zu gelangen und bringe Ihnen Räthsel.

Besonders bedaure ich, daß ich ein Geheimniß nicht enthüllen konnte, den geringen Einfluß der Religion nämlich. Konnte nicht die griechische Kirche, trotz ihrer politischen Knechtung, wenigstens eine moralische Autorität über die Völker behalten? Sie hat gar keine. Woran liegt die Nichtigkeit einer Kirche, die Alles in ihrem Wirken zu begünstigen scheint? Das ist das Räthsel. Ist es eine Eigenthümlichkeit der grie=

---

*) Ich finde in den Briefen der Lady Montague, die neuerdings herausgegeben worden sind, einen Grundsatz der türkischen Höflinge, der auf alle Höflinge anwendbar ist, besonders aber auf die russischen, also auf alle Russen; er kann auch die Aehnlichkeit in mehr als einer Art zwischen der Türkei und Rußland bezeichnen: „liebkose die Günstlinge, vermeide die Unglücklichen und traue Niemandem."

chischen Religion, so stationair zu bleiben und sich mit den äußern Zeichen der Ehrfurcht zu begnügen? Ist ein solches Resultat überall unvermeidlich, wo die geistliche Macht ganz unabhängig von der weltlichen wird? Ich glaube es, aber ich hätte es Ihnen gern durch Documente und Thatsachen bewiesen. Ich will Ihnen nur mit wenigen Worten das Resultat meiner Beobachtungen über die Verhältnisse der russischen Geistlichkeit zu den Gläubigen mittheilen.

Ich habe in Rußland eine christliche Kirche gesehen, die Niemand angreift, die Jedermann achtet, wenigstens scheinbar, eine Kirche, welche in der Ausübung ihrer moralischen Autorität durch Alles begünstigt wird, und doch hat diese Kirche keine Macht über die Herzen; sie bildet nur Heuchler oder Abergläubische.

In den Ländern, in welchen die Religion nicht geehrt wird, ist sie nicht verantwortlich; hier aber, wo die ganze Macht einer absoluten Gewalt den Geistlichen in der Ausübung seines Amtes unterstützt, wo die Lehre weder durch Schriften, noch durch Reden angegriffen wird, wo die Religionsübungen gewissermaßen Staatsgesetze geworden sind, wo das Herkommen dem Glauben dient, hat man wohl ein Recht, der Kirche ihre Unfruchtbarkeit vorzuhalten. Diese Kirche ist todt und doch kann sie, nach dem zu urtheilen, was in Polen geschieht, Verfolgerin sein, während sie keine so hohen Tugenden, keine so große Talente besitzt, um durch den Geist zu erobern; es fehlt mit einem Worte der russischen Kirche das, was dem ganzen Lande fehlt: die Freiheit, ohne die der Lebensgeist zurückweicht und das Licht verlöscht.

Das westliche Europa weiß nicht, wie große religiöse Unduldsamkeit in der russischen Politik liegt. Der Cultus der unirten Griechen ist in Folge langer geheimer Verfolgungen abgeschafft worden; weiß das katholische Europa, daß es keine Unirten mehr in Rußland giebt; weiß es nur, was die Unirten sind*)?

Ich erzähle Ihnen hier eine Thatsache, die Ihnen die Gefahr beweisen wird, welcher man sich in Rußland aussetzt, wenn man über die griechische Religion und deren geringen moralischen Einfluß sagt, was man denkt.

Vor einigen Jahren ließ ein geistreicher, in Moskau überall gern gesehener Mann von edler Geburt und edelm Character, den nur zu seinem Unglücke die Liebe zur Wahrheit beherrscht, eine überall gefährliche, in Rußland aber tödtliche Leidenschaft, drucken: die katholische Religion sei für die Entwickelung des Geistes und das Fortschreiten der Künste günstiger als die byzantinische russische Religion; er dachte darüber, wie ich denke, und wagte es auszusprechen, ein für einen Russen unverzeihliches Verbrechen. Das Leben der katholischen Geistlichen, heißt es in seinem Buche, ein ganz übernatürliches Leben, das es wenigstens sein sollte, ist ein freiwilliges tägliches Opfer der groben Gelüste der Natur, ein unaufhörlich erneutes Opfer auf dem Altare des Glaubens, um auch den Ungläubigsten zu beweisen, daß der Mensch nicht in Allem der materiellen Kraft unterworfen ist und daß er von einer höhern Macht das Mittel erhalten kann, den Gesetzen der physischen Welt zu entgehen; dann setzt er hinzu:

---

*) Seitdem dies geschrieben ist, haben mehrere Zeitungen die Allocution des Papstes über die Thatsachen mitgetheilt, welche ich erwähne, und diese von der höchsten Weisheit eingegebene Rede zeigt, daß der heilige Vater endlich über die Gefahren aufgeklärt worden ist, die ich bezeichnet habe, und daß die wahren Interessen des Glaubens in Rom jetzt über die Absichten einer weltlichen Politik vorherrschen. Man muß über diesen interessanten Gegenstand das Werk lesen: Persécutions et souffrances de l'Eglise catholique en Russie.

„In Folge der Reformen, die durch die Zeit bewirkt worden sind, kann die katholische Religion ihre Macht nur noch zum Guten anwenden," mit einem Worte, er behauptet, der slawischen Race habe der Katholicismus gefehlt, weil sich nur in ihm der ausdauernde Enthusiasmus, die vollkommene Liebe und das reine Erkennen fänden. Er unterstützte seine Meinung mit einer großen Menge von Beweisen und bemühte sich, die Vorzüge einer unabhängigen, d. h. allgemeinen Religion vor der localen, d. h. durch die Politik beschränkten Religion dazuthun, kurz er sprach eine Meinung aus, die ich fortwährend aus allen Kräften vertheidigt habe.

Selbst die Charactermängel der russischen Frauen legt dieser Schriftsteller der griechischen Regierung zur Last; er behauptet, nur weil sie keinen wahren Religionsunterricht erhalten hätten, wären sie leichtsinnig und wüßten sie das Ansehen in ihrer Familie nicht zu behaupten, welches eine christliche Gattin und Mutter in ihrem Hause haben müsse.

Dieses Buch, das durch irgend ein Wunder oder einen Kunstgriff der Aufsicht der Censur entgangen war, setzte Rußland in Feuer und Flammen; Petersburg und das heilige Moskau erhoben ein Wuth= und Lärmgeschrei und die Gewissen der Gläubigen geriethen in solche Unruhe, daß man von einem Ende des Reichs bis zum andern die Bestrafung dieses unvorsichtigen Vertheidigers der Mutter der christlichen Kirchen verlangte, der trotzdem als Neuerer geschmäht wurde. (Es ist keine der geringsten Inconsequenzen des menschlichen Geistes, der in den Comödien dieser Welt fast immer mit sich im Widerspruch ist, daß alle Sectirer und Schismatiker behaupten, man müsse die Religion achten, in der man geboren sei, — eine Wahrheit, die von Luther und Calvin nur zu sehr vergessen wurde, denn sie thaten in der Religion, was viele republikanische Helden in der Politik thun möchten, sie nahmen die Autorität für sich in Anspruch). Es gab nicht Knuten, nicht Sibirien, nicht Galeeten, nicht Bergwerke, Festungen und Einsamkeit in ganz Rußland genug, um Moskau und dessen byzantinische Orthodoxie über den Ehrgeiz Roms zu beruhigen, welchem die gottlose Lehre eines Mannes, eines Verräthers an Gott und dem Vaterlande, gedient hatte.

Man wartete mit ängstlicher Spannung auf das Urtel, welches das Schicksal eines so großen Verbrechers entscheiden sollte; als dasselbe etwas lange auf sich warten ließ, verzweifelte man schon an der höchsten Gerechtigkeit; da erklärte der Kaiser in seiner barmherzigen Ruhe, es sei keine Veranlassung zu strafen, es sei kein Verbrechen da, nur ein Wahnsinniger, der eingesperrt werden müsse, auch setzte er hinzu, **der Kranke werde den Aerzten übergeben werden**.

Dieses Urtheil wurde ohne Verzug zur Ausführung gebracht, aber auf so strenge Weise, daß der angebliche Irre das höhnende Urtel des unbeschränkten Oberhauptes der Kirche und des Staates rechtfertigen zu müssen gedachte. Der Märtyrer der Wahrheit war nahe daran, den Verstand zu verlieren, der ihm durch eine Entscheidung von oben abgesprochen wurde. Jetzt, nach einer **dreijährigen** streng beobachteten, eben so erniedrigenden als grausamen Behandlung erhält der unglückliche Theolog endlich wieder einige Freiheit, aber ist das nicht ein Wunder? — nun zweifelt er selbst an seinem Verstande, glaubt dem kaiserlichen Worte und hält sich für wahnsinnig! Unermeßlich tiefes menschliches Elend! In Rußland gilt das Wort des Kaisers, wenn es einen Menschen ausstößt, eben so viel als der päpstliche Bannstrahl im Mittelalter!

Der angebliche Irre kann jetzt, wie man sagt, sich mit einigen Freunden unterhalten; man machte mir bei meiner Anwesenheit in Moskau den Vorschlag, mich zu ihm zu führen, aber die Furcht, selbst das Mitleid hielt mich zurück, denn meine Neugierde hätte ihm beleidigend erscheinen müssen. Welche Strafe die Censoren des Buches erlitten, hat man mir nicht gesagt.

Das ist ein ganz neuerliches Beispiel von der Art, wie die Gewissensangelegenheiten heutigen Tages in Rußland behandelt werden. Ich frage Sie zum letzten Male, hat der Reisende, der so unglücklich oder glücklich war, solche Thatsachen zu sammeln, das Recht, sie zu verschweigen? In dieser Art klärt Sie das, was Sie bestimmt wissen, über das auf, was Sie muthmaßen, und aus Allem diesem geht eine Ueberzeugung hervor, die man auch der Welt beibringen muß, wenn man kann.

Ich spreche ohne persönlichen Haß, aber auch ohne Furcht, denn ich trotze selbst der Gefahr, langweilig zu werden.

Das Land, das ich bereiset habe, ist so düster und einförmig, wie jenes, das ich früher schilderte, glänzend und mannichfaltig ist. Wer es genau schildern will, darf nicht gefallen wollen. In Rußland ist das Leben so trübe, wie es in Andalusien heiter ist; das russische Volk ist still, das spanische voll Feuer. In Spanien wurde der Mangel an politischer Freiheit durch persönliche Unabhängigkeit ausgeglichen, die nirgends in gleichem Grade besteht und deren Wirkungen überraschend sind, während in Rußland die eine so unbekannt ist wie die andre. Ein Spanier lebt durch die Liebe, ein Russe durch die Berechnung; ein Spanier erzählt Alles und erfindet, wenn er nichts zu erzählen hat; ein Russe verheimlicht Alles und wenn er nichts zu verheimlichen hat, schweigt er, um verschwiegen auszusehen, er schweigt sogar aus Be=

rechnung, aus Gewohnheit; Spanien ist von Räubern heimgesucht, aber man stiehlt dort nur auf den Straßen; in Rußland sind die Straßen sicher, aber man wird unfehlbar in den Häusern bestohlen; Spanien ist reich an Erinnerungen und Ruinen, die sich aus allen Jahrhunderten herschreiben; Rußland begann erst neuerlich und seine Geschichte ist nur an Versprechungen reich; Spanien starrt von Bergen, welche bei jedem Schritte des Reisenden die Landschaft ändern; Rußland hat von einem Ende der Ebene bis zum andern nur eine Landschaft; die Sonne erleuchtet Sevilla und belebt Alles auf der Halbinsel; der Nebel verschleiert die Ferne in der Umgegend von Petersburg, die selbst an den schönsten Sommertagen trübe bleibt, kurz die beiden Länder sind in allen Punkten völlig verschieden, verschieden wie Tag und Nacht, wie Feuer und Eis, wie Süden und Norden.

Man muß in dieser Einsamkeit ohne Ruhe, in diesem Kerker ohne Muße, den man Rußland nennt, gelebt haben, um ganz die Freiheit zu fühlen, die man in den andern Ländern Europas genießt, welche Regierungsform sie auch haben mögen. Man kann es nicht oft genug wiederholen, in Rußland fehlt Allem und überall die Freiheit, außer, wie man mir gesagt hat, dem Handel in Odessa. Der Kaiser liebt deshalb auch, nach dem prophetischen Tacte, den er besitzt, den unabhängigen Sinn nicht, welcher in jener Stadt herrscht, deren Gedeihen man der Klugheit und Rechtschaffenheit eines Franzosen verdankt[*]); gleichwohl ist es die einzige in seinem weiten Reiche, in welcher man mit Recht seine Regierung segnen kann.

Ist Ihr Sohn unzufrieden in Frankreich, so wenden Sie mein Mittel an; sagen Sie zu ihm: reise nach Rußland.

---

[*]) Dem Herzoge von Richelieu, Minister unter Ludwig XVIII.

Diese Reise ist jedem Ausländer von Nutzen; wer dieses Land recht genau besehen hat, wird in jedem andern zufrieden leben. Es ist doch gut, daß man weiß, es giebt einen Staat, in welchem kein Glück möglich ist, weil der Mensch, nach einem Gesetze seiner Natur, ohne Freiheit nicht glücklich sein kann.

Eine solche Erinnerung macht nachsichtig und der Reisende kann, ist er in seine Heimath zurückgekommen, von dieser sagen, was ein geistreicher Mann von sich selbst sagte: „Wenn ich mich selbst beurtheile, bin ich bescheiden, wenn ich mich aber mit Andern vergleiche, bin ich stolz."

Anhang.

November 1842.

Im Verlauf dieses Jahres hat mich der Zufall mit zwei Männern zusammengeführt, welche zur Zeit des Feldzuges von 1812 in unserer Armee dienten und beide mehrere Jahre in Rußland lebten, wo sie in die Gefangenschaft gerathen waren. Der Eine ist Franzose und jetzt Professor der russischen Sprache in Paris; er heißt Girard; der andre ist ein Italiener, Grassini, der Bruder der berühmten Sängerin, welche durch ihre Schönheit in Europa Aufsehen machte. Sie trug durch ihr dramatisches Talent zu dem Ruhme der modernen Schule in Italien bei.

Diese beiden Personen haben mir Thatsachen erzählt, die sich durch einander bestätigen und mir eine Veröffentlichung zu verdienen schienen.

Ich habe, ohne ein einziges Wort daran zu ändern, mein Gespräch mit Grassini niedergeschrieben und theile dasselbe buchstäblich genau mit; mit den Details, die mir von Girard mitgetheilt wurden, verfuhr ich nicht mit gleicher Sorgfalt, ich kann sie also nur auszugsweise berichten. Beide Erzählungen gleichen einander dermaßen, als ob sie nach einander gemacht wären, und diese Aehnlichkeit erhöhete das Vertrauen, das mir die beiden Personen einflößten, welche mir die Thatsachen mittheilten. Beide Männer kennen einander durchaus nicht, haben einander nie gesehen, wissen von einander gar nichts.

Zuerst was mir Herr Girard erzählte:

Er wurde während des Rückzugs gefangen genommen und sogleich mit einem Kosakencorps in das Innere Rußlands transportirt. Der Unglückliche gehörte zu einem Zuge von 3000 Franzosen. Die

Kälte nahm von Tag zu Tage zu, und die Gefangenen mußten über Moskau hinausmarschiren, wo sie in den verschiedenen Gouvernements im Innern vertheilt werden sollten.

Da sie im höchsten Grade erschöpft und fast verhungert waren, mußten sie unterwegs oft stehen bleiben, aber sie erhielten dann sofort zahlreiche und starke Stockschläge statt Brod, und dadurch die Kraft, weiter zu gehen, bis zum Tode. Bei jedem Ruheplatze blieben einige dieser schlecht gekleideten, schlecht genährten, aller Hilfe entblößten und gemißhandelten Unglücklichen auf dem Schnee liegen; waren sie einmal gefallen, so froren sie an den Schnee an und standen nie wieder auf. Selbst ihre Henker staunten über ihre übergroße Noth. Sie waren von Ungeziefer aufgefressen, durch das Fieber und die Noth abgemagert, verbreiteten überall die Ansteckung, und wurden Gegenstände des Abscheus für die Bauern, bei denen man sie bleiben ließ. Mit Stockschlägen trieb man sie nach den Orten hin, die ihnen als Ruheplätze angewiesen waren, mit Stockschlägen empfing man sie dort, ohne daß sie sich Jemanden nähern, oder nur in die Häuser hineintreten durften. Manche waren so weit heruntergekommen, daß sie in ihrer wüthenden Verzweiflung mit Faustschlägen, Stücken Holz oder Steinen über einander herfielen, um sich untereinander, als letztes Hilfsmittel, zu ermorden, weil die, welche lebend aus dem Gemetzel davon kamen, die Beine der Todten aßen!! Zu solchen gräßlichen Excessen trieb die Unmenschlichkeit der Russen unsere Landsleute. Man hat es nicht vergessen, daß Deutschland in derselben Zeit der christlichen Welt andere Beispiele gab. Die Protestanten von Frankfurt erinnern sich noch der Aufopferung des Bischofs von Mainz, und die italienischen Katholiken gedenken dankbar der Unterstützung, die sie bei den Protestanten in Sachsen fanden.

In der Nacht, in den Bivouacs richteten sich diejenigen, welche den Tod kommen sahen, mit Grausen auf; sie erfroren sodann, verzerrt vom Todeskampfe, und blieben steif und erfroren an den Wänden lehnen. Ihr letzter Schweiß gefror auf ihren abgemagerten Gliedern. So blieben die Leichname stehen und liegen, bis man sie von ihrer Stelle wegriß, um sie zu verbrennen, und die Ferse trennte sich leichter von dem Fuße, als die Sohle von dem Boden. Wenn der Tag erschien, sahen sich ihre Cameraden von einem Kreise kaum erkalteter Statuen umringt, die gleich vorgeschobenen Wachen der andern Welt um das Lager herumgestellt zu sein schienen. Dieser grauenhafte Anblick beim Erwachen läßt sich nicht beschreiben.

Alle Morgen, vor dem Abmarsche der Colonne, verbrannten die Russen die Todten, bisweilen auch — die Sterbenden.

Das hat Girard gesehen, solche Leiden hat er getheilt, und, Dank seiner Jugend und seinem guten Sterne, überlebt.

Diese Thatsachen kommen mir, so schrecklich sie auch sind, nicht außerordentlicher vor, als eine Menge durch die Geschichtschreiber constatirter Erzählungen; unmöglich aber wird es mir, das Schweigen eines Franzosen mir zu erklären, ja nur zu glauben, der aus diesem unmenschlichen Lande zurückgekommen, und für immer in sein Vaterland zurückgekehrt ist.

Girard mochte nie die Erzählung von dem, was er gelitten hat, veröffentlichen, aus Achtung, wie er sagt, vor dem Andenken an den Kaiser Alexander, der ihn fast sechs Jahre in Rußland zurückhielt, wo er, nachdem er die Landessprache erlernt hatte, als französischer Sprachlehrer in den kaiserlichen Schulen verwendet wurde. Wie viele willkürliche Handlungen, wie viele Betrügereien sah er in diesen großen Anstalten! Aber nichts konnte ihn bewegen, das Schweigen zu brechen, und Europa mit so vielen schreienden Mißbräuchen bekannt zu machen.

Ehe er die Erlaubniß zur Rückkehr nach Frankreich erhielt, sah ihn einst der Kaiser Alexander bei einem Besuche, den dieser Fürst in irgend eine Provinzschule machte. Er richtete einige freundliche Worte an ihn über den Wunsch, Rußland zu verlassen, welchen Girard schon längst gegen seine Vorgesetzten ausgesprochen hatte, und gab ihm endlich die so oft erbetene Erlaubniß, ließ ihm sogar einiges Reisegeld auszahlen. Girard hat ein sanftes Gesicht, das ohne Zweifel dem Kaiser gefiel.

So sah der unglückliche Gefangene, der durch ein Wunder dem Tode entgangen war, nach zehn Jahren seine Gefangenschaft endigen. Er verließ das Land seiner Henker und Kerkermeister, indem er die Russen laut pries, und laut seinen Dank für die **Gastlichkeit** aussprach, die er bei ihnen gefunden.

„Sie haben nichts geschrieben?" fragte ich ihn, nachdem ich seine Erzählung aufmerksam angehört habe.

„Ich hatte die Absicht, Alles zu sagen, was ich weiß," antwortete er mir, „da ich aber nicht bekannt bin, würde ich weder einen Verleger noch Leser gefunden haben."

„Die Wahrheit bricht sich immer selbst Bahn."

„Ich mag sie gegen jenes Land nicht sagen; der Kaiser ist so gütig gegen mich gewesen."

„Ja," entgegnete ich; „aber bedenken Sie, daß es sehr leicht ist, in Rußland gut zu scheinen."

„Man empfahl mir, zu schweigen, als man mir meinen Paß gab."

So kann ein zehnjähriger Aufenthalt in diesem Lande auf einen Menschen, einen Franzosen, einen rechtlichen Mann wirken. Darnach berechne man, welche moralischen Gesinnungen sich in Rußland von Generation zu Generation fortpflanzen mögen! —

Im Februar 1842 war ich in Mailand, wo ich Graffini kennen lernte, der mir erzählte, daß er 1812 bei der Armee des Vicekönigs von Italien gestanden habe, und während des Rückzugs in der Gegend von Smolensk in Gefangenschaft gerathen sei. Seitdem brachte er zwei Jahre im Innern Rußlands zu. Hier unser Gespräch, das ich mit gewissenhafter Genauigkeit mittheile.

„Sie müssen," sagte ich, „in diesem Lande viel von der Unmenschlichkeit der Bewohner und der Strenge des Climas gelitten haben."

„Von der Kälte, ja," antwortete er; „daß die Russen unmenschlich sind, darf man aber nicht sagen."

„Was würde es schaden, es zu sagen, wenn es wahr wäre? Warum sollte man die Russen sich Tugenden andichten lassen, die sie nicht haben?"

„Wir haben im Innern des Landes unverhoffte Hilfe gefunden. Bäuerinnen und vornehme Damen schickten uns Kleidungsstücke zum Schutze gegen die Kälte, Arznei, um genesen zu können, Speisen und selbst Wäsche; mehrere setzten sich sogar, um uns in unsern Bivouacs zu pflegen, den ansteckenden Krankheiten aus, an denen wir litten, denn die Noth hatte uns entsetzliche Krankheiten gebracht, welche sich hinter uns her im Lande verbreiteten. Es gehörte nicht blos flüchtiges Mitleiden, sondern großer Muth, eine wirkliche Tugend dazu, selbst in unsere Bivouacs zu kommen; das nenne ich Menschlichkeit."

„Ich will nicht sagen, daß es keine Ausnahme von der Hart=

herzigkeit gebe, die ich im Allgemeinen bei den Russen gefunden habe. Wo es Frauen giebt, findet sich auch Mitleiden; die Frauen aller Länder sind im Mitleiden bisweilen heroisch; aber es ist nichtsdestoweniger wahr, daß in Rußland in den Gesetzen, den Sitten, Gewohnheiten und Characteren eine Grausamkeit liegt, durch welche unsere unglücklichen Gefangenen zu viel leiden mußten, als daß wir die Menschlichkeit der Bewohner dieses Landes rühmen könnten."

„Ich habe bei ihnen wie die andern gelitten, mehr sogar als viele andere, denn ich bin, auch nach der Rückkehr in mein Vaterland, fast blind geblieben; ich habe seit 30 Jahren vergebens alle Mittel gebraucht, um meine Augen zu heilen, meine Sehkraft ist halb verloren; die Einwirkung des Nachtthaues in Rußland, selbst in der schönen Jahreszeit, ist für Jeden höchst nachtheilig, der im Freien schläft."

„Sie mußten im Freien lagern?"

„Wir mußten es bei den Militairmärschen."

„Es fehlte Ihnen also an Obdach bei einer Kälte von 30 Grad?"

„Ja, aber unsere Leiden an diesen nothwendigen Ruhepunkten muß man der Unmenschlichkeit des Climas, nicht der der Menschen zuschreiben."

„Verbanden die Menschen nicht bisweilen ihre nutzlose Härte mit der der Natur?"

„Ich war allerdings Zeuge von Beweisen einer Rohheit, die wilder Völker würdig wäre. Aber meine große Liebe zum Leben lenkte mich von den Gedanken an diese Greuel ab; ich dachte bei mir: Wenn ich mich von dem Unwillen hinreißen lasse, bin ich in doppelter Gefahr; entweder der Zorn bringt mich um, oder unsere Hüter erschlagen mich, um die Ehre ihres Landes zu retten. Die menschliche Eitelkeit ist so seltsam, daß die Menschen fähig sind, einen Menschen zu ermorden, um Andern zu beweisen, daß sie nicht unmenschlich wären."

„Sie haben wohl Recht. Aber Alles, was Sie da sagen, kann meine Ansicht von dem Character der Russen nicht ändern."

„Man ließ uns in Schaaren reisen; wir lagen vor den Dörfern, in die wir nicht hineingehen durften wegen des Typhus, den wir mit uns schleppten. Abends legten wir uns, in unsere Män=

tel gehüllt, zwischen zwei großen Feuern auf die Erde nieder. Früh, ehe wir aufbrachen, zählten unsere Aufseher die Todten und verbrannten dieselben, statt sie zu begraben, was wegen der Höhe und Härte des Schnees und des Eises zu viel Zeit und Mühe erfordert haben würde. Man hoffte, auf diese Weise den Fortschritten der Ansteckung Einhalt zu thun; man verbrannte die Körper und Kleidungsstücke gleichzeitig, aber, werden Sie es glauben, mehr als einmal wurden auch noch Lebende mit in die Flammen geworfen. Diese Unglücklichen, welche der Schmerz noch einmal belebte, endigten ihre Leiden in dem Geschrei und den Qualen des Scheiterhaufens."

„Gräßlich!"

„Es geschahen noch viele andere Abscheulichkeiten. Jede Nacht raffte die Kälte mehrere von uns hin. Fand man ein verlassenes Gebäude am Eingange einer Stadt, so bemächtigte man sich desselben, um es uns als Quartier anzuweisen. Man drängte uns in allen Stockwerken dieser leeren Häuser zusammen. Aber die Nächte, die wir unter Dach und Fach verbrachten, waren nicht minder beschwerlich, als die Nächte im Bivouac, weil man in den Gebäuden nur an gewissen Stellen Feuer anzünden konnte, während wir im Freien Feuer rund um uns her brennen ließen. So erfroren viele von unsern Leuten in den Häusern."

„Aber warum transportirte man sie im Winter?"

„Wir würden in der Umgegend von Moskau die Pest verbreitet haben; oft sah ich Todte fortschaffen, welche die russischen Soldaten aus der zweiten Etage der Gebäude geholt, in denen wir gelegen hatten; sie schleppten diese Leichen an Stricken fort, die an die Beine gebunden waren, und der Kopf schlug auf jeder Stufe der Treppen von oben bis hinunter auf. Sie fühlen nichts mehr, sagte man, sie sind ja todt."

„Ich erzähle Ihnen, was ich gesehen habe; es kam sogar noch Schlimmeres vor, ich sah selbst noch Lebende so fortschleppen, die auf den blutigen Stufen gräßliche Zeugnisse von der Rohheit der russischen Soldaten zurückließen; ich darf es nicht verschweigen, daß bisweilen ein Offizier bei diesen brutalen Executionen zugegen war; man erlaubte sich aber diese Abscheulichkeiten, um der Seuche Einhalt zu thun, indem man den Tod der davon Befallenen beschleunigte. Das habe ich gesehen, das haben meine

Cameraden täglich gesehen, ohne sich dagegen zu verwahren. So sehr stumpft die Noth die Menschen ab. Dasselbe wird morgen geschehen, dachte ich; die Gemeinschaft der Gefahr beruhigte mein Gewissen und begünstigte meine Trägheit."

„Sie dauert, wie es mir scheint, noch fort, da Sie Zeuge solcher Vorfälle sein und doch achtundzwanzig Jahre schweigen konnten."

„Ich schrieb in den zwei Jahren meiner Gefangenschaft sorgfältig meine Denkwürdigkeiten auf, und hatte so zwei Bände voll Thatsachen zusammengebracht, die merkwürdiger und außerordentlicher sind als Alles, was über denselben Gegenstand gedruckt worden ist; ich hatte die Willkür geschildert, deren Opfer wir waren, die Grausamkeit der schlechten Herren, die unser Schicksal noch verschlimmerte und die Rohheit der gemeinen Leute noch übertraf, aber auch die Tröstungen und den Beistand, den wir bei guten Herren fanden..."

„Nun?"

„Ich verbrannte meine Geschichte, ehe ich über die russische Grenze kam, als man mir erlaubt hatte, nach Italien zurückzukehren."

„Das ist ein Verbrechen."

„Man durchsuchte mich; hätte man diese Papiere gefunden und gelesen, so würde man mir die Knute gegeben, und mich lebenslänglich nach Sibirien geschickt haben, wo mein Unglück der Sache der Menschheit nicht mehr genützt haben würde, als mein Schweigen ihr hier nützt."

„Ich kann Ihnen diese Resignation nicht verzeihen."

„Sie vergessen, daß sie mir das Leben rettete, und daß mein Tod Niemandem von Nutzen gewesen wäre."

„Sie hätten wenigstens nach Ihrer Rückkehr die Geschichte noch einmal schreiben sollen."

„Ich hätte dies nicht mehr mit derselben Genauigkeit thun können; ich traue meinen eigenen Erinnerungen nicht mehr."

„Wo verbrachten Sie die zwei Jahre Ihrer Gefangenschaft?"

„Sobald ich in eine Stadt kam, in welcher ich einen höhern Offizier finden konnte, erbot ich mich, Dienste in der russischen Armee zu nehmen; es war dies ein Mittel, der Reise nach Sibirien zu entgehen; man hörte mein Gesuch an und nach einigen

Wochen wurde ich nach Tula geschickt, wo ich die Stelle eines Lehrers bei dem Civilgouverneur der Stadt erhielt; bei ihm verbrachte ich die zwei Jahre."

„Wie lebten Sie in seinem Hause?"

„Mein Zögling war ein Kind von zwölf Jahren, das ich liebte und das sich sehr an mich anschloß. Er erzählte mir, sein Vater sei Wittwer, habe in Moskau ein Bauermädchen gekauft und sie zu seiner Concubine gemacht*), und dieses Frauenzimmer mache ihr Familienleben unangenehm."

„Was für ein Mann war der Gouverneur?"

„Ein Melodrama=Tyrann. Die Würde bestand nach ihm im Schweigen; in den zwei Jahren, die ich an seinem Tische gegessen, haben wir nie mit einander gesprochen. Sein Narr war ein Blinder, der während der ganzen Mahlzeit singen, und in meiner Gegenwart gegen die Franzosen, gegen die Armee, gegen die Gefangenen sprechen mußte; ich verstand so viel Russisch, um einen Theil seiner unanständigen und brutalen Späße zu verstehen, deren Sinn mir mein Zögling vollends erklärte, wenn wir wieder allein waren."

„Welcher Mangel an Zartgefühl! Und man rühmt die russische Gastlichkeit! Sie sprechen von den schlechten Herren, welche die Lage der Gefangenen verschlimmerten; haben Sie solche getroffen?"

„Ehe ich nach Tula kam, gehörte ich zu einem Peloton Gefangener, das einem Sergeanten, einem alten Soldaten, anvertraut war, den wir nur loben konnten. Eines Abends machten wir auf den Besitzungen eines Barons Halt, der wegen seiner Grausamkeiten weit und breit gefürchtet war. Der Unsinnige wollte uns mit eigner Hand umbringen, und der Sergeant, der uns auf unserem Marsche zu escortiren hatte, konnte kaum unser Leben gegen die patriotische Wuth des alten Bojaren schützen."

„Welche Menschen! Sie sind wirklich die Söhne der Diener Iwans IV. Habe ich Unrecht, wenn ich mich gegen ihre Un-

---

*) Man sagt, die neuen Gesetze in Rußland erlaubten nicht mehr, die Menschen ohne den Grund und Boden zu verkaufen; man sagt aber gleichzeitig, es gebe noch immer Mittel, der Strenge der Gesetze zu entgehen.

(Anm. d. Verf.)

26*

menschlichkeit ereifere? Gab Ihnen der Vater Ihres Zöglings viel Geld?"

„Ich hatte gar nichts, als ich in seinem Hause ankam; um mich zu kleiden, gab er seinem Schneider Auftrag, für mich einen seiner alten Fracks zu wenden; er schämte sich nicht, den Erzieher seines eigenen Sohnes ein Kleidungsstück tragen zu lassen, das kein italienischer Bedienter anziehen würde."

„Gleichwohl möchten die Russen gern für freigebig gelten."

„Ja, aber in ihren Häusern sind sie schmutzig geizig; kam ein Engländer durch Tula, so wurde in den Häusern, in denen der Fremde aufgenommen werden sollte, Alles umgekehrt. Man setzte Wachslichter statt der Talglichter auf die Kamine, reinigte das Zimmer, kleidete die Leute, kurz die ganze Lebensweise wurde geändert."

„Alles, was Sie mir sagen, rechtfertigt meine Ansichten vollkommen; im Grunde, glaube ich, denken Sie doch wie ich; wir sprechen uns nur anders aus."

„Ich muß gestehen, daß man sehr sorglos wird, wenn man zwei Jahre in Rußland gelebt hat."

„Ja, und Sie sind ein Beweis davon; ist das allgemein so?"

„So ziemlich, man fühlt, daß die Tyrannei stärker ist, als die Worte, und daß die Oeffentlichkeit gegen solche Dinge nichts vermag.

„Sie muß doch etwas vermögen, weil die Russen sie fürchten. Ihre verbrecherische Trägheit, verzeihen Sie mir den Ausdruck, und die der Personen, die wie Sie denken, hält Europa und die Welt immer länger in der Verblendung und läßt der Bedrückung freien Spielraum."

„Sie würde ihn haben allen unsern Büchern und Schriften zum Trotze. Um Ihnen zu beweisen, daß ich nicht allein dieser Meinung bin, will ich Ihnen noch die Geschichte eines meiner Unglücksgefährten erzählen; er war ein Franzose (den Namen wollte er mir nicht nennen). Dieser junge Mann kam eines Abends krank in dem Bivouac an; in der Nacht verfiel er in Schlafsucht und früh wurde er mit den Todten zu dem Scheiterhaufen geschleppt, aber ehe man ihn hineinwarf, wollte man alle Leichname zusammenbringen. Die Soldaten ließen ihn einen Augenblick am Boden liegen, um die andern Todten zu holen.

Man hatte ihn völlig angekleidet auf den Rücken gelegt; er athmete noch, er hörte sogar Alles, was man that und sprach; er war wieder zur Besinnung gekommen, konnte aber kein Lebenszeichen geben. Eine junge Frau, der die Schönheit der Züge und der rührende Ausdruck des Gesichtes dieses Todten auffiel, näherte sich unserm unglücklichen Cameraden, erkannte, daß er noch lebte, rief um Hilfe, und ließ den Fremden, den sie vom Tode erweckte, forttragen, pflegen und heilen. Auch er hat seine Geschichte nicht geschrieben, als er nach mehrjähriger Gefangenschaft nach Frankreich zurückkehrte."

"Aber warum haben Sie, ein unterrichteter und unabhängiger Mann, die Geschichte Ihrer Gefangenschaft nicht geschrieben? Beglaubigte Züge solcher Art würden die Welt interessirt haben."

"Ich zweifle daran: die Welt besteht aus Leuten, die sich so sehr um sich selbst kümmern, daß die Leiden Unbekannter sie wenig berühren. Uebrigens habe ich eine Familie, einen Stand und hänge von meiner Regierung ab, die in gutem Vernehmen mit der russischen steht und die es nicht gern sehen würde, wenn einer ihrer Unterthanen Dinge veröffentlichte, die man in dem Lande, in welchem sie vorgehen, zu verheimlichen sucht.*)"

"Ich bin überzeugt, daß Sie Ihrer Regierung Unrecht thun; Sie allein, erlauben Sie mir, es auszusprechen, scheinen Ihrer übergroßen Vorsicht wegen Tadel zu verdienen."

"Vielleicht; aber ich werde nie drucken lassen, daß die Russen unmenschlich wären."

"Ich schätze mich glücklich, nur einige Monate in Rußland geblieben zu sein, denn ich mache die Bemerkung, daß die aufrichtigsten Männer, die unabhängigsten Geister, nach einem Aufenthalte von mehreren Jahren in diesem seltsamen Lande ihr ganzes übriges Leben hindurch glauben, noch da zu sein, oder dahin zurückkehren zu müssen. Und dies erklärt uns unsere Unkenntniß von Allem, was dort vorgeht. Der wahre Character

---

*) Durch welchen Kunstgriff ist es dem russischen Cabinet, dieser recht eigentlich revolutionären Regierung, gelungen, allen Cabineten Europas einzureden, es vertrete das antirevolutionäre Prinzip in der ganzen Welt?

der Menschen, welche das Innere dieses unermeßlichen und furchtbaren Reiches bewohnen, ist für die meisten Europäer ein Räthsel. Wenn alle Reisenden, aus verschiedenen Gründen, sich das Wort geben, wenn Sie die Thatsachen, die unangenehmen Wahrheiten zu verschweigen, welche man diesem Volke und denen sagen kann, welche es regieren, so wird Europa nie erfahren, was es von diesem Mustergefängnisse eigentlich zu halten habe. Die Milde des Despotismus zu rühmen, selbst wenn man sich außer dem Bereiche desselben befindet, ist eine Vorsicht, die mir verbrecherisch erscheint. Darin liegt ein unerklärliches Geheimniß; wenn ich es auch nicht ermittelt habe, so bin ich doch wenigstens der erstarrenden Zauberkraft der Furcht entgangen und ich werde dies durch die Aufrichtigkeit meiner Erzählungen beweisen."

———

Indem ich diese langen Erzählungen schließe, glaube ich den Lesern ein Actenstück mittheilen zu müssen, das ich für ächt halte. Ich darf nicht sagen, auf welche Weise ich mir dasselbe verschaffen konnte, denn obwohl die darin erzählten Thatsachen jetzt dem Reiche der Geschichte angehören, würde es in Petersburg doch gefährlich sein zu gestehen, daß man sich damit beschäftige; man würde sich wenigstens eines Verstoßes gegen die Schicklichkeit schuldig machen, durch welchen Ausdruck man klüglicherweise die Verschwörungen bezeichnet. Jedermann weiß das, sagt man zu den Russen; ja, antworten sie, aber es hat nie Jemand davon reden hören. Unter dem guten und großen Fürsten Iwan III. stieg man als Intrigant auf das Schaffot; heut zu Tage könnte wohl Jemand in Sibirien das Verbrechen eines Verstoßes gegen die Schicklichkeit büßen müssen.

Dieses Actenstück, das die Person, welche mir dasselbe verschaffte, aus dem Russischen übersetzt hat, ist die Beschreibung der Gefangenschaft der Prinzen und Prinzessinnen von Braunschweig, der Brüder und Schwestern Iwans VI., des Gefangenen in Schlüsselburg, und ihrer Rücksendung nach Dänemark unter der Regierung Katharina's II. Man schaudert, wenn man die Beweise der Abstumpfung dieser unglücklichen Geschöpfe liefert, bei denen alle Ideen vom Leben mit dem Leben im Gefängnisse

verschmolzen und die dennoch ihre Stellung fühlten. Der Thron, auf welchen sie ein Recht hatten, war im Besitz der Gemahlin Peters III., die ihrem Opfer folgte, das selbst in Folge von Usurpation regiert hatte.

Ich schicke dieser wahrhaften Darstellung einen Stammbaum des Hauses Romanow voraus, welcher darthut, daß die Gefangenen in gerader Linie von dem Czar Iwan V. abstammten. Die Familie des Prinzen von Braunschweig war das Opfer der Souverainin, durch welche sie aus dem Besitz gedrängt wurde, denn in der Geschichte Rußlands wird das Recht gebüßt und das Verbrechen belohnt.

Um die Heuchelei der Czarin in ihrem Benehmen gegen ihre Gefangenen recht zu würdigen, darf man nicht vergessen, daß die nachstehende Erzählung für die **Kaiserin** selbst geschrieben ist und daß folglich jede Thatsache unter dem **schicklichsten** Gesichtspunkte dargestellt ist, welcher zugleich der genügendste für die große Seele Katharina's II. war. Man muß dieses Actenstück als ein Kanzleiwerk, als eine officielle Schrift und nicht wie eine unpartheiische und natürliche Erzählung lesen.

Es ist eine Episode aus der Regierungsgeschichte Katharina's II., die auf höhern Befehl entworfen wurde und die **Menschlichkeit** der nordischen Semiramis darthun sollte.

Rücksendung der Familie von Braunschweig von Scholmogory nach Dänemark.

(Aus dem 1. Theile der Acten der kaiserlich russischen Academie.)

I.

Die Familie von Braunschweig schmachtete lange in der Verbannung. Ihr letzter Aufenthaltsort in Rußland war Scholmogory, eine alte Stadt im Gouvernement Archangel, auf einer Insel der Dwina, 72 Werst von Archangel. Sie lebte fern von jeder andern Wohnung in einem ausdrücklich für sie und die Beamten und Leute in ihrem Dienste bestimmten Hause. Sie durfte sich nur in dem an das Haus stoßenden Garten ergehen.

Der unglückliche Vater, Anton Ulrich von Braunschweig, der seine Gemahlin, die ehemalige Regentin des russischen Reiches, verloren hatte und in Folge seines Unglückes erblindet war, starb am 4. (16.) Mai 1774, ohne so lange gelebt zu haben, um die Freiheit wieder zu erlangen, um die er mit Thränen gebeten hatte. Die Politik jener Zeit erlaubte nicht, ihm seine Bitte zu gewähren. Er hinterließ zwei Söhne und zwei Töchter.

Die älteste der beiden Töchter, die Prinzessin Katharina, war in Petersburg vor dem Unglücke ihrer Familie geboren; die Prinzessin Elisabeth in Dünemünde, die Prinzen Peter und Alexis in Scholmogory. Die Geburt des letztern hatte seiner Mutter das Leben gekostet. Zu ihrer Beaufsichtigung war ein Stabsoffizier ernannt und zu ihrer Bedienung waren einige Personen von niederm Stande angewiesen. Jede Verbindung mit den

Nachbarn war ihnen untersagt. Nur der Gouverneur von Archangel hatte die Erlaubniß, sie von Zeit zu Zeit zu besuchen, um sich nach ihrer Lage zu erkundigen. Da sie wie Leute aus dem Volke erzogen waren, so verstanden sie nur die russische Sprache.

Zur Unterhaltung der Familie Braunschweig so wie der Personen, welche zu ihr gehörten und für das Haus, das sie inne hatten, war keine Summe angewiesen, aber man erhielt zu diesem Zwecke von dem Magistrat von Archangel 10 bis 15000 Rubel. Aus der kaiserlichen Garderobe wurden die für die Familie nöthigen Sachen geschickt und die Uniformstücke für die Militairpersonen lieferte das Kriegscommissariat.

II.

Sobald die Kaiserin Katharina II. den Thron bestiegen hatte, wendete sie den Gefangenen einen Blick des Mitleidens zu und milderte die Strenge ihrer Behandlung. Nachdem sie sich überzeugt, daß die Freilassung der Kinder Ulrichs keine ernsten Folgen haben könnte, entschloß sie sich, dieselben in die dänischen Staaten zurück zu senden und sie der Aufsicht der Schwester ihres Vaters, der verwittweten Königin von Dänemark, zu übergeben. In dem Wunsche, ihren Plan ohne Beziehung anderer Personen auszuführen, knüpfte sie mit der Königin einen directen Briefwechsel an. Der erste eigenhändige Brief der Kaiserin über diesen Gegenstand wurde am 18. (30.) März 1780 abgesandt. Katharina schlug der Königin vor, die Familie Braunschweig nach Norwegen zu senden.

Die Königin nahm das Anerbieten der Kaiserin mit Dank und mit Zeichen einer besondern Zufriedenheit an; sie antwortete, der König, ihr Schwiegersohn, willige in die Vorschläge Ihrer Majestät in Betreff der Familie Braunschweig.

Der König selbst schrieb an die Kaiserin und er versicherte, er sei bereit Alles zu thun, was sie wünsche. Dann aber zeigte die Königin der Kaiserin an, es gebe in Norwegen keine einzige Stadt, die keinen Hafen besitze und nicht am Meere liege. Man halte es für besser, die Familie Braunschweig in das Innere Jütlands, in einen von dem Meere und den Hauptstraßen gleich entfernten Bezirk zu bringen. Die kleine Stadt Gorsens wurde als Aufenthaltsort gewählt und der König kaufte dort für sie zwei Häuser.

III.

Während dieses Briefwechsels mit der Königin machte man die nöthigen Anstalten zur Rücksendung der Familie Braunschweig. Die Kaiserin wünschte ihren Plan so geheim als möglich auszuführen, um kein Aufsehen in dem Volke zu erregen und keine Veranlassung zu langen und nutzlosen Erklärungen zu geben. Man zog deshalb nur sehr wenige Personen in das Geheimniß. Die Hauptperson in dieser Angelegenheit war der Brigadier Besborodko, der sich damals in der nächsten Umgebung der Kaiserin befand und in der Folge Geheimrath erster Classe und Kanzler wurde. Gleichzeitig wurde der geheime Rath Melgunof zum Generalgouverneur von Jaroslaw und Wologda und Archangel ernannt. Man trug ihm auf, sich von St. Petersburg gerade nach Archangel zu begeben, unter dem Vorwande, das Land, dessen Verwaltung ihm übertragen werde, selbst in Augenschein zu nehmen. Gleichzeitig befahl man ihm, mit den Prinzen und Prinzessinnen persönliche Bekanntschaft zu machen und ein gutes Schiff zu kaufen oder erbauen zu lassen, unter dem Vorwande, er brauche dasselbe, um die Flüsse des Gouvernements Archangel zu besehen, dann auch ein gutes Handelsschiff zu kaufen. Es wurde ihm ferner befohlen, für den Fall, daß er keins finde, welches seetüchtig sei, in aller Eile auf dem Onega-See ein dreimastiges Handelsschiff bauen zu lassen, unter dem Vorwande, Entdeckungen in den nordischen Meeren machen zu wollen, und für dasselbe alle dienstgewohnten Matrosen und geschickte Seeoffiziere zu wählen.

IV.

Melgunof erhielt in Archangel von dem ehemaligen Gouverneur Golowzin Nachrichten über die Familie Braunschweig und begab sich nach Scholmogory.

Als Melgunof in das Haus eintrat, das die Prinzen und Prinzessinnen bewohnten, kamen sie ihm alle in dem Vorzimmer entgegen, warfen sich ihm erschrocken zu Füßen und beschworen ihn, ihnen seinen Schutz zu gewähren. Melgunof suchte sie zu beruhigen; er sagte ihnen, daß er zum Gouverneur von Archangel durch die Kaiserin ernannt sei, daß er doch Alles kennen lernen müsse, was sich in der Provinz befinde, die er verwalten solle, und auch ihnen einen Besuch mache, da er wisse, welchen Antheil die Kaiserin an ihrer Lage nehme. Bei diesen Worten fielen sie von Neuem ihm zu Füßen und die beiden Schwestern weinten. Die jüngste sagte, seit dem Beginne der Regierung der Kaiserin lebten sie durch die Gnade Ihrer Majestät wieder auf, vor derselben wären sie in Noth gewesen. Sie bat Melgunof demüthig, Ihrer Majestät ihren unbegrenzten Dank zu erkennen zu geben.

Melgunof blieb sechs Tage in Scholmogory und sah die Prinzen und Prinzessinnen täglich; er speisete alle Tage mit dem Gouverneur zu Mittag bei ihnen, oft auch Abends. Nach dem Diner verbrachte er einen ziemlichen Theil des Tages bei ihnen und spielte Tressette*) mit ihnen, was, wie er sagt, für ihn sehr langweilig, für sie aber sehr unterhaltend war.

Während dieser Zeit bemühte er sich, den Befehlen zu Folge, die er erhalten hatte, sich von dem Gesundheitszustande der Gefangenen, von deren Character und geistigen Fähigkeiten zu überzeugen.

Melgunof schilderte die Mitglieder der Familie Braunschweig in folgender Weise:

„Die ältere Schwester, Katharina, ist sechs und dreißig Jahre „alt, klein und schwächlich, hat einen weißen Teint und gleicht „ihrem Vater. In ihrer Kindheit verlor sie das Gehör und die „Sprache wird ihr so schwer, daß man nicht verstehen kann, was „sie spricht. Ihre Brüder unter ihre Schwestern machen sich ihr „durch Zeichen verständlich. Trotzdem besitzt sie so viel Verstand, „daß sie ihre Geschwister, wenn sie etwas zu ihr sagen, ohne Zei„chen zu machen, blos nach der Bewegung der Lippen versteht. „Sie antwortet ihnen bald ganz leise, bald ganz laut, so daß der, „welcher an diese Sprache nicht gewöhnt ist, nichts davon ver„steht. Man sieht aus ihrem Benehmen, daß sie schüchtern, artig, „bescheiden und von sanftem Character ist; wenn sie Andere la„chen sieht, so lacht sie mit ihnen, auch wenn sie nicht weiß, wo„von sie sprechen. Ihr Gesundheitszustand ist übrigens sehr gut

---

*) Eine jetzt vergessene Art Faro.

„nur hat der Scorbut ihre Zähne geschwärzt und einige ganz „verdorben.

„Ihre jüngste Schwester, Elisabeth, ist dreißig Jahre alt. Sie „verletzte sich durch einen Fall von einer steinernen Treppe herunter „in ihrem neunten Jahre am Kopfe und seitdem leidet sie oft an „Kopfweh, namentlich bei Witterungswechsel. Man hat ihr, um „dieses Leiden zu bekämpfen, ein Brennmittel auf den rechten „Arm gelegt. Auch an Magenschmerzen leidet sie oft. Ihrer „Größe und ihren Zügen nach gleicht sie ihrer Mutter. Sie über=„trifft im Sprechen und an Verstand ihre Brüder und ihre „Schwester weit, die ihr auch in Allem gehorchen; meist spricht „und antwortet sie im Namen Aller und verbessert bisweilen die „Sprachfehler ihrer Geschwister. Im Jahr 1777 in Folge eines „Fiebers und einer Frauenkrankheit war sie einige Monate gei=„steskrank, sie erholte sich aber wieder und befindet sich jetzt ganz „wohl. Man merkt ihr nichts Außerordentliches an; ihre Aus=„sprache und die ihrer Brüder verräth den Ort, wo sie geboren „und erzogen worden sind.

„Der ältere Bruder, Peter, ist fünf und dreißig Jahre alt „und von Kindheit an, in Folge von nachlässiger Behandlung, „hinten und vorn buckelig geworden, doch bemerkt man dieses „Gebrechen kaum. Seine rechte Seite ist etwas verdreht und „ein Fuß ist krumm. Sein Geist ist sehr schwach, auch ist er „schüchtern und spricht wenig. Alle seine und seines Bruders „Ideen sind die von Kindern; sonst ist er ziemlich heiter; er „lacht oft sogar laut wo es gar nichts Lächerliches giebt. Von „Zeit zu Zeit leidet er an Hämorrhoidal=Zufällen, außerdem ist „er gesund, nur erschrickt er und fällt in Ohnmacht, wenn man „von Blut spricht. Er schreibt diese außerordentliche Furcht dem „Umstande zu, daß seine Mutter, als sie mit ihm schwanger ging, „außerordentlich erschrak, als sie sich einst in den Finger geschnit=„ten hatte und Blut fließen sah.

„Der jüngere Bruder, Alexis, ist vier und dreißig Jahre alt. „Ob er gleich eben so geistesschwach ist wie sein Bruder, so scheint „er doch gewandter, lecker und muthiger zu sein. Sein Gesund=„heitszustand ist gut und seine Stimmung heiter. Die beiden „Brüder sind klein von Gestalt, haben einen weißen Teint und „gleichen ihrem Vater.

„Die Geschwister leben in gutem Vernehmen mit einander,
„auch sind sie mild und sanft. Im Sommer arbeiten sie in ihrem
„Garten, hüten die Hühner und die Gänse und füttern dieselben;
„im Winter fahren sie um die Wette auf dem Teiche in diesem
„Garten Schlittschuhe. Sie lesen in ihren Gebetbüchern und spie=
„len Karte und Schach. Außerdem beschäftigen sich die beiden
„Mädchen bisweilen mit Nähen."

V.

Wegen der geistigen Uebertegenheit Elisabeths über ihre Brü=
der beobachtete Melgunof diese Prinzessin mit besonderer Aufmerk=
samkeit und ließ sich oft in ein Gespräch mit ihr ein. Unter
Anderm sagte sie zu Melgunof, ehe ihr Vater blind geworden
sei, habe er sich oft, wie auch sie es gethan hätten, an die Kai=
serin gewendet, aber ihre Gesuche wären ihnen zurückgeschickt wor=
den; sie wagten nun keine andern zu senden und fürchteten Ihre
Majestät erzürnt zu haben. Als Melgunof fragte, was diese
Bittschreiben enthalten hätten, antwortete Elisabeth: „Man möge
„uns frei lassen; als unser Vater blind wurde und wir heran=
„wuchsen, baten wir um die Erlaubniß, spazieren gehen zu dür=
„fen, aber wir haben keine Antwort darauf erhalten."

Melgunof beruhigte Elisabeth und sagte, sie habe Unrecht,
wenn sie glaube, die Kaiserin sei erzürnt gegen sie; dann fragte
er: „Wohin gedachte Ihr Vater mit Ihnen zu gehen?" — Dar=
auf antwortete sie: „Unser Vater wollte mit uns in seine Hei=
„math reisen, wir wünschten damals sehr, in der großen Welt zu
„leben. In unserer Jugend sehnten wir uns auch, die Sitten und
„Gebräuche der Vornehmen kennen zu lernen, in unsrer neuen Lage
„bleibt uns aber kein andrer Wunsch übrig, als hier in der Ein=
„samkeit zu leben und zu sterben. Wir sind hier durch die Gnade
„der Kaiserin, unserer Wohlthäterin, ganz zufrieden. Urtheilen Sie
„selbst; können wir noch etwas wünschen? Wir sind hier geboren,
„an den Ort gewöhnt und da alt geworden. Jetzt bedürfen wir
„der Welt nicht, sie würde uns sogar unerträglich sein, denn wir
„wissen nicht uns mit den Leuten zu benehmen und das zu lernen,
„ist zu spät. Wir bitten Sie deshalb," setzte sie mit Thränen und
Kniebeugungen hinzu, „uns der Gnade Ihrer Majestät zu em=
„pfehlen, damit uns nur erlaubt werde, das Haus zu verlassen

„und auf der Wiese herumzugehen; wir haben gehört, es gäbe
„dort Blumen, die wir in unserem Garten nicht haben. Der
„Oberstlieutenant und die Offiziere, die sich in diesem Augenblick
„hier befinden, sind verheirathet; wir bitten, daß es ihren Frauen
„möge erlaubt werden, uns zu besuchen und daß man uns ge-
„statten möge, sie zum Zeitvertreibe zu besuchen, denn wir fühlen
„bisweilen Neugierde; wir bitten auch, daß man uns einen Schnei-
„der gebe, der Kleider für uns nähen könne. Man schickt uns
„durch die Gnade der Kaiserin aus Petersburg Hauben und
„Mützen, aber wir tragen sie nicht, weil weder wir noch unsere
„Dienerinnen wissen, wie sie aufzusetzen und zu tragen sind.
„Haben Sie die Gnade, uns einen Mann zu schicken, der uns
„darin Rath geben kann. Das Bad im Garten steht so nahe an
„unsern hölzernen Wohnungen und wir fürchten eine Feuers-
„brunst, befehlen Sie deshalb, dasselbe weiter hin zu versetzen."
Zuletzt bat sie mit Thränen, den Lohn ihrer Dienstleute zu erhöhen und ihnen zu erlauben, frei das Haus zu verlassen, wie es
den andern Beamten erlaubt sei. Sie setzte hinzu: „Wenn Sie
„uns dies bewilligen, werden wir zufrieden sein, keine Schwierig-
„keit mehr erheben, nichts mehr wünschen und gern unser ganzes
„Leben lang in derselben Lage zu bleiben."

Melgunof rieth Elisabeth, ein Bittschreiben an die Kaiserin zu
entwerfen und sich über Alles, was sie wünsche, auszusprechen,
aber sie wollte das nicht thun. Sie schrieb nur in ihrem Gesuche: „sie fühle für die Kaiserin den Dank einer Sclavin für die
„höchste Gnade, besonders weil dieselbe sie dem großen Mann und
„Stellvertreter Ihrer Majestät Alexis Petrowitsch Melgunof an-
„vertraut habe, sie wage ihre Bitte der Kaiserin zu Füßen zu
„legen und Alexis Petrowitsch würde sie von ihren Bitten unter-
„richten."

Als Melgunof sich zum letzten Male bei den Prinzen und
Prinzessinnen befand, um Abschied zu nehmen, fingen sie an zu weinen,
sie fielen vor ihm auf die Knie nieder und die junge Schwester
beschwor ihn im Namen der Andern, ihr Gesuch nicht zu vergessen.

VI.

Während dieser Zeit hatte Melgunof Alles zur Ausführung
der erhaltenen Befehle vorbereitet. Da es nicht möglich war, das

Schiff auf dem Onega zu bauen, nahm er sich vor, die Ausrüstung der Böte dem Generalcommandanten des Hafens von Archangel, dem Generalmajor Wrangel, anzuvertrauen, ohne ihm jedoch zu sagen, zu welchem Zwecke sie bestimmt wären. Bald war ein Flußboot erbaut und statt eines neuen Schiffes erlaubte die Kaiserin zur Fortschaffung der Familie Braunschweig eine in Archangel ankommende Fregatte, „den Polarstern" zu gebrauchen. Der Capitain Stepanof sollte sie befehligen, da er aber gefährlich krank war, wählte Melgunof einen nicht minder treuen und geschickten Offizier, den ehemaligen Capitain Michael Assenieff, den Präsidenten des Civilgerichts in Jaroslaw. Er war zu diesem Amte um so geeigneter, als er mehrere Seereisen gemacht, viermal den Polarkreis überfahren hatte und den Ort kannte, an den die Familie Braunschweig gebracht werden sollte.

Die Prinzen und Prinzessinnen waren in dem griechisch russischen Glauben erzogen worden und deshalb gab man ihnen Alles zur Einrichtung einer Kirche in Gorsens. Zu gleicher Zeit gab man der Familie einen Arzt und einen Schüler desselben bei.

Zum Unterhalte der Prinzen und Prinzessinnen in Gorsens wies ihnen die Kaiserin einen Jahrgehalt an, nämlich jedem Bruder und jeder Schwester 3000 Rubel und allen zusammen 32000 Rubel jährlich. Außerdem befahl sie, dieser Summe Alles das beizufügen, was nöthig sei, um ihnen eine passende Reise zu verschaffen.

Damit sie während der Reise gehörig beaufsichtigt würden, befahl die Kaiserin dem Commandanten von Schlüsselburg, dem Obersten Ziegler und der Wittwe Lilienfeld mit deren beiden Töchtern, die Familie Braunschweig bis an den Ort ihrer Bestimmung in Norwegen zu begleiten und sie dem Bevollmächtigten des Königs von Dänemark zu übergeben.

Nach Vollbringung dieses Auftrags durften sie nach Rußland zurückkehren; auch setzte man ihnen eine genügende Summe für die Hin- und Herreise aus.

Melgunof wählte unter den Leuten der Familie Braunschweig drei Diener und vier Dienerinnen aus; fünf von diesen Personen waren in Scholmogory geboren und mit den Prinzen und Prinzessinnen aufgewachsen. Die beiden andern wurden unter den Bauern ausgewählt. Sie zeichneten sich alle durch gutes Betragen aus. So war Alles angeordne und von der Kaiserin gebilligt, es blieb nur noch übrig, ein Mittel zu finden, die Gefangenen nicht zu erschrecken, wenn man ihnen den Befehl bekannt machte, sie zu entfernen.

VII.

Der Oberst Ziegler reisete mit dem Gouverneur Golowzin nach Scholmogory, begab sich zu den Prinzen und Prinzessinnen und theilte ihnen in Auftrag Melgunofs mit, Alexis Petrowisch habe während seines Aufenthaltes am Hofe nicht versäumt, die Kaiserin von ihrem Gesuche zu unterrichten, Ihre Majestät erhöhe die ihnen zugewiesene Summe, und erlaube gnädig der Frau des Oberstlieutenants Polasof, zu ihnen zu kommen und befehle, daß man ihnen Alles liefere, was sie brauchten; unter Anderm sagte er ihnen, sie würden bald sehen, wie weit die Güte ihrer Majestät gehe. Einige Augenblicke darnach schickte man den Prinzen und Prinzessinnen die Wittwe Lilienfeld mit einigen Kleidungsstücken. Als der Oberst Ziegler und die Frau des Oberstlieutenant Polasof zu ihnen kamen, war ihre Freude sehr groß, namentlich über die Güte der Kaiserin gegen sie.

Bald kam Melgunof in Scholmogory an. Er bestätigte die Worte Zieglers und theilte den Prinzen und Prinzessinnen endlich mit, daß die Kaiserin sie in Freiheit setzen und sie nach Dänemark schicken wolle zu ihrer Tante. Diese unerwartete Nachricht von der Aenderung ihrer Lebensweise war für sie eine himmlische Freude. Sie erfuhren, daß Katharina ihnen eine glückliche Lage sichere und konnten, vor Erstaunen über die große Gunst, kein Wort sprechen; nur ihre Herzen sprachen, denn sie zitterten vor Freude. Zwar hörte man diese Stimme ihrer Herzen nicht, aber der Ausdruck ihrer Züge, ihr nach dem Himmel erhobener Blick, die Thränen, welche aus ihren Augen flossen, und ihr häufiges Niederknien sagten mehr als Worte und zeugten von ihrem Danke gegen ihre erhabene Gebieterin. Melgunof machte ihnen bemerklich, wie dankbar sie dem kaiserlichen Hause sein müßten, das ihnen die Freiheit und eine solche Existenz sichere, welche selbst unter Personen ihres Standes selten sei. Er fügte hinzu, daß sie wenn sie die Wohlthaten der Kaiserin vergäßen, wenn sie auf übelwollende Reden hörten, treulosen Rathschlägen folgten und nich in Dänemark wohnen wollten, nicht nur ihren Jahrgehalt, sondern jeden Anspruch auf die Unterstützung Ihrer Majestät verlieren würden.

Elisabeth antwortete ihm mit Thränen: „Gott behüte uns, „daß wir, die wir eine so große Gnade erhalten haben, undank„bar seien. Glauben Sie mir, wir werden uns dem Willen Ih„rer Majestät nie widersetzen; sie ist unsre Mutter und Beschütze„rin. Wir setzen unsre Hoffnung nur auf sie, wie wäre es da „möglich, daß wir Ihre Majestät in etwas erzürnen, daß wir uns „der Gefahr aussetzen könnten, Ihre Gnade für immer zu verlie„ren?" Dann fragte sie Melgunof: „Wird uns unsre Tante „aufnehmen oder wird sie uns in irgend einer Stadt lassen? Wir „wünschen lieber in irgend einer kleinen Stadt zu leben, denn „Sie können sich vorstellen, wie wir uns am Hofe befinden wür„den. Wir können uns gar nicht gegen die Leute benehmen und „verstehen ihre Sprache nicht." Melgunof antwortete ihr, sie könne ihre Tante bei ihrer Ankunft in Dänemark darum ersuchen und versprach seiner Seits sich zu bemühen, daß ihre Wünsche erfüllt werden könnten.

Melgunof freute sich sehr, alle, gegen sein Erwarten, in seinen Vorschlag mit Vergnügen eingehen zu sehen. Freilich fürchteten sie sich vor der Seereise, namentlich die Prinzessinnen, die nie gesehen hatten, wie ein Schiff sich bewegt. Obgleich Melgunof die Versicherung gab, daß durchaus keine Gefahr dabei sei, daß er sie sogar hundert Werste weit begleiten würde, äußerten sie doch wiederholt ihre Besorgniß und sagten: „Sie sind Männer und fürchten sich vor nichts, aber wenn Ihre Frau mit uns käme, würden wir auch gern auf das Schiff gehen."

Melgunof mußte ihnen sein Wort geben, seine Frau mitzubringen und sie nahmen dieses Versprechen um so freudiger auf, als die Wittwe Lilienfeld und deren Söhne auch noch nicht zu Schiffe gewesen waren und nicht weniger Furcht empfanden als die Prinzessinnen.

VIII.

An dem zur Abreise festgesetzten Tage ließ Melgunof, der in Begleitung seiner Frau erschien, die Prinzen und Prinzessinnen mit allen Personen, welche sie begleiten sollten, und mit der

Dienerschaft auf ein Flußschiff steigen und segelte in der Nacht vom 26. zum 27. Juni (8. zum 9. Juli) 1780 um 1 Uhr nach der Festung Nowodwinskoi ab, die man bei günstigem Winde am 28. Juni früh 3 Uhr erreichte.

Die Prinzen und Prinzessinnen erschraken bei ihrem Erwachen gewaltig, als sie die Festung erblickten. Sie bildeten sich ein, dies solle ihre Wohnung sein und die Versicherungen Melgunofs wären nur Lügen gewesen. Die Ankunft eines Cabinetscourriers (Feldjägers) in demselben Augenblicke bestätigte sie in diesem Gedanken noch mehr. Sie glaubten, der Courrier überbringe den Befehl, sie in der Festung Nowodwinskoi zu lassen, während er dagegen die Bestätigung der frühern Befehle an Melgunof überbrachte. Um sie zu beruhigen, gab ihnen Melgunof die Erlaubniß, auf den Wällen herum zu gehen.

Sie kamen in Nowodwinskoi gerade am Jahrestage des Regierungsantritts der Kaiserin an. Auf ihr Verlangen las der Geistliche, der sie begleitete, in der Festungskirche die Messe.

Die Fregatte „Polarstern" war bereits segelfertig; die Prinzen und Prinzessinnen begaben sich mit ihrem Gefolge an Bord. Als Melgunof Abschied von ihnen nahm, machte er ihnen nochmals Vorstellungen und schloß mit den Worten: „sie würden stets unglücklich sein, wenn sie sich undankbar zeigten." Sie brachen darüber in Thränen aus und fielen auf ihre Knie. Die Prinzessin Elisabeth sprach in aller Namen: „möge Gott uns strafen, wenn „wir die Gnade vergessen, welche unsere Mutter uns erzeigt. „Wir werden immer die Sclaven Ihrer Majestät sein und nie „ihrem Willen ungehorsam erscheinen. Sie ist unsere Mutter und „unsere Beschützerin." Dann bat sie Melgunof, ihren Dank der Kaiserin zu überbringen. Als Melgunof sich von ihnen entfernte, befahl er die Anker zu lichten, die Flagge aufzuziehen und abzusegeln.

Am 30. Juni, um 2 Uhr nach Mitternacht, segelte die Fregatte ab und Melgunof blickte ihr nach, bis sie ihm aus den Augen entschwand.

IX.

Die Kaiserin unterstützte die Prinzen und Prinzessinnen auch nachdem dieselben aus dem Lande gebracht waren. (Es folgt nun ein Verzeichniß der Kleidungsstücke, Pelze, Theeservice, Uhren, Ringe u. s. w., die jeder Prinz erhielt; in Bergen übergab ihnen der Oberst Ziegler als Taschengeld 2000 holländische Ducaten. Der Artikel schließt mit den Worten: „In Dänemark war man sehr verwundert über die Freigebigkeit, mit welcher die Familie Braunschweig behandelt worden war. Die Königin selbst sprach mit Dank davon."

Der Artikel X enthält nichts Interessantes außer folgender Stelle: die Kaiserin war außerordentlich zufrieden mit der Art und Weise, wie Melgunof ihre Befehle ausgeführt hatte. Doch machte sie ihm bemerklich, daß er Unrecht gethan habe, seine Instructionen zu überschreiten und seine Frau auf das Schiff mit zu nehmen, wo die Familie Braunschweig sich befunden.

XI.

Die Fahrt der Fregatte „Polarstern" wurde durch widrige Winde und Stürme verzögert und die Kaiserin fing an um die Reisenden besorgt zu werden, da sie lange keine Nachricht von ihnen erhielt. Endlich wurde aber die Ankunft der Fregatte in Bergen am 10. September (n. Styls) gemeldet. Ein dänisches Kriegsschiff „der Mars" erwartete sie seit langer Zeit in Bergen. Den Tag darauf wurde die Familie Braunschweig dem Oberamtmann von Bergen, Herrn Schulen, übergeben und an Bord des Kriegsschiffes gebracht. Die widrigen Winde hielten das Schiff bis zum 23. September 4 Meilen von Bergen; dann hatte es noch mit einem heftigen Sturme zu kämpfen, der ohne Unterbrechung vom 30. September bis 1. October anhielt; erst am 5. October konnte man nach Hunstrand gelangen. Die durch diese beschwerliche Fahrt ermüdeten Prinzen und Prinzessinnen von Braunschweig wurden in Aalburg an's Land gesetzt, wo sie drei Tage blieben, um auszuruhen; in Gorsens kamen sie am 13. October wohlbehalten und vergnügt an und die Kaiserin segnend, welche ihnen eine neue Existenz geschaffen. Die Fregatte „Polarstern" blieb in Bergen, um den Winter da zuzubringen. Die Prinzessin Elisabeth hatte bei ihrer Ankunft in diesem Hafen 3000 Rubel vertheilt und 1000 davon dem Capitain Assenieff gegeben.

Die Wahl der Personen, welche die Familie Braunschweig

begleiteten, war eine glückliche. Der Oberst Ziegler und die Wittwe Lilienfeld wußten sich die Achtung und Freundschaft der Prinzen und Prinzessinnen zu erwerben; die jüngste Prinzessin namentlich war sehr zufrieden mit der Aufmerksamkeit Zieglers ꝛc.

XII.

Die Kaiserin und die Königin setzten lange ihren Briefwechsel über die Familie Braunschweig fort. Die Königin sprach immer mit Zufriedenheit von dem Verhalten der Prinzen und Prinzessinnen und rühmte das gute Herz und die Artigkeit derselben.

Die Königin wollte die Prinzen und Prinzessinnen sehen; sie schrieb deshalb an die Kaiserin, die es ihr frei stellte; in der Folge besann sich aber die Königin eines Andern, obgleich die Prinzen selbst vorgestellt zu werden wünschten.

Die Königin fragte die Kaiserin unter Anderm auch, wie sie sich gegen die Prinzen und Prinzessinnen zu benehmen habe und welchen Titel man ihnen geben könne. Die Kaiserin antwortete, sie betrachte dieselben, seit sie unter dem Schutze des dänischen Hofes ständen, als unabhängige Personen von erlauchter Geburt; in Bezug auf das Benehmen gegen dieselben müsse man immer an ihr Glück und ihre Ruhe denken; ihr Mangel an Bildung, ihre Geistesschwäche und andre Umstände machten es ihnen unmöglich, in der großen Welt zu leben; sie glaube, ein Leben fern vom allem Lärm des Hofes würde am besten für sie passen. Was die Titel betreffe, so meinte die Kaiserin, nichts könne ihnen einen Titel nehmen, den Gott ihnen gegeben und der ihnen durch ihre Geburt gebühre, d. h. den Titel Prinzen und Prinzessinnen des Hauses Braunschweig.

Die Königin hielt es für vortheilhafter, die russische Dienerschaft von den Prinzen und Prinzessinnen zu entfernen, damit sie sich schneller an ihre neue Lebensweise gewöhnten. Die Kaiserin willigte ein; alle Russen, mit Ausnahme des Beichtigers und der Sänger, kehrten nach Rußland zurück und die Familie Braunschweig hatte dann nur einen kleinen Hof von Dänen. Diese Aenderung war schmerzlich für die Prinzen und Prinzessinnen und man kann sich darüber auch nicht wundern; sie waren groß geworden und an einem Orte aufgewachsen mit ihren Dienern und daran gewöhnt, in denselben ihre einzigen Vertrauten und

Gefährten zu sehen. Sie trennten sich also nur mit Thränen von ihnen.

Zur Einrichtung der Familie Braunschweig in Gorsens, zur Erwerbung der Häuser ꝛc. war eine Summe von 60,000 Thaler nöthig. Der Hof von Dänemark wollte diese Summe von der der Familie ausgesetzten Pension nehmen und zahlte davon 20,000 Thaler aus; die Kaiserin wünschte aber nicht, daß die Prinzen und Prinzessinnen nur theilweise ihre Großmuth genössen, wollte aber auch dem dänischen Hofe keine Last aufbürden und zahlte deßhalb die noch fehlenden 40,000 Thaler aus ihrer Chatoulle.

XIII.

Die Prinzen und Prinzessinnen lebten in Gorsens in Frieden und Freundschaft mit einander, gaben den Personen, welche der Hof von Dänemark zu ihnen gesandt hatte, niemals Veranlassung zur Klage, waren aber mit den letztern nicht immer zufrieden.

Wie in Scholmogory war Elisabeth die Leiterin und Lenkerin ihrer Geschwister, doch that sie nichts ohne deren Einwilligung. Die Brüder und Schwestern unterwarfen sich in allen Umständen den Gedanken und Rathschlägen derselben.

Der Prinz Ferdinand von Dänemark besuchte die Familie Braunschweig in Gorsens. Dieser Besuch war aber traurig für sie. Sobald sie wußten, daß er käme, eilten sie ihm entgegen. Der Prinz umarmte zuerst die ältere Prinzessin; in demselben Augenblicke umringten ihn die drei Andern, küßten ihm die Hände und weinten vor Freude.

Er blieb zwei Tage da und speis'te früh und Mittags bei ihnen. Am dritten Tage versprach er Abschied von ihnen zu nehmen. Aber, um sich und ihnen neue Thränen zu ersparen, reis'te er um sieben Uhr früh ab, nachdem er ihnen zur Erinnerung zwei Dosen und zwei Ringe gesandt hatte.

XIV.

Elisabeth erfreute sich ihrer neuen Lage nicht lange. Eine schmerzliche Krankheit, die zwei Wochen dauerte, verkürzte ihr Leben. Sie starb am 20. October 1782 im Alter von 39 Jahren.

Fünf Jahre nach ihr starb der jüngere Prinz Alexis, am

22. October 1787. Kurz vor seinem Ende wurde er schwach, aber er erholte sich bald wieder. Dann bildete er sich ein, er würde den Jahrestag des Todes seiner Schwester nicht überleben; dieser Gedanke setzte sich so fest in ihm, daß er ihm verderblich wurde. Einige Tage vor der ihm festgesetzten Zeit klagte er über Unwohlsein; er wurde ohnmächtig, ließ sich in das Bett bringen und stand nicht wieder auf.

Der Prinz Peter starb am 30. Januar des Jahres 1798.

Die traurige Lage Katharina's kann man sich leicht denken. Aller ihrer Verwandten beraubt, umgeben von Leuten, denen sie zur Last war, hatte sie nicht einmal den Trost, eine mitleidige Seele bei sich zu sehen. Ihre Tante lebte nicht mehr. Ihre Umgebungen dachten mehr an ihre eigene Bequemlichkeit als an die Pflege, auf welche sie ein Recht hatte, da der russische Hof alle Mittel dazu gewährte. Die den Prinzen und Prinzessinnen bewilligte Pension wurde bis an ihrem Tod ausgezahlt, ohne daß man die Verminderung der Familie berücksichtigte.

Der Aufenthalt in Gorsens wurde Katharinen so unangenehm, daß sie nach Rußland zurückzukehren und Nonne zu werden wünschte. Sie fand nur im Gottesdienste und im Gebete Trost. Vor ihrem Tode vergaß sie den Kummer, den man ihr bereitet hatte und schrieb an den Kaiser Alexander, um ihn zu bitten, den Leuten in ihrem Dienste Pensionen zu bewilligen. Ihr Gesuch wurde erfüllt. Man gab allen Beamten und Dienern, die lange an dem Hofe zu Gorsens gewesen waren, Pensionen aus dem russischen Schatze, selbst nach dem Tode derselben ihren Frauen; die, welche nur kurze Zeit da gewesen waren, erhielten Beweise der Zufriedenheit.

Katharina hinterließ ein Testament, in welchem sie dem Erbprinzen Friedrich von Dänemark und dessen Nachkommen ihr ganzes bewegliches und unbewegliches Vermögen vermachte.

Sie starb am 9. April 1807 und wurde in Gorsens neben ihren Brüdern und ihrer Schwester begraben. Mit ihr erlosch die Nachkommenschaft des Czar Iwan Alexiewitsch, die eine besondere Erwähnung wegen des Unglücks verdient, das sie erfuhr.

Unterzeichnet B. Polenof.

Auszug aus der Beschreibung Moskaus

von Le Cointe de Laveau.

Gefängnisse Moskaus 1836.

Unter den durch die Polizei zur Haft gebrachten Personen befanden sich 1119 ohne Paß, 78 Deserteure, 8354 Taschendiebe, 586 Diebe, 2328 wegen Schimpfens, 866 wegen Zanks, 117 welche Entflohene versteckt gehalten hatten und 2475 wegen verschiedener leichter Vergehen. Außerdem brachte man in das Gefängniß im Ostrog 122 wegen Heiligthumsschändung und 45 Frauen wegen desselben Verbrechens, 2 wegen Schmähreden gegen die Regierung, 24 Mörder, 31 Betrüger, 34 Falschmünzer und 4 Falschmünzerinnen, 10 Brandstifter und 2 Brandstifterinnen, 12 wegen tödtlicher Verwundung, 25 wegen Selbstmordversuch, 7 welche ohne Vorbedacht Tod veranlaßt hatten, 33 weil sie Leuten Wunden beigebracht, die später gefährlich geworden, 177 Männer und 83 Weiber wegen Unzucht, 112 Männer und 23 Weiber wegen Trunk, 95 Fälscher, 676 Männer und 364 Weiber wegen Herumtreibens, 46 Männer und 27 Weiber, weil sie Verdächtige bei sich aufgenommen, 824 Diebe und Hehler und 310 Diebinnen und Hehlerinnen, 46 Männer, weil sie ungerecht angeklagt hatten, 75 Männer und 12 Weiber wegen Führung falscher Namen, 2 Wucherer, 5 Männer, weil sie Krongelder entwendet, 143 Männer und 8 Weiber, weil sie ihren Dienst verlassen hatten und ihrem Herrn entlaufen waren, 558 Männer und 105 Weiber wegen Bettelns, 199 Männer und 31 Weiber wegen Führung falscher Pässe.

Gefangene im Jahre 1834 in dem temporären Gefängnisse.

	Männ.	Frauen.	Rechtfert.	sich.
Wegen Heiligthumsschändung	3	—	—	—
„ Theilnahme an Aufruhr	1	—	—	—
„ Mordes	5	—	—	—
„ Theilnahme an Mord	2	—	—	—
„ Brandstiftung	10	—	—	—
„ Erpressung	8	—	—	—
„ Nothzüchtigung Unmündiger	1	—	—	—
„ Kinderraubes	1	—	—	—
„ Schlägerei	1	—	—	—
„ Selbstverstümmelung	4	—	—	—
Diebstahl von Lebensmitteln	2	—	—	—
„ „ Pferden	56	—	—	—
„ „ Kleidungsstücken	2	—	—	—
„ „ verschied. Gegenständen	561	22	42	5
„ „ Geld und Effecten	13	1	3	—
„ „ Gold	16	2	—	—
Wegen Aneignung fremden Eigenthums	4	—	—	—
„ Aufnahme gestohl. Gegenstände	23	—	4	—
„ Hehlerei	4	—	—	—
„ Aufnahme Verdächtiger	4	—	6	—
„ Fälschung	16	—	—	—
„ falschen Passes	14	—	—	—
„ Trunk und Liederlichkeit	126	4	27	—
„ Ehebruch	—	1	—	1
„ falschen Berichts	6	—	—	—
„ Entwendung von Krongeldern	4	—	—	—
„ Annahme eines falschen Namens	6	—	—	—
„ Beihülfe zur Flucht Gefangener	3	—	—	—
„ Entkommenlassens von Gefang.	1	—	—	—
„ Entfernung vom Dienst	2	—	—	—
„ Flucht von dem Herrn	327	28	77	2
„ „ aus Sibirien	15	—	—	—
„ „ vom Regiment	43	—	—	—

Summa 1284 M. 58 F. 159 M. 8 F.

	Männ.	Frauen.	Rechtfert.	fich.
Transport	1284	58	159	8
Wegen Flucht aus der Haft	5	—	—	—
„ Herumtreibens	15	—	—	—
„ Mangel an Paß	144	4	29	—
„ Verlust des Passes	12	1	—	—
„ nicht rechtzeitiger Erneuerung des Passes	52	—	13	—
„ Betrügerei	13	—	2	—
„ unbefugten Bettelns	112	2	18	—
„ nicht bewiesener Vergehen	675	22	65	—

Summa 2312 M. 87 F. 286 M. 8 F.

Alter der Gefangenen im Gefängnisse der Regierung zu Moskau 1835.

	Verurth.		Unt. Auff. blieben.		Freigespr.	
	M.	Fr.	M.	Fr.	M.	Fr.
Unter 16 Jahren	38	12	—	—	67	23
Von 16 bis 20 Jahren	9	28	8	3	53	21
„ 20 — 30 „	102	55	28	6	46	52
„ 30 — 40 „	126	68	25	7	59	45
„ 40 — 50 „	87	59	12	4	52	48
„ 50 — 60 „	56	33	8	1	64	42
„ 60 — 70 „	22	18	1	—	59	61
„ 70 — 80 „ u. darüber	5	2	—	—	38	32
Unbestimmtes Alter	48	14	3	1	15	27

E n d e.

Druck von C. P. Melzer in Leipzig.

Inhalt des dritten Bandes.

Siebenundzwanzigster Brief.

Englischer Club. — Besuch im Schatz des Kremls. — Architectur von Moskau. — Kitaigorod. — Madonna von Wiwielski. — Kirche von Wassili Blaschennoi. — Heiliges Thor. — Fremde Künstler. — Kirchen. — Große Glocke. — Klöster. — Der Schatz. — Jetziger Palast des Kaisers im Kreml. — Neue Arbeiten im Kreml. — Was Moskau werden könnte. — Aussicht von der Kremls-Terrasse Abends. — Erinnerungen an die französische Armee. — Rostopschin. — Napoleons Fall.

Achtundzwanzigster Brief.

Orientalisches Aussehen Moskaus. — Architectur und Character der Einwohner. — Schein von Freiheit. — Frömmigkeit der Russen. — Gespräch darüber mit einem Russen. — Die griechisch-russische Kirche. — Zahlreiche Secten. — Kloster Dewitschnipol. — Volk. — Trunksucht. — Gesang der Kosaken. — Die Musik bei den nordischen Völkern. — Die Kosaken und ihr Character.

Neunundzwanzigster Brief.

Die tatarische Moschee. — Der Thurm Sukaroffs. — Oeffentliche Anstalten. — Der Adelsclub. — Die Vornehmen. — Ein russisches Kaffeehaus. — Die Gesellschaft in Moskau. — Character der Russen. — Russen und Polen. — Vornehme Wüstlinge in Moskau. — Der Fürst von ** und dessen Gefährten nebst Anecdoten über die Sitten der Frauen. — Leibeigenschaft und Autocratie. — Petrowski. — Gesang der russischen Zigeuner. — Die Russen und die französische Sprache.

Dreißigster Brief.

Straßen im Innern Rußlands. — Die Dörfer, das Land. — Raffinirte angebliche List der Polen. — Das Kloster Troitzkoi. — Pilger. — Erinnerungen. — Das Wasser in Rußland. — Der Diebstahl.

Einunddreißigster Brief.

Yaroslaw. — Russische Kleidung und Bäder. — Der Gouverneur von Yaroslaw und Erinnerungen an Versailles. — Russische Küche und Tafel. — Die Russinnen. — Der Reiche und Arme in Rußland. — Beschränkung des Kaisers. — Russische Bureaucratie. — Einfluß Napoleons auf die russische Verwaltung.

Zweiunddreißigster Brief.

Die Ufer der Wolga. — Russische Kutscher. — Russisches Schloß. — Kostroma. — Abenteuer im Walde. — Die Industrie der Bauern. — Character der Nationalgesänge. — Weg nach Sibirien.

Dreiunddreißigster Brief.

Nischnei Nowogorod. — Der Kreml der Stadt. — Zahl der Fremden. — Der Gouverneur. — Böte auf dem Flusse. — Die Messe und ihre Umgebungen. — Entstehung der Messe. — Waaren. — Die Leibeigenen als Handelsleute. — Credit. — Kirgisische Pferde. — Noch einmal russische Musik.

Vierunddreißigster Brief.

Finanzielle Seltsamkeit. — Ukase über die Geldangelegenheiten. — Verschönerung Nischneis. — Die russische Verwaltung. — Promenade auf der Messe. — Anecdoten. — Subalterne. — Die alte und die neue Aristocratie. — Minins Fahne und sein Grab. — Manövermanie. — Die Kirche Strogonoff in Nischnei.

Fünfunddreißigster Brief.

Ermordung eines Deutschen. — Theilweise Aufstände. — Geschichte einer Zauberin. — Russische Gastfreundschaft. — Eitelkeit. — Die Zigeunerinnen auf der Messe. — Meine Krankheit. — Wladimir. — Die Wälder. — Ein Elephant. — Rückkehr nach Moskau. — Manöver bei Borodino. — Verdrehung der Geschichte.

Bericht.

Geschichte eines Franzosen, Pernet, und die Gefangenschaft desselben. — Petersburg. — Groß-Nowogorod und Erinnerungen an Iwan IV. — Die Familie Laval in Petersburg. — Die Malerei in Rußland. — Verfolgung der katholischen Kirche. — Reise über die russische Grenze.

Sechsunddreißigster Brief.

Rückkehr nach Ems. — Russische und deutsche Landschaften. — Ueberblick der Reise. — Schilderung der Russen. — Ihre Politik. — Ihre Kirche. — Spanien und Rußland.

Anhang.

Geschichte der Gefangenschaft Girards und Grassinis. — Officieller Bericht über die Gefangenschaft der Prinzen und Prinzessinnen von Braunschweig und ihre Rücksendung nach Dänemark unter Katharina II. — Auszug aus der Beschreibung Moskaus. — Gefängnisse in Moskau.